Sind Inklusion und Integration in der Schule gescheitert?

Sind Inklusion und Integration in der Schule gescheitert?

Beat Kissling

Beat Kissling

Sind Inklusion und Integration in der Schule gescheitert?

Eine kritische Auseinandersetzung

hogrefe

Dr. phil. Beat Kissling
Susenbergstrasse 104
8044 Zürich
Schweiz
beat.kissling@bluewin.ch

Bibliografische Information der Deutschen Nationalbibliothek
Die Deutsche Nationalbibliothek verzeichnet diese Publikation in der Deutschen Nationalbibliografie; detaillierte bibliografische Daten sind im Internet über http://www.dnb.de abrufbar.

Anregungen und Zuschriften bitte an:
Hogrefe AG
Lektorat Psychologie
Länggass-Strasse 76
3012 Bern
Schweiz
Tel. +41 31 300 45 00
info@hogrefe.ch
www.hogrefe.ch

Lektorat: Dr. Susanne Lauri
Bearbeitung: Barbara Buchter, Freiburg
Herstellung: Daniel Berger
Umschlagabbildung: Petra Hagen Hodgson, Zürich
Umschlaggestaltung: Claude Borer, Riehen
Satz: punktgenau GmbH, Bühl
Druck und buchbinderische Verarbeitung: Florjancic Tisk d.o.o, Maribor
Printed in Slovenia

1. Auflage 2022

(E-Book-ISBN_PDF 978-3-456-95920-7)
(E-Book-ISBN_EPUB 978-3-456-75920-3)
ISBN 978-3-456-85920-0
https://doi.org/10.1024/85920-000

Petra, Nicolas und meinen Freunden gewidmet

Inhaltsverzeichnis

Geleitwort von Guy Bodenmann

Gesellschaftliche Ungleichheit, Ausgrenzung und Selektion prägten das Schulsystem über Jahrhunderte. Aufbauend auf dem einst fortschrittlichen Volksschulgedanken wurde inzwischen mit den Idealen der Integration bzw. Inklusion ein weiterführender revolutionärer Schritt in eine humanere und gerechtere Bildungspolitik versucht. Dies entspricht dem aktuellen Zeitgeist. Die meisten Menschen spricht der Gedanke an, jegliche Formen von Stigmatisierung, Benachteiligung oder Marginalisierung von Menschen, die von der Norm abweichen, grundsätzlich zu verunmöglichen. Alle sollen dieselben Chancen und Möglichkeiten im Sinne gleichwertiger Wertschätzung erfahren, unabhängig ihres sozialen Hintergrunds, ihrer Fähigkeiten und Kompetenzen. Mit Berufung auf diese Ideale unterstreicht inklusive Pädagogik Diversität und Chancengerechtigkeit als besondere Schlagworte der postmodernen Gesellschaft. Sie proklamiert die Verwirklichung idealer Voraussetzungen für alle und die Förderung eines jeden im gemeinschaftlichen Gefüge regulärer Klassen, ungeachtet geistiger oder körperlicher Behinderungen, Lernschwierigkeiten oder motivationaler Desillusionen.

Schnell geraten Kritiker*innen dieses Modells unter Beschuss, Separation von Schüler*innen aus welchen Gründen auch immer wird als diskriminierend eingestuft. Integration hat man zu befürworten, wobei vielen die persönlichen und sozialen Kosten des Modells nicht bewusst sind. Die Salamanca-Erklärung oder die UN-Behindertenrechtskonvention propagieren schöne Zielvorstellungen und hehre Ideale, die einen mit dem guten Gefühl erfüllen, endlich die Zeiten der Diskriminierung überwunden zu haben.

Beat Kissling, ein feinfühliger Beobachter, kritischer Denker und differenzierter Beurteiler mit wachem Geist und großer Belesenheit geht in diesem Buch mit beeindruckender Offenheit und fundiertem Sachverstand der Frage nach, was Inklusion im Alltag wirklich bedeutet, welche Vor- und Nachteile sie hat und wer in welchem Masse davon profitieren kann. Er schöpft aus eigener Erfahrung als Schüler und später langjähriger Kantonsschullehrer und Ausbildner.

In seinem Buch verflicht er theoretische Positionen, pädagogische, psychologische und philosophische Strömungen und Ideen, lebensnahe Erfahrungen von Menschen anhand eingängiger Fallbeispiele und Zitate von Betroffenen oder Beobachtenden und schafft ein kohärentes Opus, dessen Lektüre einen bereichernden Genuss darstellt.

Im Vordergrund seiner Entwicklung des Themas steht nicht plakativ und programmatisch das pädagogische Modell, sondern das Kind und der Kontext, dessen es bedarf, um sich gut entwickeln zu können. Es geht um die Bedingungen, welche Lehrpersonen, Schule und letztlich die gesamte Gesellschaft verwirklichen müssen, um Kindern die uneingeschränkte Möglichkeit zu schaffen, ihr Potenzial bestmöglich zu entfalten. Beat Kissling zeigt auf, dass jenseits von Klassifikationen und Diagnosen, jenseits der Diskussion von gezielter Einzelförderung oder Unterricht im Kollektiv alle Kinder dieselben Bedürfnisse haben. Sie müssen sich bindungsmäßig sicher, angenommen und wertgeschätzt fühlen. Sie müssen wohlwollend motiviert und stimuliert werden. Ihnen muss das Lernuniversum durch authentisches Interesse an ihnen, eine positive Grundhaltung ihnen gegenüber, Geduld und Akzeptanz sowie Sinnhaftigkeit erschlossen werden. Dazu bedarf es nicht nur umsichtiger Lehrpersonen, welche dies vermitteln, sondern insbesondere eines wohlwollenden, konstruktiven, lernförderlichen Klassenklimas, geprägt durch gegenseitige Akzeptanz und integratives Denken. Es geht um Haltungen und Einstellungen, um Sensitivität und Engagement und trotz allem um Individualität, dem Erkennen der Stärken des jeweiligen Kindes und dessen Förderung. Gelebte Integration beginnt in der Erziehung zuhause und der Meinungsbildung in der Gesellschaft.

Prof. Dr. Guy Bodenmann Sommer, 2021

Geleitwort von Franziska Felder

Dass Beat Kissling mit dem Titel seines Buches eine sehr grundlegende Frage aufwirft, die gewisse Kreise wohl als provokative These verstehen und mit einem affirmativen „Ja, Inklusion und Integration sind gescheitert!" beantworten werden, sollte nicht darüber hinwegtäuschen, dass hier ein Autor sehr klar und mit einer positiv-konstruktiven Absicht auf Aspekte hinweist, die in der gegenwärtigen Inklusionsdebatte häufig untergehen.

Kissling will nicht polarisieren, sondern positive und reflektierte Ideen präsentieren, wie der festgefahrenen Inklusionsdebatte neue Impulse verliehen werden können. Die Prämisse: Bildung muss allen Kindern und Jugendlichen gerecht werden, auch denjenigen mit Behinderungen. Wie das geschehen kann, wo umgedacht werden muss und wo mögliche Fallstricke und Grenzen sein könnten, das ist das Thema seines Buches.

Dabei verweist Kissling erstens auf die Bedeutung des sozialen Gehalts, der in der Idee der Inklusion steckt. Zweitens stellt er seine Überlegungen in den Kontext menschlichen Wohlergehens als Ziel einer solchermaßen ausgerichteten Pädagogik. Damit geraten auch Aspekte wie Mobbing und andere Ausschlusserfahrungen und Marginalisierungsformen ins Zentrum der Überlegungen. Drittens widmet Kissling den anthropologischen und entwicklungspsychologischen Bedingungen von Inklusion zu Recht viel Aufmerksamkeit. Dabei schreibt er vor dem Hintergrund langjähriger und tief reflektierter Erfahrungen in der Praxis und der Lehrerbildung. Kissling ist einer, der einen Schritt zurücktreten will, die Debatte re-fokussieren möchte und seine Gedanken mit persönlichen Reflektionen und Erfahrungen, aber auch dem Austausch und den Erlebnissen anderer anreichert. Und genau in dieser Verschränkung der Betonung von in der wissenschaftlichen Diskussion um inklusive Pädagogik unterbeleuchteten Aspekten wie sozialem Lernen oder Wohlbefinden und dem tiefen Humanismus und Interesse an den Lebenserfahrungen anderer liegt die grosse Stärke dieses Buches. Dabei zeigt Kissling gerade in seinen Überlegungen zu einer Umsetzung verantwortungsvoller Inklusion, die eben gerade *nicht* (oder zumindest nicht ausschließlich) auf Individualisierung, sondern auf gemeinsames Lernen und Gemeinsinn setzt, wie das gelingen könnte: über dialogisches Lernen und Bildung.

Beat Kissling gelingt mit seinem Buch ein gehaltvolles, kritisches, von zutiefst humanistischem und seinerseits dialogischem Denken geprägtes Werk, dem viele Leserinnen und Leser zu wünschen sind.

Prof. Dr. Franziska Felder August 2021

Danksagung

Meinen Dank richte ich an folgende Personen:

- Prof. Dr. Guy Bodenmann, Inhaber des Lehrstuhls für Klinische Psychologie an der Universität Zürich, der mir die Gelegenheit eröffnete, dieses Buch zu schreiben. Sein Vertrauen als freundschaftlich verbundenen Kollegen gefunden zu haben, freut mich sehr;
- Dr. Franziska Felder, Professorin für Inklusive Pädagogik und Behinderungsforschung an der Universität Wien, mit der ich von der ersten Minute unserer Begegnung an einen für mich wertvollen kollegialen Dialog führen konnte;
- Prof. Dr. Roland Reichenbach, Lehrstuhlinhaber für Allgemeine Erziehungswissenschaften an der Universität Zürich, der mir seit Jahren ein sehr wichtiger Dialogpartner ist sowohl im persönlichen Gespräch als auch mit seinen wertvollen publizistischen Beiträgen in der heutigen deutschsprachigen Bildungsdiskussion;
- meiner Kollegin Dr. phil. Eliane Perret und meinem Kollegen Dr. phil. Lutz Wittenberg, die meine schriftlichen Entwürfe für dieses Buch kritisch lasen, mir im fachlichen Gespräch wertvolle Hinweise gaben und somit halfen, den Text gedanklich klarer und stringenter zu fassen;
- Dr. phil. Peter Schmid und Dr. phil. Riccardo Bonfranchi, die mir als erfahrene Heilpädagogikspezialisten mit ihrem differenzierten Rat zur Seite standen, wenn es um die Klärung spezifischer sonderpädagogischer Fragen ging;
- meinen deutschen Kolleginnen Hannelore Kastenholz und Marion Fischer sowie dem Kollegen Joachim Kader für ihre wertvollen Anmerkungen zu meiner grundsätzlichen Heranführung an die Thematik;
- Diana und Winfried Pogorzelski, auf deren kritische germanistische Begutachtung meines Textes ich mich verlassen konnte;
- Dr. Susanne Lauri, die mich mit sehr viel Geduld und Wohlwollen im Namen des Hogrefe Verlags begleitet und unterstützt hat. Sie und ihre Kollegin, Eveli-

ne Widmer, waren stets für Fragen gut erreichbar und bereit, mir in meinen Anliegen hilfreich entgegenzukommen.

Ein besonderer Dank gilt meinen Interview- und Gesprächspartnerinnen Pia und Julia Gisler, Claudia Luthiger-Gisler sowie Monika Suter-Heinzer. Dies gilt auch für meine ehemaligen Abiturientinnen und Abiturienten für ihre Bereitschaft und das Interesse, mir durch das offene Gespräch mit ihnen zu wertvollen Einsichten und Informationen zu verhelfen, die mit den wissenschaftlichen Erkenntnissen zu vergleichen waren. Aber auch die mir zugänglich gemachten empirischen Erkenntnisse des Zuger Kinderarztes und Spezialisten für Systemische Entwicklungspädiatrie, Dr. med. Romedius Alber, waren eine wertvolle Unterstützung.

Sehr zu schätzen weiss ich auch, dass ich mit meinen Berufsmaturaklassen des Schuljahres 2019/20 eigene Erfahrungen mit dem Konzept des Accountable Talk bzw. des Dialogischen Lernens im Unterricht sammeln konnte. Meinen damaligen Klassen bin ich sehr dankbar für ihr engagiertes sowie reflektiertes Mitmachen beim Erproben dieser vielversprechenden Wende hin zu einer zukünftigen Form des kooperativen dialogischen Unterrichtens.

Sehr herzlich danken möchte ich zum Abschluss meiner Lebenspartnerin Petra Hagen Hodgson. Als engagierte, interdisziplinär bewanderte Denkerin hat sie den Entstehungsprozess dieses Buchprojekts über die ganze Zeit hinweg kritisch und geduldig begleitet und war mir in diesem Unterfangen eine wichtige, treue Kameradin.

Einführung

„Kein Mensch ist eine Insel, ganz für sich allein“[1] – mit diesen Worten beginnt die 1624 verfasste, berühmt gewordene Meditation des großen englischen Renaissance-Dichters John Donne. Sie sagen uns, dass wir Menschen zutiefst soziale Wesen sind, dass wir uns gegenseitig brauchen, dass wir nur im Miteinander, als Teil einer Gemeinschaft, wirklich aufblühen. In diesen Worten findet sich der Kern dessen wieder, worauf sich Integration – auch Integration in der Schule – bezieht, woran sie anknüpft und was sie leisten soll. Denn, wenn wir von Integration sprechen, dann geht es vorab um das solidarische Bemühen, Menschen, die in irgendeiner Weise in der Gesellschaft abseitsstehen, mitzunehmen, einzubinden, sich mit ihnen zu verbinden, sie – in Bezug auf die Schule gesprochen – zu Klassenkameraden[2] zu machen und sie am gemeinsamen Lernen von gleich zu gleich teilhaben und wachsen zu lassen. Wir haben bei der schulischen Integration insbesondere junge Menschen im Blick, die in irgendeiner Weise beeinträchtigt oder benachteiligt sind gegenüber den anderen – durch eine körperliche, eine psychische, eine geistige, eine soziale oder emotionale Behinderung bzw. Einschränkung. Integration beruht auf der Vorstellung der Gleichheit aller Menschen, die in der *Allgemeinen Erklärung der Menschenrechte* auf der Basis der Charta der Vereinten Nationen seit 1948 verankert ist. Wenn wir über Integration sprechen, geht es letztendlich um Fragen der Humanität.

Etymologisch gesehen ist der Begriff seit jeher positiv besetzt, sein Gehalt eng mit dem Verbundenheitsgefühl unter uns Menschen verknüpft. Ursprünglich dem Lateinischen entlehnt, bedeutet integrieren zunächst „wiederherstellen, ergän-

---

1 „No man is an island, entire of itself“ (Donne, 2007). Übers. von Johannes Mario Simmel, 1979.

2 *Der besseren Lesbarkeit wegen wird im Text durchgehend die männliche Sprachform, das generische Maskulinum verwendet.*

zen, erneuern, geistig auffrischen", seit dem 18. Jahrhundert auch „ergänzen, vervollständigen, sich zusammenschließen, in ein größeres Ganzes eingliedern" und spezifisch Integration meint „Zusammenschluss, Eingliederung, Vereinigung" Etymologisches Wörterbuch des Deutschen, (Pfeifer, 2005).

Historisch gesehen war die Aufnahme von Kindern und Jugendlichen mit Dysfunktionalitäten im selbst noch jungen öffentlichen Schulwesen des 19. Jahrhunderts eine allmähliche Errungenschaft. Wie man in historischen Aufzeichnungen nachlesen kann, wurden Kinder mit Handicaps früher zunächst nicht unterrichtet. Noch gemäß dem 1859 erlassenen „Gesetz über das gesamte Unterrichtswesen des Kantons Zürich" beispielsweise galten sie als nicht bildungsfähig: „Blinde, Taubstumme, Idioten wie auch verwahrloste Kinder mussten und sollten nicht im Rahmen der Volksschule unterrichtet werden" (Wolfisberg, 2008, S. 190). Sie wurden „dispensiert" und waren darauf angewiesen, in privaten Institutionen aufgenommen zu werden, die sich auf Kinder mit körperlichen oder geistigen Dysfunktionalitäten spezialisiert hatten. Nach dem Vorbild Deutschlands schlugen in der Schweiz Ende des 19. Jahrhundert einige engagierte Lehrerpersönlichkeiten vor, Spezialklassen für die „Schwachbefähigten" einzuführen. Damit begann die institutionelle Differenzierung des öffentlichen Angebots für Kinder. Anschließend erfolgte der Aufbau einer adäquaten Ausbildung von Lehrern für die „besonderen" Schüler und allmählich die Systematisierung der Angebote nach spezifischen Spezialklassen, Sonderschulen und Sonderschulheimen. Im Grunde kann man diese Entwicklung als weitgehende Integrationsleistung verstehen. Bis weit in die zweite Hälfte des 20. Jahrhunderts hinein wurde sie auch als grundsätzlich großer Fortschritt erachtet.

Seit mehr als zwei Jahrzehnten hat sich die Perspektive verändert. Ein neues Verständnis von Integration gehört zu den großen Reformprojekten im deutschsprachigen Schulwesen. Sie besagt, dass Kinder und Jugendliche, die mit einer Behinderung bzw. irgendeiner Einschränkung aufwachsen, nicht von Kindern ohne Handicaps getrennt, sondern möglichst gemeinsam unterrichtet werden sollen. Die Realisierung dieser Reform wird im Namen der Gleichheit und der sozialen Gerechtigkeit eingefordert. Bereits zu der Zeit, als ich in den 1970er-Jahren mein Diplom als Volksschullehrer erwarb, diskutierten wir solche Fragen im Kontext von schichtspezifischen Sprachbarrieren. Uns junge Pädagogen trieb damals das Thema der selektionierenden Rolle der Schule und die Forderung nach Chancengleichheit um. Die soziolinguistisch abgestützte Defizithypothese des Soziologen Basil Bernstein war in kritischen Pädagogenkreisen in aller Munde, wonach die in der Familie erworbenen sprachlichen Voraussetzungen (der Code) eines Kindes wesentlichen Einfluss auf die Entwicklung seiner kognitiven Fähigkeiten haben.

Es wurde vom *restringierten Code* der Unterschicht und dem *elaborierten Code* der Mittel- und Oberschicht gesprochen, welche die Chancen von Schülern hinsichtlich ihrer schulischen Laufbahn in hohem Maße von vorneherein determinieren. Kritisiert wurden auch die unterschiedlichen Leistungsniveaus in der Sekundarstufe I, die in Deutschland nach vier und in der Schweiz nach sechs Jahren erreicht werden. Wir sahen in dieser Leistungsdifferenzierung die Gefahr einer Selektion, welche die ungerechten schichtspezifischen Unterschiede in der Gesellschaft weiterbefördert und stabilisiert. Problematisch erschien uns damals auch die Separation der Sonderschüler von den Regelklassen als Ausdruck ihrer Außenseiterposition am unteren Rand der gesellschaftlichen Hierarchie.

In den folgenden Jahren wurde in den Regelklassen viel unternommen, um im Sinne der *kompensatorischen Erziehung* die Defizite der sogenannten Unterschichtkinder zu beheben oder sie zumindest zu reduzieren: Wir Lehrer bemühten uns bei der Unterrichtsgestaltung sehr um sie. Dies waren die damaligen Integrationsbemühungen innerhalb der Regelklassen. Wertvolle Unterstützung erhielt unser Schulbetreuungsteam durch die verschiedenen Spezialisten für bestimmte Defizite: Logopäden, Psychomotorik-, Dyskalkulie- und Legasthenietherapeuten, Schulpsychologen und Psychotherapeuten. In Deutschland wurde mit der Einführung der Gesamtschulen versucht, die Wirkung der Selektion weiter zu mildern. Dennoch verstummte die Kritik am selektionierenden Schulsystem nicht. Die Sonderklassen und Sonderschulen (Schweiz) oder Förderschulen mit spezifischen Förderschwerpunkten (Deutschland) blieben nach wie vor in der Kritik, obwohl sich der Ruf des differenzierten Sonderschulwesens mit homogenen Kleinklassen und spezialisierten Heilpädagogen in der Zwischenzeit sehr positiv entwickelt hatte. Leider blieben – von Schule zu Schule und von Gemeinde zu Gemeinde in unterschiedlichem Ausmaß – Einstellungen von Regelschülern gegenüber den Sonderschülern erhalten, die von Spott und demütigender Überheblichkeit geprägt waren. Das Problem schienen mir allerdings damals schon nicht so sehr die Schüler als vielmehr die Erwachsenen zu sein, die so etwas gewähren ließen.

Ende des 20. Jahrhunderts setzte sich in der Politik – in Deutschland etwas früher als in der Schweiz – die Auffassung durch, die Existenz von Sonderschulen sei per se diskriminierend. Es reiche nicht, gelegentlich einige Kinder mit speziellem Förderbedarf (so der neu institutionalisierte Begriff) zu integrieren. Sehr rasch wurden alle Sonderklassen flächendeckend aufgehoben, die Sonderschulen blieben bestehen. In Deutschland schloss man im Laufe der folgenden Jahre die Förderschulen und begann die Kinder mit besonderem Förderbedarf im Rahmen der Regelklassen zu unterrichten. Die Aufhebung dieser speziellen Angebote schuf für die Regelklassenlehrer äußerst anspruchsvolle Situationen, die bis heute bestehen. Am schwersten dürften es diejenigen Lehrer haben, die in Gemeinden mit besonders ehrgeizigen Schulleitungen arbeiten, da diese erfahrungsgemäß die realen Anforderungen herunterspielen. Von Lehrern und Eltern hört man aus den Gemeinden bzw. Kommunen Unterschiedliches. Mehrheitlich sind es kritische Töne. Ein Hauptthema ist insbesondere die Überforderung der Lehrer. Sie hat vermehrt Kündigungen zur Folge, und gehäuft treten in manchen Gemeinden Kündigungen von mehreren Lehrern einer Schule gleichzeitig auf. Andererseits gibt es Berichte aus Schulen, in denen Integration offenbar gut funktioniert, weshalb Befürworter der Integration argumentieren, Erfolg oder Misserfolg der Integration sei lediglich eine Frage der richtigen Umsetzung. Leider hat sich aufgrund der diametral unterschiedlichen Sichtweisen eine inzwischen äußerst emotional aufgeladene, polemisch geführte Debatte ergeben, die eine echte Auseinandersetzung im Dialog immer schwieriger gemacht hat.

Aus eigener Erfahrung stand ich der Aufhebung der Sonderklassen und der damit verbundenen umfassenden Integration sehr ambivalent gegenüber, hatte ich doch erlebt, dass die für einzelne Behinderungsformen spezialisierten Heilpädagogen (für sehr langsame Lerner, für Kinder und Jugendliche mit Wahrnehmungseinschränkungen, Körperbehinderte und Verhaltensauffällige, für fremdsprachige Kinder, Einschulungsklassen für entwicklungsverzögerte Schulanfänger) mit ihren Klassen zumeist sehr erfolgreich arbeiteten. Ich konnte beobachten, dass die betroffenen Schüler sich ganz offensichtlich gerne von ihnen unterrichten ließen und habe auch erlebt, dass ihre Eltern zumeist sehr zufrieden waren, weil sie merkten, dass sich ihre Kinder wohlfühlten. Unter den erfahrenen Heilpädagogen war die Zustimmung zu dieser umfassenden Integration wenig ausgeprägt. Die meisten waren sehr skeptisch und zweifelten daran, dass man ihre Schüler unter den Bedingungen einer Regelklasse einigermaßen gleich gut werde fördern und betreuen können.

Grundsätzlich hatte ich aber durchaus auch Sympathien für die Idee einer erweiterten Integration: Meine Einstellung war, dass ein Kind, das trotz seines Handicaps die notwendigen Voraussetzungen mitbringt, dem Unterricht in einer Regelklasse folgen zu können, selbstverständlich integriert werden sollte. Dass dies mit der notwendigen Unterstützung gut funktionieren kann, wusste ich aus eigener Erfahrung. In den 1990er-Jahren war ich in größerem Umfang mit der Integration von bosnischen, kosovoalbanischen und mazedonischen Kindern aus Ex-Jugoslawien konfrontiert. Aufgrund des Bürgerkriegs waren viele Familien in die Schweiz geflüchtet und etliche hatten sich in der Gemeinde, in der ich unterrichtete, angesiedelt. Die Anforderungen an uns Lehrer waren zeitweise hoch. Dennoch fiel die Heterogenität innerhalb der Unterstufenklassen mit dem hohen Anteil an nicht muttersprachlichen, nicht einheimischen Kindern (80–90 %) nicht so stark ins Gewicht. Die Tatsache, dass auch für die Schweizer Kinder Hochdeutsch in gewissem Sinne neu war und von Grund auf gelernt werden musste, schaffte gegenüber den fremdsprachigen Kindern keine sehr unterschiedlichen Lernvoraussetzungen. Ein ausgezeichnetes Team, bestehend aus einer Logopädin und spezialisierten Deutschlehrpersonen für die fremdsprachigen Kinder, das unsere Arbeit als Regelklassenlehrer tatkräftig unterstützte, war wesentlich daran beteiligt, dass die Anforderungen gut bewältigt werden konnten.

Des Weiteren hatte ich während meiner Tätigkeit in der Lehrerbildung Gelegenheit, in abseits gelegenen Landregionen Klassen mit mehreren Jahrgängen zu besuchen. Hier gab es keine Sonderklassen und ich konnte sehen, dass es den meisten Lehrern trotzdem gelang, mit der vorhandenen Heterogenität zurechtzukommen. Zugleich erschienen mir die Stimmen aus der Lehrerbildung, die sich zusammen mit Vertretern der Bildungsverwaltung und mit Berufung auf internationale Normen vehement für eine flächendeckende Integration aussprachen, zu kategorisch. Die Probleme und die teils überfordernden Situationen für die Lehrer wurden aus meiner Sicht zu wenig ernst genommen.

Die Polarisierung der Standpunkte erfuhr noch eine Akzentuierung, als 2006 im Zusammenhang mit der Verabschiedung der UN-Konvention zum Schutz von Menschen mit Dysfunktionalitäten neu der Begriff der *Inklusion* eingeführt wurde. Inklusion geht deutlich weiter als Integration. Die Promotoren der Inklusion grenzen sich sogar von der Integration ab und kritisieren, Integration beinhalte im Grunde nur eine Anpassung der zu integrierenden Schüler an die Normen der Regelschule. Diese müssten sich allem unterordnen und somit ihre eigene Identität und Erwartungen praktisch aufgeben oder zumindest zurückstellen. Integrierte Sonderschüler seien in der Rolle von tolerierten, nicht vollwertig Teilhabenden an der Klassengemeinschaft.

Im Unterschied zur Integration fordert das Konzept der Inklusion tatsächlich eine regelrechte Revolutionierung der aktuellen Schulstruktur bzw. -kultur. Begründet wird diese Sichtweise mit der Notwendigkeit, die *UN-Konvention zum Schutz behinderter Menschen* real umzusetzen. Dazu müssten die aktuellen Bildungsinstitutionen zwangsläufig zu *Schulen für alle* umgebaut werden. In einer solchen Schule für alle werden restlos alle Unterschiede zwischen den Schülern – dazu gehören auch alle Arten von Einschränkungen, Dysfunktionalitäten und Unterschieden in der Leistungsfähigkeit – als Ausdruck einer erfreulichen Vielfalt und Unterschiedlichkeit der Menschen gesehen wie unterschiedliche Haar- oder Augenfarben oder andere individuelle Eigenschaften. In diesen *Gemeinschafts-*

schulen (auch eine der gängigen Bezeichnungen) arbeiten Schüler mit speziellem Förderungsbedarf beispielsweise neben Gymnasiasten unter generellem Verzicht auf Differenzierungen nach Niveaugruppen. Alles, was diskriminierenden (= unterscheidenden) Charakter haben könnte, wird vermieden. Diese Konzeption impliziert zwangsläufig, dass an den eigentlichen klassischen Lerninhalten der jeweiligen Schulstufe immer nur individualisiert gearbeitet werden kann.

Es gibt etliche Erziehungswissenschaftler und Lehrer, welche die Idee der Inklusion als Ideal zur Aufhebung jeglicher Wertunterschiede zwischen Schülern positiv sehen, gegenüber der vorgesehenen Praxis jedoch skeptisch sind. Zu ihnen gehören Stephan Ellinger und Traugott Böttinger, Herausgeber der Reihe „Inklusion praktisch". Sie interpretieren die Absicht der Inklusion ganz im Sinne der Menschenrechte, wenn sie sagen:

> „Inklusion ist nicht nur eine der schönsten pädagogischen Visionen überhaupt, sondern auch eine gesellschaftliche Vorstellung, die vor allem auf humanistischen Werten und Normen beruht. Im Vordergrund stehen Begriffe wie Gleichheit, Gerechtigkeit, Selbstwert, Teilhabe und Partizipation" (Böttinger, 2017, S. 5).

Zugleich hat für die beiden Erziehungswissenschaftler die pädagogische Inklusion vorläufig den Charakter einer Utopie im Sinn eines anzustrebenden Zieles, das längstens noch seiner Verwirklichung harrt. Ihrer Ansicht nach kann sie nicht allein durch die Schule geleistet werden, sondern ist Aufgabe der Gesellschaft, die sich um soziale Gerechtigkeit, Diskriminierungsfreiheit und gegen alle Arten von Ausschluss oder Abwertung von Menschen wenden sollte (Böttinger, 2017, S. 6). In Bezug auf die Umsetzungspraktiken der Inklusion warnen Ellinger und Böttinger auch vor überzogenen Erwartungen.

Schwer verständlich bleibt, wieso trotz der von allen Seiten versicherten, besten Absichten hinsichtlich der Umsetzung der UN-Konvention der ernsthafte Dialog oder eher der Streit über die zielführende Lösung völlig in der Sackgasse gelandet ist. Und es stellt sich im Namen der Lehrer und Schüler, die jeden Tag mit der oftmals unbefriedigenden Realität konfrontiert sind, die Frage, was wirklich zu tun ist: Ist eine optimierte Integration die Lösung? Oder ist einer richtig praktizierten Inklusion der Vorzug zu geben? Geht es um mehr Öffentlichkeitsarbeit, um Akzeptanz zu schaffen, vielleicht mit mehr Mitteln? Braucht es Aufklärungskampagnen? Es wäre auch die Frage zu klären, warum immer mehr Kinder sonderpädagogischer Maßnahmen bedürfen und in der Schweiz beispielsweise die noch bestehenden Sonderschulen einen enormen Zulauf haben und in ihnen neue Schulplätze geschaffen werden? Wären eher kombinierte Lösungen praktikabel oder die Rückkehr zum differenzierten Sonderschulmodell mit den spezialisierten Heilpädagogiklehrkräften? Grundlegend ist zu fragen, wie es überhaupt möglich ist, zu einer konsensualen Perspektive und Lösung zu gelangen, die dem humanen Anspruch der Integration wirklich gerecht wird, sodass Anspruch und Realität nicht auseinanderklaffen.

Dieses Buch soll ein Beitrag zur Beantwortung dieser Frage sein. Um nicht Gefahr zu laufen, sofort ins Fahrwasser eines festgefahrenen Standpunkts zu geraten, wenn die Chancen und die Risiken der Integration für schwache Schüler ausgelotet werden, wird zunächst versucht, einen Schritt zurückzutreten und sozusagen neu anzusetzen. Dabei wird das Ziel verfolgt, alle Argumente einzubeziehen und auf ihre Begründbarkeit hin zu überprüfen, die bisher auf allen Seiten als besonders relevant geäußert wurden. Ergänzend werden wesentliche humanwissenschaftliche Erkenntnisse zum komplexen Phänomen „menschliches Lernen" beigezogen und ausführlich beleuchtet. Sie sollen helfen, die essenziellen Bedürfnisse der verschiedenen Kinder und Jugendlichen im Unterricht zu erfassen, denen die Lehrer gerecht werden müssen, um allen Schülern, ganz besonders aber den (lern-)schwachen bzw. behinderten Kindern möglichst vorteilhafte Lernbedingungen zu verschaffen. Dieser komplexen Frage und Aufgabe kann man sich mit dem heutigen Wissen insbesondere aus der vielfältigen entwicklungspsychologischen Forschung und der vergleichenden evolutionären Anthropologie sehr gut annähern. Zusammen mit den psychologischen und pädagogischen Einsichten aus ausgewählten Praxisbeispielen sollen Kriterien abgeleitet werden, mit deren Hilfe sich ermessen lässt, unter welchen Umständen oder unter welchen Voraussetzungen die Integration eines jeden einzelnen Kindes oder Jugendlichen für seine schulische Entwicklung vorteilhaft ist oder nicht. Dies sollte dann auch ermöglichen, die Chancen bzw. die Risiken der Integration bzw. Inklusion für schwache Schüler möglichst klar ins Auge fassen zu können.

Eingrenzungen

Zunächst muss konkret geklärt werden, bei welchen Schülern sich die Frage bzw. Aufgabe der Integration überhaupt stellt. Im Allgemeinen ist dabei die Rede von Kindern, die sich aufgrund verschiedener möglicher Einschränkungen schwer damit tun, dem lehrplanmäßg orientierten Unterricht zu folgen. Oft spricht man deshalb von „schwachen" Schülern, wobei die Variationsbreite dessen, was darunter genau verstanden werden kann, groß ist. Es handelt sich auf jeden Fall um Schüler, welche die Pädagogen besonders herausfordern. Dazu gehören zunächst jene Schüler, die große Mühe haben, eine Aufgabe anzupacken und an ihr dranzubleiben, also intellektuell sehr langsame, mutlose Lernende. Häufig gehören aber ebenfalls unruhige, verhaltensauffällige Kinder zu den schwachen Schülern, zumal auch sie sich oft nur schwer konzentrieren können, abschweifen und Mitschüler gerne mit Albernheiten ablenken. Psychologisch gesehen besteht sogar nicht selten ein Zusammenhang zwischen schwachen schulischen Leistungen und Verhaltensauffälligkeit. Die Erfahrung, beim Lernen kaum Erfolg zu haben und gegenüber den anderen leistungsmäßig abzufallen, wirkt sehr demotivierend. Entmutigten Kindern fällt es generell schwer, sich auf das Lernen einzulassen. Eine weitere anspruchsvolle Gruppe sind Schüler, die in sozialer Hinsicht insofern „behindert" sind, als dass sie stets Mühe haben, in eine natürliche Kommunikation mit jemand anderem zu treten und sich deshalb nur schwer mit ihren Klassenkameraden verständigen und kooperieren können; sie laufen Gefahr, zu Außenseitern zu werden.

In dieser Publikation geht es insbesondere um Kinder mit zumeist ausgeprägten Schwierigkeiten beim Lernen, oft in Verbindung mit Verhaltensauffälligkeit. Der Begriff schwach bezieht sich also auf die kognitiven Voraussetzungen des einzelnen Schülers. Bei Schülern mit Wahrnehmungseinschränkungen (Sehen oder Hören) ist der Befund „schwach" nicht a priori gegeben, nicht einmal, wenn es sich um praktisch Gehörlose oder Blinde handelt. Diese Kinder können u.U. mit gezielter heilpädagogischer Unterstützung und den erforderlichen didaktischen und technischen Hilfsmitteln in einer Klasse mit Regelschülern gut mithalten. Viel hängt bei diesen Kindern davon ab, wie viel Eigenaktivität, Lerneifer und Zuversicht ein Kind im Lernen aus der Familie mitbringt. Es ist also ebenso möglich, dass ein Kind mit einer realen Hör- oder Sehbehinderung äußerst vif und lernbegierig ist, sein Potenzial mit viel Energie ausfüllt und dadurch sein Handicap sehr gut kompensieren kann. Es kann aber auch das Gegenteil der Fall sein.

Bei körperbehinderten Kindern verhält es sich ähnlich, sofern keine geistige Behinderung damit einhergeht. Bei der Integration geistig behinderter Kinder hingegen stellt sich die Frage, ob der Regelklassenlehrer diesem Kind wirklich gerecht werden kann. Um es vorwegzunehmen, ist hier die sinnvolle Berechtigung einer Integration besonders infrage zu stellen, wenn man das Wohl des betreffenden Kindes wirklich ernst nimmt.

Eine spezielle weitere Gruppe ist diejenige der fremdsprachigen Kinder mit Herkunft aus Ländern mit anderem kulturellen Hintergrund. Die Integration solcher Kinder ist nicht nur mit der Förderung der deutschen Sprache zu bewältigen, sondern erfordert, wenn man der Aufgabe wirklich gerecht werden will, sehr viel pädagogisches und interkulturelles Verständnis. Dem könnte nur in einer eigens dem Thema gewidmeten Publikation angemessen Rechnung getragen werden, weshalb diese Kinder hier nicht einbezogen werden.

Bedürfnisse und Probleme von Schülern mit Handicaps und Regelschülern im Vergleich

Im Hinblick auf die als „schwach“ benannten Schüler gilt es eine weitere grundsätzliche Frage zu klären. Sie betrifft die möglichen Unterschiede, die zwischen der Entwicklung und den Erfordernissen von Kindern mit und denjenigen ohne spezielle Einschränkungen bestehen. Diese Frage ist deshalb von Bedeutung, weil der Schwerpunkt in diesem Buch auf die zentralen Aspekte fokussiert, die das schulische Lernen von der Volksschule an im Allgemeinen begünstigen bzw. hemmen.

Genau dieser Frage widmet sich ein Beitrag des leider unlängst verstorbenen Schweizer Entwicklungsforschers Remo Largo mit dem Titel „Wie entwickeln sich behinderte Kinder?“ Es gibt die Unterschiede tatsächlich, wie man hier lesen kann. Das ist nicht verwunderlich, zumal das Lernen bei allen erwähnten Varianten von „schwachen“ Schülern natürlich erheblich erschwert sein kann. Largo betont dennoch schon zu Beginn seines Artikels, dass sich grundsätzlich „behinderte Kinder nach den gleichen Gesetzmäßigkeiten wie normal entwickelte Kinder“ (Largo, 1997, S. 140) entwickeln würden. Außerdem hätten beide Gruppen auch die gleichen entwicklungsspezifischen Bedürfnisse. Emotionale Bedürfnisse wie das „Gefühl von Geborgenheit und Nähe“, der Wunsch, eigenaktiv und selbstbestimmt handeln zu können oder neue Fähigkeiten zu erwerben und anwenden zu können, sind nach Largo bei allen Kindern in gleicher Weise ausgeprägt. Allerdings – und hierin manifestieren sich die Unterschiede – sei bei einem „behinderten“ Kind bei allem Lernen der Aufwand und die Ermüdbarkeit klar ausgeprägter und Eigenschaften wie „genuine Aktivität und Neugierverhalten“ seien oft aufgrund ihrer Grundproblematik eingeschränkt. Bei allen Vergleichen weist Largo stets darauf hin, dass unter behinderten Kindern die individuellen Unterschiede ebenso groß sein können wie bei Kindern ohne Einschränkungen. Es erstaunt nicht, dass Kinder mit solchen Einschränkungen in ihrer gesamten Entwicklung vergleichsweise verzögert sind. Dies betrifft ihre Autonomieentwicklung, zumal die emotionale Abhängigkeit von ihren Bezugspersonen deutlich länger besteht. Ihre Einschränkungen haben nicht selten auch hemmende Auswirkungen auf ihre geistige Präsenz, auch wiederum ein Element, das den Entwicklungsrückstand gegenüber den anderen Schülern vergrößern kann. Dies kann nicht nur zu einem verminderten Entwicklungspotenzial, sondern auch zu einem Erfahrungsdefizit und dies letztlich im Vergleich mit den „normalen“ Kindern zu einer Entmutigung und einem Vermeidungsverhalten führen. Letzteres beschreibt Largo so:

> „Es umgeht oder verweigert Tätigkeiten und Situationen, von denen es genau weiß, daß es diese nicht oder nur mit viel Aufwand und Frustration bewältigen kann“ (Largo, 1997, S. 144).

Aufgrund der Entmutigung, die der Entwicklungsforscher beschreibt, legt er das Augenmerk für die Erzieher auf „das Vermitteln eines guten Selbstwertgefühls“, ein Aspekt, der für alle Schüler von großer Bedeutung ist. Bei den Kindern mit einer Dysfunktionalität sei das Risiko aufgrund des größeren Aufwands, der für die gleiche Leistung erbracht werden müsse, durch Misserfolge frustriert zu werden, größer, was sich direkt auf das Selbstwertgefühl negativ auswirkt.

Diese Erläuterungen von Remo Largo sind wichtig und wertvoll, weil sie zeigen, dass die Bedürfnisse von Regelklassenkindern und Kindern mit Einschränkungen prinzipiell dieselben sind, dass aber bei Letzteren die Risiken zu resignieren und psychisch abzugleiten höher sind. Sie sind auf Lehrer angewiesen, die dies im Unterricht erfassen und es verstehen, pädagogisch solche Kinder emotional aufzufangen, ihnen adäquate Unterstützung und Anleitung zu bieten und ihnen somit zu helfen, den Anschluss an die Klasse wiederzufinden. Allerdings setzt dies voraus, dass das jeweilige Kind auch über die erforderlichen geistigen Ressourcen verfügt.

Die Lehrer, von denen hier gesprochen wird, sind normalerweise Sonderpädagogen (DE) bzw. Heilpädagogen (CH). Selbstverständlich sind die Anforderungen an diese Pädagogen weiterreichender als diejenigen, mit denen sich die Regelklassenlehrer auseinandersetzen müssen. Dies wurde von Paul Moor, dem international bekannten Schweizer Heil- bzw. Sonderpädagogen und langjährigen Präsidenten der Internationalen Gesellschaft für Heilpädagogik bei seinen Erläuterungen zum Verhältnis von Pädagogik und Heilpädagogik sehr klar formuliert:

> „Man erkennt daraus, dass heilpädagogische Arbeit eine gründliche Vertrautheit mit allgemein pädagogischer Arbeit voraussetzt, dass heilpädagogische Wissenschaft nicht eine Vorstufe der Pädagogik ist, oder gar nur eine Kümmerform, in der es nicht so sehr darauf ankommt, sondern im Gegenteil eine Weiterführung, eine Vertiefung, Differenzierung und Intensivierung, eine gründliche Durcharbeitung der pädagogischen Probleme verlangt“ (Moor, 1965, S. 272).

Das höhere Anspruchsniveau der Herausforderungen, mit denen die Heil- bzw. Sonderpädagogen dauernd konfrontiert sind, sind auch mitverantwortlich dafür, dass sie ihre pädagogischen Kompetenzen entsprechend ausbauen müssen, denn:

> „Die größeren Schwierigkeiten zwingen ihn zu exakter Beobachtung, zu größerer Treue gegenüber der pädagogischen Wirklichkeit und zu redlicherer Rechenschaftsablage über Erfolg und Misserfolg" (Moor, 1965, S. 272).

Angesichts der umfassenden Absicht, alle Kinder in die Regelklassen integrieren zu wollen, sollte diese Aussage Moors, die den realistischen Blick auf die anspruchsvolle Aufgabe bei jedem Kind zu wahren hilft, im Hinterkopf behalten werden.

Kapitelaufbau

Im folgenden *1. Kapitel* dieses Buches finden sich Beispiele für Situationen, die direkt oder indirekt mit Integration zu tun haben. Sie veranschaulichen, wie und wieso sich einzelne Menschen für Integration engagieren oder aber sich dagegen entscheiden. Sie zeigen aber auch, wie gelungene und misslungene Integration aussieht.

2. Kapitel widmet sich in kurzen Zügen den Eigenschaften des Sonderschulwesens in Deutschland und der Schweiz, dem genaueren Studium der relevanten Abschnitte in der betreffenden UN-Konvention, der Darstellung der unterschiedlichen, teils sehr polarisierten Standpunkte der Befürworter, der Skeptiker und Kritiker von Integration bzw. Inklusion sowie der Haltung der Bevölkerung, insbesondere der Eltern. Es geht in diesem Kapitel also um eine Auslegeordnung, die nachvollziehbar machen soll, was für Positionen, Argumente und Einstellungen sich mit der Zeit entwickelt haben und wie sie begründet werden. Besondere Berücksichtigung erfährt eine Studie, die sich mit der Lebenszufriedenheit und dem beruflichen Werdegang von früheren Sonderschülern befasst. Auch dem Referenzbegriff „Wohlbefinden" wird ein spezielles Unterkapitel gewidmet. Schlussendlich wird eine prinzipielle Problematik in unseren aktuellen Schulklassen angesprochen, die erfolgreiche Integration und/oder Inklusion rundweg infrage stellen kann: Mobbing.

Im *3. Kapitel* wird die anthropologisch grundlegende Frage erörtert, auf welchen natürlichen Dispositionen bei der Entwicklung des menschlichen Lernens zwingend aufgebaut werden kann bzw. muss und welche Rahmenbedingungen (pädagogisch, psychologisch, didaktisch, sozial, medial etc.) dabei besonders bedeutsam sind, damit das Lernvermögen jedes einzelnen Kindes und Jugendlichen – im Hinblick auf die gesamte Entwicklung als Persönlichkeit und Mitmensch – möglichst optimal gefördert werden kann. Mit anderen Worten: Es soll geklärt werden, was die Wissenschaft uns über die wichtigsten Erfolgsfaktoren des Lernens sagen kann, um zu verstehen, welche Art von Unterrichtsgestaltung und Schulführung den diesbezüglichen natürlichen Bedürfnissen der Schüler entgegenkommen. Den Einstieg in dieses Kapitel bildet die Auswertung einer gemeinsamen Reflexion, die ich mit einigen meiner ehemaligen Abiturienten über ihre persönlichen Einschätzungen zu dieser Thematik aufgrund ihrer eigenen Erfahrungen als Schüler durchgeführt habe. Am Schluss dieses Kapitels wird beispielhaft auf zwei Menschen eingegangen, die mit schweren körperlichen Dysfunktionalitäten geboren wurden und dennoch einen außergewöhnlich erfolgreichen Lebensweg finden konnten. Beide Fälle sind interessant, weil sie zeigen, dass sogar eine schwere Körperbehinderung nicht automatisch ein Grund dafür sein muss, ein solches Kind nicht zu integrieren. Offensichtlich haben beide in ihrer Kindheit eine erstaunliche Resilienz aufbauen können und in die Schule mitgebracht, die sie mehr als nur „schultauglich" machten.

Das *4. Kapitel* widmet sich der praktischen Umsetzung der als besonders zielführend erkannten Lernbedingungen und beginnt mit wesentlichen Einsichten aus der jahrzehntelangen Forschungsarbeit John Hatties, seinem „Visible Learning For Teachers"[3] (Hattie, 2012). Die Rolle und Bedeutung der Lehrer zusammen mit einer auf Werten des gegenseitigen Respekts, der Toleranz und der freundschaftlichen Kooperation aufbauenden Klassenatmosphäre wird anhand von Beispielen aus der Weltliteratur und von aktuellen literarischen und filmischen Dokumenten aufgezeigt. Mit einer ausführlichen Fallstudie aus dem Fundus individualpsychologischer Pädagogik, in der es um die erfolgreiche Integrationsarbeit und -entwicklung mit einem schwererziehbaren (verhaltensauffälligen) Kind geht, wird beispielhaft deutlich gemacht, welche Anforderungen ein solcher Prozess an den Lehrer stellt.

Im zweiten Teil dieses Kapitels wird auf die Bedeutung des gemeinschaftlichen (kollektiven) Lernens fokussiert und dazu auf Versuchsschulen zur Zeit der Reformpädagogik zu Beginn des 20. Jahrhunderts zurückgeblendet. Diese legten auf den sozialen Aspekt des Lernens besonderen Wert und zeigten damit Perspektiven auf, die heutzutage in vergleichbarer Form immer weniger realisiert werden. Dass dies nicht vollumfänglich der Fall ist, illustriert ein relativ neuer, insbeson-

---

3 Lernen den Lehrern sichtbar machen.

dere in der angelsächsischen Welt aktueller werdender schulpädagogischer Forschungsansatz, nämlich das „Dialogische Lernen" bzw. die Förderung einer gemeinsamen geistigen Entwicklung durch Gespräch und Dialog. Es handelt sich um eine Konzeption des Unterrichts, bei dem das kollektive bzw. gemeinsame Lernen als besonders bedeutungsvoll erachtet wird und für Integrationsbemühungen in Regelschulen relevant erscheint.

Im 5. *Kapitel* werden die in allen Kapiteln dargelegten Einsichten und Schlussfolgerungen in einer Zusammenschau ausgewertet. Aus dem damit erhaltenen Fundus werden die Chancen und Risiken der Integration von „schwachen" Schülern reflektiert, bewertet und kommentiert.

Zuletzt werden sehr kurz und ohne Vertiefung einige Ideen zu Möglichkeiten der Kooperation von Regelklassen oder -schulen mit Schülern aus heilpädagogischen Förderinstitutionen, z.B. durch Teilintegration, gemeinsame Projekte bzw. Unternehmungen oder weitere alternativer Integrationskonzepte, angedacht.

1 Integration – aus dem Leben gegriffen

Anhand von fünf individuellen Beispielen, die unterschiedliche Facetten von Integration betreffen, soll konkret fassbar werden, in welchen Momenten bzw. bei der Lösung welcher Fragen wir es mit der Thematik grundsätzlich zu tun haben. Sie sollen dem Leser helfen, eine gewisse Sensibilität dafür zu entwickeln, wie facettenreich und nicht selten auch anspruchsvoll die Auseinandersetzung und Realisierung von Bemühungen mit Integration sind. Mich interessierte bei der Auswahl der Beispiele nicht so sehr, wie meine Gesprächspartner zur Integration/Inklusion grundsätzlich stehen, sondern ich wollte anhand dieser authentischen Schilderungen zunächst einen phänomenologischen Zugang zur Thematik eröffnen. Die Informationen zu diesen Schilderungen sind mehrheitlich aus Interviews hervorgegangen.

1.1 Das Erlebnis scheiternder und gelingender Integration

Der Blick zurück, die Erinnerung an den ersten Schultag – in der Knabenuniform der *Warstones Primary School* in Wolverhampton – ist verstellt. Ein altes Foto zeigt das Bild des kleinen Schülers Beat mit grüner Mütze, Kniesocken, Blazer mit School-Badge lächelnd vor dem Apfelbaum posierend; der Baum blüht, es dürfte Frühling gewesen sein.

Wieso fällt es so schwer, die vielfältigen Eindrücke, die ein Kind im Einschulungsalter normalerweise hat, wieder Revue passieren zu lassen? Als ich als Seminarlehrer[4] die jungen Frauen zu Beginn ihrer Ausbildung zur Kindergärtnerin

4 In der Schweiz waren die Lehrerseminare die Vorläufer der Anfang des 21. Jahrhunderts im Rahmen der Bologna-Reform eingeführten Pädagogischen Hochschulen.

fragte, was sie motiviert habe, diesen Beruf zu ergreifen, schwärmte mindestens die Hälfte von ihnen von ihren eigenen persönlichen Erfahrungen im Kindergarten und wusste mannigfaltige Details von ihren eigenen Kindergärtnerinnen zu erzählen: ihr Aussehen, die Lieder, die man mit Begeisterung sang, das Zusammensitzen und Staunen über Geschichten aus tollen Kinderbüchern mit vielen Zeichnungen oder Bildern usw. Sie hatten nicht nur einzelne Bilder, sondern ganze Sequenzen vor Augen, Erlebnisse mit Tieren im Kindergarten, einen Zoobesuch, den Räbeliechtli-Umzug mit vorgängigem Räben-Schnitzen zusammen mit den Müttern. Meine Bemühungen, ebenfalls etwas aus der Schule plaudern zu können, erschöpfen sich bis heute darin, dass ich mich an nur wenige räumliche Besonderheiten der Schule erinnern kann: an ein rotes Backsteingebäude mit Treppen, die einen Stock tiefer oder höher führten oder den relativ weiten Schulweg, mit dem ich mich nie wirklich anfreundete. Zumeist war ich in meiner Erinnerung eher alleine unterwegs und zwei Mal verschwand ich klammheimlich in einem Anflug von Verzweiflung ohne Abmeldung aus der Schule. Das eine Mal glaube ich mich zu erinnern, dass ich auf größeren Umwegen – getrieben von der Unsicherheit, was die Folgen sein würden – nach Hause lief. Das andere Mal suchte mich meine Mutter, da sie von der Schule über mein Verschwinden informiert worden war. Sie fand mich schließlich in irgendeiner Quartierstraße, den Gärten entlangschlendernd. Sie war einerseits erleichtert, mich zu finden, regte sich aber – worüber ich sehr dankbar war – nicht über mich, sondern über die Schule bzw. die dort verantwortlichen Personen auf. Wie konnte das sein, schimpfte sie, dass ich mich veranlasst gefühlt hatte, einfach von der Schule davon zu laufen. Dies müsse die Schule erklären! Es liege in der Verantwortung der Lehrpersonen bzw. der Schule, wenn so etwas geschehe. Ob sie alleine oder zusammen mit meinem Vater daraufhin mit der Headmistress (Schulleiterin) je darüber gesprochen hat, entzieht sich meiner Kenntnis. Sicher ist, dass sie auf jeden Fall die richtige Adressatin gewesen wäre. Meine einzigen positiven Erinnerungen, die ich aus der Schulzeit in England bewahre, sind die Pausen, in denen ich unter den Knaben eine gewisse Achtung genoss, weil ich besonders schnell rennen und im Fußball gut dribbeln konnte. Dies war unter uns Buben relevant. Außerdem erinnere ich mich an ein Mädchen, das mir gefiel und dem ich wagemutig einen Kuss auf die Wange drückte; sie tat es mir gleich. Barbara hieß sie. Die Erinnerung an ihren Namen ist mir tatsächlich geblieben, was insofern erstaunt, als ansonsten alle Namen und Gesichter von Lehrpersonen und Mitschülern aus der Zeit in Wolverhampton einer Amnesie zum Opfer gefallen sind.

Als ich Anfang der 1990er-Jahre Gelegenheit erhielt, zusammen mit einer erfahrenen Unterstufenlehrerkollegin über fünf Jahre, also beinahe zwei Klassenzüge lang, Unterstufenklassen (1.–3. Klasse) zu unterrichten, waren die Erfahrungen wie eine Offenbarung. Da entdeckte ich mit großer Faszination, was ein Kind in diesem Alter beschäftigt, wie es die Anfänge mit Lesen, Schreiben und Rechnen und die Zeit der ganzen Einschulung erlebt. Ich kam aus dem Staunen manchmal nicht heraus, wie sich die Welt im Alter von sieben bzw. acht Jahren anfühlt. Ich erinnere mich auch noch, wie in der Volksschullehrerausbildung eine Mitstudentin schilderte, was Erstklässler alles so auf dem Nachhauseweg antreffen und wie sehr sie die Zeit, zum Leidwesen der Mütter, unterwegs vergessen: Sie beobachten die Straßenarbeiter beim Graben, sie verfolgen die Manöver des Baggers koordiniert mit den Signalen des Vorarbeiters, spornen die Schnecke mit ihrem Häuschen an, bestaunen das plätschernde Wasser am Bächlein, wo man leicht eine kleine Stauung vornehmen kann ... Ich wusste als frischgebackener 21-jähriger Volksschullehrer auch nichts davon, wie sehr Kinder in diesem Alter danach fiebern, vom Lehrer laufend ein Echo zu erhalten, sobald sie eine oder zwei Zeilen mit einer neuen Zahl oder einem neuen Buchstaben geschrieben haben. Ich konnte mich nicht mehr daran erinnern, wie schwierig es war, eine Zwei oder eine Drei zu schreiben, weshalb man als Kind vor lauter Anstrengung viel zu stark drückt. Andererseits berührte es mich, wie bedeutsam mein anerkennendes „Oh! Prima!“ als Junglehrer oder einfach ein bejahendes Nicken für das jeweilige Kind war. Ich meinerseits kann mich an kein einziges vergleichbares bejahendes Erlebnis an der *Warstones Primary School* erinnern, höchstens sehr dumpf an unzufriedene Bemerkungen über meine Schrift, die Heftführung ...

Hierin deutet sich die Erklärung an, wieso ich mich bezüglich der zwei Jahre Volksschule in Wolverhampton weder an die beteiligten Personen, den Unterricht, das Lernen noch an die sonstigen Rahmenbedingungen erinnern kann. Der Aufenthalt in England war gesamthaft gesehen nicht traumatisch, also keine ausschließliche Häufung von schwierigen emotionalen Erlebnissen. Ich habe aus dieser Zeit Menschen in lebhafter Erinnerung, die mit der Schule nichts zu tun hatten: die beiden alleinstehenden älteren Damen Mrs. Dearn und Miss Green von gegenüber, bei denen ich manchen Samstagnachmittag mit Kuchen, Icecream und kalter Milch oder Orange juice vor ihrem Fernsehapparat verbrachte und dabei vergnüglich von den liebenswürdigen Ladys beobachtet und zwischendurch ins Gespräch verwickelt wurde. Oder unseren fürsorglichen Hausarzt Douglas Oakley und seine liebenswürdige Frau, die viel Freude an Kindern hatten. Mit einem kleinen, oberflächlichen Schnitt in der Leiste befreite mich der ruhige, vertrauenserweckende Hausarzt einmal von einem stark schmerzenden, großen oberflächlichen Furunkel, das nach einer vereiterten Wunde entstanden war – und sofort war der Schmerz verschwunden!

Ganz offensichtlich hatte meine weitgehende Amnesie in Bezug auf die *Warstones Primary School*-Zeit mit den konkreten Schulerlebnissen zu tun, die wiederum in einem bestimmten historischen Kontext stattfanden: Es war das Jahr 1961/62 als ich in die Schule eintrat, also gerade mal 16 Jahre nach Beendigung des Zweiten Weltkrieges. Wenn es unter den Lehrpersonen oder der Headmistress um mich ging, fiel gelegentlich das Wort „Continental boy"; erst sehr viel später realisierte ich, dass vielleicht noch relevanter war, dass ich ein deutschsprachiger Continental boy war. Aus Kommentaren meiner Mutter erfuhr ich, dass diese Headmistress, mit der sich meine Mutter offensichtlich angelegt hatte, keine großen Sympathien für mich hegte. Der Grund dafür dürfte u.a. mit einem Konflikt zusammenhängen, den meine Mutter mit ihr wegen der obligatorischen Schuluniform im Winter heraufbeschwor. Ihr wollte nicht einleuchten, dass sie mich auch in der kalten Jahreszeit mit kurzen Hosen und Kniesocken in die Schule schicken sollte und bestand darauf, mir lange Hosen anziehen zu können. Man kann sich auszumalen, dass eine Schulleiterin zu dieser Zeit in England ein solches Verhalten einer nicht-englischen Familie als äußerst renitent empfinden musste. Hinzu kam das allgemein verbreitete Ressentiment gegenüber den Deutschen. Immerhin sprach ich ja Deutsch! Als Kind ist mir kein solcher Konflikt zwischen meinen Eltern und der Schule präsent. Ich habe deshalb auch lange keinen Zusammenhang zwischen meinen Problemen in der Schule und einem solchen Konflikt gesehen. Was ich aber schon damals sehr deutlich empfand, war, dass die Lehrer von meinen Fähigkeiten nicht besonders beeindruckt waren, was die Schule für mich immer stärker zu einem unangenehmen Betätigungsfeld werden ließ. Ich war ja anders, zumal mit meiner Muttersprache, als Einziger mit meinen langen Hosen im Winter und einem Vornamen, den niemand richtig auszusprechen vermochte. Was sie alles aus dem einfachen Namen Beat zu artikulieren imstande waren, konnte ich nicht verstehen. Wie gerne hätte ich nicht Beat, sondern Tom, David, Richard, Peter oder Philipp geheißen und mir dadurch ersparen können, ständig beschämt meinen für englische Ohren seltsam klingenden Namen vorsprechen zu müssen. Um es auf den Punkt zu bringen: Freude können die Erwachsenen an der *Warstone Primary School* an mir jedenfalls nicht gehabt haben!

1964, zu Beginn des dritten Schuljahrs, zog unsere Familie nach Österreich um, wo der Vater eine leitende Stelle in einem dort lokalisierten Schweizer Industriebetrieb übernahm und ich in die dritte Volksschulklasse eintrat. In den Folgejahren wurde Deutsch zu einem schwierigen Fach für mich, zumal es mir ordentlich schwerfiel, mich im Mischmasch aus Schweizerdeutsch, Pongauerisch[5] und Hoch-

5 Dialekt in einer Region des Bundeslandes Salzburg.

deutsch orientieren zu können. Und dennoch schaffte ich zwei Jahre nach meinem Einstand im *Land Salzburg* die Prüfung ins Gymnasium. Wie konnte dies sein nach dem schwierigen Schuleinstieg in Wolverhampton? Ein wahrhaft erklärungswürdiges Phänomen. Zunächst ist zu erwähnen, dass ich in die 3. Volksschulklasse der Gemeinde Schwarzach-St. Veit eintrat, die damals 47 Schüler umfasste. Die Lehrerin war noch jung, vermutlich Mitte, Ende Zwanzig, und verfügte sicherlich noch nicht über große Lehrerfahrung. Dennoch – und dies ist der eklatante Kontrast zu England – habe ich ihr freundliches Gesicht, ihre eher kräftige Statur, ihre ruhige Stimme noch recht lebendig vor Augen. Aber das Wichtigste war, dass ich unter dieser großen Zahl von Mitschülern das Gefühl hatte, dass Sie mich sah, mich wahrnahm, mir sogar eine gewisse persönliche Sympathie entgegenbrachtet. Ich kann dies nicht an konkreten Ereignissen festmachen. Aber insgesamt fühlte ich mich zu ihrer Klasse schnell zugehörig, sehe auch noch einzelne Schüler vor mir und habe beim Blick auf das Klassenfoto bei vielen eine positive Erinnerung. Bis heute fühle ich eine große Dankbarkeit dieser noch jungen Lehrerin gegenüber. Ohne je mit jemandem darüber gesprochen zu haben, hatte ich vor den ersten Weihnachten in Österreich den dringenden Wunsch, der Lehrerin gegenüber meine Dankbarkeit zum Ausdruck zu bringen. Da ich nicht unbedingt meine Sorgen oder auch meine Wünsche meinen Eltern gegenüber zu artikulieren pflegte, ergriff ich selbst die Initiative, stahl meinen Eltern eine 100-Shilling-Note und kaufte meiner Lehrerin beim Konditor eine große Schachtel Pralinen, die ich ihr am letzten Tag vor den Weihnachtsferien etwas verlegen überreichte. Ohne das Erlebnis des Wohlwollens, des offensichtlich authentischen Interesses dieser Frau an mir – es berührt mich noch heute, wenn ich daran denke –, wäre mein Leben ganz anders verlaufen. Niemals wäre es mir ohne die wohltuende Erfahrung mit ihr möglich gewesen, mich in kürzester Zeit nach den beiden wenig erbaulichen Jahren an der Warstones Primary School, währenddessen ich mir wenig solides Elementarwissen aneignen konnte und noch dazu mit sprachlich wenig gewandten Voraussetzungen, seelisch zu stabilisieren. Dies war dann die Basis, die es mir ermöglichte, „aufzuwachen" sowie nachhaltig genug lernen und mich auf die Gymnasialprüfung vorbereiten zu können. Bemerkenswert ist auch, dass der Besuch des Gymnasiums für unsere Familie alles andere als selbstverständlich war. Vor mir hatte in unserer Familie noch niemand die Abiturprüfung angestrebt.

Es ist evident, dass in England meine Integration in die öffentliche Schule scheiterte. Ich fühlte mich als Außenseiter, der nicht wirklich zur Klassengemeinschaft gehörte, der ich zugeordnet war. Dass ich als Erst- oder Zweitklässler zweimal von der Schule weglief, ohne dass eine schwerwiegende Verfehlung vorlag oder zum Beispiel Mobbing erlebt hatte, stimmt nachdenklich. Die Tatsache aber, dass ich fast alles der täglichen Erfahrungen verdrängt habe, zeigt unmissverständlich auf, dass ich in der Schule keinen einzigen emotionalen Anker fand, also offensichtlich recht isoliert blieb. Was mir in Wolverhampton fehlte, was wohl jedem Kind fehlt, wenn es Vergleichbares in einer Klasse bzw. einer ganzen Schule erlebt, sieht man in aller Klarheit angesichts der Wende in Schwarzach-St. Veit: Dort erlebte ich die positive Wahrnehmung meiner Person – das Gefühl: „Die Lehrerin kennt mich und mag mich" – dies inmitten einer Kindergemeinschaft von 47 Schülerinnen und Schülern.

Es handelt sich um eine Erfahrung, die ich selbst als Lehrer – je mehr mir das Erlebnis anlässlich meiner Integration in Österreich und deren Bedeutung zu Bewusstsein kam – meinen Schülern (auch den erwachsenen) stets zu vermitteln suchte. Ich spürte häufig, dass ich damit einen Beziehungsfaden zu vielen knüpfen konnte, was für die fördernde Einflussnahme auf den Schüler wichtig war. Als erstes Fazit veranschaulicht mein eigenes Beispiel, dass Schüler Integration nur dann positiv erleben können, wenn sie sich zunächst durch die Beziehung zum Lehrer als Kernvoraussetzung in der neuen Klasse beheimaten können.

1.2 Kinder wünschen sich Verständnis statt Diagnosen

2011 veröffentlichten die beiden Schweizer Kinderärzte Thomas Baumann und Romedius Alber im Zuge der in der Schweiz fast inflationär sich ausbreitenden ADHS-Diagnose bei Schulkindern ein Aufsehen erregendes Buch mit dem Titel „Schulschwierigkeiten: Störungsgerechte Abklärung in der pädiatrischen Praxis" (Baumann & Alber, 2011, 6. November). In der *Neuen Zürcher Zeitung* vom 6. November 2011 wurde die Publikation mit einem Autoreninterview der Öffentlichkeit vorgestellt. Unter dem Titel „Erlöst die Schüler vor unnötigen Diagnosen" (Schmid, 2011, 6. November) problematisierten die Autoren die gängige Diagnose- und Therapiepraxis scharf. Sie stellen fest, dass bei zwei Dritteln der betroffenen Kinder die Diagnosen falsch seien, weil die Ursachen für die Unaufmerksamkeit bei Schulkindern allein der Diagnose ADHS zugeordnet würden, ohne ausreichende sorgfältige anamnestische Abklärung. Über 50 % aller Schulkinder verpasse man mittlerweile eine Diagnose und weise sie einer Therapie zu: „Viele Abweichungen vom Durchschnitt werden als Entwicklungsstörungen deklariert, und das hat einen riesigen Therapie-Markt geschaffen", meint Alber. Mit der ständigen Testerei würde man unablässig Störungen finden und dabei die restlichen

Fähigkeiten der Kinder übersehen. Das Hauptproblem für sie sei, was die Diagnosen seelisch bewirken, erklärt Baumann:

> „Man muss sich aber bewusst sein, dass jede Diagnose etwas auslöst. Therapien stigmatisieren. Kinder wollen normal sein, und das sind sie nicht, wenn sie jeden Mittwochnachmittag statt Fussball zu spielen in die Logopädie müssen" (Schmid, 2011, 6. November).

Baumann und Alber verfügen als Kinderärzte über sehr viel praktische Erfahrung und erinnern im Interview daran, dass noch einige Jahrzehnte zuvor „kaum ein Kind wegen Schulproblemen therapiert" worden sei. Man sei früher entspannter gewesen und habe Vertrauen in alle Kinder gehabt, dass trotz aktuell unbefriedigenden Leistungen die meisten später doch ihren Weg in eine vernünftige berufliche Laufbahn finden würden. Es gebe auch heute Therapeutinnen, die nicht beim Defizit des Kindes ansetzen (basierend auf der Diagnose-Etikettierung wie dies heutzutage vornehmlich der Fall sei), sondern einen gänzlich anderen, konstruktiven Zugang zum Kind suchen würden. Diese „wollen nicht einen Defekt reparieren, sondern das Kind stärken. Sie suchen nach anderen Fähigkeiten, auf die das Kind bauen kann, damit es trotz Problemen auf sich stolz sein kann", so Baumann. Alber ergänzt: „Und zu diesen Therapeutinnen gehen die Kinder meistens gerne" (Schmid, 2011, 6. November).

Wie schon mein eigenes schulisches Beispiel zu Beginn zeigte, erweist es sich für jedes Kind in der Schule als zentral, wie es als Person von den Erwachsenen wahrgenommen und behandelt wird. An seinen positiven Eigenschaften, seinen Stärken gemessen zu werden, fördert die Motivation jedes Einzelnen zum Lernen entscheidend.

Drei meiner ehemaligen Berufsabiturientinnen bearbeiteten im Wintersemester 2019/2020 auf eigenen Wunsch für ihre *Interdisziplinäre Projektarbeit* das Thema „ADHS – Muss es immer Ritalin sein?" (Schlittler, Vogt & Zuber, 2020a) und führten zu diesem Zweck ein Interview mit Romedius Alber. Wie der Titel ihrer Arbeit impliziert, interessierten sich die Abiturientinnen für die Diagnoseerstellung, noch mehr Fragen hatten sie aber bezüglich einer medikamentösen Therapie, sodass im Interview die Frage der direkten möglichen Nebenwirkungen von Ritalin sowie absehbare Langzeitfolgen zur Sprache kamen. Romedius Alber ließ durchblicken, dass er „kein Fan davon" sei, wenn man „durchbehandelt". Die Erwachsenen müssten Pausen machen und die Kinder wieder „ohne Medikamente spüren und erleben", da diese sich ja weiterentwickeln würden und die Unruhe auch ohne Medikamente überwinden könnten. Der Kinderarzt, der auch in der

Aus- und Weiterbildung von Kinderärzten engagiert ist, betonte in diesem Interview, wie sehr er seine Kollegen darauf verweise, sich bei den Abklärungen Zeit zu lassen und sehr sorgfältig zu ergründen, was alles bei dieser oder jener Symptomatik eine Rolle spielen könne, z. B. wenn das Kind unkonzentriert sei. Wenn Alber in der Folge in einer längeren, hier vollumfänglich zitierten Passage von „funktionalen Therapien" spricht, die er für die meisten Kinder für geeigneter hält als die Medikamenteneinnahme, so handelt es sich um Therapieansätze, die darauf abzielen, den Kindern gezielte Unterstützung anzubieten, ihr Selbstwertgefühl zu stärken und somit ihre gesamte psychische Verfassung zu unterstützen. In den Ausführungen des Arztes wird ein heute zumeist als selbstverständlich pathologisch diagnostiziertes kindliches Verhalten in ein gänzlich anderes Licht gerückt – zur großen Entlastung des Kindes! Den jungen Frauen brachte er die psychische Situation der Kinder mit folgenden anschaulichen Schilderungen und mit einer Analogie zu ihrem eigenen Leben näher:

> „Ich habe mal eine Statistik von meinen Patienten gemacht. Ich habe etwa 5 % auf einer Dauertherapie (Ritalin), zwischendurch etwa 5–8 %. Alle anderen haben eine funktionale Therapie. Alle. Es geht bestens. Und bei diesen 5–8 % weiss ich nicht, ob die wirklich nur ein ADHS haben. Ich glaube, diese haben auch noch eine Interaktionsproblematik. Diese haben einfach ein ‚Puff'[6] mit ihren Eltern, so oder so. Das ist, glaube ich, auch eine psychologische, emotionale Sache. [Zu den jungen Damen gewandt] Hat damit zu tun, wenn Sie mit einem Partner oder einer Partnerin zusammenleben, welche/r Sie von morgens bis abends ständig kritisiert. Wenn Sie immer ‚Das ist falsch! Reiss dich mal zusammen! Mach das anders!' hören, weiss ich nicht, wie lange Sie das mit dem Partner/der Partnerin aushalten. Dann sagen Sie ganz bald: ‚Was soll dieser Scheiss? Ich mache alles falsch!'. Den ADHS-Kindern geht es gleich. Ganz viele, die hier hinkommen, sind in einer massiven Negativspirale.
> Ich habe ganz am Anfang einmal Videoaufnahmen gemacht von Kindern in einer gesunden Beziehung. Dann haben wir geschaut, wie viele Komplimente das Kind pro Tag erhält. Also, wie oft hört es am Tag: ‚He, Du bist ein Herziges! So schön, was du machst! So lässig[7]!' und erlebt die ganzen positiven Emotionen? Dann haben wir gleichzeitig ADHS-Kinder gefilmt und haben auch versucht, dies mit ihrem Verhalten zu korrelieren. Sie werden mir glauben, das ist wie Tag und Nacht. Ein Positivkind bekommt zwischen 50 und 100 Komplimente pro Tag.

6 Deutschschweizer Ausdruck für Schwierigkeiten.
7 Deutschschweizer Ausdruck für sehr gut.

Also irgendwelche Nettigkeiten, welche sein Selbstbild natürlich völlig stärken. Ein ADHS-Kind bekommt zwischen 100 und 200 negative Botschaften pro Tag. Es hört x-mal: ‚Das ist nicht gut!'. Der Vater kommt nach der Arbeit nach Hause und findet: ‚Du bist schon wieder am Randalieren!' Das heißt, psychologisch gesehen sind diese Kinder häufig in einer wahnsinnigen Negativspirale. Und wenn diese schon etwas chronifiziert ist, wenn das über Jahre läuft, bringt man das fast nicht raus. Auch wenn es dann mal beginnt, gut zu funktionieren, dann gibt es häufig einen kleinen Rückfall und die Eltern sagen sofort: ‚Siehst du, du bist schon wieder so.' Die negativen Reaktionen sind aufgrund des ADHS. Dort gibt es schon die Kausalität. Ihr Verhalten, es provoziert. Anstatt dass die Eltern aber einen Schritt zurückgehen – wir sagen ‚soziologische Distanz machen' – und miteinander mal beginnen zu besprechen: ‚Was sollen wir machen? Was denkst Du? Warum macht unser Kind das so? Was können wir machen, um aus dieser Sache herauszukommen?' Die Eltern neigen viel eher mal, dies dem Charakter des Kindes zuzuschreiben, also zu sagen: ‚Es macht es extra. Es ärgert mich nur. Es folgt mir nicht. Es hat keinen Respekt vor mir.' Die meisten Eltern neigen dazu, die Schuld zurückzugeben: ‚Du bist schuld. Nur wegen dir ist das so.' Es wäre ja viel schlauer, sie würden selber einen Moment ins Timeout gehen und sich überlegen: ‚Wenn wir ein Kind mit diesem Problem haben, wie gehen wir am besten damit um, dass wir nicht in so eine Negativspirale kommen?'. Das ist psychologisch gesehen der viel bessere Ansatz. Das können ganz viele Eltern nicht, weil sie emotional viel zu nahe sind. [Nochmals zu den jungen Damen gewandt] Stellen Sie sich vor mit dem vorherigen Bild des Partners, der sich ständig beschwert. Er macht Sie die ganze Zeit runter. Dann würden Sie irgendwann auch sagen, Sie haben genug und gehen. Ein Kind kann aber nicht sagen: ‚Ich habe genug, ich gehe!' Es ist gebunden. Was macht es dann? Es gibt zurück. Selbstverständlich gibt es dann zurück. Es fängt dann auch an, sich zu beschweren, zu kontrollieren, sagt: ‚Ja, du aber auch.' Das ist dann ein Teil der Elternberatung" (Schlittler, Vogt & Zuber, 2020b, S. 60 ff).

Es wäre allen Kindern, denen es schwerfällt, sich ruhig einer Sache zu widmen, aufmerksam zuzuhören, Aufgaben zu erledigen, zu kooperieren und die stattdessen nervös auf dem Stuhl schaukeln, sehr leicht ablenkbar sind, ihre Nachbarn bei ihrer Arbeit stören, ständig unmotiviert aufstehen (müssen) usw., sehr zu wünschen, dass sie im entscheidenden Moment auf einen Kinderarzt wie Romedius Alber stoßen. Anstelle einer raschen Diagnoseerstellung verbunden mit der apriorischen Annahme einer neuronalen Fehlfunktion als Ursache für das störende Verhalten oder einer moralisierenden Stigmatisierung des jungen Menschen als

„schlechten Charakter", wie dies noch bis ins 20. Jahrhundert der Fall sein konnte, erleben diejenigen, die zu diesem Arzt in die Praxis kommen, die Begegnung mit jemandem, der bei Phänomenen wie „Unruhe", „Fahrigkeit", „Zappeligkeit" usw. bei einem jungen Menschen auch reale Erlebnisse in seinen sozialen Beziehungen berücksichtigt. Statt also die Verhaltensprobleme angesichts der Symptomatik fast unbesehen zu kategorisieren und zu biologisieren, sucht Alber, der auch psychotherapeutisch geschult ist und mehrere Jahre mit psychiatrischen Problemen in der Klinik konfrontiert war, eine plausible psychologische Erklärung für die generelle Unruhe dieser Kinder. Dadurch erhält das problematische Verhalten einen verständlichen Aspekt und entlastet somit das Kind oder den Jugendlichen enorm: Die auffällige Unruhe erscheint nicht mehr einfach als abnormales Verhalten, das das Kind lernen muss – mit oder ohne Medikament –, zu unterdrücken. Angesichts ständiger Kritik und dem allgegenwärtigen Gefühl, mit seiner Person zur Last zu fallen, ist es nur mehr als verständlich, wenn der junge Mensch nervös ist und sich auch allenfalls gegen das chronische Negativurteil gegenüber seiner Person wehrt.

Kinder möchten gerne *normal* sein, auf jeden Fall möchten sie nicht negativ auffallen bzw. aus dem Rahmen fallen. Dieses tief verankerte Bedürfnis erweist sich auch bei den ADHS-diagnostizierten Kindern als äußerst relevant. Kinder möchten integriert bzw. unauffällig-auffällig akzeptiert sein und leiden darunter, wenn die Rahmenbedingungen dem nicht entsprechen, wenn das Umfeld, insbesondere die maßgebenden Erwachsenen ihnen dieses Erlebnis vorenthalten. Schnelle Diagnosestellungen sind nicht selten Ausdruck einer distanzierten Einstellung des Arztes zum Kind, eine Haltung, die emotional verunsichernd wirkt. Das Empfinden, „nicht normal" zu sein, kann das Selbstwertgefühl des Kindes erheblich beeinträchtigen und einer guten Integration vollkommen entgegenlaufen.

1.3 Verunglückte Integration – Folgen einer Fehleinschätzung

Wenden wir uns einem vermeintlichen Idealfall von Integration zu: Ein dreißigjähriger Mann mit geistiger Behinderung namens Peter verlässt sein Elternhaus, um in eine neu errichtete Siedlung einzuziehen, wo eine Institution für Betroffene mit Dysfunktionalitäten einige kleine Wohnungen für Menschen wie ihn gemietet hat. Es handelt sich um Menschen, die trotz ihrer geistigen Behinderung mit unterstützender Begleitung einer Sozialpädagogin (wöchentliches Vorbeischauen und Anleiten bei den täglichen Verrichtungen im Haushalt) so eingeschätzt werden, dass sie relativ eigenständig ihren Alltag bewältigen können. Die neu erworbene weitgehende Selbstbestimmung, die mit der neuen Wohnsituation für Peter eintritt, gefällt ihm ausgesprochen gut. Alles scheint wunderbar eingefädelt zu sein, zumal rund herum Familien und andere Personen wohnen, denen er sich zugehörig fühlen kann, also beste Voraussetzungen für die Realisierung idealer Integrationsbedingungen.

Leider zeigt sich schon nach einigen Wochen ein ganz anderes Bild. Peter fühlt sich einsam, klagt, dass er außer an seinem Arbeitsplatz in der geschützten Werkstatt mit niemandem sprechen könne. Obwohl er – wie mit der Sozialpädagogin besprochen – die Nachbarn und Leute in der Siedlung freundlich grüße, bleibe nie jemand stehen, um sich mit ihm zu unterhalten. Eine Einladung, auf die er zuversichtlich gehofft habe, sei bisher nie erfolgt. Sogar seine früheren Kollegen, die ihn zu Hause jeweils besucht hatten, kämen ihn nicht am neuen Ort besuchen. Eine junge Frau, die er seinerseits zu sich einladen wollte, habe nur gelacht und sei weitergelaufen.

Die Enttäuschung ist Peter ins Gesicht geschrieben, in seiner Körperhaltung spiegelt sich Trauer und Resignation. Dementsprechend ist jeglicher Elan aus seinem Wesen gewichen, verschiedenerlei Verwahrlosungserscheinungen deuten sich an, sodass Körperpflege, Ernährung und Ordnung in seiner Wohnung immer bedenklichere Formen annehmen. Auch mehrere Wochen nach dem Einzug in die neue Wohnung stehen die Umzugskartons noch immer im Wohnzimmer, er trägt stets dieselben Kleider und der DVD-Konsum ist stark angestiegen.

Dieses Beispiel einer missglückten Integration schilderte der erfahrene Heilpädagoge Riccardo Bonfranchi 2018 in *der Schweizerischen Zeitschrift für Heilpädagogik*. Er interpretierte die bedauerliche Veränderung im Verhalten des betroffenen geistig behinderten Menschen wie folgt: Offensichtlich habe sich Peter in diesem Wohnquartier bzw. im Wohnblock aufgrund seiner sozialen Isolation ganz und gar nicht wohl, sondern sehr vereinsamt gefühlt. Die Rahmenbedingungen, insbesondere die Art und Weise des Zusammenlebens sei in dieser Wohnumgebung für Menschen ohne Dysfunktionalitäten konzipiert. Deshalb habe Peter keinen Ansatz finden können, sich irgendwie zu beheimaten, sprich Kontakte zu knüpfen. Ihm würden verschiedene Voraussetzungen fehlen, um sich selbst aktiv zu integrieren; diesbezüglich habe man ihn im Stich gelassen. Diesen Umstand kritisiert Bonfranchi nachdrücklich und kommt zum Schluss: „Es entsteht der Eindruck, dass dieses Setting keine echte, sondern vielmehr eine Pseudo-Integration darstellt“ (Bonfranchi, 2018, S. 40).

Dieser Befund in aller Offenheit ausgesprochen macht betroffen, zumal doch der Leitgedanke beim Integrationsversuch ein sehr positiver war oder vielversprechend klang. Aber er ist bei näherer Betrachtung nachvollziehbar, wenn ein geistig behinderter Mensch, dessen Möglichkeiten, persönlich Kontakt zu knüpfen, für sich und seine Bedürfnisse eintreten zu können, sichtlich (noch) limitiert sind.

In seinem Artikel führt Bonfranchi ein weiteres Beispiel an, bei dem eine Frau mit geistiger Behinderung ebenfalls aufgrund zunehmender Vereinsamung mittels Internet ihr unbekannte Männer über Nacht zu sich nach Hause einlud. Alleine gelassen, also ohne emotionalen Rückhalt, hat sie sich der Gefahr des sexuellen Missbrauchs und sonstiger unwürdiger Behandlung ausgesetzt. Unweigerlich fragt man sich, wieso dies geschehen konnte und sie nicht davor geschützt wurde.

Wir halten fest: Was fehlte in beiden Beispielen? Welche Voraussetzungen wären in beiden Fällen notwendig gewesen, um die schleichende Vereinsamung mit allen tragischen Folgeerscheinungen zu verhindern? Der versierte Heilpädagoge hat dazu einen markanten Standpunkt, auf den wir später zurückkommen. Klar ist auch ohne vertiefende Erläuterungen, dass die soziale Situation, in der beide geistig behinderte Personen zu sehr sich selbst überlassen wurden, für sie nicht angemessen war. Sie hatten mit ihren Voraussetzungen nicht die Fähigkeiten, aktive Beziehungen aufzubauen und blieben Fremdkörper, für die sich niemand verantwortlich fühlte. In der Nachbarschaft gab es offensichtlich leider niemanden, dem der psychische Zustand Peters aufgefallen wäre und der sich ihm gerne etwas angenommen hätte.

1.4 Ein Modellfall gelungener familiärer Integration

Anders erging es Dominik Gisler mit Downsyndrom, Bergbauernsohn im Kanton Uri. Als am 1. März 2018 die BauernZeitung den Film „Der Wildheuer – Senkrecht über dem Urnersee“ (Bieri, 2018), ein Portrait über Dominiks Vater, dessen Arbeit und Familie, ankündigte, titelte sie mit den Worten „Bergbauer, Wildheuer, Musiker und liebevoller Vater“. Der Film beginnt mit dem Hinweis auf den tragischen tödlichen Absturz von Sepp Gisler, diesem liebevollen Vater, bei der gefährlichen und schweren Arbeit des Wildheuens. Der Tod des „Axiger Sepp“, der weit über die Region hinaus als begnadeter Schwyzerörgeli[8]-Spieler bekannt war und mit seiner Familien-Ländlerkapelle, zu der eben auch Dominik gehörte, vielerorts aufspielte, erschütterte nicht nur das glückliche Leben seiner Familie, sondern den gesamten Kanton Uri. Regisseur Beat Bieri hat mit seinem Filmportrait ein

8 Es handelt sich hier um eine „Schwyzer Orgel“, d. h. eine Variante des diatonischen Akkordeons, das vorwiegend in der Schweizer Volksmusik verwendet wird.

wertvolles, bleibendes Dokument geschaffen, das die Ausstrahlung und das Wirken dieses warmherzigen Mannes sehr lebensnah zum Ausdruck bringt. Trotz des schmerzhaften Verlusts erlebt der Zuschauer im Film, wie die Familie geeint zusammensteht und es mit vereinten Kräften schafft, den Hof mit der schweren und gefährlichen Arbeit in den extrem steilen Abhängen, die der Familienvater über 20 Jahre lang mit ihrer Hilfe erfolgreich bewältigt hatte, weiterzuführen. Sepp fehlt der Familie „an allen Ecken und Enden", wie Julia, die jüngste Tochter im Film sagt und ergänzt: „Es hätte ruhig noch viele Jahre so weiter gehen können". Ohne lange zu zögern, war sie es aber, die erst 22-jährige diplomierte Landwirtin, die, unterstützt von ihrem Lebenspartner, die Hofarbeit samt Wildheuen übernahm. Der Vater, dem seine Kinder bei der Arbeit gerne zur Seite standen, hatte ihnen schon früh viele, auch anspruchsvolle Arbeitsabläufe vermittelt. Die erforderlichen Kenntnisse und das Geschick im Umgang mit Sense, Mähmaschine, bei der Düngung der Wiesen und auch in der Haltung der Tiere waren ihnen noch lebendig präsent, als sie ihn nicht mehr selbst fragen konnten.

Es ist verdienstvoll, dass Bieri im Film der Vater-Sohn-Beziehung längere Passagen gewidmet hat. Der Zuschauer erlebt einen Vater, der sich mit Ruhe und Geduld trotz seiner schweren, herausfordernden Tätigkeit Zeit nimmt, zusammen mit seinem behinderten Sohn die Arbeiten zu verrichten: das Scheren der Schafe, das Baden der jungen Geißlein im Hinblick auf den Alpaufzug (Schutz vor Zecken) oder die Versorgung der Rinder. Aber auch Freizeitaktivitäten wie Skifahren und – was besonders beeindruckt – das erwähnte Zusammenspiel in der Familien-Ländlerkapelle mit Sepp und Tochter Julia. Vor teils recht großem Publikum, beispielsweise anlässlich eines Dorffestes, zupft Dominik beschwingt die große Bassgeige und begleitet frohgemut seine Schwester Julia und den Vater. Dieser lässt seinen Dominik nie ganz aus den Augen, nickt ihm ermunternd beim Aufspielen zu und fordert ihn auf, richtig in die Seiten zu greifen. Er ermutigt, bestätigt oder lobt seinen Sohn und freut sich sichtlich mit ihm über das gelingende gemeinsame Spiel, das auf viel Echo stößt.

Am 20. Juli 2020 gewährte mir Sepps Frau Pia, zusammen mit Julia und ihrer älteren Schwester Claudia Luthiger-Gisler, die heute das Bergrestaurant Oberaxen führt (unweit des Hofgebäudes), ein längeres Gespräch, in dem ich mehr über die Art und Weise erfahren wollte, wie Dominik in der Familie von klein an aufwuchs. Schon die Fahrt mit der exponierten, steilen Seilbahn auf den Oberaxen war ein Erlebnis. Je höher es ging, desto eindrücklicher die einmalige Aussicht hoch über dem Urnersee in die Berg- und Seenwelt der Innerschweiz. Dominik, der sich zeitweise zu uns an den Tisch gesellte und später für sich an einem anderen Tisch gewaschene Geschirrtücher sorgfältig zusammenlegte, wurde mir als Mensch in einer Art und Weise nähergebracht, die mich beeindruckte und berührte.

Als Ausgangspunkt unseres Gesprächs wählte ich die Musik bzw. die Frage, wie Dominik das Spiel auf der Bassgeige gelernt hat – eine nicht ganz einfache Anforderung. Wie kam es dazu? Wie hat er konkret gelernt, das Instrument so zu beherrschen, dass er die Bassbegleitung selbst vor Publikum adäquat spielen konnte, fragte ich. Zunächst sei es einfach die Musik gewesen, für die Dominik von Anfang an eine starke Affinität gezeigt habe, schilderte Pia. Wie Julia wuchs er allmählich in die Musik hinein und habe, als er für die Bassgeige noch zu klein war, einen Besen zusammen mit einer Kelle genommen und so schon auf seine Art mitgespielt. Durch das rhythmische Mitgehen im Takt sei das Gefühl für die Musik in ihm lebendig geworden, erzählte sie weiter. Das Bassgeigenspiel habe er sich dann selbst beigebracht, zumal er sich grundsätzlich nicht gerne etwas zeigen lasse. Er habe sich vieles einfach abgeschaut, sich Griffe gemerkt und sie für sich dann alleine ausprobiert und geübt, ergänzte Julia. Bei geistig behinderten Kindern sei dies üblich, fuhr Pia fort. Sie würden sich alle Fähigkeiten durch Abschauen aneignen und dabei manchmal ein erstaunliches Geschick an den Tag legen. Dominik komme mit der Fernsteuerung des Fernsehgeräts und mit dem DVD-Gerät besser zurecht als sie. Außerdem staune sie immer wieder, wie gut sein Musikgehör und seine Fähigkeit sei, Melodien wiederzuerkennen, wenn er sie im Radio höre; manchmal erkenne er bei der Ländlermusik sogar die Interpreten. Verwunderung löste bei mir im weiteren Verlauf des Gesprächs der Kommentar der großen Schwester Claudia aus, die meinte, sie habe eigentlich erst als Jugendliche anlässlich eines Lagers zusammen mit Dominik realisiert, dass er behindert ist. Dominik sei halt immer um sie „herum gewesen, eigentlich ‚eine Normalität'", erläuterte sie (Kissling, 20. Juli 2020, Restaurant Oberaxen). Die Erklärung dieses Phänomens, das für die besonders gut gelungene Integration von Dominik spricht, erschloss sich aus den weiteren Erläuterungen der Mutter und der Schwester Claudia. Letztere deutete zunächst an, sie habe bei anderen Familien mit geistig behinderten Kindern öfter gesehen, wie wenig lebenspraktische Kompetenzen diese erworben haben. Deshalb müsse man sie viel beaufsichtigen und kontrollieren. Zur Erklärung dieser Beobachtung meinte Pia: Man habe solche Kinder früher viel weniger selber machen lassen – sich anziehen, sich waschen usw. – und sei überzeugt gewesen, solche Fertigkeiten seien für ein behindertes Kind eine Überforderung. Sie selbst habe sich, nachdem sie die erste Betroffenheit bei der Geburt des behinderten Dominik überwunden und bei anderen beides – Unterforderung und Überforderung der Downsyndrom-Kinder – beobachtet habe, darauf eingestellt, keine Ziele anstreben zu wollen, sondern einfach „das zu nehmen, was kommt“ (Kissling, 20. Juli 2020, Restaurant Oberaxen). Umso schöner sei es jeweils gewesen, wenn mit ihm etwas gelang. Vieles entwickle sich eben deutlich langsamer: Sitzen, Stehen, Laufen ... Es habe drei Jahre gedauert, bis Dominik richtig laufen gelernt habe. Meine Bemerkung in diesem Zusammenhang, es sei für die Entwicklung sicherlich entscheidend, dass man viel Geduld aufbringe und Freude am Kind habe, auch an kleinen Fortschritten, veranlasste Pia zu einigen Aussagen, die mir verständlich machten, wieso Dominik in den Augen der Geschwister einfach normal erschien. Sie bestätigte:

> „Ja, Geduld und Liebe kommen da rein. Es hat ja auch immer mit uns etwas zu tun. ... Für mich ist wichtig, dass er gleichbehandelt wird wie die anderen, sei dies bezüglich des Anziehens oder so. Dies ist mir heute noch wichtig. So eine Haltung: ‚Für ihn reicht das und das ... ‚das braucht er nicht‘, kommt nicht in Frage. Er ist wirklich eine Persönlichkeit, die geachtet und gefördert werden muss“ (Kissling, 20. Juli 2020, Restaurant Oberaxen).

Pia sprach diese Worte mit sehr viel Überzeugung aus und ergänzte im nächsten Atemzug, es sei wichtig, ihn stets darin zu unterstützen, wo er eine Begabung zeige, ihm aber nicht Aufgaben zuzumuten, bei denen man von vorneherein wisse, dass er sie nicht bewältigen könne. Es sei in der Verantwortung der gesetzlich zuständigen Betreuungspersonen – also im Fall von Dominik von ihr –, ihm bei der Selbsteinschätzung unterstützend beizustehen, da er oft selbst nicht ermessen könne, wozu er imstande sei. Abstimmen könnte er beispielsweise sicherlich nicht.

Ein weiterer Schwerpunkt im Gespräch mit Gislers war natürlich Dominiks Einschulung und seine Schullaufbahn. Ich wollte genauer ausloten, wie sie über Integration dachten und welche schulischen Erfahrungen sie mit Dominik gemacht hatten. Die sehr eigenständig denkende, offene Mutter entschied sich selbst beim Eintritt Dominiks in den Kindergarten, es mit der Integration zu versuchen. Aber bereits nach zwei Tagen, in denen für sie offensichtlich wurde, dass ihr Sohn sich nicht im Geringsten wohl fühlte, brach sie den Versuch ab. Bei der Einschulung entschied sie sich von Anfang an, Dominik in eine heilpädagogische Institution nach Altdorf zu schicken. Dort habe er als Wochenaufenthalter die gesamte Schulzeit verbracht, sei sehr gerne hingegangen und habe sehr viel Lebenspraktisches gelernt. Pia betonte, sie könne sich nicht vorstellen, dass er all diese Fähigkeiten hätte aufbauen können, ohne die Kleinklasse, in der er unterrichtet wurde. Sie würde es wieder so machen. Ich fragte anschließend Julia, ob sie während ihrer Schulzeit je diskriminierende Bemerkungen über ihren Bruder zu hören bekommen habe. Julia verneinte ausdrücklich und meinte, dass so etwas auch bei den gemeinsamen musikalischen Auftritten nie der Fall gewesen war. Dann fügte sie aber noch eine Bemerkung hinzu, die mich aufhorchen ließ: „Heute sind die Beziehungen sehr oberflächlich geworden. Es fehlt oft das Feingefühl zur Person“ (Kissling, 20. Juli 2020, Restaurant Oberaxen). Zunächst bezog ich diese Aussage auf Dominik. Ihre weiteren Schilderungen offenbarten aber, dass sie selbst eine Phase während der Schulzeit hatte, die nicht so erfreulich verlief. Wenn man diese tüchtige, mutige, kluge junge Frau vor sich sieht, sie sprechen und dann auch noch auf hohem Niveau musizieren hört, kann man sich ihre Schwierigkeiten in der Schule nur so erklären, dass einige Lehrer ihre Persönlichkeit nicht annähernd richtig erfasst hatten. Dazu passen ihre Worte. Als Kontrast dazu hatte sie einen Vater erlebt, der ihr in jungen Jahren all die Kompetenzen mitgab, die sie später befähigten, auch ohne seine Beratung die enorme Verantwortung für eine so anspruchsvolle Aufgabe wie die Führung eines Wildheuer-Hofs zu übernehmen sowie die einheimische Bevölkerung zusammen mit Kolleginnen mit schöner Musik zu erfreuen.

Den Schlusspunkt des Gesprächs setzte Pia, indem sie hervorhob, es gebe eine ganz besondere Tugend von Dominik, von der alle viel lernen könnten: Es sei absolut unmöglich, ihn zu stressen! „Schnell, schnell ... geht bei ihm nicht. Da macht er nicht mit“ (Kissling, 20. Juli 2020, Restaurant Oberaxen), sagte sie schmunzelnd mit sichtlicher Freude.

Wer wird verneinen wollen, dass die Lebensumstände von Dominik in der Familie geradezu ideal waren und nach wie vor sind? Seine Zugehörigkeit zur Familie unterscheidet sich nicht von derjenigen seiner Geschwister trotz seiner unterschiedlichen Entwicklung und seinen eingeschränkten Fähigkeiten, sodass er innerhalb der Familie als normales Familienmitglied empfunden wird. Seine Person wird ebenso fraglos bejaht wie die seiner Geschwister. Er leistet einen wichtigen Beitrag zum Gelingen des Zusammenlebens und kann – ohne unter Erwartungsdruck zu stehen – seine vorhandenen Stärken voll zur Geltung bringen. Als die für Dominik besonders wichtige Bezugsperson Vater Sepp jäh aus dem Leben gerissen wurde und nicht mehr verfügbar war, hätte man wohl erwarten können, dass er den Boden unter den Füßen verliert und lange dadurch emotional beeinträchtigt ist. Offensichtlich war aber seine Verankerung in der Familie so selbstverständlich gegeben, dass er den Tod recht gelassen zur Kenntnis nahm und sehr bald eine Lösung für ihn innerhalb der Familie gefunden war. Seither lebt und arbeitet er im von der Schwester Claudia geführten Restaurant in der Küche mit. Im Alltag wird er zwar nie von seiner Familie aus den Augen gelassen, um sicherzustellen, dass er keinen Risiken ausgesetzt ist. Aber grundsätzlich – so hat es Pia klar zum Ausdruck gebracht – lässt man ihm seinen eigenen Willen, sein Tempo, stellt keine ehrgeizigen Ansprüche, traut ihm aber auch durchaus einiges zu und freut sich mit ihm an manchmal neu erworbenen Geschicklichkeiten. Alle Varianten eines kränkenden Sich-fremd-Fühlens, der Einsamkeit, des fehlenden Wohlwollens oder des Negativ-bewertet-Werdens, wie dies in den bisherigen Beispielen eine Rolle spielte, fehlen hier ganz.

1.5 Das Mitgefühl der Klasse wecken – Engagement einer Mutter

Im September 2018 erschien in einer Schwyzer Regionalzeitung ein Artikel mit dem Titel „Jedes Kind kommt einzigartig auf die Welt“. Darin war von einer Unterrichtseinheit für Kindergarten und Unterstufe[9] die Rede, die eine Mutter entwickelt hatte und die den Kindern in der Regelschule auf sehr anschauliche Weise vermitteln sollte, was Trisomie 21 bedeutet bzw. worin sich ihr Schulkamerad von ihnen unterscheidet. Ich nahm mit der Mutter Kontakt auf und bat sie, mir die Unterrichtseinheit zugänglich zu machen. Frau Suter-Heinzer, die Autorin und selbst Mutter von drei Söhnen, wobei der jüngste das Downsyndrom hat, reagierte sehr erfreut über mein Interesse und ließ mir ihren Flyer „Du bist einzigartig – Trisomie 21 und du“ für Schulen und Eltern zukommen.

(Suter-Heinzer, 2020)

9 Die Bezeichnung für die ersten drei Jahre Volksschule in der Schweiz.

Als ich dieses Buch zu schreiben begann, erinnerte ich mich an Frau Suter-Heinzer und ihre Unterrichtseinheit. Ich beschloss, genauer nachzufragen, was sie zu ihrer Idee veranlasst und wie sie die Umsetzung mit den Kindern bewerkstelligt hatte. Ich fragte mich, ob sie selbst auch Lehrerin war, weil sie sich ein solches Projekt zugetraut hatte. So kam es am gleichen 20. Juli 2020 freundlicherweise auch mit ihr zu einem aufschlussreichen Gespräch bei ihr zu Hause in Schwyz. Ich kam direkt von meinem Besuch bei Familie Gisler auf dem Oberaxen, weshalb sich Frau Suter-Heinzer sofort danach erkundigte, was ich von Gislers hinsichtlich ihres Sohnes erfahren habe. Bei meinen Schilderungen nickte sie immer wieder bestätigend, warf ab und zu etwas ein und blieb insbesondere bei Pia Gislers Erklärung hängen, Dominik würde sich vieles durch Abschauen und Nachahmen aneignen. Frau Suter-Heinzer bekräftigte, Kinder mit Downsyndrom würden besonders gerne Fähigkeiten abschauen und erläuterte einiges zu diesem Lernvorgang. Die Nachahmungsfähigkeit hänge mit den Spiegelneuronen zusammen, erklärte sie, die uns Menschen erlauben, die Gefühlslage eines anderen Menschen nachempfinden zu können und auch leichter dessen Handeln zu kopieren. Dies sei für sie auch ein wesentlicher Grund gewesen, warum sie die Integration für ihren Sohn so befürwortet und sich dafür eingesetzt habe. Denn in der Regelklasse habe ihr Sohn von den Mitschülern viel Sinnvolles durch Abschauen profitieren können, während in der Sonder- bzw. Kleinklasse auch Schüler mit Verhaltensauffälligkeiten und Sprachproblemen seien, an denen sich ihr Sohn nicht so vorteilhaft orientieren könne; so jedenfalls ihre Skepsis.

In der Folge erläuterte mir Frau Suter-Heinzer ausführlich, welche Erfahrungen sie als Mutter mit der Integration ihres Sohnes gemacht hatte. Im Kanton Schwyz ist für den Zugang zu einer Integrationslösung die Empfehlung einer Schulpsychologin nötig, die einen Antrag zuhanden des Regierungsrats[10] schreibe. Hilfreich sei für sie gewesen, dass einer ihrer beiden älteren Söhne bereits bei derselben Kindergärtnerin war, zu der der behinderte Sohn eingeteilt wurde, und sie und die Kindergärtnerin sich schon gut kannten. Die Pädagogin war offenbar gerne bereit, die Integration ihres behinderten Sohnes zu übernehmen und zu gewährleisten, sodass der Einstieg gut gelang. Zur Illustration des enormen Aufwandes, der mit einer solchen Integration verbunden ist, und des großen Engagements, das allen Beteiligten abverlangt wird, zählte mir Frau Suter-Heinzer bis zu zehn Personen auf, die jeweils an einem Standortgespräch involviert waren und

10 Dies ist die Exekutivbehörde des Kantons, durch die auch die Schul- bzw. Bildungsinstitutionen beaufsichtigt werden.

alle für einen gemeinsamen Termin zusammengerufen werden mussten: Heilpädagogin, Koordinatorin für die heilpädagogischen Leistungen, Logotherapeutin, Ergotherapeutin, Schulpsychologin, Vertretung aus der Schulleitung, zwei Lehrpersonen sowie sie als Eltern. Ihr Standpunkt diesbezüglich ist, dass sich der Aufwand lohne, weil der Gewinn für alle groß sei.

Vier Jahre lang (zwei Jahre Kindergarten und zwei Jahre Unterstufe/Regelschule) konnte die Integration ihres Sohnes aufrechterhalten werden, dann sei ihnen nichts anderes übriggeblieben, als ihn ins *Heilpädagogische Zentrum Innerschweiz (HZI)* nach Ibach zu schicken. Wie die engagierte Mutter deutlich machte, ist die weitere Integration ihres Sohnes an der fehlenden Bereitschaft der Schulleitung (Regelschule) gescheitert, deutlich mehr Fördermöglichkeiten als nur sechs bis acht Stunden pro Woche zur Verfügung zu stellen. Sie habe sich mit großem Einsatz selbst darum bemüht, Assistenz-Beiträge bei der Invalidenversicherung zu erhalten, und habe verschiedene Vorschläge unterbreitet, z. B. das Engagieren von Klassen-Assistenten (Zivildienstleistende), leider immer ohne Unterstützung bzw. Bemühen durch die Behörden.

Im Zusammenhang mit ihrer Schilderung des Wechsels von der Regelschule in das *Heilpädagogische Zentrum* sprach Frau Suter-Heinzer noch einen relevanten Aspekt an. Sie schilderte, ihr behinderter Sohn sei dadurch, dass er immerhin vier Jahre in den normalen Kindergarten und in die Regelschule gegangen war, mit den Kindern im Quartier vertraut gewesen. Damit der bestehende soziale Kontakt in der Nachbarschaft nicht verloren ging, habe sie den Abholdienst des *Heilpädagogische Zentrums* darum gebeten, ihren Sohn erst nach 400 m Schulweg in den Transferbus einsteigen zu lassen. Dadurch würde ihr Sohn zunächst fast einen halben Kilometer durchs Quartier laufen, seine Kollegen und Bekannten sehen und grüßen und bleibe mit den Nachbarn verbunden. Diejenigen Kinder, die von Anfang an im Zentrum eingeschult würden, hätten im Allgemeinen kaum Kontakt zu Gleichaltrigen im Quartier.

Nach diesem eher persönlichen Bericht kam die engagierte Mutter, die, wie sich herausstellte, über keine Lehrerausbildung verfügt, auf ihre Unterrichtseinheit „Du bist einzigartig. Trisomie 21 und du“ zu sprechen. Der unmittelbare Anlass dafür war, dass die Klasse der Lehrerin nach einigen Wochen gemeinsamen Unterrichts verschiedene Fragen zum behinderten Sohn gestellt hatte: Warum kann er nicht so gut zeichnen? Warum ist er immer so langsam? Warum arbeitet Frau Müller (die Heilpädagogin) jeweils nur mit ihm, wenn sie da ist? Kommt sie nur für ihn?

Solche durchaus verständlichen Fragen wollte sie mit ihrer Unterrichtseinheit thematisieren und im Gespräch mit den Kindern beantworten, erläuterte Frau

Suter-Heinzer. Es sollte damit Gelegenheit geschaffen werden, sorgfältig auf die Fragen einzugehen und der Klasse Antworten zu vermitteln, die den Schülern helfen, eine mitfühlende und verständnisvolle (keine mitleidvolle!) Einstellung zum behinderten Kind zu gewinnen. Neugierig bat ich sie, mir die einzelnen Schritte zu schildern, wie sie den Unterricht mit den Klassen gestaltet, in die man sie einlädt. Sie legte dar:

Erster Schritt: Zunächst fragt sie die Kinder danach, wie wir Menschen genau aussähen und erarbeitet mit ihnen, was uns als unverwechselbare Individuen voneinander unterscheidet. Ziel ist, mit den Kindern zusammen die Einzigartigkeit jedes einzelnen Menschen zu konstatieren.

Zweiter Schritt: Nun beginnt Frau Suter-Heinzer mit den Kindern, eine „Entdeckungsreise“ anzutreten: Sie zeigt ihnen das Bild eines Hauses mit Backsteinmauern, eine Analogie zu unserem Körper, der statt aus Backsteinen aus Zellen besteht. Sie erklärt, dass es in jeder Zelle (Backstein) Chromosomen gibt, die sie dann zur Veranschaulichung mit den Kindern als Modell herstellt.

Dritten Schritt: Die Kinder basteln gemeinsam unter ihrer Anleitung mit Maisperlen das Modell einer Chromosomenkette mit jeweils farblich gleichen Chromosomenpaaren. Dazu erläutert Frau Suter-Heinzer, diese Chromosomen seien ei-

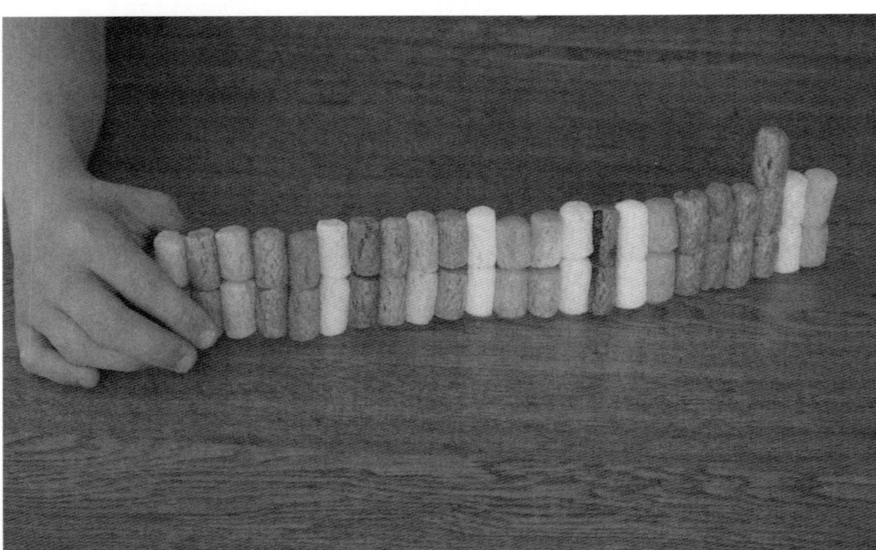

(Suter-Heinzer, 2020)

gentlich Speicherplätze für die individuellen unterschiedlichen Eigenschaften. In den Chromosomen sei vorprogrammiert, welche Haar-, Haut- oder Augenfarbe der Einzelne habe, ob er sportlich sei usw.

Vierter Schritt: Nun fragt sie den Kindern, ob sie eine Vorstellung hätten, was bei den Chromosomen ihres Mitschülers, der Mühe mit Zeichnen und anderen Tätigkeiten in der Schule hat, anders sei als bei ihnen. Die Kinder würden vielfältige Vorschläge und Ideen dazu äußern. Frau Suter-Heinzer erklärt ihnen dann, dass bei Kindern wie bei ihrem Sohn beim einundzwanzigsten Chromosomenpaar ein zusätzliches Chromosom angeklebt sei (siehe Bild). Dieses wirke bei den betroffenen Kindern wie ein Hindernis. Während das Kind mit Trisomie 21 bei allem, was es tue, dieses Hindernis zu überwinden habe, könnten alle anderen Kinder ohne dieses Hindernis unbeschwert laufen, ohne Einschränkung schreiben und alle sonstigen Sachen machen. Kinder mit einem solchen zusätzlichen Chromosom könnten schon lernen wie sie, aber sie benötigten viel mehr Zeit und Wiederholungsmöglichkeiten.

Damit die Kinder sich den besonderen Zusatzaufwand vorstellen können, den die geistig behinderten Kameraden leisten müssen, führt Frau Suter-Heinzer mit den Kindern verschiedene Übungen durch: Sie erhalten z.B. Winterhandschuhe und sollen damit versuchen, zu malen oder mit der Schere zu schneiden. Oder sie werden aufgefordert, sich ein Gummibärchen unter die Zunge zu legen und mit dieser „Behinderung" zu sprechen.

Diese Lektionen von Frau Suter-Heinzer finden bei den Kindern und den Lehrpersonen offenbar sehr viel Anklang.

Das pädagogisch und psychologisch wertvolle Ziel formuliert Frau Suter-Heinzer in ihrem Flyer so: Es geht darum, „Empathie und Verständnis der Mitschüler [zu] wecken" (Suter-Heinzer, 2020). Mich interessiert, inwieweit sie in diesem Sinne erfolgreich ist.

Sie habe natürlich das Programm mit der Klasse ihres behinderten Sohnes durchgeführt und dadurch auch über einige Zeit beobachten und mit der Lehrerin besprechen können, inwieweit die Einstellung der Schüler im gewünschten Sinn inspiriert werden konnte. Der direkten Beantwortung der Frage zur „Erfolgsbilanz" stellte Frau Suter-Heinzer eine – wie mir scheint – wichtige Bemerkung voran: Praktisch alles würde von der Haltung der Lehrerin abhängen. Wenn diese den Kindern einen verständnisvollen und respektvollen Umgang miteinander und somit auch mit dem behinderten Kind vorlebe und dasselbe auch von ihnen einfordere, würden die Kinder sich dieser Haltung voll und ganz anschließen. Es habe sie sehr gefreut, zu sehen und zu erleben, wie ernsthaft die Kinder zugehört, mitgemacht und daraus gelernt hätten. Einmal, bei einem Besuch der Klasse in einem Nachbardorf, den sie begleitet habe, seien sie in einem Hallenbad gewesen, wo die Schüler einem anderen Downsyndrom-Kind begegnet seien. Die Kinder aus der Klasse ihres Sohnes seien von sich aus auf dieses Kind zugegangen und hätten sich in der Kommunikation und im Umgang mit ihm genauso taktvoll verhalten, wie sie es in der Klasse gelernt hatten: Sie stimmten Sprache, Augenkontakt, Haltung und Zuwendung ganz auf das Kind ab und zeigten viel Interesse und Unbefangenheit bei dieser Begegnung. Man habe somit sehen können, dass diese Kinder etwas Wertvolles fürs Leben mitgenommen hätten.

Die beiden letzten Beispiele - Dominik und das Engagement von Frau Suter-Heinzer - betreffen die Integration eines geistig behinderten Kindes, aber in doch klar unterschiedlichem Kontext. Klar ist, dass die erforderlichen idealen Modalitäten für eine schulische Integration oftmals schwieriger herzustellen sind als in Familien. Frau Suter-Heinzer hat selbst darauf hingewiesen, wie groß der personelle Aufwand, die dafür erforderliche Fachkompetenz und die zeitlichen Ressourcen sind, um eine einigermaßen befriedigende Integrationssituation für das behinderte Kind in der Regelschule zu schaffen.

Die beiden Beispiele zeigen den hohen Anspruch, der mit einer gelingenden Integration einhergeht: Behinderte Menschen brauchen geduldige Unterstützung, sollten überall, wo es möglich ist, einbezogen sowie manchmal auch geschützt werden. Die Frage, ob und wie sich Integration bei geistig behinderten Kindern in den Volksschulen umsetzen ließe und ob dies dann nachhaltig zum Wohle des einzelnen Kindes ist, bleibt vorläufig eine offene Frage. Das persönliche Engagement von Frau Suter-Heinzer für ein humanes Anliegen ist auf jeden Fall vorbildlich und verdient wirklich Anerkennung.

2 Integration/Inklusion im Spiegel der Zeit

Im Folgenden wird versucht, die verschiedenen Auffassungen und Standpunkte nachzuvollziehen, die im Zusammenhang mit dem großen Reformprojekt Integration bzw. Inklusion entwickelt und eingenommen wurden. Wichtig dabei ist zu beachten, dass Integration eine komplexe und sehr anspruchsvolle Aufgabe darstellt. Es steht bei jedem einzelnen Kind die ernste Aufgabe an, die optimale Lösung für seine schulische Entwicklung zu finden. Eine Fehlplatzierung, die zum Versagen des Integrationsversuchs führt – sei es, dass das Kind dabei resigniert, sich im Stich gelassen fühlt, depressiv wird, selber mobbt oder gemobbt wird usw. –, kann für dieses Kind und möglicherweise auch für andere in der Klasse fatale Auswirkungen haben. Man kann also in dieser Sache nicht leichtfertig experimentieren, denn es geht um das Wohl der betroffenen Kinder und Jugendlichen und nicht darum, sich politisch profilieren oder um jeden Preis recht behalten zu wollen.

Wir beginnen die Auslegeordnung mit einer kurzen historischen Rückschau auf die Entwicklung des Schulwesens im deutschsprachigen Raum[11] seit Ende des Zweiten Weltkrieges und den daraus erwachsenen schulischen Lösungen für die beeinträchtigten Schüler. Dabei wird der historische Faden aufgegriffen, der in der Einführung zur Illustration der Thematik ansatzweise bereits dargelegt wurde.

2.1 Der Aufbau eines spezialisierten Sonderschulwesens

Das Charakteristische am Sonderschulwesen, das nach dem Zweiten Weltkrieg schrittweise aufgebaut wurde, war die Spezialisierung der Klassen für je eine bestimmte Art der Dysfunktionalität (für Schwerhörige oder Gehörlose, für Sehbe-

11 Hier ist insbesondere von Deutschland und der Schweiz die Rede.

hinderte und Blinde, für Kinder mit starken Lernschwierigkeiten, für körperbehinderte oder für verhaltensauffällige Kinder) sowie die Spezialisierung der Heilpädagogen, die für den Unterricht in diesen homogenen Kleinklassen zuständig waren. Die Sonderschulen bzw. Sonderschulklassen – man spricht heute in Deutschland von Förderschulen, in der Schweiz von Kleinklassen – galten damals als fortschrittlich wie die Sozial- und Bildungswissenschaftler Katharina Rathmann und Klaus Hurrelmann dies beschreiben:

> „Lange Zeit galt der separate Ort der Förderschule als ‚soziale Heimat' und als ‚Schonraum' für die Kinder mit Förderbedarf, und es schien selbstverständlich, dass sowohl das Wohlbefinden der Kinder als auch die Anregung ihrer Leistungsfähigkeit durch speziell auf ihre Situation zugeschnittene, ‚sonderpädagogische' Ansätze hier am besten zu gewährleisten seien (Rathmann & Hurrelmann, 2018, S. 10).

Dies hieß nichts anderes, als dass die Sonderschulen und heilpädagogischen Institutionen im Bewusstsein der deutschen und Schweizer Bevölkerung aufgrund ihrer Konzeption einen ausgezeichneten Ruf genossen. Das so konzipierte System galt als ein fürsorgliches, den realen Bedürfnissen angemessenes System und hatte zumindest von der Intention hergesehen, keine diskriminierenden Absichten, im Gegenteil. Auf dem Hintergrund der historischen Erfahrung mit den monströsen Verbrechen an behinderten Menschen während des Nazi-Regimes gab es in Deutschland nach dem Krieg eine hohe Sensibilität gegenüber unwürdiger Behandlung von Menschen mit Dysfunktionalitäten und Einschränkungen aller Art. Die Beschreibung von Rathenau und Hurrelmann zur früheren, sehr positiven Sichtweise solcher Sonderschuleinrichtungen als optimale Versorgung dieser Kinder und Jugendlichen unterstreicht, dass man in Deutschland dem Schutz behinderter Menschen hohe Priorität einräumte.

Die Entwicklung des Sonderschulwesens in der Schweiz ist mit demjenigen in Deutschland gut vergleichbar. Bis in die 1990er-Jahre bestand ein hochdifferenziertes eigenständiges Kleinklassensystem, das aus den folgenden Typen von Kleinklassen bestand:

- Kleinklasse A: erstes Schuljahr in zwei Jahren (moderater Einstieg in die Schule)
- Kleinklasse B: Lernschwache bis -behinderte
- Kleinklasse C: Kinder mit Wahrnehmungseinschränkungen (Sehen, Hören)
- Kleinklasse D: verhaltensauffällige Kinder
- Kleinklasse E: fremdsprachige Kinder zur intensiven Schulung in der deutschen Sprache

Für jede Form von Kleinklasse waren wie in Deutschland speziell für die entsprechende Behinderung ausgebildete Heilpädagogen tätig, oft sehr erfahrene Lehrpersonen, die nach vielen Jahren Unterricht eine heilpädagogische Zusatzausbildung gemacht hatten. Das Sonderschulwesen in der Schweiz galt über einige Jahrzehnte als sehr erfolgreich und genoss wie in Deutschland in der Bevölkerung einen sehr guten Ruf.

2.2 Die sonderpädagogische Wende im Zuge der Bildungsreform

Bereits ab den 1970er-Jahren, als die Sonderschulen sogar noch im Aufbau begriffen waren, formierte sich eine erste markante Kritik am Sonderschulwesen mit dem Vorwurf der damit verbundenen Diskriminierung von Kindern mit Dysfunktionalitäten. Es war in Deutschland die Zeit der Gesamtschulen, der Vorstellung einer *Schule für alle,* mit welcher die unterschiedlichen Bildungsvoraussetzungen (abhängig vom Elternhaus und dessen sozialen Status) aufgehoben und dadurch „Chancengleichheit" geschaffen werden sollte. Die Gesamtschulen waren so organisiert, dass zwar Leistungsniveaus unterschieden wurden, dass aber eine starke Verflechtung zwischen diesen gegeben war. Demnach konnten Schüler ohne Probleme je nach Leistungsstand fächerweise von einem Niveau ins andere wechseln. Die Motive der Kritiker des Sonderschulwesens sowie der *selektierenden* Schule überhaupt waren damals zumeist mehr gesellschaftspolitisch als rein pädagogisch motiviert.

1970 berief die Bildungskommission des Deutschen Bildungsrates einen Ausschuss „Sonderpädagogik" ein mit dem Auftrag, zu klären, wie mehr Integration im Schulwesen eingeführt werden könnte. Eine der zentralen Persönlichkeiten – auch Vorsitzender dieses Ausschusses – war der Erziehungswissenschaftler Jakob Muth. Ihm zu Ehren wird seit 2009 der „Jakob-Muth-Preis für inklusive Schule" an Schulen verliehen wird, die sich bei der Umsetzung der entsprechenden Schulungsform besonders verdient gemacht haben (Speck, 2019, S. 17). Die Empfehlungen dieses Ausschusses beinhalteten, dass Lösungen gesucht werden sollten, wie die bestehende schulische Isolation (Separation) von behinderten Schülern gemildert bis aufgehoben werden könnte. Nichtbehinderte Schüler sollten nach Möglichkeit mit behinderten Schülern gemeinsam unterrichtet werden, z.B. in „Kooperativen Schulzentren", und zwar vorteilhafterweise individualisiert und binnendifferenziert (Speck, 2019, S. 17). Wie der renommierte, emeritierte Lehrstuhlinhaber für Sonderpädagogik, Otto Speck, selbst Mitglied dieses Ausschusses in seinem letzten Buch schreibt, hatte Jakob Muth nicht die Absicht, die Sonderschulen umgehend zu schließen und die behinderten Kinder in sogenannten Regelklassen unterzubringen. Er warnte eher davor, weil solche Ad-hoc-Umsetzungen für diese Kinder psychologisch gesehen die Gefahr einer Selbstwertkrise beinhalten könnten. Da zu diesem Zeitpunkt in Deutschland das zuvor beschriebene differenzierte Sonderschulsystem noch mitten im Aufbau begriffen war, stießen die Vorschläge des Ausschusses nicht auf große Begeisterung, im Gegenteil. Vielmehr unterstrich die Kultusministerkonferenz, im föderalen Deutschland hinsichtlich der Bildung das wohl wichtigste politische Gremium, im Unterschied zum Bildungsausschuss die Eigenständigkeit der Sonderschulen (Speck, 2019, S. 18). Speck selbst, der gemeinsamen Unterricht durchaus nach Möglichkeit befürwortete, wollte keine Schwarz-Weiß-Position einnehmen und betonte schlicht, es dürfen aus solchen Integrations- bzw. Inklusionslösungen für die beteiligten Schüler keinerlei Nachteile erwachsen.

Starke Impulse zur Förderung einer integrierenden bzw. inkludierenden Form von Schule und Unterricht kamen aus anderen europäischen Ländern, insbesondere aus Italien. Dort war der sozialkritische Tenor besonders ausgeprägt, indem gemäß politischer Theorie unterstellt wurde, die „soziale Isolation behinderter Menschen" habe System und folge der Logik der kapitalistischen Gesellschaftsstruktur, indem sie diese wirtschaftlich unproduktiven Menschen gesellschaftlich exkludiere. Diese Gesellschaftsstruktur müsse zwingend aufgehoben werden, um die Behinderten aus ihrer „miserablen sozialen" – weil stigmatisierenden, diskriminierenden – Lage herauszuholen. Dass diese Kritik vollkommen aus der Luft gegriffen gewesen wäre, kann man nicht behaupten. Wenn man sich die allgemeinen Erziehungsprinzipien zu dieser Zeit generell in Europa vergegenwärtigt – in Elternhaus und Schule –, so weiß man, dass in den Bildungsinstitutionen die Prügelstrafe und autoritäre Erziehungsmittel stark verbreitet waren und zumeist als normal bzw. erforderlich erachtet wurden. Viele Institutionen führten mit ihren „Zöglingen", denen noch dazu zuweilen das Stigma, einer moralisch verdorbenen Familie zu entstammen, anhaftete, ein entsprechend repressives und oft liebloses Regime. Statt die Sonderschulen auszubauen, sollte deshalb *eine Schule für alle*, die solche Ungerechtigkeiten verunmögliche, geschaffen werden (Speck, 2019, S. 23). Genau unter diesem Motto waren schon 1962 in Italien die Voraussetzungen geschaffen worden, um eine *Einheitsmittelschule* mit gemeinsamem Unterricht für alle Schüler einzurichten. Die Sonderschulen wurden im Anschluss daran 1971 teilweise geschlossen und 1977 fand deren vollständige Aufhebung statt (Saalfrank & Zierer, 2017, S. 46).

Parallel dazu wurden auch viele psychiatrische Kliniken im Zuge der Psychiatriereform geschlossen. Franco Basaglia, die Führungsfigur der italienischen *Antipsychiatrie*, auch bekannt unter der Bezeichnung *demokratische Psychiatrie*, diagnostizierte psychische Störungen als Folge und Ausdruck erniedrigender gesellschaftlicher Verhältnisse, denen insbesondere die Armen ausgesetzt seien. Durch die Abschiebung und Isolierung der Patienten in psychiatrische Anstalten versuche das politische System, die bestehenden Widersprüche in der kapitalistischen Gesellschaft zu verdecken. Deshalb sei die Befreiung der Anstaltsinsassen ein therapeutischer Akt, indem den Patienten dadurch endlich die Menschenrechte zugestanden würden. Dass Basaglias Kritik nach und nach auch politisch auf offenere Ohren stieß und im Parlament zur Verabschiedung eines Psychiatriereformgesetzes führte, das die schrittweise Schließung der Anstalten vorsah, lag auch darin begründet, dass die Zustände darin tatsächlich aus humaner Sicht unhaltbar waren.

In Bezug auf die Schule wollte man in den deutschsprachigen Ländern nicht so weit gehen wie in Italien mit der konzipierten Einheitsschule. Der deutsche Erziehungswissenschaftler Klaus Zierer fasst die Skepsis politisch oder ideologisch motivierter Einheitslösungen in deutliche Worte:

> „Bildung ist keine Einbahnstraße! Alle Versuche, der Verschiedenheit der Menschen mit einem einzigen Angebot zu begegnen, scheitert aus empirischer Sicht. Menschen haben unterschiedliche Voraussetzungen, Möglichkeiten und Lebenswege. Diesen ist mit einer ebensolchen Diversität zu begegnen. Bildung braucht also vielfältige Angebote" (Saalfrank & Zierer, 2017, S. 21).

Insofern erscheint es paradox, einerseits Heterogenität als eine wunderbare Voraussetzung zum gemeinsamen Lernen zu propagieren (Kerngedanke der Inklusion), andererseits aber eine uniforme Konzeption (*Einheitsschule* bzw. eine *Schule für alle)* zu fordern.

2.3 Interpretationsspielraum der UN-Konvention

In seiner Publikation „Inklusion" rekonstruiert Zierer zusammen mit Wolf-Thorsten Saalfrank die Entwicklung des Inklusionsbegriffs in Deutschland bis zur UN-Behindertenrechtskonvention (UN-BRK), welche die UN-Vollversammlung 2006 beschloss und die 2009 in Deutschland ins nationale Recht überführt wurde. Die beiden Erziehungswissenschaftler sehen sämtliche damit verbundenen Bestrebungen, Bildungsteilhabe für alle Kinder auf hohem Niveau zu verwirklichen, als ein ethisches Anliegen, das bereits mit Comenius im 17. Jahrhundert begann. Sie sind der selbstverständlichen Meinung, dass das menschenrechtlich begründete Anliegen zur Reduktion „ethnischer Barrieren" weitergeführt werden müsse

(Saalfrank & Zierer, 2017, S. 31). In Bezug auf den Begriff der Inklusion verweisen sie auf die weit gefasste Definition, die in den Leitlinien der UNESCO festgeschrieben ist und die weit über die Sicht hinausgeht, die den gemeinsamen Unterricht von Kindern mit und ohne Beeinträchtigungen/Dysfunktionalitäten betrifft. Die Liste von Menschen, die gemäß UNESCO damit gemeint sein können, weil ihnen in vielen Ländern ohne demokratische Grundlagen ein wertvoller Bildungsprozess grundsätzlich verwehrt wird, ist lang: missbrauchte Kinder, Flüchtlinge, arbeitende Kinder, Migranten, religiöse Minderheiten, von Armut betroffene Kinder, ethnische Minderheiten, Mädchen, linguistische Minderheiten, indigene Völker, behinderte Kinder, Straßenkinder, Kindersoldaten, Landbevölkerung, Frauen, HIV/AIDS-Waisen, Nomadenkinder (Saalfrank & Zierer, 2017, S. 22f).

Ausgangspunkt der Änderung des Begriffs Integration durch das programmatische Konzept Inklusion war nach Saalfrank und Zierer die Konferenz in Salamanca im Jahr 1994. Das Leitprinzip der dort proklamierten *Salamanca-Erklärung* stützt sich vollumfänglich auf die zuvor erwähnte UNESCO-Definition von Inklusion und verlangt, dass in allen Staaten die „Schulen Wege finden“ (Saalfrank & Zierer, 2017, S. 33) müssten, um einen erfolgreichen Unterricht für sämtliche Kinder sicherzustellen, „auch jene, die massive Benachteiligungen und Dysfunktionalitäten haben“. Die *Salamanca-Erklärung* ist also, wie Saalfrank und Zierer nochmals unterstreichen, an alle Länder der Welt gerichtet, auch an jene, die die Mittel nicht haben, ihre beeinträchtigten Kinder und Jugendlichen, ja nicht einmal die behinderten Erwachsenen zu bilden.

Je nach Perspektive wird die Ablösung des Begriffs Integration durch Inklusion als mehr oder weniger großer Transformationsprozess mit unterschiedlich weitgehenden Zielsetzungen gesehen. Mit Berufung auf Otto Speck erklären Saalfrank und Zierer, die Ziele und Inhalte beider seien fast deckungsgleich. In der englischen Formulierung der *Salamanca-Erklärung* würden die Begriffe „inclusion“ und „inclusive“ verwendet, während in der deutschen Übersetzung stets nur von Integration und „integrativ“ gesprochen werde. Eine Erklärung dafür könnte sein, dass „Integration“ in den USA ausschließlich im Zusammenhang mit afroamerikanischen bzw. lateinamerikanischen Bevölkerungsgruppen verwendet wird. De facto stelle die seit Salamanca im deutschsprachigen Raum eingeführten Bezeichnung Inklusion aber keinen Paradigmenwechsel dar (Saalfrank & Zierer, 2017, S. 34).

Sieht man sich nun den Wortlaut der UN-Konvention zum Schutz der Rechte von behinderten Menschen (UN-BRK) gerade im Hinblick auf ein inklusives Bildungswesen genauer an, so lässt sich aus dieser Konvention aus Sicht vieler Autoren kein klarer Integrationsbegriff ableiten. Dies bestätigt auch Gudrun Wansing, eine der Autorinnen der rechtswissenschaftlichen Publikation *UN-Behindertenrechtskonvention mit rechtlichen Erläuterungen* des *Deutschen Vereins für öffentliche und private Fürsorge e.V.* (Welke, 2012, S. 94). Sie hat sich insbesondere mit dem Integrationsbegriff auseinandergesetzt, wie er in der Konvention verwendet wird. Mit *Artikel 24 – Bildung* in der UN-BRK haben sich für diese Publikation die beiden Rechtswissenschaftler Markus Krajewski und Thomas Bernhard eingehend befasst und dessen exakten Gehalt analysiert und erläutert. Die Kernfrage betrifft die Weiterexistenz der Sonderschulen bzw. *Förderschulen*. Krajewski und Bernhard erläutern zunächst, dass das Prinzip der Integration, sprich des gemeinsamen Unterrichts von allen Kindern mit und ohne Behinderung an einer Schule, als Normalfall gelten sollte. Dennoch enthalten ihre Erläuterungen klare Differenzierungen:

> „Förderschulen sind von Art. 24 Abs. 1 nicht kategorisch verboten. Hiervon geht offenbar auch der Ausschuss für die Rechte von Menschen mit Behinderungen aus. Allerdings würde die systematische Aussonderung behinderter Personen aus dem allgemeinen Bildungssystem eine Vertragsverletzung darstellen. Die UN-BRK enthält außer den Hinweisen auf die unterschiedlichen Schulstufen (Grundstufen, weiterführende Schulen, Hochschulen) keine Aussagen zur Schulstrukturfrage" (Welke, 2012, S. 169).

Die Frage zur weiteren Existenz von Sonderschulen bezieht sich unzweideutig auf die Schulstruktur, womit klar wird, dass gemäß UN-BRK die Weiterexistenz oder Aufhebung der Sonderschulen kein Kriterium bei der Erfüllung der in der Konvention enthaltenen Normen ist.

Wenn der Kern der Konvention beinhalte, dass es um die „bestmögliche schulische und soziale Entwicklung" jedes Kindes geht, so werde darin auch klar anerkannt, dass behinderte Schüler Einschränkungen aufweisen könnten, für die eine inklusive Beschulung nachteilig sein könne, so Krajewski und Bernhard. Sie erläutern weiter dazu:

> „Dass die BRK für diese Gruppen von Menschen mit Behinderungen nicht uneingeschränkt davon ausgeht, dass sie von einem inklusiven Unterricht am meisten profitieren, geht auf Forderungen der Verbände der Tauben, Stummen, Blinden und Taubstummen zurück. Insbesondere für das Erlernen besonderer Fertigkeiten[12] erscheint ein separierter Unterricht häufig besser geeignet" (Welke, 2012, S. 174).

12 z. B. Blindenschrift oder Gebärdensprache.

Eine weitere Kernfrage, die Anlass für sehr unterschiedliche, um nicht zu sagen gegensätzliche Standpunkte gibt, betrifft den Anspruch behinderter Kinder auf Zuweisung zur Regelschule. Heißt dies, Eltern können einfordern, dass ihr behindertes Kind zwingend in die Regelschule integriert wird? Dies bejahen beide Rechtswissenschaftler zunächst als Prinzip aufgrund ihrer Lesart der Konvention. Sie sprechen von einem „Individualanspruch auf die Zulassung zu einer Regelschule und eine inklusive Beschulung in dieser Schule" (Grundschule und weiterführende Schulen) (Welke, 2012, S. 171). Gleichzeitig schließen sie aber auch Einschränkungen dieses Rechts nicht aus, zumal wenn „das Kindeswohl des behinderten Kindes und das Kindeswohl der anderen Kinder sowie in engen Grenzen auch ein gesetzlich konkretisierter Finanzierungsvorbehalt" dies gebietet (Welke, 2012, S. 171).

Das „Kindeswohl" bzw. die freie „Persönlichkeitsentfaltung" jedes Kindes steht an oberster Stelle der Werteskala in der Konvention. Diese Werte zu würdigen, bedeute – so Krajewski und Bernhard – das „Bewusstsein der Würde" und das „Selbstwertgefühl des Menschen" zu stärken, indem auch den individuellen Besonderheiten des Individuums Achtung entgegengebracht wird (Welke, 2012, S. 170).

Die Formulierungen der Konvention benennen zwar klar die Zielsetzungen, lassen aber hinsichtlich der Umsetzung dieser Ziele viel Interpretations- und Gestaltungsspielraum.

2.4 Skepsis gegenüber Integration bzw. Inklusion in der Bevölkerung

In der Schweiz gab es bis Ende der 1990er Jahre kaum Erfahrungen mit Integration, zumal das Schulsystem – das Sonderschulwesen eingeschlossen – insgesamt großen Rückhalt in der Bevölkerung hatte. Dies änderte sich allmählich, nachdem die Bildungsbehörden 1989 erstmals eine Evaluation des Schweizer Schulwesens durch OECD-Experten zugelassen hatten. Von da an wurden Schritt für Schritt gewichtige Veränderungen in den Schulen eingeleitet. Nur 10 Jahre später schloss sich die Schweiz vollends dem Internationalisierungstrend in der Bildung an und wirkte sowohl bei der Einführung des *Bologna-Hochschulsystems* 1999 von Anfang an sowie ein Jahr später bei den OECD-initiierten *PISA-Studien* mit. Auch wurden erste Erfahrungen mit integrativen Schulungsformen gesammelt. Überblickt man die Entwicklungen in der deutschsprachigen Schweiz, sind große Unterschiede hinsichtlich der Integrationsbemühungen zwischen den einzelnen Kantonen festzustellen. Während im eher progressiv-links orientierten Kanton Basel-Stadt ab 1998 laufend Erfahrungen mit Integrationsklassen gesammelt wurden, begannen im eher als konservativ geltenden Kanton Aargau erst ab 2006 Gemeinden allmählich integrative Lösungen zuzulassen. Wie in den Berichten der Bildungsbehörden der einzelnen Kantone nachgelesen werden kann, spielte dabei die Einführung von Schulleitungen in den Volksschulen zusammen mit der Implementierung des betriebswirtschaftlich orientierten Qualitätsmanagements eine entscheidende Rolle. Erst mit diesen beiden Führungsinstrumenten gelang der sogenannte „Turnaround" bei der Lehrerschaft, sodass sie begannen, den Wandel hin zur integrativen Schule, allerdings mit sehr unterschiedlichem Engagement, wohl oder übel mitzumachen (Lanfranchi & Steppacher, 2011).

Die Schweiz hat viel später als Deutschland, nämlich erst 2014 die UN-BRK ratifiziert und in Kraft gesetzt. Im ersten „Bericht der Schweizer Regierung über die Umsetzung des Übereinkommens über die Rechte der Menschen mit Dysfunktionalitäten" von 2016 wird deutlich, dass die Transformation des bisherigen separaten Systems mit eigenen Kleinklassen und Sonderschuleinrichtungen in der Schweiz kein vollumfänglich inklusives System anstrebte, jedenfalls nicht bis dato:

> „Die Schulung von Kindern und Jugendlichen mit besonderen Förderbedürfnissen erfolgt in der Schweiz entweder in Sonderschulen, in besonderen Kleinklassen oder integrativ in Regelklassen unter Beizug heilpädagogischer Dienste. ... Die Schweiz geht davon aus, dass damit die Anforderungen des Übereinkommens im Bereich der Grundschulung erfüllt sind" (Bundesrat, 2016, S. 40).

Zwischenzeitlich wird offensichtlich insbesondere auf Hochschulebene versucht, den Transformationsprozess bildungspolitisch sowohl in der Schweiz als auch in Deutschland in Richtung Integration bzw. Inklusion fortzusetzen. Laut Traugott Böttinger haben bisher die Bemühungen, mehr Schüler aus Förderschulen zu integrieren, „nur bedingt Wirkung" gezeigt. Über die Schulstufen hinweg gesehen sei in Deutschland nur ein Drittel der Kinder mit Förderbedarf im Laufe ihrer Schulzeit inklusiv beschult worden (Böttinger, 2016, S. 105). In beiden Ländern ist die Skepsis der Bevölkerung gegenüber Integration bzw. Inklusion bis heute groß geblieben, was man häufig den Leserbriefen in Tageszeitungen oder auch Umfragen (v.a. in Deutschland) entnehmen kann. So hat z.B. das *Institut für Demoskopie Allensbach* zur Frage der Präferenz – mehrgliedriges Schulsystem oder Gemeinschaftsschule – sowie zur Frage der Integration geistig behinderter Kinder mittels Umfrage eruiert, dass eine klare Mehrheit von 65–71 % der Befragten die Mehrgliedrigkeit vorzieht. Die Integration lehnen um die 60 % der Bevölkerung ab (Petersen, 2019).

In einer Elternumfrage der *Bertelsmann Stiftung* von 2015 mit dem Titel „Wie Eltern Integration sehen: Erfahrungen und Einschätzungen" wird zwar zunächst betont, diejenigen Eltern, die Erfahrung mit Integration gemacht hätten, seien zumeist zufrieden. Das Gesamtbild fällt aber dennoch deutlich ungünstiger aus:

> „Eine Mehrheit aller Eltern ist der Ansicht, dass das gemeinsame Lernen abhängig von der Art des Förderbedarfs ist und dass Sonderschulen besser fördern – das gilt sowohl für Eltern mit als auch ohne Integrationserfahrung" (Hollenbach-Biele, 2015, S. 6).

Diese Skepsis spiegelt sich in Deutschland auch in Assoziationen von Personen wider, die sich für den Erhalt von Sonderschulen einsetzen, ohne dass sie deshalb grundsätzlich gegen jegliche Integrations- bzw. Inklusionsanstrengungen sind. Zu ihnen gehört z. B. der *Arbeitskreis Sonderschulen Rhein Neckar e.* V. Dieser 2014 gegründete Verein mit vornehmlich Elternvertretern verschiedener Sonderschulen engagiert sich für einen differenzierten Umgang mit der Beschulung von Kindern mit Förderbedarf. So verlangen die Mitglieder zur Sicherung des Qualitätsstandards an den Sonderschulen, dass nicht alle ausgebildeten Sonderpädagogen in die Integration umverlagert werden. Die größte Sorge des Vereins besteht darin, dass die bewährten Sonderpädagogischen Beratungszentren (SBBZ) „über die Hintertür" abgeschafft werden könnten (AKS-Rhein-Neckar, 2016). All die erwähnten Stimmen zusammen mit dem beschriebenen Engagement des Arbeitskreises zeigen, dass Förderschulen und traditionelles Sonderschulwesen im Bewusstsein vieler deutscher Bürger noch sehr lebendig sind und ihren guten Ruf nicht grundsätzlich eingebüßt haben.

2.5 Polemik anstelle eines sachlichen Diskurses

Wer über die letzten Jahre die Artikel zur Integration bzw. Inklusion in Schweizer Tageszeitungen verfolgt hat, weiß, wie polarisiert die Meinungen sind.[13] Man findet das ganze Spektrum von vollkommener Zustimmung bis hin zu absoluter Ablehnung der Reform des Sonderschulwesens. Statt eines ehrlichen, sachlich-ver-

13 Die Bandbreite geht von Titeln wie „Heilpädagogik-Professor Andrea Lanfranchi: ‚*Es gibt keine Kinder, die man nicht integrieren kann*'" (Oller, 2018, 7. März), „*Schulische Integration ist ein Menschenrecht – eine Demontage wider besseres Wissen*" (Scherer, 2020, 23. Juli) über andere Titel von der Art „*Neue Chance für eine inklusive Schule*" (Gruber, März 2013), „*Von der Ausgrenzung über die Integration bis hin zur Inklusion*" (Beyeler, 2015, 9. Februar) bis hin zu Titel-Versionen wie „*FDP-Gemeinderätin Bourgeois: ‚In meinen Augen ist die ganze Aktion gescheitert*' (Pfändler, 2020, 28. Februar), „*Bald gibt's keine Sonderschüler mehr*" (Aebischer, 2019, 2. September), „*Es braucht wieder Kleinklassen. Das Ziel der Integration führt in den Schulen zu ideologischen Leerläufen*" (Ruthishauser, 2019, 27. April).

tieft geführten Diskurses nehmen aber die Debatten zwischen missionarisch wirkenden Befürwortern und frustrierten Kritikern zuweilen groteske bis verletzende Züge an, insbesondere dann, wenn Kontrahenten ad personam attackiert und diskreditiert werden, statt auf die gegenseitigen inhaltlichen Argumente einzugehen. Saalfrank und Zierer schildern das Beispiel einer solchen entgleisten Auseinandersetzung anlässlich einer vom Kulturministerium Mecklenburg-Vorpommern durchgeführten Tagung zum Thema „Das Menschenbild der Integration“. Als der Historiker Egon Flaig sich dafür einsetzte, Integration nicht rundweg abzulehnen, aber zu begrenzen und er außerdem der Stärkung der humanistischen Bildung das Wort redete, rückte der Erziehungswissenschaftler und Sonderpädagoge Hans Wocken mit seiner Replik die Stellungnahme Flaigs gar in die Nähe des Nationalsozialismus – so die Schilderungen von Saalfrank und Zierer. Sie konstatieren, der Vortrag von Flaig habe eindeutig „keinen nachvollziehbaren bzw. belegbaren Anlass gegeben“ (Saalfrank & Zierer, 2017, S. 122) zu einer solch schwerwiegenden persönlichen Diffamierung. Sie erwähnen ein weiteres vergleichbares Beispiel persönlicher Diskreditierung, bei dem der Sonderpädagoge Andreas Hinz eine kritische Stellungnahme gegen Integration damit ins Visier nahm, dass er deren „Sprache des sonderpädagogischen Förderbedarfs“ als „sexistisch und rassistisch“ apostrophierte (Saalfrank & Zierer, 2017, S. 122). Solche unsachlichen Moralisierungen der Debatte über Integration weisen besonnene Wissenschaftler klar zurück und ordnen solche unfairen Methoden im wissenschaftlichen Diskurs adäquat ein. Bezogen auf die zwei erwähnten Beispiele zitieren Saalfrank und Zierer den Kommentar der Erziehungswissenschaftler Ewald Kiel, Illona Esslinger-Hinz und Kurt Reusser in ihrem Beitrag zum Jahrbuch für Allgemeine Didaktik im Thementeil „Allgemeine Didaktik für eine inklusive Schule:

> „Das erinnert an die <repressive Toleranz> Marcuses, gemäss der alles nicht Progressive oder scheinbar Rückwärtsgewandte diskriminiert werden darf. Dies trägt wenig zu einem wissenschaftlichen Diskurs bei und hinterlässt Spuren, die mit dem den Integrationsgedanken prägenden humanistischen Menschenbild wenig zu tun haben. Exklusion kann auf vielfältige Weise und vielen Ebenen stattfinden – eben auch im aktuellen Diskurs“ (Saalfrank & Zierer, 2017, S. 148).

Wie dieses Wissenschaftlerteam zu Recht darauf hinweist, entsprechen solche Angriffe auf die Integrität der Person aufgrund ihrer anderen Meinung exakt dem undemokratischen Geist, dem sie sich angeblich entgegensetzen. Um sich davon abgrenzend ein Bild zu machen, welches nun wirklich die Sachargumente von Befürwortern und Gegnern der Integration/Inklusion sind, sollen im Folgenden zentrale Argumente beider Positionen dargelegt werden.

2.6 Inklusion – pädagogisch oder politisch motiviert?

In der Einleitung zu diesem Buch wurde mit dem Gedicht von John Donne das Solidaritätsethos, das mit dem Gedanken der Integration verbunden ist, gewürdigt. Mit Bezug auf die Schule ist damit die Erwartung verbunden, dass der Unterricht für beeinträchtigte Schüler ebenso angemessen sein soll wie der Unterricht für die nicht beeinträchtigten Schüler. Diese Zielsetzung stimmt mit der Forderung nach *Chancengleichheit* überein, wie sie in den 1970er-Jahren von der gesellschaftskritischen Generation der Achtundsechziger/Nach-Achtundsechziger vertreten wurde – damals vorwiegend auf den Ausgleich der Entwicklungsdefizite bezogen, die Kinder aus sogenannt bildungsfernen Familien in die Schule mitbrachten. Die Begründungen für den notwendigen systemischen Wandel in der Schulorganisation in Richtung Integration/Inklusion hörten sich in den 1990er-Jahren und danach sehr ähnlich an wie in den 1970er-Jahren.

Anlässlich der bevorstehenden Ratifizierung der UN-Behindertenrechtskonvention durch die Schweiz 2013 wurde im Publikationsorgan der Gewerkschaft vpod[14], *vpod bildungspolitik*, das Thema „Integration und Inklusion" von verschiedenen Autorinnen und Autoren mit unterschiedlichen Ansichten und Perspektiven kritisch beleuchtet. Chefredaktor Johannes Gruber illustrierte zunächst das befürwortende Engagement der Zeitschrift für Integration und Inklusion mit Hinweis auf das Manifest „Eine andere Schule ist möglich. Für eine Volksschule ohne Selektion", das in einer der vorangegangenen Ausgaben vorgestellt worden war. In diesem Manifest habe man – schreibt Gruber – einen inklusiven Unterricht zusammen mit den dafür erforderlichen materiellen Ressourcen sowie letztendlich die Schaffung einer „einheitlichen Volksschule für alle Kinder" gefordert, die für die gesamte obligatorische Schulzeit Geltung haben sollte (Gruber, 2013, S. 7).

Gruber spricht dabei im Sinne aller, die Inklusion als die optimale, wenn nicht sogar einzige Lösung, um – verallgemeinert gesagt – Kindern mit nachteiligen Voraussetzungen zu mehr Gleichheit neben ihren Mitschülern zu verhelfen. Implizit ist dabei auch ein Stück gesellschaftspolitische Agenda enthalten, die dem

14 Schweizerischer Verband des Personals öffentlicher Dienste.

selektiven, Unterschiede schaffenden Prinzip in einer kapitalistischen Gesellschaft durch Integration Widerstand leisten will. Interessant ist diese Ausgabe der *vpod bildungspolitik* besonders deshalb, weil trotz des dezidierten Standpunkts des Chefredaktors keine Einheitsmeinung, sondern z.T. sehr unterschiedliche Standpunkte zur Geltung kommen. Der Artikel, in dem am meisten Skepsis der Inklusion gegenüber geäußert wird, soll zu einem späteren Zeitpunkt aufgegriffen werden. Ein affirmativer Beitrag mit dem Titel „Inklusion zum Wohle der Kinder" stammt von Vernor Muñoz, dem früheren UN-Sonderberichterstatter für das Recht auf Bildung von 2004 bis 2010. Schon zu Beginn seines Artikels unterstreicht Muñoz, dass er eine sehr weitreichende Auffassung von Inklusion vertritt, indem er sogar die Integration als eine Form von Ausgrenzung innerhalb der Regelschule bezeichnet. Deren Zielsetzung sei weit davon entfernt, das zu realisieren, was mit Inklusion angestrebt werde (Muñoz, 2013, S. 9). Wenn er dann von der gesellschaftlichen Einstellung gegenüber behinderten Menschen spricht – ohne nähere Angaben über Land und Kultur zu machen – fällt es schwer zu glauben, seine Aussagen würden sich auf Bildungssysteme wie diejenigen in Deutschland und der Schweiz beziehen. Es ist gut vorstellbar, dass er in seiner Funktion für die UNO tatsächlich aktuell in etlichen Ländern erschreckenden Einstellungen und Meinungen begegnet ist, die an die menschverachtende Haltung der Nationalsozialisten erinnern, wenn er z.B. von „tief verwurzelten gesellschaftlichen Stigmatisierungen von Menschen mit Behinderungen" spricht.

Muñoz ergänzt in seinem Beitrag – vermutlich mit Blick auf seine Leserschaft in der Schweiz –, dass auch eine „segregierte Schule" nicht rundum a priori schlecht sei, obwohl sie trotz möglicher Fortschritte die Marginalisierung und Stereotypisierung behinderter Menschen nicht aufhebe, sondern eher aufrechterhalte.

Sehr kritisch hatte sich Vernor Muñoz bei seinem Besuch in Deutschland schon 2006 über das „selektive deutsche Schulsystem" geäußert. Auf seiner damaligen zehntägigen Informationsreise durch Deutschland geißelte er den

> „engen Zusammenhang zwischen sozialer Herkunft und Bildungserfolg bzw. Misserfolg, die ungleichen Startchancen für Kinder mit Migrationshintergrund oder aus sozial schwachen Familien, die frühe Selektion, die streng separierten und wenig durchlässigen Schultypen sowie die ungleichen Teilhabechancen von Kindern mit Behinderung" (Saalfrank & Zierer, 2017, S. 74).

Diese Kritik des UN-Berichterstatters wirbelte damals in Deutschland viel Staub auf und nötigte regelrecht zu raschen Transformationsbemühungen in Richtung

Inklusion. Die dadurch nicht unwesentlich beschleunigte Implementierung schulischen Inklusion beschreibt Traugott Böttinger 2016 so:

> „In den letzten Jahren hat sich vor allem im Bildungswesen ein gesellschaftliches, moralisch-ethisch begründetes Inklusionsgebot entwickelt. Unterricht an Förderschulen und sonderpädagogischen Förderzentren gerät unter Rechtfertigungsdruck, während gemeinsamer, inklusiver Unterricht propagiert wird. Hauptargument ist die Ausgrenzungstendenz des Förderschulwesens, das für Integrationsbefürworter nicht mit der UN-BRK vereinbar ist" (Böttinger, 2016, S. 21).

Im Zuge dieses programmatisch geforderten Umdenkens wurde in Deutschland versucht, bei der Lehrerschaft und im Schulwesen einen Bewusstseinswandel einzuleiten, indem allen auf subtile Weise nahegelegt wurde, sich ihrer latent vorhandenen arroganten Überheblichkeit gegenüber behinderten Menschen bewusst zu werden. Man müsse die bisherige „Defizit- bzw. Mitleidorientierung" gegenüber Behinderten überwinden (Saalfrank & Zierer, 2017, S. 71) und von nun an behinderte Menschen als gleichwertig und gleichberechtigt Partizipierende erachten. Mit dieser pauschalisierenden Unterstellung wurden exakt jene Vorwürfe gegenüber Deutschland bzw. der deutschen Bevölkerung aufgegriffen und aktualisiert, die Muñoz in seiner Stellungnahme angebracht hatte.

2.7 Konkrete Umsetzung der Inklusion – Beispiel Rosenmaar-Schule

Wenn nun also die *separierende*, *selektierende* Schule zugunsten einer inklusiven Schule mit gleichberechtigten, sehr heterogenen Schülern abgelöst wird, stellt sich die Frage, wie angesichts einer solchen Vielfalt der Niveaus und Voraussetzungen innerhalb einer Klasse Unterricht praktisch funktionieren kann. Es ist evident, dass die Gestaltung des Lernens unter der Prämisse der Inklusion gänzlich anders ablaufen muss. Die Vorstellung von Zusammenarbeit innerhalb einer Klasse, die gemeinsame Zuwendung zu einer Sache oder Thematik unter der versierten Führung eines Lehrers muss durch eine individualisierende Form des Lernens abgelöst werden. Damit ist gemeint – und so sind auch die neuen, aktuellen Lehrpläne konzipiert –, dass jeder Schüler ein eigenes Lernprogramm abarbeitet, das er sogar in einem bestimmten Rahmen selber zeitlich und inhaltlich zusammenstellen kann. Damit verbunden ist auch die Idee, dass jedes Kind bzw. jeder Jugendliche die Verantwortung für sein Vorankommen selbst trägt. Dieser Umstand wird von den Befürwortern der Inklusion nicht als Nachteil, sondern als Vorteil gewertet, auch wenn gleichzeitig anerkannt wird, dass der damit verbundene Umgang mit Heterogenität die Lehrpersonen vor eine vollkommen neue, sehr anspruchsvolle Aufgabe stellt. Wie sich die Integrationsvertreter in Schulen dies vorstellen und wieso sie die heterogenen Klassenzusammensetzungen als Vorteil erachten, kann man sich von Walter Heilmann, Schulleiter der *Rosenmaar-Schule* in Köln – einer städtischen Grundschule mit 400 Schülern und über 75 Förderkindern mit sehr unterschiedlichen Förderschwerpunkten –, erklären lassen. In seinem Vortrag mit dem Titel „Heterogene Lerngruppen und Ganztag als Voraussetzungen für Inklusion im Primarbereich" auf YouTube erläutert er ein Modellbeispiel für inklusive Praxis (Heilmann, 2016). Anlass war eine Vorlesungsreihe zum Thema „Praxisbausteine Inklusive Didaktik", durchgeführt und fachlich betreut durch den Kölner Erziehungswissenschaftler Kersten Reich, Begründer des Ansatzes „interaktionistischer Konstruktivismus". Heilmann leitet seinen Vortrag, der das Ziel hat, seine Schule als *Best-Practice*-Beispiel vorzustellen, damit ein, dass er den Zuhörenden etwas zur realen Heterogenität an seiner Schule erzählt. Dies wirkt zunächst irritierend, zumal man als Lernender ja hofft, durch Experten auf neue Anforderungen im Lehrerberuf im Voraus gezielt vorbereitet, statt verunsichert zu werden:

> „Ich behaupte mal, darauf kann Sie niemand vorbereiten, diese Vielfalt. Sie haben nämlich im Grund keine Ahnung von der Vielfalt, die Sie da erwartet. In der Grundschulklasse, da treffen Sie auf Kinder zwischen 5 und 12 Jahren. Sie treffen auf Kinder, die hochbegabt sind oder geistig- oder lernbehindert; sie treffen auf körperbehinderte Kinder mit oder ohne Rolli, schwerst mehrfachbehinderte Kinder, blind, ohne Sprache. Sie treffen auf Kinder, die zwar reden können, aber in einer Sprache, die Sie nicht verstehen. Sie treffen auf Kinder aus Patchworkfamilien, aus Pflegefamilien, aus dem Kinderheim. Sie treffen auf Kinder, die nicht wissen, wieviele Finger an ihrer Hand sind oder auch an meiner. Sie treffen aber auch auf Kinder, die die Wurzel aus 964 ziehen können, was ich selbst nicht kann. Sie treffen auf Kinder, die selbständig ihren Wochenplan schreiben. Und Sie treffen auf Kinder, die gewickelt werden müssen. Sie treffen auf Kinder, die sich ständig streiten, und Sie treffen auf Kinder, die anderen Kindern beim Lernen helfen. Sie treffen auf Kinder mit Hörgerät und Sie treffen auf Kinder, die nicht hören wollen, zumindest nicht auf Sie. Sie treffen auf kleinwüchsige Kinder und auf Kinder, die Ihnen über den Kopf wachsen. Sie treffen auf Kinder mit autistischen Zügen und Kinder mit egoistischen Zügen usw. Da können Sie doch nicht allen Kindern gerecht werden. Das kann niemand von Ihnen erwarten, können Sie auch nicht. Sie können es jedenfalls nicht alleine und nicht ohne Hilfe von anderen" (Heilmann, 2016).

Wichtig für die Arbeit bei einer so heterogenen Gruppenzusammensetzung sei laut Heilmann die richtige Haltung der Lehrperson, insbesondere ihre Teamfähigkeit, denn hier müsse man im Team mit verschiedenen Fachleuten intensiv zusammenarbeiten können; und auch ein entsprechendes Konzept sei nötig. Das Konzept der Rosenmaar-Schule geht laut Heilmann auf den *Jenaplan* des Reformpädagogen Peter Petersen zurück, der altersgemischte Klassen, eine Ganztagsschule, viel Kooperation im Schulalltag und Lernentwicklungsberichte anstelle von Zeugnissen vorsieht. Eigentlich sei deshalb die Rosenmaar-Schule immer schon eine inklusive Schule gewesen, die lediglich durch die Aufnahme von Förderkindern erweitert werden musste. Anstelle von Schulklassen gibt es an der Schule „Stammklassen", dies sind um die 26/27 Schüler – zusammengesetzt aus vier Jahrgangsstufen und mit jeweils ca. vier bis sechs Förderkindern mit verschiedenen Förderschwerpunkten. In den Stammklassen werde in „Arrangements" gearbeitet, dies sind wiederum sehr heterogen zusammengesetzte Tischgruppen mit ca. sechs Kindern. Der Vorteil der Heterogenität für das Lernen ergebe sich – so Heilmann – aufgrund der Kontinuität bei ihren Klassen, deren Zusammensetzung sich während vier Jahren nicht ändere. Es kämen jeweils jährlich nur vier bis fünf neue Kinder (1. Klasse) hinzu, welche die ganzen Regeln, die fürs Funktionieren einer Klasse erforderlich seien, über die älteren Kinder (ab 2. Klasse) lernen würden. Der Lehrer müsse selbst nichts erklären. Jedes Kind finde seinen Helfer, Berater, Experten zumeist innerhalb der Tischgruppe, sodass sich bei den kleinen Problemen beim Lernen auf dieser Ebene die Dinge sehr einfach regeln ließen. Auch wenn es ums Üben ginge, habe jedes Kind seine Partner, die ihm dabei helfen.

Als einen sehr wichtigen Punkt in dieser Konzeption der Altersdurchmischung erwähnt Heilmann die Rollen, welche die Kinder innerhalb der Klasse einnähmen. In der ersten Klasse dauere es etwa sechs bis acht Wochen, dann seien die Rollen eigentlich verteilt. Es würden sich verschiedene Hierarchien bilden, sagt der Schulleiter, die er folgendermaßen beschreibt und deren Bedeutung er erläutert:

> „Die Hierarchie der körperlichen Kraft. Wer rennt am schnellsten? Wer ist der kleine Professor? Wer der Klassenclown? usw. Im Prinzip wird sich in der Gruppe eine Struktur bilden – und die bleibt vier Jahre. Denn diese Gruppe ändert sich nicht. Die werden gemeinsam älter. Vielleicht kommt noch jemand dazu, der sitzen bleibt. Aber im Grunde ändert sich die Gruppe nie und ein Kind, das dann an irgendeiner Stelle ‚unten' ist, bleibt es vier Jahre" (Heilmann, 2016).

Doch, ergänzt Heilmann, eine Änderung ergebe sich in der ansonsten stabilen Struktur, nämlich dass alle Schüler jeweils einen Jahrgang weiterkommen und dadurch eine neue Rolle einnehmen müssten. Jeder würde dazu angestoßen, *sich* auf die Situation in der neuen Klassenstufe einzustellen und seine entsprechende Rolle gegenüber den Jüngeren adäquat einzunehmen. Dies sei die Chance für die Förderkinder. Sie könnten normalerweise in den Hierarchien keine besonders „hohe" Stellung einnehmen, aber nach dem Jahrgangswechsel hätten sie die Chance, einmal nicht mehr unten zu sein. Auch das Downsyndrom-Kind könne so im zweiten und dritten Jahr gewisse Partnerfunktionen übernehmen, womit veranschaulicht werde, wieso die Altersdurchmischung für die Realisierung der Inklusion so vorteilhaft sei.

Gemessen an den Zielen der Inklusion – die Aufhebung von Ungerechtigkeiten bzw. ungleichen Voraussetzungen für die persönliche Bildungsentwicklung – stellt sich die Frage, warum Walter Heilmann unter den Kindern solche Rollenhierarchien ohne Einflussnahme einfach entstehen lässt, in denen die geistig Behinderten praktisch notorisch sich mit der Rolle des „Niedrigsten" (unten) innerhalb der Klasse bzw. Gruppe anfreunden müssten. Daran wird offenbar pädagogisch nicht im Geringsten gerüttelt. Während den ganzen vier Jahren sei dieses Kind zu dieser Rolle verdammt, die als solche einen im wahrsten Sinn des Wortes erniedrigenden Charakter aufweist. Es wäre naiv zu glauben, ein geistig behindertes Kind würde nicht realisieren, was für Wertungen mit welchen Rollen verbunden sind. Nimmt man den Humanisierungsanspruch der Inklusion ernst, Wertunterschiede unter den Kindern zum Verschwinden bringen zu wollen, wäre wohl zu erwarten, dass die verantwortlichen Pädagogen, mit den Kindern daran arbeiten, solche Hierarchien unbedingt zu vermeiden und ein Gefühl von Gleichwertigkeit unabhängig von der Leistungsfähigkeit unter den Kindern zu stärken.

Über eine vergleichbare Aussage stolpert man bei zwei anderen Autoren. Am Ende der Publikation „Schulische Integration gelingt. Gute Praxis wahrnehmen, Neues entwickeln", ziehen Andrea Lanfranchi und Josef Steppacher folgende irritierende Bilanz:

> „Zahlreiche und auch für die Schweiz verifizierte Studien belegen, dass lernschwache Schulkinder in integrativen Klassen im sprachlichen und mathematischen Bereich größere Fortschritte machen als solche in separierten Einrichtungen. Leistungsstärkere Kinder werden in ihrem Lernerfolg nicht gebremst und tragen keinerlei Schaden davon. Ein Problem entsteht bei den integrierten lernschwachen Kindern durch die direkte Konfrontation mit den leistungsstarken Kindern. Dadurch entwickeln sie im Vergleich zu Kindern in Sonderklassen ein tieferes Selbstkonzept der eigenen Begabung. Das führt aber auch zu einer realisti-

schen Selbsteinschätzung, die ihnen spätestens im Übergang zur Berufsbildung nützlich sein wird" (Lanfranchi & Steppacher, 2011, S. 329).

Zum einen bestätigen Lanfranchi und Steppacher, was oben zu den Studien zum Wohlbefinden der integrierten Kinder erwähnt wurde: Viele der integrierten Kinder leiden unter der Wahrnehmung ihrer sichtlichen Unterlegenheit gegenüber den anderen leistungsstärkeren Mitschülern. Das Selbstwertgefühl dieser Schüler werde so stark beeinträchtigt, dass sie sich in ihrer Selbsteinschätzung gar schwächer fühlen oder ihre Fähigkeiten negativer sehen als vergleichbare Schüler in einer Sonderklasse! Umso mehr erstaunt die daran anknüpfende Folgerung oder allenfalls Rechtfertigung der beiden Hochschullehrer, das „tiefere Selbstkonzept" bei diesen Schülern sei ganz hilfreich im Hinblick auf die Auseinandersetzung mit der Berufswahlfrage, weil ihnen dadurch ihre Schwächen und vergleichsweise mangelhaften Kompetenzen schon zuvor bewusst würden.

Wäre es für solche entmutigten Schüler nicht eher angezeigt, dass im Unterricht nach Möglichkeiten gesucht würde, ihnen zu Erfolgserlebnissen zu verhelfen und ihnen somit mehr Zutrauen zu sich selbst zu vermitteln? Wären nicht solche Bemühungen gerade besonders wichtig, um ihre Motivation fürs Lernen zu stärken und bei ihnen genügend Selbstwertgefühl zu vermitteln, sodass sie sich mit einer möglichen realistischen Berufsausbildung befassen können?

Der Heilpädagoge und Erziehungswissenschaftler Riccardo Bonfranchi kommt am Ende seines Buches „Phänomenologie der Geistigen Behinderung" auf die Träume der geistig behinderten Jugendlichen mit Blick auf eine gewünschte Berufsausbildung zu sprechen. Die Gespräche mit den 16- oder 17-jährigen Schülerinnen und Schülern mit einer leichten geistigen Behinderung darüber seien ihm immer schwergefallen, da er gewusst habe, dass sie sich hinsichtlich der Berufswahl Illusionen machen würden. Normalerweise seien diese Jugendlichen kaum in der Lage, auch nur schon eine Attest-Lehre[15] zu absolvieren (Bonfranchi, 2017). Insofern ist es nachvollziehbar, wenn Lanfranchi und Steppacher auf den problematischen Übergangsmoment nach der Schule hinweisen. Aus psychologischer Sicht überzeugt aber ihre Rationalisierung nicht, dass ein durch ständigen Vergleich mit ihren wesentlich überlegenen Mitschülern hervorgerufenes tieferes Selbstkonzept den Jugendlichen hinsichtlich der Ausbildungschancen zu einem „heilsamen" Realitätsbezug verhelfe. Wenn es darum geht, einem solchen jungen Menschen über diese schwierige Hürde möglichst gut hinwegzuhelfen, dürfte es

15 Es handelt sich dabei um eine zweijährige Berufslehre in der Schweiz, die für eher praktisch begabte Jugendliche konzipiert wurde. Früher verwendete man dafür den Begriff „Anlehre".

am wichtigsten sein, dass die Lehrer über die Jahre eine vertrauensvolle Beziehung zum Jugendlichen aufbauen konnten, auf die sich dieser in solch konfrontativen Momenten stützen kann. Der junge Mensch weiß dann, dass dieser Lehrer von ihm als Mensch etwas hält, unabhängig von seiner Leistungsfähigkeit.

Positiv zu vermerken ist, dass Lanfranchi und Steppacher dem Leser nicht vorenthalten, dass es Grenzen der Integration gibt, insbesondere dann, wenn für die Betreuung sehr heterogener Integrationsklassen zu wenig erfahrene Fachleute einbezogen werden können oder das Ausmaß an schwerwiegenden Dysfunktionalitäten groß ist. Sie warnen in gewissem Sinne vor der Unterschätzung eines nicht ausgegorenen Integrationsprojekts.

> „Auch die Arbeit mit deutlich geistig- und mehrfachbehinderten Kindern, die eventuell zusätzlich grössere Verhaltensprobleme aufweisen, kann eine grosse Herausforderung sein. Da ist eine sehr sorgfältige, fallspezifische Überprüfung des Nutzens der Integration unter dem Aspekt des Kindeswohls: Was braucht das Kind? Was wollen die Eltern? Was können die Lehrpersonen? Welche Unterstützungsmöglichkeiten sind realistisch? Die „totale Integration" ist ein ideologisches Geplänkel" (Lanfranchi & Steppacher, 2011, S. 330).

Der von Heilmann erwähnte Umstand, dass in einer Klasse mehrere Jahrgangsstufen sind, kann grundsätzlich wertvolle pädagogische Möglichkeiten eröffnen, wenn man diese Bedingung für sich alleine in Betracht zieht. Der Lehrer kann die Kinder aufeinander verweisen, wenn es darum geht, sich gegenseitig zu helfen, Verantwortung füreinander zu übernehmen und zwischen ihnen auch mehr Verbindlichkeit, Kooperationsbereitschaft sowie Kooperationsfähigkeit zu entwickeln. Dass ältere Schüler lernen, fürsorglich und mit Geduld jüngere Schüler beim Lernen anzuleiten, ihnen den Lösungsweg neuer Aufgabenstellungen zu erklären oder ihnen einfach Mut zu machen, ist etwas sehr Wertvolles. In kleinen, ländlichen Schulen war es früher verbreitet, dass in einer Schulklasse mehrere Jahrgangsstufen miteinander unterrichtet wurden, zumal es zu wenige Kinder gab, um für jeden Jahrgang eine eigene Klasse zu bilden. Nicht selten saßen in einem Schulzimmer Schüler der ersten bis siebten oder achten Klasse zusammen, wo sie teils miteinander, teils abwechslungsweise Unterricht erhielten. Allerdings gab es im Unterschied zur Integrationsdidaktik, die zumeist auf einem sehr stark individualisierten Lernen basiert, in dem also alle Kinder ihr eigenes, individuelles Lernprogramm verfolgen oder allenfalls mal einige in einer Gruppe etwas zusammen machen, in früheren altersdurchmischten Klassen zuerst den Unterricht mit den ersten beiden Klasse, dann mit der dritten und vierten usw. Während die einen unterrichtet wurden, arbeiteten die anderen still an schriftlichen Aufgaben. Auch unruhige Kinder mit sozialen Schwierigkeiten, solche mit Kontakthemmungen oder sehr langsam Lernende wurden zumeist mitgenommen. Geistig aufgeweckte Schüler wurden durch die Lehrer angeleitet, Rücksicht auf schwächere Kameraden zu nehmen und von sich aus als Helfende bereitwillig zuzuspringen. Fälle von schwer körperlich oder geistig behinderten Kindern oder solchen mit schwerwiegenden Beeinträchtigungen gab es in solchen Klassen keine. Diese wurden meistens in heilpädagogischen Institutionen unterrichtet, wo sie im Internat oder als Wochenaufenthalter lebten wie der Bergbauernbub Dominik. In Kapitel 4 wird eine solche Klasse mit mehreren integrierten Jahrgangsklassen ausführlich vorgestellt und die Arbeitsweise des Lehrers studiert.

2.8 Skepsis und Kritik gegen Integration bzw. Inklusion

Lanfranchi und Steppachers Stellungnahme war zu entnehmen, lernschwache Schulkinder in integrativen Klassen würden beim Lernen größere Fortschritte machen als solche in sonderpädagogischen Institutionen. Solche Befunde aus verschiedenen Studien werden häufig medial stark betont, zumal sie zu belegen scheinen, dass Integration bzw. Inklusion sich in der Praxis mittlerweile bereits ausgezeichnet bewährt habe. Dies klingt überzeugend, zugleich wird aber dieser Interpretation widersprochen. Man liest z.B., dass die Weltgesundheitsorganisation (WHO), die auch begonnen hat, sich mit der Integrationsfrage zu beschäftigen, zu einem anderen Schluss kommt:

> „Übergreifend stellt die WHO fest, dass es weltweit gesehen nur forschungsmethodisch sehr schlechte und somit wenig aussagekräftige Untersuchungen über die Wirkungen von inklusiver/integrativer Beschulung bzw. der Beschulung in Sonderschulen gibt. Und die, die zur Verfügung stehen, wenig für die Bildungsverantwortlichen im Hinblick auf die Umgestaltung von Schulsystemen aussagen" (Saalfrank & Zierer, 2017, S. 51).

Ähnliche, neuere Aussagen findet man beim deutschen Gymnasiallehrer und bekannten Buchautor zu schulpädagogischen Fragen, Michael Felten, in seinem Buch „Die Inklusionsfalle. Wie eine gut gemeinte Idee unser Bildungssystem ruiniert" (Felten, 2017). Gemäß Felten gibt es keine Forschungsbefunde, die nachweisen würden, dass das gegliederte Schulsystem – von Inklusionsbefürwortern als schwerwiegend separierend und Ungleichheiten schaffend gebrandmarkt –

dem Einheitsschulsystem anderer Länder unterlegen wäre, weder in kognitiver noch in sozialer Hinsicht. In Bezug auf die Bewährung von Integration schreibt er:

> „Auch beim innerdeutschen Vergleich (Gesamtschulen vs. Schulen des gegliederten Systems) ließ sich kein nennenswerter positiver Effekt des integrierten Systems nachweisen – auch nicht in Sachen Bildungsgerechtigkeit (FEND). Ähnliches ergab die Gegenüberstellung von Förderschulen und inklusiven Systemen. Der Grund wird von der Forschung auf die einfache Formel gebracht: Klasseneffekte sind allemal größer als Systemeffekte. Will sagen: Für den einzelnen Schüler hängt viel weniger davon ab, nach welchem Prinzip seine Schule organisiert ist, als an welchen Pädagogen er gerät – und wie dieser die Klasse unterrichtet" (Felten, 2017, S. 117).

Was trifft nun zu? Wer hat recht? Sind die Befürworter bei ihrer überaus positiven Interpretation der Studien zugunsten der Integration/Inklusion dem Wunsch als Vater des Gedankens gefolgt oder wollen die Kritiker nicht wahrhaben, dass die Integration/Inklusion doch bessere Resultate vorlegen kann? Oder sind die Studien einfach zu unbestimmt und lassen zu viel Interpretationsspielraum? Diese Fragen bleiben fürs Erste offen.

Begibt man sich auf die Ebene der Lehrerschaft und des konkreten Unterrichts, zeigt sich, dass die Zweifel, ob Integration bzw. Inklusion für die Schüler wirklich dienlich ist, zumeist nach wie vor groß sind. Gerade die erfahrenen Lehrpersonen und Heilpädagogen, die das als differenziert geltende Sonderschulsystem über viele Jahre erlebt haben, sind teils sehr skeptisch gegenüber den Versprechungen der überzeugten Integrationsvertreter. Eine Heilpädagogin, tätig an einigen Schweizer Sekundarstufeklassen, schildert ihre kritische Perspektive in der bereits erwähnten Gewerkschaftszeitschrift *vpod bildungspolitik* folgendermaßen:

> „Ich erlebe Überforderung auf allen Seiten. An die beruhigenden Voten, dass dies ein normales Phänomen während einer Übergangszeit sei, glaube ich nicht. Wir gefährden überdies die in der Schweiz vorbildliche Institution „Sonderschule", wo betroffene Kinder die vielfältigen Therapieangebote zu möglichst optimaler individueller Förderung vor Ort haben, was in der Regelschule so nicht angedacht ist" (Martin, 2013, S. 11).

Diese Heilpädagogin beschreibt in ihrem Artikel mehrere Beispiele von integrierten Schülern, die sie betreut, die dem Klassenunterricht nicht wirklich folgen können oder die nicht in der Lage sind, kleinste Aufträge selbstständig anzugehen. In solchen Fällen seien die Jugendlichen ständig mit der emotional schwierigen Situation konfrontiert, dass ihre Versuche, mitzumachen, vor der Klasse laufend scheitern. Sie würden es aus den eigenen Ressourcen heraus nicht schaffen, das zu tun, was eigentlich alle Gleichaltrigen gerne möchten, nämlich bei gemeinsamen Aktivitäten auf Augenhöhe mit den anderen „mitspielen" zu können, sei es beim Lernen oder draußen auf dem Pausenplatz. Deshalb stellt sich die Heilpädagogin die Frage bezogen auf ein Mädchen, „ob hier diejenigen Kompetenzen genügend gefördert werden können, die sie später für ein selbstbestimmtes Leben brauchen kann" (Martin, 2013, S. 10). Diese Frage ist letztendlich die entscheidende, wenn es darum geht, jedem Kind in der Schule die optimalen Lernbedingungen offerieren zu können, wie dies in der UN-Konvention gefordert wird. Zu einem anderen Schüler schildert sie, wie sie diesem emotional stark verunsicherten jungen Menschen den nötigen Halt und die Beruhigung gibt, damit er sich soweit entspannen und sich mit mehr Zuversicht auf die gestellten schulischen Anforderungen einlassen kann:

> „Eine Reihe von Blockaden und Ticks fangen an, ihn umzutreiben. Wenn er in geführtem, geschütztem, klar strukturiertem Rahmen die Aufgabe lösen kann, fallen diese Zwänge nach und nach weg. Das heisst, es braucht die Möglichkeit, mit ihm allein die Überforderung in machbare Tranchen zu bündeln. Anschliessend ist er jeweils zufrieden, er wird ruhig und kann dann auch in einer Kleingruppe arbeiten" (Martin, 2013, S. 10).

Wie Stephanie Martin hier den pädagogischen Vorgang beschreibt, der ihr ermöglicht hat, den Jugendlichen innerlich zu stabilisieren und ihm Mut einzuflößen, wirft die Frage auf, ob es wirklich das Integrations- bzw. Inklusionssetting per se sein kann, das einem Kind mit solchen psychischen Einschränkungen gerecht wird. Oder weisen ihre Beispiele nicht eher darauf hin, dass den Überlegungen Feltens zu folgen ist, wonach nicht das Setting, sondern die heilpädagogische Kompetenz des Lehrers entscheidend dafür ist, ob und inwieweit ein Schüler beim Lernen genügend Selbstvertrauen entwickeln kann, um an Aufgaben dranzubleiben, die sich nicht sogleich lösen lassen. Die Antwort auf diese Frage ist essenziell für die Thematik in diesem Buch.

Das nächste größere Kapitel zur Anthropologie wird sich mit den primären Bedürfnissen des Menschen beim Lernen befassen und dabei klare Hinweise geben, was wie zu gewichten ist. Was auf jeden Fall zu jedem Zeitpunkt, wenn die Implementierung von Schulreformen wie z. B. die Integration erwogen oder gar bereits umgesetzt wird, nicht erlaubt sein darf, ist das Experimentieren und Ausprobieren von Ideen. Dies birgt immer das Risiko in sich, dass sich daraus für die betroffenen Kinder echte Risiken ergeben oder ihnen daraus Nachteile in ihrer Entwicklung erwachsen können.

2.8.1 Recht auf korrekte Schulung

Der kritische Beobachter und Kommentator zahlreicher Schweizer Schulreformen der letzten zwei Jahrzehnte, Michael Schoenenberger, bis unlängst Leiter der Inlandredaktion der *Neuen Zürcher Zeitung*, hat in der Vergangenheit Verantwortliche von Reformen zu einer sorgfältigen Prüfung ihrer Entscheidungen eindringlich ermahnt, insbesondere, wenn es um experimentelle Neuerungen im Unterricht ging. In seinem kritischen Artikel „Kinder haben ein Recht auf korrekte Schulung" zu der in der Schweiz umstrittenen Lernmethode „Schreiben nach Gehör"[16], wendet er sich gegen solche „reformpädagogische Ideen", die mangels genügender wissenschaftlicher Begründung klar „eingemottet" gehörten.

Schoenenberger erinnert daran, wie viel Mühen und Ausdauer notwendig sind, wenn jemand lernen will, ein Instrument auf hohem Niveau zu spielen oder im Sport eine besondere Leistung abrufen zu können. Bei der Lernmethode „Schreiben nach Gehör" werde den Kindern ein solcher Prozess explizit erspart, um ihnen – so die jeweilige Begründung – sozusagen die Freude am Lesen und Schreiben nicht zu verderben. Dies solle spielerisch geschehen, ohne Fehlerkorrektur, indem die Kinder einfach so schreiben, wie sie die Worte hören. Der NZZ-Journalist weist auf das breit abgestützte Expertenwissen hin, wonach anstrengendes Üben und die Fehlerkorrektur wichtig sind und wie schwierig es ist, einmal internalisierte Fehler zu eliminieren. Deshalb wertet er den Widerstand seitens der Bevölkerung und der politischen Behörden gegen diese „widersinnige Methode" als sehr berechtigt. Unverständlich ist für ihn, dass ausgerechnet diese Methode an den Pädagogischen Hochschulen herumgereicht wird. Auch dass man Migrantenkindern beim Erlernen der Sprache ihre Schreibfehler nicht korrigiere, wertet Schoenenberger als „bildungspolitische Ungerechtigkeit", weil dadurch deren Chancen auf Integration geschmälert würden. Diese und weitere fatale Folgen für das schulische und darüber hinausweisende Lernen durch die Reichen-Methode geißelt Schoenenberger als einen Verstoß gegen das Recht der Kinder auf Bildung. Schüler seien keine „Experimentiermasse" (Schoenenberger, 2018).

---

16 „Schreiben nach Gehör" oder auch „Lesen durch Schreiben" ist eine Lernmethode, die der Lehrer Jürgen Reichen erfunden hat. Sein zugrundeliegender pädagogische Leitsatz lautete: „Kinder lernen umso mehr, je weniger sie belehrt werden."

Ob die Analyse und Kritik, die der NZZ-Redaktionsleiter in seinem Kommentar zu dieser Selbstlernschreib- und -lesemethode dargelegt, gewisse Analogien zur Integration/Inklusion aufweisen, darüber sollte genauer nachgedacht werden. Die wichtigste Folgerung aus dem Beispiel Schoenenbergers ist sicherlich, dass Intergrations- und Inklusionslösungen wissenschaftlich sehr eng begleitet und die Befunde auch ohne Beschönigungsversuche offen auf den Tisch gelegt werden sollten.

Wie schon von der WHO und dem Pädagogen Michael Felten erwähnt, ist der empirische Forschungsstand zum Vergleich „Exklusion“ und „Integration“ noch wenig aussagekräftig. Dies äußern auch Katharin Rathmann und Klaus Hurrelmann. Ihr genaueres Nachfragen bei zahlreichen damit beschäftigten Wissenschaftskollegen aus unterschiedlichen Disziplinen, hat folgende Schlussfolgerung ergeben:

> „Angesichts der unzureichenden Forschungslage kann die Frage noch nicht beantwortet werden, ob die Leistungen gegenüber der ‚exklusiven' Beschulung besser oder schlechter ausfallen." (Rathmann & Hurrelmann, 2018, S. 11).

Entscheidend sei eben das Wohlbefinden der Schüler, das aber von anderen Aspekten des Unterrichts abhänge als von „rein organisatorischen Maßnahmen“ (Rathmann & Hurrelmann, 2018, S. 12), sprich das Zusammenführen aller möglichen Schülerniveaus am gleichen Ort und unter gleichen Umständen.

Viele heilpädagogisch Tätige fühlen sich vom Standpunkt Schoenenbergers, übertragen auf die Integrationsdebatte, sehr verstanden und kritisieren, dass es nur eine Einbahnstraße in Richtung Integration zu geben scheine trotz mehr als genug begründeter Skepsis. Einer, der schon in der Vergangenheit in der Schweiz seine Einwände klar und deutlich öffentlich formuliert hat, ist der bereits erwähnte Sonderpädagoge und Erziehungswissenschaftler Riccardo Bonfranchi, der 2009 in einem Artikel mit dem Titel „Ein Akt gegen die Menschenwürde“ in der Neuen Zürcher Zeitung für Aufsehen und heftigen Widerspruch seitens der Integrationspromotoren sorgte (Bonfranchi, 2009). Bonfranchi, ein Spezialist in Fragen der Heilpädagogik bei geistig behinderten Kindern und Jugendlichen, schildert in diesem NZZ-Gastbeitrag die psychische Disposition von solchen jungen Menschen, die in die Regelschulen integriert wurden. Im Zentrum steht bei all seinen Überlegungen immer – wie im Titel klar formuliert – die Würde des behinderten jungen Menschen, deren Respektierung auch in der UN-Konvention oberste Priorität hat. Es sei doch evident, erläutert Bonfranchi, dass ein so integriertes Kind oder ein Jugendlicher niemals die gleichen Fördermaßnahmen erfahren könne, wie dies in den heilpädagogischen Sonderschulen möglich sei:

> „Wenn nun aber ein geistig behindertes Kind in den Regelbereich integriert wird, so erhält es nicht mehr diese Erziehungstherapie auf heilpädagogischer Basis vermittelt. Kognitive Förderung, Physiotherapie, Ergotherapie, Logopädie (inklusive Ess- und Schlucktherapie), Psychomotorik, Rhythmik und andere Vorgänge müssen zusätzlich organisiert werden; dabei wären diese Angebote bereits meist in den Alltag einer HPS[17] integriert. Es ergibt sich deshalb die These, dass ein nach jetzigen Bedingungen integriertes geistig behindertes Kind nicht mehr die gleichen Kompetenzen erwirbt. Die Würde wird dadurch verletzt, indem nicht mehr eine optimale Förderung im Vordergrund steht, sondern die Hauptsache ist, dass das Kind integriert wird“ (Bonfranchi, 2009, 17. Juni).

Man fragt sich angesichts dieser Argumentation, wie wohl etwa eine *Rosenmaar-Schule* darauf antworten würde, zumal sie laut ihrem Schulleiter alle unterschiedlichen Arten von behinderten Kindern bei sich aufnimmt.

Ein zweiter zentraler Aspekt, den Bonfranchi als inadäquat für ein geistig behindertes Kind in der Regelschule anführt, betrifft das Problem, das bereits Stephanie Martin sehr deutlich angesprochen hat: Das behinderte Kind befinde sich in dieser schulischen Umgebung in einer „permanenten Überforderungssituation“ und zwar nicht nur auf das inhaltliche Lernen bezogen, sondern auch in sozialer Hinsicht. Bonfranchi und Martin sagen, zum einen würde der Anspruch beim Lernen, insbesondere das Lerntempo die Fähigkeiten des geistig eingeschränkten Schülers zu sehr übersteigen, um mitzukommen, zum anderen sei er auch nicht in der Lage, sich mit den Gleichaltrigen wirklich zu assoziieren. In der Pause, bei einer Gruppenarbeit, eigentlich im ganzen täglichen Ablauf habe das Kind kein wirkliches Vis-à-vis und müsse sich mit einem „Exotenstatus“ abfinden, was letztlich zu seiner Vereinzelung, einer absoluten Außenseiterposition führe. Man habe dem Kind, schreibt Bonfranchi, durch die Integration seine „Bezugsgruppe“ (Sonderschule) entzogen. Solche Handicaps infolge der Integration/Inklusion entziehen – um die Worte Schoenenbergers zu verwenden – dem jungen Menschen sein „Recht auf korrekte Schulung“.

2019, also zehn Jahre nach seinem kritischen NZZ-Artikel, publizierte Bonfranchi zusammen mit seinem Kollegen, dem ebenfalls langjährig erfahrenen Sonderpädagogen Roland Stark in der Basler Zeitung ein Plädoyer für die Wie-

17 Heilpädagogischen Schule.

dereinführung der Kleinklassen. Sie bezeichneten darin deren Abschaffung als „bildungspolitischen Irrweg“ und knüpften im Prinzip an Bonfranchis früheren Artikel an, indem sie diese radikale Maßnahme als „Bagatellisierung“ bzw. „Trivialisierung“ der wirklichen Bedürfnisse behinderter junger Menschen charakterisierten. So werde mit der Integration/Inklusion die Illusion erzeugt, dass stark beeinträchtigte Kind oder der Jugendliche befinde sich in einer behaglichen Situation als Gleicher unter Gleichen. Was ihre Schützlinge dabei wirklich erleben und empfinden, schildern die beiden Heilpädagogen, die sich über viele Jahre mit der seelischen Befindlichkeit von Generationen solcher Kinder und Jugendlichen auseinandergesetzt haben, folgendermaßen:

> „Vom sozialen Standpunkt aus, ist zu fragen, wem es auf Dauer schon gefiele, täglich zu erfahren, dass man die oder der Schwächste ist, dass man die Witze der Mitschüler nicht so ganz versteht und dieselben Mitschüler nur die Augen verdrehen, wenn man selber mal einen erzählt. Ein immer wiederkehrendes Misserfolgserlebnis, das diesen Bezugsgruppenkonflikt drastisch verdeutlicht“ (Bonfranchi & Stark, 2019, 7. Dezember).

2.8.2 Fehlende anthropologische Grundlage

Der Erziehungswissenschaftler Traugott Böttinger spricht seinerseits von einer Simplifizierung der Wirklichkeit, die er bei denjenigen erlebt, die sich für die Implementierung von Integration/Inklusion besonders stark machen. Dies interpretiert er als Ausdruck fehlender Professionalität, aber auch von einer gewissen Selbstgewissheit, wenn er schreibt:

> „In der öffentlichen Darstellung von Integration und ihrer Zielgruppe in den Medien wird schnell die Dominanz einer vereinfachenden Sichtweise deutlich. Ebenso wie die innere Logik von Integration (Vielfalt als Bereicherung) führt diese dazu, dass Schwierigkeiten beim gemeinsamen schulischen Leben und Lernen beeinträchtigter und nicht beeinträchtigter Menschen häufig ausgeklammert werden und unerwähnt bleiben. Es wird suggeriert, Integration sei ein einfaches und problemlos zu verwirklichendes Projekt, das bisher lediglich am fehlenden Willen der Gesellschaft und ihrer Bildungsinstitutionen gescheitert ist“ (Böttinger, 2017, S. 100).

Laut Böttinger fehle es an einer „anthropologischen Sichtweise auf Bildung“ (Böttinger, 2017, S. 31), an einer vertieften Kenntnis der wirklichen natürlichen Bedürfnisse eines jungen Menschen im Bildungsprozess, ganz besonders bei jenen, die durch ihre Beeinträchtigung neben den anderen Schülern einen schwierigen Stand haben.

Was eine professionelle Einstellung beinhaltet, konnte man zuvor bei der Lektüre von Stephanie Martins Artikel erfahren, nämlich die psychische Situation der Schüler zu erfassen und ihnen individuell angemessen die nötige Unterstützung und Stärkung zu gewähren. Dieser empathische Blick für die emotionale Befindlichkeit solcher Schüler – Böttinger nennt Gefühle der Minderwertigkeit und solche verbunden mit Ausgrenzungs- oder Differenzerfahrungen (Böttinger, 2017, S. 106) – ist zusammen mit dem pädagogischen Spürsinn dafür, wie dem Schüler in der unmittelbaren Situation ohne Beschämung zu helfen ist, eine Kompetenz, die für die sehr anspruchsvolle Arbeit mit solchen Kindern und Jugendlichen vorausgesetzt sein müsste. In den Studien zu heterogenen Lerngruppen und im Hinblick auf Integration seien aber solche Anforderungen bzw. Erwartungen an die Lehrperson kaum ein Thema.

Wichtig ist zu erwähnen, dass Böttinger keine Antipathien gegen Integrations- bzw. Inklusionsbestrebungen hegt, aber darauf besteht, dass ein solches Unterfangen psychologisch-pädagogisch und didaktisch sehr genau überlegt und vorbereitet werden muss, damit man es dann schrittweise und mit kritischer Prüfung umsetzen könne. Dabei müsse die Zusammensetzung der jeweiligen Lerngruppen gut überlegt sein, um von vorneherein zu vermeiden, dass die ohnehin schwächeren Kinder in eine Außenseiterposition geraten. Zwei miteinander zusammenhängende Unterrichtselemente wertet der Erziehungswissenschaftler dabei als präventiv bedeutsam gegen problematische Entwicklungen in der Klasse: eine „anregende Lernatmosphäre" sowie eine „wertschätzende Klassengemeinschaft" (Böttinger, 2017, S. 117). Die Bedeutung dieser beiden Elemente werden nicht nur von Böttinger als besonders grundlegend angesehen.

2.9 Besonnener Aufruf zu mehr wissenschaftlicher Sorgfalt und Toleranz

Einer der großen Namen in der sonderpädagogischen Disziplin in Deutschland ist der bereits genannte Otto Speck, der sich 2019 mit dreiundneunzig Jahren mit dem Buch „Dilemma Integration. Wie Schule allen Kindern gerecht werden kann" nochmals engagiert in die Integrations-/Inklusionsdebatte einschaltete. Aus dieser Publikation ist ein besonderes Verantwortungsgefühl gegenüber den behinderten Kindern und Jugendlichen herauszuspüren. Als einer der Pioniere des Sonderschulwesens in Deutschland hat er dessen Entwicklung nicht nur beobachtet und miterlebt, sondern auch mitgeprägt. Der Titel seines Buches zeigt zweierlei: zum einen die Gespaltenheit des Autors angesichts dessen, dass er das zugrunde liegende ethische Anliegen der Integration/Inklusion vollauf unterstützt, aber gleichzeitig in der Art und Weise, wie das Anliegen vertreten und umgesetzt wird, größere Risiken und wissenschaftsunwürdige Vorgehensweisen ortet. Zum anderen betont der Untertitel den humanen Grundwert, an dem sich die Schule gerade auch gemäß UN-Konvention generell zu orientieren hat: für das Wohl aller – auch der Schüler mit Dysfunktionalitäten oder gewissen Einschränkungen beim Lernen – im Namen ihrer Zukunft als Menschen zu sorgen. Viele Überlegungen, die schon zur Sprache kamen, finden sich in seinem Buch wieder. Es sollen hier nur einige wenige ergänzende, teils recht kritische Gedanken zum Integrationskonzept angesprochen werden.

Ein besonders wichtiger Gedanke bei Speck schließt bei der von Böttinger angesprochenen anthropologischen Frage an. Speck greift die Kernbotschaft der Inklusion auf, deren zentrales Argument ist, sich klar von der exkludierenden, selektierenden Schule abgrenzen zu wollen. Inklusion bedeute gemäß Theorie, dass die unterscheidenden Kategorisierungen der Menschen grundsätzlich keine Rolle spielen dürften, ja sie eigentlich als aufgehoben betrachtet werden müssten. Die Bejahung der Heterogenität der Schüler, der Vielfalt an verschiedenen Lern- und Lebensvoraussetzungen, wozu auch alle Arten von behindernden Hemmnissen gehören, wird dabei zum obersten Prinzip im schulischen Unterricht erhoben, gegenüber dem alle sonstigen pädagogisch-didaktischen Fragen zurücktreten müssen. In dieser Betrachtungsweise steckt laut Speck die ganze ambivalente Problematik, die sich in der Auseinandersetzung mit den neueren Entwicklungen in der Sonderpädagogik ergeben hat (vgl. Speck, 2019, S. 62).

Wie schon Bonfranchi und Stark führt Speck vor Augen, dass diese „Einebnung" der Begriffe *behindert* und *normal* zur Bagatellisierung der wirklichen Lage des behinderten Menschen führt. Eine Behinderung könne pädagogisch nicht als eine Verschiedenheit wie jede andere auf der Ebene von Hautfarbe, Körpergröße, Freizeitpräferenzen usw. gesehen werden. Für den betreffenden Menschen handle es sich um eine belastende Realität, die im Vergleich zu den anderen Menschen gewisse Erschwernisse, Hürden und höhere Anforderungen mit sich bringt, also schwierige Bedingungen, die nicht unerheblich sind. Durch seine lange Erfahrung als Sonderpädagoge auch auf wissenschaftlicher Ebene und seine anthropologisch fundierten Kenntnisse ist Speck in der Lage, präzise die psychische Verfassung von jungen Menschen mit solchen Einschränkungen zu beschreiben und dabei auch zu charakterisieren, welche Aufgabe der jeweiligen Betreuungsperson zukommt. Er erklärt, wieso es äußerst wichtig sei, dass Lehrer und Eltern die Einschränkungen des betroffenen Kindes oder Jugendlichen nicht einfach ausblenden bzw. ignorieren, wie dies beim Inklusionssetting erwartet wird (vgl. Speck, 2019, S. 62).

> „Für das eigene Selbstgefühl, für den Erwerb personaler Identität, Selbstannahme und Selbstbestimmung ist es für das einzelne Kind mit seiner Disfunktionalität wichtig, dass es sich als ein personales Ganzes mitsamt seinen psychischen und körperlichen Auffälligkeiten und seinen besonderen Förderungsbedürfnissen verlässlich angenommen und unterstützt fühlen kann. D.h., dass es mit seinen – vielfach verdeckten – Problemen um seine unkonventionelle Psyche und Körperlichkeit nicht sich selbst überlassen wird, die Achtung der Anderen nicht nur ihren unbehinderten Seiten gilt, und es ihnen nicht gleichgültig ist, was ein Behindertsein für den Betroffenen bedeuten kann" (Speck, 2019, S. 61).

Ergänzend zu seiner einfühlsamen Beschreibung des psychologisch wichtigen Identitätsbildungsprozesses in der Jugend und der damit verbundenen Bedeutung emotionaler Resonanz, worauf ein Kind zwingend angewiesen sei, veranschaulicht Speck, wie der Mensch schon als Säugling– ob behindert oder nicht –beginnt zu versuchen, seine Hilflosigkeit und Angewiesenheit auf Betreuung und Pflege Schritt für Schritt zu überwinden. Das Kind strebt nach eigener Kompetenz und der Möglichkeit, mit den Geschwistern und anderen Menschen gleichzuziehen. Angesichts seiner körperlichen, geistigen oder psychischen Defizite bzw. Problemstellungen benötigt ein Kind dabei je nach seinen individuellen Voraussetzungen die individuelle Unterstützung, die ihm erlaubt, seine Eigenständigkeit und seine Kompetenzen zu erweitern:

> „Das Bedürfnis, auf der Basis der psychosomatischen Gegebenheiten sich selbst als eigene Persönlichkeit mit seinem persönlichen Schicksal zu verwirklichen, erlebt ein Mensch mit einer Behinderung nicht nebenbei. Soziale und personale Identität stehen miteinander in Wechselwirkung. Dies lässt sich schon bei einem Kleinkind, das alles daransetzt, seine behindernden Funktionen zu überwinden, sich selbst zu helfen und sich als eigene Person zu behaupten, beobachten. Ich habe beispielsweise noch die ersten Kleinkinder mit fehlgebildeten oder fehlenden Gliedmaßen aufgrund einer erworbenen Dysmelie vor mehr als fünfzig Jahren in Erinnerung, die mit großer Zähigkeit und Ausdauer versuchten und lernten, primär selbständig im Handeln zu werden oder vorhandene Hindernisse für ihre Freiheit zu kompensieren und zu überwinden. Dazu brauchten diese Kinder aber auch spezielle Unterstützung und Hilfe. Das Gleiche gilt für Kinder, die durch so-

> zio-emotionale Umstände in ihrer Entwicklung behindert werden. Ohne passende Hilfen und positive Einstellungen der Anderen haben sie es schwerer, sich von ihren sozio-emotionalen Beschwernissen und Hindernissen psychisch zu befreien und das Behindernde innerlich zu integrieren. Es wäre also irrig zu meinen, das Behindernde und die damit verbundene besondere pädagogische Förderung sei eine Nebensache ohne besondere Bedeutung. (Speck, 2019, S. 61f)

Nach diesen erhellenden Worten zur psychischen Problematik dieser Kinder und Jugendlichen kann man nachvollziehen, was Speck in Ergänzung zu Bonfranchi und Stark meint, wenn er sagt, das Inklusions-Motto „Es ist normal, behindert zu sein“ habe einen zynischen Beigeschmack. Denn die jungen Menschen seien somit gezwungen, in Integrationssettings den paradoxen Widerspruch auszuhalten, sich einerseits möglichst so zu verhalten, als ob die eigene Behinderung unerheblich sei bzw. keine wesentliche Rolle spiele, gleichzeitig befänden sie sich real in einer Situation, in der sie im besten Fall partiell oder ansonsten auf der ganzen Linie allen unterlegen und chronisch auf Hilfe angewiesen seien.

Man fragt sich ernsthaft, wie im Integrations- und noch deutlich mehr im Inklusionskonzept mit der sichtlich großen Angewiesenheit behinderter Kinder und Jugendlichen auf hochprofessionelle Betreuung umgegangen wird. Wie wird man den teils sehr umfassenden therapeutischen Bedürfnissen der behinderten Kinder gerecht und wie werden die Kinder mit emotionalen bzw. verhältnismäßigen Problemen ihrerseits therapeutisch versorgt? Dies sind psychologisch-heilpädagogische Herausforderungen für die Betreuenden unter Integrationsbedingungen. Damit ist wiederum deren Professionalität angesprochen. Müsste es nicht das vorrangige Ziel einer sonderpädagogischen Ausbildung für die Arbeit unter Integrations-/Inklusionsbedingungen sein, zu lernen, die psychische Verfassung eines Kindes mit einer wie auch immer gearteten Einschränkung sorgfältig und genau erfassen und verstehen zu können? Wie sonst sollte auch zuverlässig entschieden werden können, wie man dem Kind individuell die erforderliche psychologische und pädagogisch-didaktische Unterstützung geben kann. Wie sonst sollte es möglich sein, ganz im Sinne der UN-Konvention die optimalen pädagogischen Voraussetzungen für das individuelle Kind schaffen zu können? Indem man unbesehen, ohne umsichtiges Abklären, was realistisch möglich ist – man denke an die Zusammensetzung von Schülern und die Anzahl der zur Verfügung stehenden professionellen Betreuungspersonen –, unbeschränkt und ohne gezielte Auswahl behinderte Kinder aufnimmt, kann es kaum möglich sein, allen anvertrauten Kindern individuell gute Lernbedingungen zu sichern. Die realen Einschränkungen der Schüler und deren Bedürftigkeit zu bagatellisieren oder darüber hinwegzusehen, ist also problematisch. Es ist etwas, das an die Erfahrungen der Antipsychiatrie erinnert, als die psychiatrischen Kliniken – auch wenn diese tatsächlich nicht über jeden Zweifel erhaben waren – geschlossen und die Menschen in teils schweren psychischen Krisen, sogar mit Psychosen, in die schutzlose Ungewissheit entlassen wurden. Angehörige, Freunde und das weitere soziale Umfeld waren natürlich zumeist überfordert und konnten nicht adäquat helfen. Zu solch tragischen Umständen, meint Speck, sollten wir es in der Schule nicht kommen lassen.

Speck erklärt im Vorwort seines Buches seine Motivation, sich in der Integrationsdebatte trotz seines Alters noch einmal zu Wort zu melden. Es sei zunächst die öffentlich medial prominent verbreitete Behauptung gewesen, nur der gemeinsame, also inklusiver Unterricht entspreche dem Menschenrecht auf Gleichbehandlung wie von der UNO bzw. UNESCO vertreten. Das wollte er so nicht stehen lassen. Es habe ihn aber auch die wenig diskussionsoffene, stattdessen sehr ideologisch anmutende Haltung etlicher Befürworter gestört, jeglichen anderen Standpunkt ohne substanzielle Argumente als diskriminierend zu disqualifizieren. Dies habe dann zur Entgleisung des wissenschaftlichen Diskurses über die sinnvolle Entwicklung des Sonderschulwesens geführt, so Specks Einschätzung. Aus einer pädagogisch wichtigen Fragestellung, die im Sinne der UN-Konvention den Schutz des Individuums vor Stigmatisierung und Ausgrenzung im schulischen Lernen zu Recht zu einem vorrangigen Thema machte, sei durch die Verabsolutierung der Integration als einzige vertretbare Lösung, also die „Vollintegration“, zu einer Glaubensfrage geworden. Prägnant-kritisch spricht Speck davon, dass die Haltung und Einstellung der Befürworter den Charakter eines „autoritär definierten Komplexes aus Idee, Normen oder Dogmen“ erhalten habe (Speck, 2019, S. 12f). Dies ist eine bittere Aussage, mit der sich die Befürworter einer raschen, kompromisslosen Umsetzung von Inklusion – somit auch einer zwingenden Abschaffung von Kleinklassen bzw. Schulen für speziellen Förderbedarf – auseinandersetzen müssen, um ihren Beitrag dazu zu leisten, dass zum Wohle der betroffenen Kinder und Jugendlichen die Grundlage für einen sachlichen wissenschaftlichen Diskurs wieder geschaffen wird.

2.10 Biografien ehemaliger Sonderschüler – langfristige Folgen der Sonderbeschulung

Zur Erhellung dessen, was die Sonderschulen für ‚Kinder mit besonderem Förderbedarf‘ – so ihr revidierter Name in Deutschland, während es in der Schweiz die „Kleinklassen“ sind – geleistet haben und auch wo die Mängel waren, hat der Sonderpädagoge Ingo Holaschke mit seiner 2015 publizierten Dissertation „30 Jahre danach – Biografien ehemaliger Schülerinnen und Schüler der ‚Lernbehindertenschule'. Lebenszufriedenheit und beruflicher Werdegang" (Holaschke, 2015) beigetragen. Die Einsichten aus dieser Forschungsarbeit sind so bedeutsam, dass der Forschungsansatz in einem eigenen Kapitel umrissen wird und danach mit einer gewissen Ausführlichkeit die aufschlussreichen Erkenntnisse dargestellt werden.

Holaschke stützte sich für seine Stichprobe auf eine Studie aus dem Jahre 1982, welche die Pädagogin und Professorin für Sonderpädagogik sowie Sozial- und Kulturwissenschaften Christine Hofmann zum Familienalltag von Sonderschulfamilien durchgeführt hatte. Die damaligen Sonderschüler, geboren zwischen 1960 und 1966, waren zur Zeit der Untersuchung Holaschkes 2008 zwischen 42 und 48 Jahre alt. Im Vorwort zur Dissertation Holaschkes reflektiert Christine Hofmann selbstkritisch ihren damaligen fast ausschließlich milieutheoretisch-gesellschaftskritischen Erklärungsansatz, den sie in der Rückschau nach 25 Jahren nicht als grundsätzlich falsch, aber „eindimensional" bezeichnet. Dazu gehört die Meinung, Sonderschüler seien zwangsläufig Kinder von Hilfsarbeitern, also von Angehörigen der untersten sozialen Schicht. Hofmann problematisiert ebenso offen ihre negativ urteilende Interpretation der Lebenspräferenzen der befragten Mütter dieser Schüler, zumal diese für ihren Geschmack ein zutiefst nicht emanzipatorisches Leben führten, das jegliche eigenständige Lebensplanung vermissen ließ.

Hofmann erläutert weiter, in den klar einseitigen gesellschaftskritischen Ansätzen der 1970er-Jahre sei der sogenannte „subjektive Faktor" unberücksichtigt geblieben, ein Forschungsaspekt, der aus heutiger Sicht für eine differenziertere Sichtweise unabdingbar sei. Damals sei man von der selbstverständlichen Annahme ausgegangen, solche Einrichtungen seien zwangsläufig diskriminierend in ihren Folgen für die bedauernswerten dort unterrichteten Kinder und Jugendlichen. Die Ambivalenz der Untersuchungsergebnisse, nämlich die Tatsache, dass die befragten Schüler den Besuch der Schule tatsächlich als diskriminierend empfanden, sich zugleich aber in der Sonderschule sehr „angenommen und geborgen fühlen konnten", zeige, so Hofmann, dass die unbesehene radikale Abschaffung dieser Schulen nicht überzeuge (Holaschke, 2015, S. 9). Sie stellt das Problem der Stigmatisierung dabei nicht in Abrede, die Problematik sei aber komplex.

Hofmann würdigt Holaschkes Doktorarbeit daher als einen ideologiekritischen Beitrag zur Diskussion rund um die Frage der Abschaffung aller Förderschulen.

Ein zentraler, unerwarteter Befund aus seiner Forschungsarbeit dokumentiert, dass zum Zeitpunkt der Untersuchung (2015) der „überwiegende Teil der befragten Ehemaligen [d.h. die Sonderschüler; Anm. d. Verf.] ein unauffälliges und von persönlicher Zufriedenheit geprägtes Leben führt". Angesichts einer möglicherweise stigmatisierenden Wirkung des Sonderschulaufenthalts hätte man ein anderes Resultat erwartet.

In seiner Forschungsarbeit erklärt Holaschke, er habe – eigentlich in Überprüfung der These von Christine Hofmann – die Frage klären wollen, ob es einen zwangsläufigen (determinierenden) Zusammenhang gebe zwischen

a. dem sozialen Status der Herkunftsfamilie,
b. dem Sonderschulbesuch und
c. den „deutlich eingeschränkten nachschulischen Lebenschancen"

der befragten und interviewten ehemaligen Sonderschüler (Holaschke, 2015, S. 12). Dazu erhielt in der Studie der subjektive Faktor einen zentralen Stellenwert zur genaueren Klärung der persönlich wahrgenommenen Lebensumstände sowie ihrer Lebenszufriedenheit. Mittels eines Fragebogens wurden die Betroffenen in einem *ersten Schritt* dazu genauer befragt. Von den 53 an der früheren Studie Hofmanns beteiligten Sonderschülern waren es knapp die Hälfte, die bereit waren, an der Befragung teilzunehmen. Wie in der früheren Untersuchung wurde auch eine Kontrollgruppe von Schülern im gleichen Schulniveau in die Befragung einbezogen. Im *zweiten Schritt* führte Holaschke ausführliche biografische Interviews mit 12 ehemaligen Sonderschülern mit dem Ziel durch, die Folgen des Sonderschulbesuchs für den weiteren Lebensvollzug zu erfassen. In einem *dritten Schritt* wollte er auf der Basis der gewonnenen Informationen die individuellen Bewältigungsstrategien des „kritischen Lebensereignisses Sonderschulbesuch" in dieser Schulphase kennenlernen. Die Studie unterscheidet sich von früheren vergleichbaren Untersuchungen durch den wesentlich umfassenderen Zeitraum, der bezüglich der Auswirkungen einbezogen wurde, die Folgen für alle Lebensbereiche sowie den Einbezug der subjektiven Perspektive der Betroffenen. Geklärt werden sollte schließlich, was es den Einzelnen möglich machte, ihren nachschulischen Lebensverlauf ins Positive zu wenden (Holaschke, 2015, S. 115ff).

Der Begriff der „Lebenszufriedenheit" als Maßstab dafür, wie es den früheren lernbehinderten Schülern in der Schule, später in Ausbildung, Beruf und Familie erging, bezieht sich auf das Konzept „subjektives Wohlbefinden", zu dem, wie Holaschke mit Verweis auf andere Autoren erwähnt, „bis heute keine einheitliche Definition vorliegt" (Holaschke, 2015, S. 57). Da der Begriff „Wohlbefinden" zu einem wesentlichen Referenzbegriff geworden ist, wenn es um die Frage geht, unter welchen Umständen Unterricht und Schule erfolgreich sein können, wird später systematisch darauf eingegangen.

Zunächst zeigen die Erkenntnisse zur Kindheit im Elternhaus, dass die ehemaligen Sonderschüler „beinahe ausnahmslos in schwierigen bzw. belastenden Familienverhältnissen“ aufgewachsen waren. Als wesentliche Risikofaktoren, denen diese Kinder in ihren Familien ausgesetzt waren, nennt der Sonderpädagoge den *Migrationshintergrund, Vernachlässigung, unvollständige Familie, Alkoholismus eines Elternteils oder beider Elternteile, Gewalterfahrungen bei den Eltern, sexueller Missbrauch durch Angehörige* (Holaschke, 2015, S. 165f).

Von den Eltern sei nur in Einzelfällen schulische Unterstützung erfolgt. Mit ihren Problemen seien die Kinder auf sich selbst gestellt gewesen und auch in Bezug auf ihre Freizeit hätten die meisten kaum Anschluss im eigenen Heimatort gefunden. Ähnlich belastend war, was die ehemaligen Sonderschüler in der Regelschule erlebten. Die Grundschullehrer werden zumeist als „ungerecht“, „autoritär“, wenig um die Schüler und deren individuelle Förderung bemüht beschrieben. „Bloßstellungen vor der gesamten Klasse“ und „Beleidigungen“ hätten zu Gefühlen persönlicher Ablehnung durch die Lehrer geführt (Holaschke, 2015, S. 180). Insgesamt resultierten laut Holaschke aus dem gesamten Umgang mit den Kindern und der Atmosphäre im Unterricht „Schulängste“, „verminderte Lust aufs Lernen“ sowie eine Minderung des Selbstwertgefühls und Selbstbewusstseins. Angesichts dessen, was die Schüler über ihre Behandlung durch die Lehrer berichten, erstaunt dies nicht. Man wundert sich auch nicht, dass von „geringer Konzentrationsfähigkeit“, „mangelnder Mitarbeit im Unterricht“ oder von „Ängsten vor Reaktionen ihrer Mitschüler“ berichtet wird (Holaschke, 2015, S. 184). Demütigende Erlebnisse und soziale Isolation innerhalb der Klasse habe zu ihren Alltagserfahrungen gehört. Das emotional für jeden Schüler schwer ertragbare Gefühl, der Lehrer hege aufgrund der Lernschwierigkeiten eine persönliche Abneigung gegen einen, habe sich dann durch die Überweisung auf die Sonderschule bestätigt. Zusammenfassend stellt Holaschke fest, dass den Lehrern ein großer Teil der „Schuld“ für die Sonderschulüberweisung zugesprochen wurde (vgl. Holaschke, 2015, S. 182).

Bei den emotional etwas stabileren Schülern dominierte zu Recht das Gefühl, ungerecht behandelt, ja in gewissem Sinne abgeschoben zu werden; viele andere interpretierten die Zuweisung zur Sonderschule als Ausdruck ihres offensichtlichen Versagens aufgrund geistiger Minderwertigkeit, wofür sie sich noch dazu schämten. So sagte eine Frau zur Sonderschulzuweisung im Interview: „Und ich denk, jetzt bist du blöd, jetzt bist du dumm“ (Holaschke, 2015, S. 185). Besonders tragisch wirkte sich aus, dass viele der Eltern sich angesichts der Sonderschulüberweisung nicht hinter ihre Kinder stellten, indem sie z. B. wenigstens mit den zuweisenden Lehrpersonen sprachen oder fragten, was präventiv gegen die Versetzung in die Sonderschule getan werden könnte. Ob sie damit Erfolg gehabt hätten, ist fraglich. Aber die ausgeprägt fatalistische Haltung, die aus den Interviews ersichtlich wird, hat sicherlich nicht positiv auf ihre Kinder gewirkt.

Der Kontrast könnte nicht größer sein, wenn man nun liest, was Holaschke über den Aufenthalt der Schüler in der Sonderschule zu berichten hat: Die ehemaligen Sonderschüler schildern ihre Zeit in der Sonderschule praktisch ausnahmslos als eine sehr schöne Erfahrung, die von subjektivem Wohlbefinden erfüllt gewesen sei. In der Zusammenfassung ihrer Schilderungen wird dies so beschrieben:

> „Die Zeit in der Sonderschule in L. haben die zwölf befragten Sonderschüler durchgängig positiv in Erinnerung, obwohl sie die Institution Sonderschule an sich eher kritisch bis ablehnend beurteilen. In der Sonderschule sind die Schüler nicht nur in der Lage, gute Noten zu erreichen, sondern auch inhaltlich große Lernfortschritte zu erzielen. In ihrer Klasse fühlen sie sich meist sehr wohl, schließen neue Freundschaften und auch die Lehrer werden insgesamt sehr positiv beurteilt. – In allen Erzählungen entsteht dabei das hohe Maß subjektiven Wohlbefindens in der Sonderschule nicht aus einem einzelnen dieser Faktoren, vielmehr kommt es zustande durch die Verbindung von Unterrichtsmethoden, Lernfortschritten und dem damit verbundenen verbesserten Selbstbild sowie dem positiv erlebten Kontakt zu Schülern und Mitschülern“ (Holaschke, 2015, S. 186).

Man muss sich vergegenwärtigen, welches Geschenk diesen Kindern mit ihrer Erfahrung in der Sonderschule gemacht wurde. Nachdem sie sowohl in der Familie als auch in der Schule wenig oder keine Freundlichkeit, Unterstützung und Wohlwollen erfahren hatten, kann man sich ausmalen, welch eine Wohltat die Aufnahme in der Sonderschule für sie gewesen sein muss. Statt ständig zu versagen und dafür gerügt oder ignoriert zu werden, erlebten sie nun erstmals, dass ihnen jemand half, die Schulaufgaben zu verstehen, gut zu sein, freundschaftliche Zusammenarbeit zu pflegen. Sie konnten endlich einmal aufatmen, weil sie empfanden, dass das Selbstbild vielleicht doch nicht so schlecht sei, wie sie aufgrund aller bisherigen Erfahrungen glaubten.

Die interessante, verständliche und kooperative Art der Unterrichtsgestaltung durch die Lehrer sowie das besonders gute, freundschaftliche Klassenklima sind die zentralen Aspekte, die gemäß dem Bericht Holaschkes dazu führten, dass die ehemaligen Sonderschüler die Zeit in dieser Schule in bester Erinnerung behalten haben. Zwischen beiden Aspekten besteht ein offensichtlicher Zusammenhang, wie in der Darstellung beschrieben wird. Die „sympathischen und verständnisvollen“ Lehrer, die sich Zeit nahmen für die einzelnen Schüler, die ihnen „individuelle Hilfestellungen und Erklärungen“ anboten und auch Zeit hatten für „persönliche außerschulische Probleme“, die „eine als gelungen empfundene Balance zwischen Fördern und Fordern“ anboten, die ein „großes persönliches Engagement“ zeigten, waren sehr „um das soziale Miteinander in der Klasse bemüht“. Daraus sei „eine gute Klassengemeinschaft“ entstanden, durch die keine „Grundstimmung der Konkurrenz“ geherrscht habe, sondern vielmehr „ein Klima gegenseitiger Akzeptanz, in dem die Schüler auch untereinander“ halfen. Statt mit „Hänseleien und Spott ihrer Mitschüler“ konfrontiert zu sein wie in der Regelschule, habe die freundschaftliche Stimmung zu eben diesem Wohlbefinden in der Klasse beigetragen (Holaschke, 2015, S. 188f).

Dieser Befund über höchst erfreuliche Schulerfahrungen ehemaliger Sonderschüler steht in einem deutlichen Gegensatz zu Befunden anderer, früherer Studien über Sonderschullehrpersonen. Laut diesen Studien erschienen gerade die Sonderschullehrer im Unterschied zu Holaschkes Einsichten in einem eher zweifelhaften Licht (vgl. dazu Holaschke, 2015, S. 275).

Holaschke unterstreicht, sein Befund beinhalte zugleich keine allgemein positive Bewertung von Sonderschulen. Es macht gerade die Ambivalenz in der Aussage seiner Studie aus, dass die ehemaligen Sonderschüler zwar sehr positiv über ihre Erlebnisse in der Schule selbst sprechen, zugleich aber der Sonderschule als Institution eine diskriminierende Wirkung zumessen. Das qualitativ Hochstehende, was sie selbst erlebt hatten, hing mit dem ausgezeichneten Unterricht und dem großen persönlichen Engagement der Lehrer sowie deren Fähigkeit, eine gemeinschaftliche Atmosphäre in der Klasse zu initiieren und zu pflegen, zusammen.

An dieser Stelle lohnt es sich, einen Schritt weiterzudenken. Die Möglichkeit zu haben, in dieser Weise pädagogisch-didaktisch zu wirken, wie es die Sonderschüler bei ihren Lehrern erlebt haben, ist nicht voraussetzungslos. Nebst den genannten professionellen Fähigkeiten als Pädagoge braucht der Lehrer auch den Freiraum, so arbeiten zu können, wie es die Situation (Zusammensetzung und Größe der Klasse usw.) mit genau der Gruppe erfordert, die er vor sich hat. In den biografischen Interviews betonten einige Befragte, dass es für sie hilfreich und sehr motivierend war, dass der Unterricht eher „praxis-lebensorientiert“, also für sie fassbarer war als sonst und sie dadurch sowie durch die aktive Begleitung und Unterstützung seitens des engagierten Lehrers zum Lernerfolg bzw. zu guten Leistungen kamen. In den Sonderschulen haben die Schüler eher individuell angepasste Lernziele, was dem Lehrer eben die Möglichkeit eröffnet, den Unterrichtsinhalt und die jeweilige Unterrichtsmethode besser auf seine Klasse abzustimmen. Eine solche Flexibilität erlaubt den Lehrern, die Gestaltungsschwerpunkte vor allem unter (heil)pädagogischen Gesichtspunkten festzulegen. Eine andere Bemerkung von Schülerseite gibt ebenfalls Aufschluss darüber, warum die ehemaligen Sonderschüler den Unterricht positiv bewerteten: Die Lehrer seien nicht so streng gewesen. Man könnte dies vielleicht so übersetzen, dass sie sich nicht so leicht über Fehlverhalten ärgerten und die fehlbaren Schüler nicht zurechtwiesen oder sonst Strafmaßnahmen ergriffen. Als Sonderschullehrer braucht es genau diese wohlwollende Toleranz gegenüber Kindern, die nicht in der Lage sind, ganz still zu sein, die getrieben sind, beachtet zu werden, die nervös herumzappeln oder den Nachbarn stören. Und zugleich müssen solche Pädagogen dennoch die Führung behalten, das heißt, den Kindern bzw. der ganzen Klasse Orientierung geben, wie die Kooperation, die gemeinsame Auseinandersetzung fruchtbar gestaltet werden kann, damit alle beim Lernen erfolgreich sein können. Ein konstantes Wohlwollen, das aber zugleich nicht einfach destruktives oder ablenkendes Verhalten dominieren lässt, ist für ein orientierungsloses Kind eine enorme Stütze, damit es sich sozial einfinden kann.

Das setzt voraus, dass der Lehrer Fehlverhalten, auch provokatives und freches Verhalten sich selbst gegenüber, nicht persönlich nehmen darf. Er sollte es als Ausdruck fehlender Zuversicht des Schülers verstehen, Erfolg beim Lernen zu haben. Es ist die Entmutigung bzw. Resignation, die das Kind oder den Jugendlichen veranlassen, sich zu unflätigem Verhalten hinreißen zu lassen. Die psychologische Kompetenz, störendes Verhalten oder Lernschwierigkeiten auf ihre eigentlichen Quellen stimmig zurückführen zu können und somit nicht mit persönlicher Betroffenheit reagieren zu müssen, ist eine wesentliche Voraussetzung, um gegenüber der Klasse die Glaubwürdigkeit zu behalten und als Pädagoge orientierend wirken zu können.

In Holaschkes Untersuchung ist nebst dem positiven Sonderschulerlebnis die zugleich negative Einstellung gegenüber der Sonderschule als Institution erklärungsbedürftig. Wenn sich die ehemaligen Sonderschüler gerne an diese Phase der Schulzeit erinnerten, wieso bejahten sie dieses Angebot als Institution dann nicht auch grundsätzlich? Wieso schämten sie sich, dorthin überwiesen worden zu sein, wo sie ja ausschließlich schöne Erfahrungen machen konnten, die sie enorm stärkten?

Der Grund ist eindeutig in der Vorgeschichte zu suchen. Einen wesentlichen Teil der demütigenden Erfahrungen machten die Sonderschüler, bevor sie von der Regelschule in die Sonderschule überwiesen wurden. Alle Mitschüler erlebten damals im Alltag mit, dass sie große Mühe mit dem Unterricht hatten. Außerdem hatten auch alle längst erfahren, dass es eine Schule für die „Dummen“ gibt. Anstelle von Mitleid und Mitgefühl vonseiten der Kollegen haben sie ganz offensichtlich viel herablassenden Spott erlebt. Den Berichten der ehemaligen Sonderschüler ist zu entnehmen, dass die Hänseleien und verletzenden Äußerungen bei Begegnungen mit ihren ehemaligen Mitschülern besonders übel waren, nachdem für sie der Schulwechsel schon stattgefunden hatte. Dass die früheren Kameraden der Sonderschüler sich so schäbig benahmen, spiegelt zweifellos deren bis dahin erworbenes Welt- und Menschenbild wider.

Bedenkt man, wie die ehemaligen Sonderschüler im Rückblick die Lehrpersonen in der Regelschule beschreiben, besonders deren desinteressierte Haltung gegenüber den Lernproblemen und der sozialen Isolation ihrer Schüler, so ist schwer vorstellbar, dass es sich um Persönlichkeiten handelte, die ihrer pädagogischen Aufgabe auch nur annähernd gewachsen waren. Die Klasse hat täglich die Indifferenz, vermutlich oft den Ärger der Lehrer über diese Kinder und den mangelnden Respekt ihnen gegenüber erlebt. Die Sonderschüler mit ihrer oft belastenden Vorgeschichte in ihren Familien waren sicherlich in ihrem Verhalten häufig nicht einfach und hätten dringend einen besonders engagierten, verständnisvollen Pädagogen in der Regelschule gebraucht, so wie sie es dann später in der Sonderschule erlebten. Die Mitschüler – zumindest ein Teil davon– verhielten sich so unkameradschaftlich, weil bis zu diesem Zeitpunkt niemand mit ihnen über das einfältige Klischee der „dummen“ Sonderschüler gesprochen oder ihnen ein anderes Verständnis von deren Problemen vermittelt hatte. Holaschke führt viele Beispiele aus den Interviews summarisch an, die die gravierenden Auswirkungen der Stigmatisierung klar illustrieren. Sie machen mehr als verständlich, wieso die ehemaligen Sonderschüler trotz der Wohltat ihrer eigenen Sonderschulerfahrung keine Befürworter der Institution selbst werden konnten:

> „Weitaus problematischer als der Kontakt zu den Schülern der Gesamtschule in L. werden der Kontakt zu ehemaligen Mitschülern der Grundschule und die Reaktionen im Heimatort im Anschluss an die Sonderschulüberweisung erinnert. Der Großteil der befragten ehemaligen Sonderschüler berichtet von Hänseleien und diskriminierenden Äußerungen bezüglich ihres Sonderschulbesuchs. Insgesamt lässt sich feststellen, dass sich die ohnehin in vielen Fällen bereits vorhandene Exklusion im Heimatort nach der Sonderschulüberweisung noch verstärkt“ (Holaschke, 2015, S. 190).

Es ist wichtig, hier zu betonen, dass das äußerst gefühllose, unschöne Verhalten mancher Regelklassenschüler nicht primär ihnen anzulasten ist, auch wenn sie es waren, die ihren Kameraden so viel unwürdige Erfahrung zumuteten. Dies hat nicht so viel mit ihrem kindlichen oder jugendlichen Wesen an sich zu tun. Es gibt junge Menschen, die niemals auf die Ideen kämen, sich arrogant und verletzend gegenüber einem Schulkameraden zu verhalten. Entscheidend sind vielmehr die Vorbilder, also Eltern, Lehrpersonen, weitere relevante Erwachsene, die medialen Identifikationsfiguren und deren Meinungen, welche sich die Jugend stillschweigend im Laufe ihrer Sozialisation zu eigen machen. Aus dem täglichen Erleben in der Welt der „Großen“ nehmen die jungen Menschen die vorgelebten Bewertungen und Vorurteile auf und verinnerlichen sie. Die Tatsache, dass die Erwachsenen ihren Kindern bzw. Schülern die Welt so präsentieren, dass diese glauben, sie seien als Regelschüler viel klüger, angesehener und wertvoller und dürften sich ohne weiteres erlauben, die „dummen“ Sonderschüler von oben ab, spöttisch, also entwürdigend zu behandeln, widerspiegelt nicht primär ein schulspezifisches Phänomen, sondern ein von Grund auf gesellschaftliches Problem. Den Status „Sonderschüler“ bzw. „Sonderschule“ von seinem Stigma zu befreien, kann die Schule als solche nicht allein bewerkstelligen. Dazu sind ein grundlegendes gesellschaftliches Umdenken und ein kultureller und sozialer Wandel der Werte erforderlich im Sinne der Menschenwürde und daraus erwachsenden Menschenrechte.

2.10.1 Sonderschule als Quelle von Resilienz?

Holaschkes Auswertung, die sich mit den längerfristigen Auswirkungen der Erlebnisse rund um die Sonderschule befasst, zeigt nicht nur eine positive Bilanz dieser Schulphase, sondern auch für den weiteren Lebensverlauf der Mehrzahl der Betroffenen. Mehr als die Hälfte der Befragten hat direkt im Anschluss an den Sonderschulbesuch den Hauptschulabschluss nachgeholt. Auch den Abschluss einer Ausbildung schafften 50 % der an der Untersuchung Beteiligten. Damit war der Leistungsausweis der Holaschke-Probanden wesentlich höher als derjenige von anderen ehemaligen Sonderschülern, wie Studien zu deren Lebenslauf zeigen. Trotz dieser sehr erfreulichen Erfolge wiesen die meisten bezüglich ihrer Arbeitstätigkeiten „Patchwork-Biografien“ auf, was darauf hinweist, dass sich einige Nachwirkungen ihrer schwierigen Kindheit und Jugend bemerkbar machten; viele von ihnen hatten über Jahre keine kontinuierliche Anstellung. Dennoch stellt Holaschke auch hier jeglichen zwangsläufig begrenzenden Determinismus in Abrede, was das Potenzial bzw. Entwicklungsfähigkeiten der Einzelnen anbelangt:

> „Es muss jedoch darauf hingewiesen werden, dass die Ergebnisse der Untersuchung keineswegs die Vermutung nahelegen, dass ein beruflicher Aufstieg und das Erreichen beruflicher Ziele für ehemalige Sonderschüler der Schule für Lernbehinderte grundsätzlich ausgeschlossen sind“ (Holaschke, 2015, S. 277f).

Er belegt dies u.a. mit dem Beispiel einer Frau – auch ehemalige Sonderschülerin –, die beruflich sogar sehr erfolgreich war und eine Führungsposition erreichte.

Ein wichtiges Charakteristikum, das sich in den Ergebnissen der Untersuchung deutlich zeigt, ist das Streben aller ehemaligen Sonderschüler nach Normalität. Sie sind stolz auf ihre recht stabilen Ehen, die die meisten in den ersten fünf Jahren nach Schulabschluss eingingen, generell auf die selbst gegründeten Familien. Sie engagieren sich im Unterschied zu ihren eigenen Eltern sehr für das Vorankommen ihrer Kinder in der Schule. Wie bedeutsam die Familien für die Befragten im Laufe der folgenden Jahrzehnte waren, zeigen Antworten auf die Frage, was ihnen im Laufe der folgenden Jahrzehnte am meisten half, den seelischen Schatten ihrer „Behinderung" loszuwerden:

> „Dabei muss darauf hingewiesen werden, dass für Frauen und Männer gleichermaßen das Familienleben derjenige Lebensbereich ist, in welchem eine Aufhebung der Behinderung am aussichtsreichsten erscheint und aus der subjektiven Perspektive der Befragten auch erfolgreich gelingt" (Holaschke, 2015, S. 283).

Offensichtlich entspricht das Streben nach Normalität in allen Lebensbereichen diesem Wunsch, das Stigma des dummen Sonderschülers loszuwerden und somit die erlittenen Verletzungen der Würde überwinden zu können. Dass es praktisch allen gelungen ist, ihrem Leben nach der geschilderten schwierigen Kindheit und den teils schwer belastenden Erfahrungen während der Schulzeit längerfristig eine positive Wende zu geben, kann wohl ihren Erfahrungen in der Sonderschule zugeschrieben werden.

Eine plausible psychologische Erklärung dazu liefert die Resilienzforschung[18]. Sie konnte verständlich machen, wie es möglich ist, dass Kinder aus schwer belasteten Familien, also mit schwierigen Entwicklungsbedingungen, trotzdem später ein normales glückliches Leben führen können.

Der Kern der Resilienzforschung ist die Einsicht, dass jedes Kind, um Lebensmut aufbauen zu können, wenigstens bei einer Person die Erfahrung machen muss, emotional bejaht zu werden und liebevolle Bindungserfahrungen zu machen. Kurz, es braucht eine Bindungsperson. Diese muss kein Elternteil, es muss nicht einmal jemand aus der Familie oder Verwandtschaft sein. Aber ohne wenigstens eine solche Bindungsperson erlebt zu haben, kann kein Kind Resilienz

---

18 Pionierin der Resilienzforschung war die in Deutschland geborene und in Kalifornien nach dem Zweiten Weltkrieg als Professorin für Psychologie forschende und lehrende Emmy E. Werner-Jacobsen. Mit ihrer 40-jährigen Kauai-Längsschnitt-Studie – beginnend 1955 – konnte sie genau die Voraussetzung für den psychischen Aufbau von Resilienz erklären und beweisen. Resilienzforschung hat insbesondere für alle Arten von Präventionsbemühungen zur Verhinderung einer pathologischen Fehlentwicklung eine sehr große Bedeutung und weist also schon eine längere Forschungstradition auf.

entwickeln. Wahrscheinlich waren die Sonderschullehrer, die dieser Aufgabe mit großem Engagement sowie Zuneigung für die ihnen anvertrauten, bisher wenig glücklichen Kinder gerecht werden konnten, jene Bindungspersonen. Stellvertretend für die ganze Gruppe von befragten ehemaligen Sonderschülern wird hier der Ausschnitt aus einem Interview wiedergegeben, in dem von den vertrauensbildenden Erfahrungen mit einer Lehrerin berichtet wird:

> „Und ich hab wirklich das Glück gehabt, ich hab wirklich damals echt eine super Lehrerin bekommen. Und die hat sich wirklich mit mir hingesetzt und hat wirklich ma mit mir gelesen, mit mir Mathe gemacht, bei der habe ich Handarbeit gelernt, also, ich hätt da, da unten (in der Grundschule) hätt ich gar nix gelernt, ich glaub würd ich heute noch sitzen. ... Die hat sich wirklich mit mir dann Zeit genommen, auch für alle andern Schüler. Mein, s waren, mir waren ja nicht ne große Klasse, es waren vielleicht ma acht bis zehn Schüler in einer Klasse, ne? Und, äh, da hab ich erstma gewusst, was Plus, Minus, Geteilt, ne? Da hab ich s erste Ma, äh, ja, gesagt bekommen, WIE man das überhaupt rechnet" (Holaschke, 2015, S. 187).

Der von diesen Schülern erlebte Unterschied zwischen Regelschule, in der sie im Stich gelassen wurden, und ihrer Sonderschule, in der sich ihnen ein Lehrer voll und ganz zuwandte, sie im übertragenen Sinn „an der Hand nahm" und ihnen all die erforderlichen Fähigkeiten vermittelte, spricht für sich. Dank solcher Erfahrungen wird es möglich, dass der Mensch aus eigener Kraft beginnt, sein negatives emotionales Gepäck allmählich zu verarbeiten und zumindest ein Stück weit „entsorgen" zu können. Dass dies aber leichter gesagt ist als getan, zeigt ein anderer bedauerlicher Befund: Tragischerweise ist es trotz Resilienz nur wenigen gelungen, die in der Kindheit erlebte Isolation in der Heimatgemeinde zu überwinden. Ihre Freundschaften, von denen sie berichten, haben nicht die Qualität von gegenseitigem vertieftem Interesse und vertrauensvoller Kooperation; die Freizeitgestaltung vollzieht sich bei praktisch allen vollumfänglich im Familienkreis.

Eine andere Form von Normalität manifestiert sich in den Biografien darin, dass sie Standards erreichten, die man gemeinhin mit einem guten bürgerlichen Leben verbindet: Erwerbstätigkeit, finanzielle Eigenständigkeit (ohne Sozialhilfe), Erwerb einer Wohnung oder eines kleinen Hauses, Führung einer dauerhaften Ehe mit Familiengründung. Vermutlich ist die Genugtuung über diesen grundlegenden Erfolg ein wesentlicher Grund dafür, dass die allermeisten ihr aktuelles Leben als sehr zufriedenstellend bewerten.

Beim Vergleich der individuellen Bewältigungsstrategien fiel Holaschke auf, dass gewisse Persönlichkeitsmerkmale bzw. personale Ressourcen als Schutz- oder Risikofaktoren eine Rolle spielen können. Es überrascht nicht, dass sich z. B. Flexibilität als wichtiger protektiver Schutzfaktor erweist. Diese erlaube dem Individuum, sich auf Neues stets gut einstellen zu können; mangelnde Flexibilität gilt eher als Risikofaktor. Solche vorteilhaften oder nachteiligen Persönlichkeitseigenschaften sind nicht als genetisch vererbte Wesenheiten zu verstehen, sondern als biografisch erworbene Besonderheiten (vgl. dazu Holaschke, 2015, S. 284f).

Die bedeutendsten Unterschiede in den Entwicklungsvoraussetzungen der einzelnen ehemaligen Sonderschüler zeigten sich aufgrund des Familienklimas in ihrer Kindheit.

Zum Schluss unterstreicht Holaschke nochmals die wissenschaftliche Kerneinsicht aus seiner Untersuchung: Sämtliche Lebenserfahrungen in Familie, Schule, mit Gleichaltrigen sowie die erworbenen Werte und Einstellungen seien für die Lebensperspektive dieser jungen Menschen von großer Bedeutung gewesen, ganz besonders der positiv erlebte Sonderschulbesuch. Entscheidend sei während allen Phasen der Entwicklung die Qualität der erlebten Beziehungen gewesen, sodass bestimmte Ereignisse niemals von außen betrachtet als determinierend angesehen werden können. Im Fall der Befragten zeigte sich ja, dass ihnen ihre positiven Erlebnisse in der Sonderschule zu einer erstaunlichen Resilienz verhalfen, gemessen an dem, was sie in den Jahren zuvor und in der Schule erlebt hatten. Holaschke widerspricht hiermit nochmals deutlich der Theorie, wonach es einen unauflöslichen Zusammenhang geben soll, zwischen der Schichtzugehörigkeit von Familien (Hilfsarbeiter) und dem Sonderschulbesuch ihrer Kinder und umgekehrt. Einer klaren Mehrheit der ehemaligen Sonderschüler sei eine dokumentierte „Aufwärtstendenz“ in ihrem eigenen Leben gelungen. Besonders eindrücklich wird dies dadurch bestätigt, dass ihre Kinder „meist einen höheren, mindestens aber gleichwertigen Bildungsabschluss“ erworben haben wie sie selbst oder noch dabei sind, ihn zu erwerben. Über die Hälfte dieser Kinder hat bereits oder ist laut Studie noch dabei, den Realschul- oder sogar den Gymnasialzweig abzuschließen – Stand zum Zeitpunkt der Veröffentlichung der Holaschke-Studie.

2.11 Wohlbefinden in der Schule

Will man die Wirkung von Integration/Inklusion oder/und Sonderschule wissenschaftlich prüfen, um sie miteinander vergleichen zu können, so sind allgemein anerkannte Kriterien erforderlich, woran erfolgreiche Schulen bzw. deren

Unterricht identifiziert werden können. Ein umfassender Begriff, der seit den 1960er-Jahren zunehmend an Bedeutung in der Beurteilung von Unterricht erhielt, ist das sogenannte *Wohlbefinden* in der Schule. Es ist kein Zufall, dass Ingo Holaschke in seinem Buch von der „Lebenszufriedenheit" spricht, ein Begriff, der sich natürlich nicht nur auf das Befinden während, sondern auch auf die Zeit nach der Schule bezieht. Inzwischen ist man sich unter Wissenschaftlern einig, dass Wohlbefinden in der Schule auf jeden Fall sehr wichtig ist. Weniger einig ist man sich aber darüber, was der multidimensionale Begriff alles beinhalten bzw. umfassen soll. 2018 haben die beiden Sozialwissenschaftler Katharina Rathmann und Klaus Hurrelmann eine umfassende Publikation mit zahlreichen Wissenschaftsbeiträgen von Kolleginnen und Kollegen zum Zusammenhang von Leistung und Wohlbefinden in der Schule, speziell unter Berücksichtigung von Inklusionsbemühungen herausgebracht. Sie weisen darin darauf hin, dass die UNESCO seit 2016 den Begriff „Happy Schools" eingeführt hat und in den PISA-Studien vom Jahr 2017 der Begriff „Well-being" der Schüler verwendet wurde; beide Termini beziehen sich direkt oder indirekt auf das Wohlbefinden in der Schule. Wohlbefinden wird mittlerweile gar als „eigenständiges Bildungsziel" definiert (Hascher, Morinaj & Waber, 2018, S. 71). Der Bedeutung von Unterricht und Schule für das Lebensgefühl eines jungen Menschen und für seine Entwicklung im weiteren Leben wird aber schon länger mehr Beachtung geschenkt:

> „Bereits in der Ottawa Charta (1986) zur Gesundheitsförderung wurde die Schule als eine hoch relevante Lebenswelt definiert, die als Lebensmittelpunkt für Kinder und Jugendliche fungiert" (Rathmann & Hurrelmann, 2018, S. 24).

Doch obwohl aus diesem Begriff mittlerweile ein Referenzbegriff geworden ist, gibt es „bisher keine allgemein akzeptierte Definition von Wohlbefinden in der Schule bzw. von schulischem Wohlbefinden", wie im Band von Rathmann und Hurrelmann zu lesen ist (Hascher et al., 2018, S. 71). Dennoch werden in einigen Beiträgen die diversen Interpretationsweisen des Wohlbefindens ausgelotet und einige definitorische Ansätze gewagt, z. B.:

> „Mit Wohlbefinden wird das subjektive Gefühl sowohl der Schülerinnen und Schüler als auch der Lehrerinnen und Lehrer bezeichnet, sich in der sozialen Institution Schule in einem angenehmen und wertschätzenden Raum zu befinden, dessen Regeln nachvollziehbar und verständlich sind und der dadurch auch Sicherheit und Stabilität bietet" (Rathmann & Hurrelmann, 2018, S. 11).

Aus diesen Zeilen geht hervor, dass auch das Wohlbefinden der Lehrpersonen in die Definition einbezogen wird. Was die Schüler betrifft, schreiben Rathmann und Hurrelmann, sei die Schule nicht nur „für das Erreichen kognitiver Ziele verantwortlich“, sondern auch für eine positive Einstellung der Schüler zu Schule und Lernen. Bei den Lehrpersonen wird hingegen das Wohlbefinden als zentrale Voraussetzung dafür gewertet, dass sie ihr fachliches und didaktisches Potenzial entfalten und die Schüler zu guten Leistungen hinführen zu können.

2.11.1 Aufschlussreiches Projekt

Die Schweizer Erziehungswissenschaftlerin Stephanie Gysin erwähnt den positiven Zusammenhang zwischen Wohlbefinden und „prosozialen Einstellungen“ und meint mit Letzterem die Kooperations- und Kontaktfähigkeit eines Schülers sowie dessen Bereitschaft und Freude, seinen Kollegen bei Schwierigkeiten zu helfen. Auch „Optimismus“ zusammen mit „emotionaler Stabilität und Selbstbewusstsein“ werden von ihr als bedeutende persönlichkeitsstärkende Elemente genannt. Ausführlich geht Gysin auf eine Teilstudie des *Zentrums für Forschung und Entwicklung der Pädagogischen Hochschule Bern* ein, die sich mit Zusammenhängen zwischen Geschlechtsbildern und Leistungsunterschieden von Schülerinnen im Vergleich zu Schülern befasste. In dieser Teilstudie, die hier von besonderem Interesse ist, stand das „Wohlbefinden von Lernenden“ im Zentrum. Geschlechtergetrennte Gruppendiskussionen von Schülerinnen und Schülern der achten Klasse auf allen drei Schulstufen, Realschule, Sekundarstufe sowie gymnasiale Vorbereitungsstufe wurden durchgeführt und ausgewertet. Ziel war es, „ursachenrelevante Faktoren des subjektiven Wohlbefindens von Schülerinnen und Schülern in der Schule“ herauszuarbeiten (Gysin, 2018, S. 90). Nachdem die Gruppendiskussionen mit einer offenen Einstiegsfrage hinsichtlich der „Bedingungsfaktoren des eigenen Handelns“ angestoßen worden waren, wurden aufgrund eines konzipierten Leitfadens durch die Forschenden neue Gesprächsimpulse eingebracht, die sich auf folgende zentrale Aspekte bezogen (Gysin, 2018, S. 100):

- Einfluss wichtiger Bezugspersonen (Eltern, Peers, Lehrpersonen),
- Beziehungen der Schüler zu ihren Lehrpersonen und untereinander,
- das Lern- und Arbeitsverhalten wie auch die Leistungsorientierung der Jugendlichen.

Die Ergebnisse der Gruppendiskussionen wurden mit qualitativer Inhaltsanalyse ausgewertet und thematisch referiert. Das Resultat dieser Teilstudie ist erstaunlich ergiebig und pädagogisch plausibel. Unter den Aspekten, die aus den Diskussionen als besonders relevant für Wohlbefinden hervorgingen, seien hier ohne Anspruch auf Vollständigkeit einige aufgezählt (vgl. Gysin, 2018, S. 90 ff):

- fachliche und didaktische Kompetenz der Lehrperson: Fähigkeit zur klaren Formulierung sinnhaft empfundener Aufgabenstellungen sowie eine ausgezeichnete Fähigkeit, Sachverhalte zu erklären und ein angemessenes Anspruchsniveau stets beizubehalten
- inhaltlich interessanter, abwechslungsreicher Unterricht
- Einbezug aktueller Themen im Unterricht
- Berücksichtigung der Interessen der Schüler bei der Themenauswahl
- Wahl von Themen, die anschlussfähig sind an die Welt der Schüler
- inhaltlicher Bezug der Themen zur Zukunft (im Hinblick auf mögliche Ausbildungen und Berufe)
- Transparenz des Unterrichts
- eine positive, anerkennende pädagogische Beziehung, die sich darin ausdrückt, dass die Lehrperson Interesse und Verständnis für die Anliegen, Wünsche und Probleme der Jugendlichen hat
- eine persönliche Beziehung zur Lehrperson – eine hochwertige Beziehungsqualität zwischen Lehrperson und Schüler
- freundlicher Umgangston vonseiten der Lehrperson
- Schulerfolg, also gute Noten
- gegenseitige Unterstützung durch die Mitschülerinnen und Mitschüler

Wie leicht zu erkennen ist, kommt in dieser Auflistung der Lehrperson eine herausragende Bedeutung zu. Entweder beziehen sich die meisten Aspekte auf menschliche Wesenszüge des Lehrers im zwischenmenschlichen Umgang oder auf seine Vermittlungs- und Gestaltungsfähigkeiten im Hinblick auf einen anregenden, gehaltvollen Unterricht.

In ihrem Fazit fügt Gysin weitere sehr ähnlich gelagerte, das Wohlbefinden der Schüler im Unterricht förderliche Eigenschaften der Lehrperson hinzu wie

- „gerechte Behandlung" der Schüler,
- überzeugend gestaltendes Engagement,
- Fähigkeit, die Schüler gut zu motivieren,
- Strukturierung des Unterrichts,
- motivierende Einbindung der Schüler in die Vorbereitung und Gestaltung der Themen und Unterrichtsgestaltung (Partizipation).

2.11.2 Mit der Lehrkraft steht und fällt ...

Zu einem sehr hohen Prozentsatz weisen die Aussagen der Oberstufenschüler also darauf hin, dass mit dem Lehrer alles steht und fällt. Er ist es, der ein Schulklima bzw. eine gute Klassenatmosphäre schafft, welche für eine hohe Unterrichtsqualität sorgt. Seine Bedeutung wird vom Dortmunder Erziehungswissenschaftstrio Linda Wirtwein, Ricarda Steinmayr und Sebastian Bergold sogar als vorrangige Quelle des Wohlbefindens gewertet. Sie veranschaulichen, warum Unterricht ein überaus soziales Geschehen ist, das das Wohlbefinden einer ganzen Schulklasse sehr stark prägt und gegenüber anderen Faktoren eine hohe Bedeutung hat:

> „Die Ergebnisse zeigen erstmalig, dass Kontextvariablen wie das individuell von Schülerinnen und Schüler erlebte Schulklima für deren allgemeines subjektives Wohlbefinden möglicherweise wichtiger sind als leistungsbezogene emotionale (Leistungsängstlichkeit), motivationale (Interesse) und kognitive (Selbstwirksamkeit) Schülermerkmale. Darüber hinaus weisen die Ergebnisse auf die Relevanz der Förderung eines positiven Schul- und Klassenklimas zur Steigerung des schulischen Wohlbefindens hin" (Wirthwein, Steinmayr & Bergold, 2018, S. 112).

Folgt man den Ausführungen der Autoren, hängt gerechtes und fürsorgliches Verhalten der Lehrkraft positiv mit der Einstellung gegenüber Schule, der Freude in der Schule und dem schulischen Selbstwert der Schüler zusammen. Dabei korrelieren ein autoritatives Handeln der Lehrkraft und eine positive Lehrer-Schüler-Beziehung positiv mit der Schulzufriedenheit, während autoritäres und herabsetzendes Verhalten der Lehrkraft und eine negative Lehrer-Schüler-Beziehung mit einer geringen Schulzufriedenheit assoziiert sind.

Da die Rolle der Lehrkraft offensichtlich so bedeutsam ist, verweisen die drei Berner Erziehungswissenschaftlerinnen Tina Hascher, Julia Morinaj und Jennifer Waber auf die Notwendigkeit der „Stärkung der Lehrpersonen". Dazu gehören verstärkte Anstrengungen zur nachhaltigen Verbesserung der Lehreraus- und -weiterbildung. Lehrpersonen müssten intensiver vorbereitet und befähigt werden, ihre Klassenführung zu optimieren und in der Beziehungsgestaltung genügend Virtuosität zu erlangen oder auch die Schulangst in ihren Klassen insgesamt und bei einzelnen Schülern zu erkennen. Letzteres steht stellvertretend für die grundlegende Kompetenz, die emotionale Verfassung seiner Klassen lesen zu können und entsprechend in der Lage zu sein, auf die Stimmung der Klasse positiv einwirken zu können. Zum Aufbau der erwähnten guten Lehrer-Schüler-Beziehung darf die Befähigung nicht fehlen, den persönlichen Dialog mit den einzelnen Schülern sowie der ganzen Klasse initiieren und kontinuierlich führen zu können, womit die Schüler erleben, dass sich die Lehrperson für sie persönlich interessiert.

2.12 Mobbing und Inklusion

Wenn die gute Klassenatmosphäre eine so überragende Bedeutung für das Wohlbefinden der Schüler in einer Klasse hat, kann man sich leicht ausmalen, wie negativ sich umgekehrt Erlebnisse wie Mobbing auf die Stimmung der Schüler auswirken. Bei den ehemaligen Sonderschülern in der Holaschke-Studie hatten die herabsetzenden Bemerkungen ihrer Mitschüler während der gemeinsamen Regelschulzeit einen so schwerwiegenden Nachhall, dass all die positiven Erfahrungen bei ihren Sonderschullehrern ihre negative Einstellung zur Institution Sonderschule nicht aufwiegen konnten. Das Tragische war eben, dass sie in ihrer Not als sie erniedrigt wurden und sich ohnmächtig ausgeliefert fühlten, keinerlei Verbündete fanden. Nicht einmal die Erwachsenen – weder Lehrer noch Eltern – stellten sich zu ihrem Schutz hinter sie, wie es notwendig gewesen wäre. Leider kann man zwischenzeitlich nicht behauptet, die Beeinträchtigungen des Schulklimas durch Mobbing würden einer überwundenen Vergangenheit angehören.

Bei den PISA-Studien 2018/19 gab es nebst den klassischen Ergebnissen der Vergleichstests in den schulischen Fachbereichen Lesekompetenz, Mathematik und Naturwissenschaften ein Kapitel in dem über eine Befragung zu „Mobbing in Schulen“ berichtet wurde. Im Bericht für die Schweiz wurde ein Paradox beschrieben: Einerseits drücken die Schweizer Schüler eine überdurchschnittlich hohe Lebenszufriedenheit und ein starkes Zugehörigkeitsgefühl zu ihrer Schule aus. Andererseits zählen die Schweizer Schulen im internationalen Vergleich zu denen mit den häufigsten Mobbingerfahrungen. Die Auswertung der Daten zeigt, dass seit 2015 Mobbing in der Schweiz zugenommen hat, und zwar nicht unbedeutend. Es handle sich fast um eine Verdoppelung der Fallzahlen (Konsortium PISA.ch, 2019, S. 71ff).

Françoise Alsaker, mittlerweile emeritierte Professorin für Psychologie an der Universität Bern, gehört zu den renommiertesten Forscherinnen der letzten Jahrzehnte zum Thema Mobbing. Sie hat als erste Wissenschaftlerin Mobbing auf der Kindergartenstufe in Norwegen und der Schweiz unter die Lupe genommen. Sie betont in ihren Publikationen, die Forschung habe gezeigt, dass die Schüler generell großmehrheitlich Mobbing in einer Schulklasse bzw. Schülergruppe nicht befürworten. Sie würden es im Gegenteil eigentlich verabscheuen, wagten aber aus Angst und Selbstschutz nicht, etwas zu sagen. In ihrer Publikation „Quälgeister und ihre Opfer. Mobbing unter Kindern – und wie man damit umgeht", beschreibt sie, „dass auch Kinder im Vorschulalter in der Lage sind, Mobbing wahrzunehmen, ... sogar indirekte und subtile Formen von Mobbing ..." (Alsaker, 2003, S. 185).

In ihrer jüngeren Publikation „Mut gegen Mobbing in Kindergarten und Schule" erklärt sie, dass für das Handeln der Pädagogen gegen Mobbing alle Schüler einer Klasse mit einbezogen und befähigt werden müssen, ihre wahre ablehnende Einstellung zeigen zu können. Ist die Lehrperson durch ihre Intervention in der Lage, ihnen Mut und Sicherheit zu vermitteln, wagen sie ihre wahre Haltung zu zeigen:

> „Die meisten Kinder sind dem Mobbing gegenüber negativ eingestellt (Menesini et al., 1997). Dass sie trotzdem nicht intervenieren oder die Mobber sogar unterstützen oder zumindest verstärken, zeigt, wie wichtig es ist, die nicht direkt betroffenen Kinder und Jugendlichen bei der Prävention mit einzubeziehen" (Alsaker, 2012, S. 85).

2.12.1 Inklusion – ein Allheilmittel gegen Mobbing?

Die Relevanz von Mobbing im Zusammenhang mit Inklusionlösungen in Schulen zeigt sich daran, dass im öfter zitierten Sammelband der Herausgeber Rathmann und Hurrelmann sich zwei Kapitel ganz dem Thema *Mobbing in der Schule* widmen. In einem dieser Beiträge spricht ein Forscherteam der Universitäten Cottbus-Senftenberg und Potsdam das belastende Mobbingthema in Verbindung mit Inklusion an:

> „Die Hoffnung auf eine soziale Integration von Lernenden mit SPF[19] (Miller, Streese, Schwab 2016) wurde jedoch durch Befunde enttäuscht, wonach Lernende mit SPF an inklusiven Schulen einen geringeren soziometrischen Status im Vergleich zu ihren Mitschülerinnen und Mitschülern ohne SPF aufweisen (Mamas, Avramidis 2013); Mikami, Lerner, Lun 2010). Auch Studien aus dem deutschsprachigen Raum (Huber, Wilbert 2012; Krull, Wilbert, Hennemann 2014) zeigen, dass Lernende mit SPF verstärkt von sozialer Ausgrenzung betroffen sind und inklusive Lerngruppen womöglich keine sozial-integrationsförderlichen Wirkungen haben" (Bilz, Goldfriedrich, John, Fischer, Wachs & Schubarth, 2018, S. 273).

19 sonderpädagogischem Förderbedarf.

Die Tatsache, dass es oft die besonders schwachen oder schwächeren Schüler sind, die zur Zielscheibe von Plagegeistern werden, lässt erwarten, dass das Risiko im Integrationssetting durchaus gegeben ist, dort vielleicht sogar ein besonderes Risikopotenzial besteht. Gemessen am sozialethischen Anspruch sind Mobbingvorkommnisse im Integrationskontext eigentlich eine Katastrophe. Zurecht monieren diese Wissenschaftler das bisher fehlende Interesse in der Forschung, der Frage auf den Grund zu gehen, wie verbreitet Mobbing in inklusiven Schulen wirklich ist (vgl. Bilz et al., 2018, S. 272).

Im Unterschied zu den gebräuchlichen soziometrischen Forschungsmethoden im deutschsprachigen Raum, um die Beziehungsstrukturen und somit auch Ausgrenzungsphänomene in Klassen sichtbar zu machen, gibt es laut dem Forscherteam mittlerweile im internationalen Kontext den favorisierten Forschungsansatz der „selbstberichteten Mobbingerfahrungen". Mit diesem „Mobbing-Konzept"-Ansatz erhält das subjektive Erleben der Betroffenen besondere erkenntnistheoretische Bedeutung – ein klarer Vorteil, weil dabei die persönliche emotionale und rationale Verarbeitung des Individuums ernstgenommen und mitberücksichtigt wird. Im Unterschied zum soziometrischen Ansatz, der insbesondere auf den sozialen Status einer Person im Klassenverband fokussiert, kann der „Mobbing-Konzept"-Ansatz Aspekte einbeziehen, die im Hinblick auf die schädigende Wirkung von Mobbing besonders relevant sind: die laufende Wiederholung der Demütigungen, das Machtungleichgewicht und die Schädigungsabsicht durch den Mobbenden. Solche Untersuchungen sind bereits zu ernüchternden Erkenntnissen gelangt:

> „Studien, die Mobbing an inklusiven Schulen untersucht haben, kommen übereinstimmend zu dem Ergebnis, dass Schülerinnen und Schüler mit SPF im Vergleich zu ihren Mitschülerinnen und Mitschüler ohne SPF häufiger Erfahrungen mit Mobbing machen. Die Studie von Simpson, Rose und Ellis (2016), die über 14 000 Lernende und davon über 1.100 mit SPF berücksichtigt, zeigt, dass Lernende mit SPF im inklusiven Setting ein mehr als 1.5-fach höheres Risiko für Opfererfahrungen aufweisen als Schülerinnen und Schüler ohne SPF" (Bilz et al , 2018, S. 274).

Betroffen machen weitere angeführte Studien, die zeigen, dass „chronisch körperliche Erkrankungen und Dysfunktionalitäten" das Risiko für Mobbingerfahrungen erheblich erhöhen.

Befürworter der Integration widersprechen zumeist solchen Befunden, indem sie sagen, bei der obigen Darstellung handle es sich um eine grobe Überzeichnung oder böswillige Unterstellung. Zu denen, die so denken, ja sogar der Meinung sind, konsequent umgesetzte Integration könne Mobbing überhaupt verhindern, gehört die Psychologin und Dozentin an der Universität Köln, Nady Mirian, die eine Dissertation zum Thema „Mobbing und Integration. Ein empirischer Schulvergleich mit Ausblick auf konstruktivistische Präventionsmaßnahmen“ verfasst hat. Ihre Erläuterung dazu lautet, dass

> „die Lernenden vor allem durch die Erfahrung von Integration weniger Mobbing erleben, da sie die interindividuellen Unterschiede bei ihren Mitmenschen von der ersten Klasse an erfahren und damit diese Unterschiede kennen, wertschätzen und respektieren lernen“.

Und weiter behauptet sie:

> „Die Wechselwirkung zwischen den Schüler/-innen fördert nicht nur die Teamfähigkeit, sondern auch die Akzeptanz der eigenen und fremden Ressourcen. Die Teamfähigkeit in heterogenen Gruppen wird daher an inklusiven Schulen besonders in den Fokus gestellt: Der Lernende erlernt, in einer Gruppe zu lernen, andere zu unterstützen, nach Hilfe zu fragen und vor allem verantwortungsbewusstes und soziales Verhalten“ (Mirian, 2020, S. 3).

Diese Charakterisierung klingt insoweit recht überzeugend, als hier nicht die systemische Vorstellung damit verbunden ist, Integration würde als ein besonderes Setting per se – sozusagen ohne Pädagogik –, humanisierend wirken. Die von Mirian angeführten Lernziele sind äußerst lobenswert, allerdings führt die „Wechselwirkung zwischen den Schüler/-innen“ bekanntlich nicht automatisch zur Team- und Kooperationsfähigkeit. Damit in einer Kindergemeinschaft solche Fähigkeiten und eine entsprechende Stimmung entstehen kann, ist einiges an pädagogischer Aufbauarbeit erforderlich. Die wenigsten Kinder bringen die entsprechenden zwischenmenschlichen Voraussetzungen mit; sie müssen zumeist in der Schule erworben und geübt werden können.

Irritierend ist, dass Mirian Zweifel an ihrer Auffassung nicht zulässt, indem sie kritische Befunde und Äußerungen zur Inklusion so einordnet, dass es sich ausschließlich um Berichte von „unvollkommener Integration“ handeln müsse. Damit wolle man schlicht „die Inklusionsdebatte in Deutschland in ein negatives Licht“ rücken.

Zugleich weisen Formulierungen in ihrer Dissertation darauf hin, dass Mirian sich der mangelnden wissenschaftlichen Fundierung ihrer eigenen Hypothesen bewusst ist. Sichtbar wird dies, wenn man auf ihre Formulierungen achtet, z. B. im

Zusammenhang mit der Frage, ob inklusive Schulen resilienzfördernd seien (vgl. Mirian, 2020, S. 304ff). Mirian gibt zu, dass ihre Fragebogenerhebung sowie die geführten Interviews in ihrer Studie keine Hinweise darauf ergaben, dass mit der Integration Resilienz gefördert würde. Sie kann also keine eigenen empirischen Befunde vorweisen, die diese These stützen würden. Dennoch schließt sie mit Berufung auf Forschungsliteratur, dass ein „inklusives Setting – im Gegensatz zum ‚traditionellen Unterricht" Resilienz fördere (Mirian, 2020, S. 304). Die hier lediglich auf Behauptungen basierende Konstruktion eines Gegensatzes von Inklusion = fortschrittlich und ‚traditioneller Unterricht" = schädlich bzw. „Risikofaktor für die Schüler/innen" offenbart eine äußerst dürftige Argumentationsgrundlage.

Die Kölner Psychologin erläutert nicht genauer, was sie konkret unter dem so verheerenden „traditionellen Unterricht" versteht und verlässt sich offensichtlich auf die emotionale Wirkung ihrer Aussage.

Sachlich gesehen muss davon von ausgegangen werden, dass sie mit „traditionellem Unterricht" das Gegenteil von Inklusion mit seinem maßgeblich individualisierenden Lernen meint, nämlich das Lernen im Kollektiv. Tatsächlich hat der gemeinsame Unterricht mit allen Schülern einer Klasse eine lange Tradition. Dessen Umsetzung kann allerdings sehr unterschiedlich aussehen. Für Mirian erscheint es nicht erforderlich, zu differenzieren zwischen den vielfältigen Varianten wie einem stumpfsinnigen, lehrergesteuerten Pauken, einem monologisierenden Referieren, einem qualitativ hochstehenden Vortrag, einer Demonstration oder einem Input, einem fragend-entwickelnden Klassengespräch oder einem fachlich orientierten freien Diskurs.

Umso großzügiger sieht sie über die wissenschaftlichen Befunde etwa von Bilz und Kollegen (Bilz et al., 2018, S. 275) hinweg, die nicht unbedingt bestätigen, dass es für Kinder mit Förderbedarf an inklusiven Schulen so unbeschwert freundschaftlich zugeht. Oftmals sei das Gegenteil der Fall, zumal die schwächeren, teils behinderten Kinder und Jugendlichen laut Forschung in inklusiven Schulen mit deutlich mehr Ängsten und Belästigungen zu kämpfen hätten, als ihre Kolleginnen und Kollegen.

Diese Befunde hätten Mirian zu mehr wissenschaftlicher Vorsicht, Sorgfalt und auch Redlichkeit veranlassen können. Angesichts der Tatsache, dass es wahrscheinlich in Deutschland und in der Schweiz keine Schulstufe gibt, die nicht von Mobbing betroffen ist, fragt man sich, wieso grundsätzlich nicht mehr unternommen wird, um diesem destruktiven Phänomen entschlossen zu begegnen. So wird die ausgezeichnete international bekannte Mobbingforschung, die mit dem Namen des norwegischen Wissenschaftlers Dan Olweus eng verbunden ist, immer noch wenig zur Kenntnis genommen. Paradoxerweise erwähnt Mirian selbst genau dieser Wissenschaftler im ersten Satz ihrer Dissertation anerkennend. Das Wissen rund um das Phänomen Mobbing ist also vorhanden, bewährte Präventions- und Interventionskonzepte sind verfügbar und man weiß auch sehr genau, wie verheerend die psychischen und psychosomatischen Auswirkungen von Mobbing sind – kurzfristig wie langfristig. Die gesamte Persönlichkeitsentwicklung eines Menschen kann aufgrund von Mobbingerfahrungen in der Schule stark beeinträchtigt, das grundsätzliche Vertrauen Menschen gegenüber erschüttert werden, sodass er sich schwertut, überhaupt Beziehungen einzugehen und zu pflegen. Einsamkeit, Depression, psychosomatische Störungen aufgrund häufiger Stressreaktionen sind keine Seltenheit, ganz abgesehen von einer generellen Einschränkung der Leistungsfähigkeit und Lebensfreude.

Mobbing-Prävention ist gemäß Françoise Alsaker, einer Schülerin Olweus', eine Wertefrage. Man könne sich ja überlegen, welche zwischenmenschlichen Werte durch die Anwendung von Gewalt bedroht werden, wie dies bei Mobbing der Fall ist. Sie nennt insbesondere Respekt, Akzeptanz für individuelle Unterschiede, Bereicherung durch Vielfalt, Prosozialität und Zivilcourage und erinnert an die UNO-Charta zu den Kinderrechten als Ergänzung der Menschenrechte (Alsaker, 2012, S. 149ff). Selbstverständlich gehören die Rechte von Menschen mit Dysfunktionalitäten dazu. Der Aufbau prosozialer Werte im Schulzimmer ermögliche nach Alsaker den Schutz gegen Mobbing, zumal dadurch ein kameradschaftlicher Klassengeist entstehen könne. Daneben sei die Verhinderung bzw. das Einschreiten gegen Mobbing die unbedingte Verantwortung der Erwachsenen, in der Schule also der Lehrpersonen (Alsaker, 2012, S. 155).

Schon 2007 hat die Psychologin Alsaker gemeinsam mit Wissenschaftskollegen und Pädagogen die „Kandersteg-Deklaration gegen Mobbing" formuliert und damit versucht, den längst fälligen Alarm zu schlagen. In ihrem Buch „Mutig gegen Mobbing" erklärt sie:

> „Die Deklaration verfolgt mehrere Ziele. Sie soll Betroffenen eine Stimme geben, allen ein Minimum an Information zu Mobbing bereitstellen (dazu werden gewisse Zusatzinformationen verfasst) und eine Plattform für die internationale Solidarität im Kampf gegen Mobbing schaffen" (Alsaker, 2012, S. 205).

2.12.2 Verhinderung von Mobbing – eine Frage der Lehrerbildung

Die Umsetzung der Kandersteg-Deklaration obliegt evidenterweise den Schulen bzw. den Lehrern in ihrer täglichen Arbeit. Dies bedeutet, dass deren Vorbereitung und Ausbildung für ihren Beruf mit der entsprechenden Befähigung verbunden sein muss. Die Forschenden aus Cottbus-Senftenberg und Potsdam, die sich in ihren Ausführungen zu Mobbing auf inklusive Settings beziehen, sprechen zu Recht die Bedeutung der „Lehrkraft-Merkmale“ an, die zur Verhinderung einer Negativentwicklung notwendig sind, aber empirisch bisher nicht Gegenstand wissenschaftlicher Untersuchungen waren. Zu diesen Merkmalen zählen sie die „Interventionskompetenzen von Lehrkräften“, deren Fähigkeit, ein positives Klassenklima aufrechtzuerhalten und den „Glauben der Lehrkraft daran, Mobbingprozesse beenden zu können“ (Bilz et al., 2018, S. 276). Diese drei Kompetenzen sind auch aus Sicht Alsakers unerlässlich, um Mobbing zu stoppen oder um präventiv ein gemeinschaftliches Unterrichtsklima zu schaffen, das Mobbing praktisch verunmöglicht. Ganz entscheidend ist aus ihrer Sicht der letzte Punkt, nämlich die innere Überzeugung der Lehrperson, dass es möglich ist, erfolgreich zu intervenieren – je nachdem mit mehr oder weniger Aufwand. Sie bezeichnet das Zögern und das Nicht-Reagieren der Erwachsenen auf eine Mobbingsituation als „Kapitulationserklärung“, die allen – Mobbenden, Opfern und allen Beteiligten – die Botschaft vermittle, das entsprechende Verhalten sei tolerierbar, es sei in Ordnung. Demgegenüber hält sie fest: „Wo Kinder klare Einstellungen und klare Grenzen seitens der Erwachsenen erfahren, gibt es weniger Aggression, d.h. auch weniger Mobbing“ (Alsaker, 2012, S. 101). Auch in ihrer früheren Publikation von 2003 betont sie die unbedingte Notwendigkeit, die „Handlungsfähigkeiten der Lehrpersonen“ zum Vorteil der Schüler zu stärken (vgl. dazu Alsaker, 2003, S. 194).

> Mobbing ist nicht ein Problem, das nur von Experten gelöst werden kann, aber man muss an die eigene Handlungsfähigkeit und an die eigene Kompetenz glauben, um effizient damit umgehen zu können. Denn man muss im Auge behalten, dass mobbende Kinder und Jugendliche die Schwächen anderer – auch die der Lehrpersonen – genau erkennen. Unsicherheit merken sie sofort ... Jede Arbeit gegen Mobbing soll zuallererst die Lehrkräfte stärken und befähigen, selber gegen Mobbing zu arbeiten und damit umzugehen“ (Alsaker, 2003, S. 194).

Erfreulicherweise hat Nady im Unterschied zu ihrer verklärenden Darstellung des inklusiven Lernens hinsichtlich Mobbing einen glasklaren Standpunkt als belastendes soziales Phänomen. Sie stimmt mit Alsaker überein, was dabei die Rolle und Bedeutung der Lehrperson betrifft, zumal sie ausdrücklich sagt, diese müsse bei „Mobbing in der Klasse direkt handeln und konsequent eingreifen“, da ansonsten die Täter in ihrem Verhalten bestärkt würden (Mirian, 2020, S. 47). Als häufige Motivation von Tätern nennt sie ein mögliches „sadistischen Motiv“ oder spricht vom „Hass-Mobber“. Auch bezüglich der Verbreitung von Mobbing neigt Mirian nicht zur Untertreibung. Bei ihrer Dokumentation der Interviews mit Mobbingopfern sind die verschiedenen Schilderungen der Psychologin absolut realistisch, vor allem solange sie über Kinder aus nicht-inklusiven Schulen spricht. Es wird klar, dass Mobbing insbesondere durch Wegschauen aller Verantwortlichen sehr begünstigt wird. Sie unterstreicht hier auch ausdrücklich die vorrangige Rolle und Aufgabe der Lehrperson:

> „Die Lehrkraft hat eine bedeutende Verantwortung beim Umgang mit Mobbing, da sie im Zentrum des Geschehens steht und vor allem die – auch ganz allgemeine – Aufgabe hat, frühzeitig zu erkennen, wenn Kinder drangsaliert werden, und dem entgegenzusteuern (vgl. Wachs et al. 2016, S. 102). Zum Teil verstärken Lehrer/-innen Mobbing, indem sie in den entsprechenden Situationen ‚wegsehen‘“ (Mirian, 2020, S. 243).

2.13 Zusammenfassende Schlussfolgerungen

Zum Abschluss der Auslegeordnung wird gefragt: Was haben die Darlegungen in diesem Kapitel gebracht? Was konnte geklärt werden? Welche Erkenntnisse wurden gewonnen?

Zur UN-Konvention über die Rechte von Menschen mit Behinderungen
Zunächst hat das Ausloten des Wortlauts der UN-Konvention gezeigt, dass die Rechtsschrift einiges an Deutungsspielraum offenlässt. Zum einen ist das Ziel unbestritten, Integration bzw. Inklusion stets da zu realisieren, wo dies mit guten Gründen – zum Wohl des einzelnen Kindes – möglich ist. Eltern können ausdrücklich wünschen, dass ihr mit gewissen Einschränkungen belastetes Kind in eine Regelklasse integriert wird bzw. dass man dies auf jeden Fall versucht. Zugleich ist der Rechtsschrift zu entnehmen, dass der Antrag – zum Wohle des einzelnen Kindes – von den verantwortlichen Stellen abgelehnt werden kann. Nichts in der UN-Konvention weist auf eine zwingende Schließung sonderpädagogischer Einrichtungen hin.

Die Einstellung der Bevölkerung zu Integration bzw. Inklusion
Bisher scheint es den Promotoren der Integration bzw. Inklusion weder in Deutschland noch in der Schweiz gelungen zu sein, die breite Bevölkerung, insbesondere Eltern und Lehrpersonen, vom postulierten großen Vorteil der schuli-

schen Integration bzw. Inklusion zu überzeugen. Die Skepsis überwiegt. Das kann nicht ignoriert werden, zumal Integration und etwas später Inklusion schon seit Längerem (Integration seit mehr als 20 Jahren) auf der Reformagenda der deutschen und Schweizer Bildungspolitik ganz oben standen und nach wie vor stehen. Offensichtlich war die bisherige Integrations- und Inklusionspraxis kein großer Erfolg, auch wenn immer wieder mal zu hören und zu lesen ist, dass Integration oder Inklusion in dieser oder jener Schule oder Gemeinde sehr gut funktioniere.

Eine schwierige, polarisierte Debatte

Die Debatte über Güte bzw. Problematik von Integration bzw. Inklusion wird sehr harsch geführt und das erschwert die sorgfältige, freie Meinungsbildung für alle. Die Unsachlichkeit, nämlich eine auf persönlichen Angriffen fußende Polemik gewisser Exponenten, schafft ein Klima polarisierender Parteinahme anstelle eines seriös geführten wissenschaftlichen Diskurses. In vielen Schweizer Gemeinden führen die gehäuften problematischen Entwicklungen mit verschiedenen Integrationsklassen zu viel Unzufriedenheit bei den Eltern, überforderte Lehrer kündigen und suchen neue Anstellungen bei Gemeinden, wo die Integrations- bzw. Inklusionserwartungen der Schulleitungen nicht so ausgeprägt sind. Wie schon erwähnt wurde, sind die Kleinklassen in der Deutschschweiz geschlossen und alle Kinder prinzipiell integriert worden. Da dies zu teils gravierenden Problemen mit sogenannten untragbaren Schülern führte, mussten mangels Kleinklassen Notlösungen gesucht werden.

Kommen wir nochmals auf die kritische Stellungnahme des früheren UN-Sonderberichterstatters für das Recht auf Bildung, Vernor Muñoz, zurück. Wenn Muñoz von den gravierenden Defiziten der staatlichen Bildungsinstitutionen bezüglich der Umsetzung der UN-Konvention spricht, so hat er die Situation weltweit im Blick. Er spricht also die prekäre Perspektive von mehreren Hundert Millionen Kindern an insbesondere in der Dritten Welt, die kaum oder gar keinen Zugang zu Bildung haben. Unter diesen sind behinderte Kinder zumeist noch mehr von aller Förderung abgehängt, ein Umstand, den man in den Industrieländern früher auch kannte.

Quellen der Diskriminierung – die Verantwortung der Gesellschaft

Nichtsdestoweniger trifft leider nicht selten ein Umstand zu, auf den die Befürworter von Integration hinweisen: Den Sonderschuleinrichtungen haftetet häufig das despektierliche Etikett der „Schule der Dummen“ an, eine Bezeichnung, die in den Interviews mit den Ex-Sonderschülern in der Holaschke-Studie häufig genannt wurde. Dadurch wurde nicht nur die Institution, sondern auch das

Ansehen der dort unterrichteten Schüler entwürdigt. In der Bevölkerung wird eine solche Sichtweise heute wohl häufiger als diskriminierend empfunden und abgelehnt. Es wäre aber falsch, ein solch schäbiges, diskriminierendes Verhalten – man denke beispielsweise an die Erlebnisse der ehemaligen Sonderschüler – vornehmlich den Mitschülern in der Regelschule anzulasten, die ihre ehemaligen Kollegen auf diese Weise traktierten. In die Pflicht genommen gehören eigentlich die Erwachsenen, die eine solche Einstellung und Handlungsweise gesellschaftlich bis heute tolerieren, statt sie ausdrücklich zu ächten. Kinder und Jugendliche sind immer wieder lediglich das Sprachrohr der Einstellungen und Meinungen ihrer erwachsenen Vorbilder. Insofern ist aus dieser Einsicht deutlich geworden, dass die Diskriminierung solcher Schüler kein eigentlich primäres Schulproblem, sondern vielmehr ein gesellschaftlich-kulturelles Problem ist. Kann also doch nur Integration bzw. Inklusion eine valable Antwort auf diese Art der Diskriminierung sein? Der Vortrag von Walter Heilmann, der eine Schule leitet, die schon länger eine inklusive Konzeption aufweist und als besonders vorbildliches Integrationsmodell gilt, hat diesbezüglich ganz und gar nicht überzeugt. Seine Beschreibung der in den ersten Schulwochen entstandenen, über Jahre stabil gebliebenen Hierarchien unter den Schülern verwundert angesichts des Anspruchs der inklusiven Schulen, echte Gleichwertigkeit unter der ganzen Heterogenität an jungen Menschen samt behinderten Schülern zu realisieren. Heilmann beschreibt die Situation eines geistig behinderten Kindes so, dass dieses die gesamte gemeinsame Schulzeit lang „auf der untersten Hierarchiestufe" bleibe, sich also mit der untersten Position abfinden müsse. In diesen vier Schuljahren erhält das behinderte Kind lediglich dadurch, dass es älter wird und in die nächsthöhere Klasse kommt, die Möglichkeit, gelegentlich mal jüngeren Schulkameraden etwas zeigen zu können. Heilmann stellt dies als Errungenschaft des Integrationssystems dar. Ist aber solidarische Verbundenheit unter den Schülern so wirklich herzustellen, insbesondere, wenn man dies aus der Perspektive des Kindes mit Downsyndrom betrachtet? Bonfranchi und Stark haben als langjährig erfahrene Sonderpädagogen im Falle der Integration bzw. Inklusion geistig behinderter Kinder auf den zwangsläufigen „Exotenstatus" dieser Kinder und Jugendlichen hingewiesen. Ist dies in einem Integrationssetting, wie es Walter Heilmann beschreibt, wirklich so anders, wenn solche Schüler in der Klassenhierarchie ganz *unten* rangieren und erleben, dass sie bei allem stets in der abhängig-unterlegenen Position sind? In diesem Zusammenhang darf man ein anderes erhebliches Risiko für solche Kinder nicht außer Acht lassen: Mobbing. Bekanntlich sind es die schwachen Schüler, die wehrlos sind, die leicht zur Zielscheibe von Mobbing werden können.

Die Kölner Psychologin Nady Mirian vertritt in ihrer Doktorarbeit die Auffassung, Mobbing und Inklusion würden sich ausschließen, weil die Schüler in einer solchen Schule so sozialisiert würden, dass sie Heterogenität (also auch Dysfunktionalitäten als eine Ausprägungsvariante) grundsätzlich schätzten und nicht abwerten würden. Wichtig ist, dass Mirian als Voraussetzung für erfolgreiche Inklusion im oben beschriebenen Sinne betont, die Schüler müssten von der ersten Klasse an in einen inklusiven Unterricht eingeführt werden. Es bleibt aber nebulös, wie viel pädagogisches Handeln sie als erforderlich erachtet, um bei einer Integrationsklasse entsprechende Voraussetzungen zu schaffen.

Bezugnehmend auf den bekannten Mobbingforscher Dan Olweus sieht auch sie bei den Lehrern das Problem des Wegschauens angesichts von Mobbing, dies aufgrund ungenügender pädagogischer Kompetenzen, um adäquat handeln zu können. Sie bestätigt auch die Notwendigkeit, Mobbing in jeder Schule zu ächten. Wenn allerdings Inklusion selbst zur Diskussion steht, scheint sie zu einer unvoreingenommenen wissenschaftlichen Debatte nicht bereit zu sein. Viele der Aussagen in ihrer Forschungsarbeit zur Inklusion haben mehr den Charakter von Annahmen, als dass sie auf gesichertem Wissen beruhen. So betont sie sehr absolut, die Integrationsschulen hätten sich in verschiedenen Studien über die Förderung von Kindern mit Einschränkungen gegenüber den Sonderschulen als klar überlegen erwiesen. Dies wird von namhaften Wissenschaftlern aufgrund der als mangelhaft bezeichneten Qualität der bisherigen Studien sehr angezweifelt bzw. bestritten.

3
Die anthropologischen Voraussetzungen des Lernens

> „Kinder sind von Geburt an empfindsam und sozial, jedes mit seiner eigenen Persönlichkeit, aber vor allem mit einem angeborenen Eifer, kommunikativ zu lernen; diesem Streben muss für eine gesunde und selbstbewusste Entwicklung entsprochen werden. Wenn ihren Gefühlen, Absichten und ihrer Persönlichkeit wohlwollend begegnet wird und wenn sie respektiert und genährt werden, werden Kinder intelligente Handlungsfähigkeit entwickeln. Sie werden kreativ auf Gelegenheiten reagieren, die sinnhafte Erfahrungen ermöglichen und ihr Verlangen nach Teilhabe an einem geteilten, sinnstiftenden Verständnis wird gedeihen" (Trevarthen, Delafield-Butt & Dunlop, 2018) [Übers. v. Verf.].

Mit diesen Worten wird die zentrale Botschaft einer Forschergruppe aus zwei schottischen Universitäten – Entwicklungspsychologen und Erziehungswissenschaftler – in einer gemeinsamen Publikation[20] ausgedrückt: Kinder sind sozusagen von Geburt an engagierte Lerner, dafür prädisponiert, Kontakt zu suchen und aktiv herzustellen, um möglichst rasch mitwirken zu können im Zusammenleben mit ihresgleichen – vorausgesetzt, sie werden darin unterstützt. Diese Aussage entspricht der wesentlichen Essenz humanwissenschaftlicher Erkenntnisse, die sich mit dem menschlichen Lernen – insbesondere mit der natürlichen Disposition des Kindes dafür – über die Kindheit hinweg beschäftigen. Sie deutet auch an, worin die maßgeblichen Voraussetzungen für ein optimales Ausschöpfen der Lernfähigkeit jedes Kindes bestehen, hier letztendlich fokussiert auf das schulische Lernen. Damit sind Kernfragen der

---

20 Trevarthen, C., Delafield-Butt, J. & Dunlop, A.-W. (Ed.) (2018). The child's curriculum. Working with the natural values of young children. (übersetzt: Der Bildungsgang eines Kindes. Die Arbeit mit den natürlichen Werten kleiner Kinder).

wissenschaftlichen Anthropologie angesprochen, die in diesem Kapitel dargelegt und erörtert werden.

Als Einstieg dient – im Sinne eines Vorspanns – ein Gespräch mit einigen meiner ehemaligen Abiturienten, das ich im Frühling 2019 mit ihnen führte, zu einem Zeitpunkt, als alle noch am Anfang ihres Studiums waren. Ich stellte ihnen die Frage, wie sie im Rückblick auf ihre mindestens 12-jährige Schulzeit erklären würden, wovon erfolgreiches Lernen in der Schule abhängt. Sehr viele der in diesen Gesprächen zum Vorschein gebrachten Aspekte stimmen mit den Schilderungen aus den früher angeführten Beispielen und den Ergebnissen von Studien, wie sie insbesondere im Kapitel über das Wohlbefinden von Schülern beschrieben wurden, überein. Die erfrischende Unmittelbarkeit der rückblickenden subjektiven Reflexionen sollen dem Leser – deshalb sind sie vorangestellt – einen erleichterten, konkret-anschaulichen Zugang zu einem Kapitel ermöglichen, in dem ansonsten insbesondere essentielle Erkenntnisse aus verschiedenen anthropologisch relevanten wissenschaftlichen Fachbereichen in einer Zusammenschau referiert werden.

3.1 Über erfolgreiches Lernen in der Schule – ein Gespräch mit ehemaligen Schülern[21]

Auf eine rund 35-jährige Tätigkeit als Unterrichtender an Lehrerseminaren[22], auf unterschiedlichen Niveaus der Volksschule, zuletzt als Gymnasial- und Hochschullehrer zurückblickend, war ich die letzten rund 20 Jahre für die Fachbereiche Pädagogik, Psychologie, Philosophie, Soziologie und Umweltethik zuständig. 2019 sprach ich mit einem meiner ehemaligen Abiturienten, mittlerweile Pädagogikstudent, über die Idee, ein Buch über optimale Lernbedingungen für Schüler zu schreiben. Aufgrund der jeweils sehr anregenden Gespräche mit meinen Klassen über psychologische, pädagogische und ethische Fragen während des Unterrichts war mir der Gedanke gekommen, das Thema des Buches mit einigen meiner ehemaligen Abiturienten zu diskutieren. Mich interessierte, von ihnen zu erfahren und mit ihnen darüber nachzudenken, was aus ihrer Sicht besonders ent-

21 Selbstverständlich handelt es sich bei den Schilderungen der ehemaligen Abiturienten um persönlich gefärbte, also subjektive Aussagen, die für sich selbst sprechend alleine keinen wissenschaftlichen Anspruch erheben können. Dies schmälert aber ihre Bedeutung nicht. Meine Erfahrungen im Gespräch mit jungen Erwachsenen über psychologische und pädagogische Themen hat mich immer wieder erleben lassen, dass junge Erwachsenen nicht selten eine erstaunlich treffende Intuition bei der Beurteilung und Reflexion einer solchen, zur Diskussion stehenden Frage haben. Wie der Leser selber am Ende dieses Kapitels prüfen kann, trifft dies auch in diesem Fall zu.

22 Vorläuferinstitutionen der Pädagogischen Hochschulen in der Schweiz.

scheidend dafür ist, dass Schüler gut lernen können. Im Einladungsbrief zur ersten Gesprächsrunde mit fünf meiner ehemaligen Abiturienten und mir hatte ich meine Frage an sie kurz so formuliert:

„Wovon hängt es Eurer Meinung nach ab, dass Schülerinnen und Schüler grundsätzlich gut lernen können? Was sind gemäß Euren persönlichen Schulerfahrungen die entscheidenden Aspekte dafür?“

Diese Gesprächsrunden, bei denen ich zu Beginn meine Fragestellung nochmals erläuterte und die vorangegangenen Überlegungen zusammenfasste, verliefen sehr angeregt. Die einzige Strukturierung bestand darin, dass ich gelegentlich etwas nachfragte, die Studenten bat, ihre Aussagen weiter zu präzisieren und nach Möglichkeit zu konkretisieren und da und dort auch meinerseits eine Überlegung beisteuerte. Das vorliegende Tonmaterial wurde von mir gesichtet und nach inhaltlichen Schwerpunkten geordnet. Es kristallisierten sich recht klar und nicht sehr überraschend folgende dominierenden Stichworte heraus: die *Bedeutung der Lehrperson* sowie die *Bedeutung und Rolle der Klassengemeinschaft* und *deren Einstellung zum Lernen.*

Bleibt anzumerken: Die Namen der angeführten Teilnehmer der Gesprächsrunde sind anonymisiert.

3.1.1 Die Bedeutung des Klassenzusammenhalts und die Einstellung zum Lernen

Der erste Aspekt, auf den die Studenten von sich aus zu sprechen kamen, handelte von der Stimmung in den jeweiligen Klassen sowie den Beziehungen untereinander. Julia fiel es bei ihrer Rückschau auf die Gymnasialzeit und aktuell an der Pädagogischen Hochschule (PH) auf, wie viel ihr der Kontakt zu den Schul- oder Studienkollegen immer bedeutet hat. Deshalb gehe sie selbst dann an die PH, wenn dies nicht zwingend notwendig wäre (etwa aufgrund von Online-Vorlesungen). Außerdem habe sie in ihren Praktika in Schulklassen beobachtet, wie wichtig es ist, die Kinder zusammenzuführen, das heißt, als Lehrer mit ihnen an einem guten Klassengeist zu arbeiten. Im Hinblick auf ihre zukünftige Unterrichtstätigkeit als Volksschullehrerin sagte sie:

> „Wenn ich selber eine Stelle habe, werde ich mir zuerst sehr viel Mühe geben, einen guten Klassengeist aufzubauen. Ich glaube, dass dann das Lernen viel schneller geht.“

Julias Aussagen bestätigend unterstrich Kai die Bedeutung eines „Mega-Zusammenhalts“ in einer Klasse. Das zeige sich insbesondere auch daran, wie „Neue“ aufgenommen würden. Er selbst sei als Neuling in seiner Klasse sehr gut integriert worden. Dies habe daran gelegen, dass die Schüler dort einen sehr sozialen Umgang miteinander hatten; die Verbundenheit, die damals entstand, habe bewirkt, dass sie bis zum heutigen Tag den Kontakt gehalten hätten.

Einen gewissen Kontrapunkt zu Kais Schilderung setzten Kilian und Noemi mit ihren Erinnerungen. Sie waren zu Beginn des Gymnasiums in einer Klasse gelandet, in der das „Nichts-Tun“ (Easy-Going) besonders hoch im Kurs stand; diese Einstellung sei regelrecht zelebriert worden. In dieser Schule habe es in vielen Klassen als „cool“ gegolten, die Hausaufgaben nach Lust und Laune zu machen oder auch gar nicht. Erst als beide die Schule wechselten, seien sie in Klassen aufgenommen worden, in denen glücklicherweise andere Werte galten. Lernen war plötzlich „in“. Charles ergänzte mit seiner Erfahrung: In seiner Klasse habe auch eine sehr positive Einstellung zum Lernen geherrscht:

> „Schon in der Primarschule war es so, dass diejenigen mit guten Noten die ‚Coolen‘ waren. Bei uns waren dies keine Streber. Und diese Einstellung hat sich immer weitergezogen bis ins Gymi.“

Kai ergänzte einen weiteren Aspekt: Seiner Meinung nach habe die positive Grundstimmung in einer Klasse viel mit den Lehrern zu tun. Dass sie in der Klasse eine so freundschaftliche Atmosphäre hatten, sei vor allem ihrem Klassenlehrer zu verdanken gewesen. Dieser habe in der Klassenlehrerstunde mit ihnen nicht nur Organisatorisches besprochen, sondern auch Persönliches. Außerdem habe er immer wieder anstelle des normalen Unterrichts mit ihnen Sachen unternommen – Klassenreisen, später die Bildungsreise nach Deutschland oder die Reise auf Hesses Spuren im Tessin. Aus Kais Worten war zu entnehmen, wie sehr er und seine Klassenkameraden das spürbare persönliche Engagement dieses Lehrers für Unterricht und Schüler schätzten:

> „Er hat immer viel erzählt, sehr lebhaft. Er erinnerte mich an den Film ‚Der Club der toten Dichter‘ ... Wenn es an jedem Gymnasium mehr solche Lehrer gäbe, dann gäbe es mehr solch positiv gestimmte Klassen.“

Diese Schilderungen sind aufschlussreich, denn sie zeigen, wie sehr Lehrer es in der Hand haben, die Werte in einer Schulklasse zu stärken, die den Ehrgeiz beim Lernen in einem gesunden Maß unterstützen, zugleich aber auch anstelle von

Konkurrenz und Wettbewerb die gegenseitige Hilfe und die Mitverantwortung aller für eine solidarische Stimmung fördern. Das geschilderte Beispiel der freundschaftlich verlaufenen Integration eines neuen Schülers veranschaulicht, wie sich positive Werte des zwischenmenschlichen Umgangs auf die Einstellungen von Klassen auswirken. Offensichtlich nehmen Schüler solche Dinge sehr genau wahr. Gemäß meiner Erfahrung als Lehrer funktioniert dies schon bei sehr jungen Schülern. Der Erfolg einer Integration neuer Schüler in die Klasse hängt wesentlich davon ab, ob der Lehrer die Klasse aktiv in diesen Prozess mit einbezieht. Wenn er mit den Schülern die Integration des neuen Schülers vorbereitend bespricht, mit ihnen sich vergegenwärtig, wie es jemandem ergehen kann, der neu in eine schon länger bestehende Klasse kommt und wie man ihm den Einstieg erleichtern kann, arbeitet er mit seinen Schülern an sozialen Werten.

3.1.2 Die Unterrichtsgestaltung durch die Lehrperson

Während einer unserer Gesprächsrunden entspann sich eine interessante Diskussion darüber, wie ein strenger Unterrichtsstil von den Schülern erlebt wurde. Mit streng identifizierte die Runde ein hohes Anspruchsniveau, dem Unterricht folgen zu können, und eine herausfordernde Haltung des Lehrers. Ein solcher Unterricht veranlasse alle Schüler dazu, sich wirklich anzustrengen, wurde erläutert. Jemand hatte bei einem solchen Lehrer manchmal Überforderungsgefühle und erlebte ihn als wenig emotional zugänglich, während andere eine besondere Hochachtung demselben Lehrer gegenüber ausdrückten, insbesondere aufgrund von dessen Fachkompetenz, der Stringenz in seinem Unterricht und den bereichernden Informationen, die er vermittelte. Allgemeine Wertschätzung empfanden alle in der Rückschau gegenüber den Pädagogen, denen es gelang, bei den Schülern im Unterricht ein echtes Nachdenken und häufigeres aktives Mitwirken in Gang zu setzen, wie die folgende Schilderung Kilians illustriert:

> „Der Lehrer hat mit irgendeiner Frage eingeleitet und hat uns dann die Gedanken durchspielen lassen: Was ist alles möglich? Worin besteht das Problem? Was ist der nächste Schritt? Was sind die Konsequenzen, die daraus folgen? Man wurde anregt, selber weiterzudenken und durch das Fragen, zusammen einen Gedankengang weiterzuverfolgen. Man startete miteinander und erreicht schlussendlich miteinander ein Resultat. Da konnte man sagen: Ok, wir hatten dieses Problem zu klären und sind also zu dieser Lösung, diesem Fazit gelangt.“

In solchen Fällen musste es dem Lehrer gelungen sein, mit seiner Art der Ansprache das Interesse und die Aufmerksamkeit der Klasse zu gewinnen und den gedanklichen Auseinandersetzungsprozess so zu führen, dass ein gemeinsamer Erkenntnisprozess möglich wurde.

Dass es im anregenden Unterrichtsgespräch nicht beliebig ist, wo man am Ende der Lektion landet und ob auch alle oder nur die besonders aufmerksamen und vifen Schüler mitkommen, zeigte eine ergänzende Äußerung Kilians:

> „Die Diskussionskultur war bei diesem Lehrer sehr ausgeprägt. Ich hätte meine Hand ins Feuer gelegt, dass zu jedem Zeitpunkt jeder hätte mündlich darlegen können, um was es jetzt gerade ging und welcher Punkt zu beachten sei. Jeder hätte den ganzen Stoff schildern können."

Julia, die angehende Volksschullehrerin, kommentierte nun, dass sie im Unterricht regelrecht erwacht, wenn sie ernst genommen werde, mitreden und Erfahrungen austauschen könne. Im Gegensatz dazu ermüden sie monotone theoretische Vorträge, denen jegliche Lebendigkeit fehle.

3.1.3 Die Bedeutung der Lehrer-Schüler- bzw. Dozent-Student-Beziehung

Für die meisten in der Runde war klar, dass für die jüngeren Volksschüler die Lehrer sehr bedeutsam sind, fast schon wie ein Elternteil; hinsichtlich der Sekundarstufe I und des Gymnasiums fiel auf den ersten Blick die Beurteilung nicht so eindeutig aus. Julia fragte sich dagegen, ob es nicht doch später – auf höherer Stufe – ebenso der Fall sei, dass die Lehrer für die älteren Schüler, sogar noch im Gymnasium, durchaus wichtig sein können. Vieles habe halt mit der Beziehung zu tun, die man mit den Lehrern habe, was wiederum davon abhinge, inwiefern sich Dozenten auf ihre Studenten einlassen, meinte sie.

Mit einer weiteren Bemerkung brachte die PH-Studentin noch genauer auf den Punkt, wieso und inwiefern die Lehrer-Schüler-Beziehung ihrer Meinung nach so enorm bedeutsam ist und dies nicht nur bestimmten Schülern, sondern allen gegenüber:

> „Ich finde es sehr wichtig, dass die Schüler gerne zur Schule kommen und jeder sich respektiert und wertvoll fühlen kann. Bei mir war es auch äusserst wichtig, dass der Lehrer gerecht ist. Der Lehrer muss jeden wertschätzen und ihm gegenüber gerecht sein. Auch wenn die Kinder noch nicht so gut erzogen sind (bezogen

auf die Volksschüler), müssen sie das Gefühl haben, dass sie wertvoll sind. Dies ist nicht nur zu Beginn wichtig, sondern für die ganze Schulkarriere".

Einen entscheidenden Aspekt brachte Noemi ins Gespräch ein:

> „Ich finde es enorm wichtig, dass, wenn ein Schüler schlechter im Fach wird, der Lehrer dem Schüler die Zuversicht gibt, dass er an ihn glaubt, dass er glaubt, dass der Schüler das lernen kann. Ich fände es schwierig, etwas zu lernen, wenn der Lehrer schon das Gefühl vermittelt: Du bist zu dumm! Der Lehrer muss einem immer das Gefühl geben, dass er daran glaubt, man kann das lernen. Und dann hat man selbst das Gefühl: Wenn die Lehrperson dies schon denkt, probiere ich es und gebe mir Mühe. So fällt es einem sehr viel leichter, auch etwas Schwieriges zu lernen".

Hier geht es um den Aspekt des Zutrauens, der in der psychologischen Forschung eng mit dem sogenannten Pygmalion-Effekt verbunden ist. Dieser besagt, dass die Erwartungen eines Lehrers einen Schüler hinsichtlich seiner Motivation und Leistungsfähigkeit tendenziell so beeinflusst, dass sich diese bestätigen. Dazu schilderte Kilian folgende persönliche Erfahrung:

> „Ich hatte nie zuvor das Gefühl, es gebe ein Fach, in dem man mich um Hilfe bitten könnte. Es war mega der Motivator, als ich dann plötzlich in einem Fach sagen konnte, dass ich den Durchblick habe. Ich war für einmal derjenige, der anderen helfen konnte. Als z.B. Leon eine schlechtere Note hatte, hat ihm der Lehrer gesagt, er solle sich mal zu mir setzen. Das sind kleine Sachen, aber da haben beide profitiert. Leon hat davon profitiert und ich auch, weil ich die Sache auch noch einmal repetieren konnte. Ich hatte zuvor einfach nie das Gefühl gehabt, mir werde eine Fähigkeit zugeschrieben, dass ich da eine Stärke habe und diese entfalten darf."

Bei Kilian führte diese positive Erfahrung der Wertschätzung und Selbstwirksamkeit dazu, dass auch in anderen Fächern seine Zuversicht stieg, etwas zu können.

Als weiterer wichtiger Aspekt in der Lehrer-Schüler-Beziehung wurde das Wohlwollen seitens der Lehrperson angeführt. Kilian erzählte dazu von seiner unentschuldigten Absenz bei einer Prüfung, was gemäß Schulreglement automatisch zu einer Eins[23] hätte führen müssen. Aus welchen Überlegungen auch immer habe sich der betreffende Lehrer entschieden, den Fall nicht – wie üblich – der Schulleitung zu melden. Stattdessen habe er ihm einen mäßig aufwendigen Vor-

---

23 In der Schweiz ist die Eins die schlechteste Note.

schlag gemacht, wie die Prüfung mündlich nachgeholt werden könnte. Mit diesem Angebot gab die Lehrperson dem eher knappen Schüler die Chance, eine zuvor sehr schlechte Note ausgleichen zu können. Dieses Entgegenkommen habe ihn in der Folge sehr motiviert, alles daran zu setzen, diesen Lehrer nie mehr zu enttäuschen.

Etwas anders gelagert ist die Situation, wenn Lehrer die Schüler auf Fehlverhalten ansprechen müssen, was z.B. im Zusammenhang bei wiederholtem Zuspätkommen der Fall ist. Vielen Lehrern fällt das heute schwer, möglicherweise aus Angst, man könnte Schüler gegen sich aufbringen. In Situationen, in denen eine direkte Ansprache, ein Verbot, eine Ermahnung oder ein „Zur-Rede-Stellen“ angemessen wäre, schweigen solche Pädagogen nicht selten und schauen weg. Aus Sicht des Schülers wird dieses Wegschauen oder scheinbare Ignorieren negativ wahrgenommen.

Zu diesem Phänomen hatte Julia wiederum ein Beispiel anzuführen. Sie beschrieb, dass sie in der Volksschule gut mitgekommen sei und sich bei allen Lehrern sehr wohl gefühlt habe. Zugleich habe sie eine Unart gehabt, nämlich ständig mit ihrer Cousine zu schwatzen, was ihr als ausgezeichneter Schülerin keine Nachteile eintrug. Lange Zeit habe kein Lehrer etwas zu ihr gesagt, zumal sie ja mit ihren sehr guten Leistungen untadelig war. Dann sei für sie etwas Unerwartetes geschehen:

> „Unsere 5./6. Klassenlehrerin hat mich und meine Cousine zu sich gerufen und uns gesagt – ausserordentlich lieb hat sie es uns gesagt –, wir sollten aufhören, so viel zu schwatzen. Wir würden die anderen ablenken. Wir waren die Besten in der Klasse und dies hat sie uns auch gesagt. Für uns war es entsprechend nicht schlimm, zu schwatzen, aber für die anderen ... Seit dann habe ich mir enorm viel Mühe gegeben, nicht mehr oder sehr viel weniger zu schwatzen. Dies hat mich so gut beeinflusst ... Es war wie sie mit uns gesprochen hat, dass wir es nachvollziehen konnten. Sie hätte ja auch einfach sagen können, es störe sie. Dann hätten wir es vermutlich nicht richtig verstanden.“

Aus dieser Stellungnahme ist herauszulesen, dass Julia schon früh ein feines Sensorium dafür entwickelt hat, was für eine Dynamik sich in einem sozialen Milieu wie in einer Schulklasse laufend entwickelt und auch für die vielfältigen zwischenmenschlichen Verständigungsvorgänge. Aufgrund einer weiteren, detaillierten Schilderung aus einer ihrer Schulpraktika, bei der sie schon eigenständig Teile des Unterrichts bestreiten konnte, wurden wir in unsere Gesprächsrunde Zeugen einer höchst interessanten Erfahrung der jungen Pädagogin. Julias Schilderung beeindruckte uns alle und wird hier deshalb in ganzer Länge wiedergegeben:

„In meinem allerersten Praktikum, als ich erst ein Fach unterrichten musste und noch sehr unsicher war, hatte ich einen Schüler, der sehr auffällig war. Er hat den ganzen Unterricht ständig gestört. Er hat immer reingerufen, hat lautstark gefurzt, war der Klassenclown, der einfach alle genervt hat. Ich war ganz frisch und an der Pädagogischen Hochschule ... hatten wir bisher nicht über Klassenführung gesprochen .... Eines Morgens hat er besonders genervt. Die Lehrerin hatte mir gesagt, ich solle ihn rausschicken, wenn er störe. Ich dachte aber für mich, dies sei nicht die Lösung. Dann, an einem anderen Morgen brachte er mich an meine Grenzen. Ich musste alleine unterrichten; es war nur eine Kollegin noch dabei. Er hat den ganzen Morgen lang nichts von dem gemacht, was ich ihm gesagt habe. Er hat immer protestiert und nichts davon umgesetzt, was ich verlangt hatte. Dann habe ich ihn einfach gelassen. Ich wollte die anderen Schüler nicht vernachlässigen und mich nicht in eine Diskussion mit ihm verwickeln lassen. Später teilte ich ihm mit, nach der Schule wolle ich noch mit ihm sprechen. Da hat er mich schockiert angeschaut. Ich wusste, dass am folgenden Tag die Mentorin vorbeikommen würde, weshalb es mir besonders wichtig war, sicherzustellen, dass der Unterricht dann klappen würde. Nach der Schule war ich gespannt, ob er wohl bleiben oder einfach davonlaufen würde. Er ist geblieben. Er wollte gleich in Anwesenheit seiner Kollegen wissen, was denn sei. Ich sagte ihm stattdessen, wir würden zusammen in den Gruppenraum gehen, um darüber zu sprechen. Dort hat er die ersten Minuten voll aufgedreht. Er ist wieder aufgesprungen, wollte rausrennen und einem Kollegen hinterher. Die Situation war ihm offensichtlich äusserst unangenehm. Ich sagte ihm aber unmissverständlich: „Du bleibst da sitzen!" Dann habe ich ihn gefragt, wieso er – immerhin ein Viertklässler! – sich eigentlich so verhalte. Zuerst sagte er noch scheinbar ungeniert: „Weil es eben lustig ist!" Er hatte wahrscheinlich gemerkt, dass er bei mir ausprobieren konnte; ich war ja nur Praktikantin. Aber nach einigen Minuten geschah etwas Erstaunliches: Er sah so aus, als würde er es plötzlich einsehen, denn er sagte: „Mängisch dreji eifach so dure und weiss gar nöd, was mit mir passiert. Ich wot gar nöd so tue und irgendwie tuets mer voll leid. Aber irgendwie weiss ich nöd, was ich mache mues."[24] Da habe ich gemerkt, dass seine Haltung sich gewandelt hat. Er war nicht mehr auf der Schiene des ‚Coolen'.

---

24 = Manchmal drehe ich einfach so durch und weiß gar nicht, was mit mir geschieht. Ich will mich gar nicht so verhalten und irgendwie tut es mir sehr leid. Aber irgendwie weiß ich nicht, was ich machen muss.

> Ich hatte damals noch zwei Wochen Praktikum. Aber seit jenem Zeitpunkt war er nie mehr so wie vorher. Stellt Euch vor, es hat nur ein Gespräch gebraucht – und ich habe ihn überhaupt nicht ‚zusammengeschissen'. Ich bin überhaupt nicht eine solche Person. Ich habe ihm einfach gesagt, dass es mir nicht passt und gespiegelt, wie sein Verhalten wirkt. Irgendwie hat es nur ein Gespräch gebraucht – die zwei Minuten, wie Du es gesagt hast. Und, wenn man bedenkt: Die Kollegin hatte einfach gesagt: „Schick ihn einfach raus!" Sehr viele Lehrer arbeiten mit dem Belohnungs-/Bestrafungssystem, vor allem mit der Ampel. Sie machen es so: Vom Gelb ins Orange und vom Orange ins Rote und dann Strafe. Aber die Schüler müssen so nie reflektieren: Wieso habe ich das gemacht? Oder: Wieso bin ich so?
> Ich glaube, er hat gemerkt, dass ich nicht gegen ihn als Person bin. Ich habe ihm gesagt – ich weiss nicht mehr genau, wie ich es gesagt habe –, beziehungsweise einfach zum Ausdruck gebracht, ich fände ihn nicht dumm, sondern ich fände ihn einen ‚Coolen'. Aber, sein Verhalten gehe nicht. Ich habe ihm irgendwie einfach das Gefühl gegeben, dass er das ändern kann."

Für jeden erfahrenen Pädagogen ist klar, was Julia uns mit ihrer Schilderung illustriert hat: So kann eine Lehrperson bei einem Schüler eine Kehrtwendung im Verhalten erreichen, weil sich dieser nicht negativ ‚genommen', sondern richtig erfasst fühlt. Offensichtlich hatte dieses Kind, das ständig auffallen musste und dafür natürlich sehr viel Unzufriedenheit und Ärgerlichkeit bei den Erwachsenen erlebte, gespürt, dass Julia es mit ihm ernst meinte, ihre Einhalt gebietende Orientierung nicht gegen ihn als Mensch gerichtet war, obwohl er sie während des ganzen Morgens provoziert hatte.

Im Laufe der Gespräche gab es noch einen weiteren interessanten Exkurs. Die Frage stand im Raum, wie ein Kind bzw. Jugendlicher überhaupt zum Problemfall werden kann. Charles war es, der die Frage aufwarf, wieso gewisse Schüler sich oft so „danebenbenehmen" würden, z. B. immer zu spät kommen, wenn ihnen daraus doch nur Nachteile erwachsen würden. Er könne dies nicht nachvollziehen. Marc konnte dies anhand seines eigenen Beispiels veranschaulichen. Sein größtes Problem sei das ständige Zuspätkommen in der Schule gewesen oder zeitweise sogar das Schwänzen während der Gymnasialzeit. Als möglichen Ursprung dafür nannte er die Tatsache, dass sein Vater überall immer zu knapp oder zu spät kam, sehr zum Leidwesen der Mutter. Der Vater sei in gewissem Sinne sein Modell gewesen. Er selbst sei als Schüler morgens immer erst aufgestanden, wenn der Schulfreund ihn abgeholt habe und habe das Problem nie selber in den Griff bekommen. Andere Mitschüler, die auch häufig zu spät kamen, hätten bis in alle Nacht „gegamet", wiederum ein anderer habe aufgrund von großen familiären Spannungen nur wenig Schlaf gefunden und deshalb ständig verschlafen. Leider hätten die meisten Lehrer nichts davon geahnt, weil sie die Betreffenden kaum je darauf angesprochen hätten. Er habe nur zwei Lehrer erlebt, die ihm wirklich halfen, indem sie ihn ansprachen und zu ihm sagten: „Es ist nicht so, weil ich verärgert bin über dich. Ich kann dich irgendwo verstehen. Du machst sehr viele Dinge nebenbei. Es kann sein, dass du überfordert bist. Also überlege dir gut, was du machst und was du willst." Aufgrund dieser Ansprache habe er, Marc, gespürt, dass er diesen Lehrern nicht egal war. Andere Lehrer hätten wohl gedacht: „Dies ist jetzt einfach die Verantwortung des Schülers, selbst zu wissen, was er macht!"

Marc meinte, nachdem er dies geschildert hatte, er als der frühere „Zuspätkommer" werde in solchen Situationen als Lehrer seinen Mut sicherlich zusammennehmen und die Ansprache wagen. Der Schüler warte möglicherweise nur darauf, auf eine Person zu treffen, die ihm „einen Schubser gibt", ähnlich wie in dem früheren Beispiel, als die Lehrerin ihre zwei Oberschwatzerinnen darauf ansprach und an ihre Verantwortung appellierte.

Das hier zum Ausdruck kommende Bedürfnis der Schülerinnen und Schüler, in ihrem Verhalten persönlich wahrgenommen und auch individuell angesprochen zu werden – nicht nur bei Fehlverhalten –, bestätigte Charles, der Marc gut zugehört hatte. Ihm war eine Analogie zum Fußballklub in den Sinn gekommen:

> „Ich finde, man sollte viel mehr versuchen, persönlich auf die Schüler einzugehen. Im Fussball haben wir es auch so – bei Mannschaften, bei denen es um Leistung geht. Trainer sprechen mit den Spielern darüber, wie es bei ihnen weitergeht. Dadurch weiss jeder Spieler, was der Trainer von ihm hält, dass er von der ganzen Mannschaft und vom Trainer wahrgenommen wird. Ich finde, dies bräuchte es auch in der Schule."

Man könnte sich natürlich fragen, ob es jeder Spieler bzw. jeder Schüler gut erlebt, wenn man ihm rundweg sagt, wie er wahrgenommen wird. Dies kann sehr kritisch sein und sowohl Leistung als auch Verhalten problematisieren. Über diese Frage rückte im weiteren Verlauf des Gesprächs nochmals die sogenannte Strenge von Lehrern in den Fokus, die anspruchsvoll urteilen. Interessant war dazu Aarons Beschreibung des Verhältnisses seiner Klasse zu einem Lehrer, dem der Ruf einer erheblichen Strenge anhaftete, die man ihm interessanterweise aber nicht wirklich übelnahm:

> „Ich hatte einen solchen Lehrer im Gymnasium, der teilweise klar eins durchgeben konnte, wenn wir etwas gemacht hatten, das wir nicht sollten. Der war schon

streng. Wir haben gespürt, wir haben eine Grenze überschritten, aber er meinte es nicht böse mit uns. Er sagte uns klar: Das war falsch und das kann ich nicht akzeptieren. Aber er hat uns nicht als Personen abgeschrieben: Aha, die sind soundso ..."

Man könnte es auch so formulieren: Wenn Lehrer ‚eine Linie haben' – wie Schüler sich häufig ausdrücken –, sie also einen klaren Orientierungsrahmen vorgeben, den sie für einen geordneten, erfolgreichen Unterricht und ein gutes Zusammenwirken in einer Klasse für erforderlich erachten und deren Beachtung sie von der Klasse einfordern, wird dies von den Schülern oft als „streng" erlebt. Empfinden die Schüler allerdings die sachliche Berechtigung der „Strenge" (z. B. weil sie merken, dass sie viel lernen und vorankommen) und erleben zugleich das Wohlwollen des Lehrers, also keinen gegen die Schüler gerichteten Ärger oder gar Ablehnung, so beeinträchtigt dies ihre gute Beziehung zum Lehrer offensichtlich nicht oder jedenfalls nicht zwingend.

3.1.4 Die Essenz des Gesprächs

Wenn man die Aspekte, welche die ehemaligen Schüler angeführt haben, in einer Zusammenschau genauer reflektiert, so wird ersichtlich, dass der Ausgangspunkt für praktisch alle relevanten positiven Erlebnisse aufseiten der Lehrer lag. Bezüglich der Unterrichtsgestaltung versteht sich dies von selbst. Es trifft aber natürlich auch zu, wenn es um das Lehrer-Schüler-Verhältnis oder Lehrer-Klassen-Verhältnis geht. In Bezug auf die Atmosphäre bzw. den Klassengeist in einer Klasse hängt ebenfalls sehr viel davon ab, wie der Lehrer diesen Zusammenhalt bzw. das Verbundenheitsgefühl pädagogisch mit der Klasse aufbaut. Insbesondere seine Unterrichtsführung und die Art und Weise, wie er die kooperative Zusammenarbeit und einen wertschätzenden Umgang miteinander fördert, sind dafür zentral.

Das Gesamtergebnis der drei Gespräche wird im Folgenden, geordnet nach den drei Strukturierungsaspekten, stichwortartig zusammengefasst:

a) Die Bedeutung des Klassengeistes und die Einstellung zum Lernen

- Der Kontakt und die Beziehung zu den Mitschülerinnen und Mitschüler in der Klasse bzw. Schule ist sehr wichtig (auch bezüglich der Motivation), sofern keine diesbezüglichen Belastungen oder Spannungen vorliegen.
- Es gibt je nach Klasse sehr unterschiedliche Einstellungen zu Bemühungen und Engagement im schulischen Lernen, je nach den vorherrschenden Wertvorstellungen: als „cool" kann der Lerneifer gelten, aber auch die Indifferenz gegenüber dem schulischen Lernen.

- Besteht in einer Schulklasse die Kultur einer entwickelten Gemeinschaft, in der sich alle gegenseitig respektieren und man einander hilft, ist das Lernklima besonders gut.
- Angesicht der kameradschaftlichen Atmosphäre in einer Schulklasse gelingt die Integration eines neuen Schülers im Allgemeinen problemlos.

b) Die Unterrichtsgestaltung durch die Lehrer

- Das echte Engagement und die Authentizität des Lehrers werden sehr geschätzt.
- Ein Lehrer, der mit einem hohen Anspruchsniveau im Unterricht und einer großen Fachkompetenz unterrichtet, genießt bei den Schülern im Allgemeinen ein hohes Ansehen, es sei denn, sie fühlen sich davon überfordert.
- Schüler lassen sich von einer anregenden Gesprächsführung im Unterricht gerne dazu motivieren, mitzudenken und sich am Gespräch zu beteiligen.
- Gelingt es, eine interessante Diskussionskultur in einer Klasse aufzubauen, so ist die geistige Beteiligung der Schüler im Allgemeinen gesichert. Die einzelnen Schüler sind dann zumeist in der Lage, sehr genau die inhaltlichen Einsichten selbst zu rekonstruieren bzw. zu erläutern.
- Entscheidend für ein geistiges Mitgehen im Unterricht ist für die Schüler, dass sie eigenaktiv in dessen Ablauf bzw. Entwicklung involviert sind.

c) Die Bedeutung der Lehrer-Schüler- bzw. Dozent-Student-Beziehung

- Lehrer werden dann insbesondere bei jugendlichen Schülern gemocht, wenn sie nicht distanziert erlebt werden, sondern im Gegenteil sich aus Sicht der Schüler auf sie „einlassen“.
- Für die Schüler ist es sehr wichtig, dass sie den Lehrer als gerecht empfinden und den Eindruck haben, dass sie von ihm respektiert bzw. noch besser geschätzt werden.
- Für die Schüler ist es sehr wertvoll, wenn sie erleben, dass der Lehrer ihnen etwas zutraut, ihnen also im gegebenen Moment Mut und Zuversicht zuspricht, aber auch hilft, wenn es notwendig ist.
- Der Erfolg beim Lernen ist immer ein besonders starker Motivator. Schüler erleben es als wichtige moralische Unterstützung, wenn der Lehrer ihnen zum Erfolg verhilft und sich mit ihnen über ihren Erfolg freut.
- Schüler empfinden es als Ausdruck von Verständnis und Sympathie, wenn der Lehrer ihnen angesichts von Missgeschicken und Versagenssituationen entgegenkommend die Möglichkeit eröffnet, ihre Fehlleistung ohne großes Aufheben in Ordnung zu bringen. Aus dieser Erfahrung des Wohlwollens heraus erwächst ihr Bedürfnis, diesen Lehrer zukünftig nicht enttäuschen zu wollen.

- Wenn ein Lehrer seine Schüler auf ein Fehlverhalten anspricht, dies getragen vom Interesse an dessen Entwicklung, kann die empfundene engagierte Anteilnahme des Lehrers dem Schüler den nötigen Motivationsschub geben, sein Verhalten tatsächlich ändern zu wollen.
- Sucht der Lehrer das offene Gespräch mit seiner Klasse, empfinden die Schüler dies als Interesse an ihnen und fühlen sich menschlich ernst genommen.
- Strenge ist nicht gleich Strenge. Ein strenger, sprich anspruchsvoll unterrichtender Lehrer wird grundsätzlich von den Schülern positiv wahrgenommen, wenn sie zugleich empfinden, dass er gerecht ist, ihnen hilft und sie viel von ihm profitieren können.

3.2 Menschliches Lernen – Bausteine einer pädagogischen Anthropologie

3.2.1 Das Menschenbild

Während das Leben in der Tierwelt weitgehend durch Instinkte bestimmt wird und Tiere deshalb in der Regel auf spezifische natürliche Nischen angewiesen sind, um zu überleben, folgt der Mensch nicht einem Instinkt, sondern entwickelt sich aufgrund dessen, was er lernt und an Fähigkeiten für ein selbstbestimmtes Leben erwirbt. Die besonders lange Kindheit des Säugetieres Mensch mit starker sozialer Eingebundenheit bzw. Angewiesenheit bietet ausreichend Gelegenheit, sich durch Erziehung und Bildung genügend Rüstzeug anzueignen, um sich als Erwachsener durch kreative kulturelle Leistungen in Kooperation mit anderen an die unterschiedlichsten Gegebenheiten in der Natur anzupassen bzw. die Natur nach seinen Bedürfnissen zu bearbeiten. Anthropologisch fokussierte Wissenschaftler wie der Philosoph und Soziologe Arnold Gehlen, der Philosoph und Anthropologe Max Scheler oder der renommierte Biologe, Zoologe und Anthropologe Adolf Portmann sprechen von der „Befreiung des Menschen vom Zwang der Natur“ und vom Homo sapiens sapiens als einem „weltoffenen Wesen“ (Scheler, 2005, S. 42f). Das Maß an Weltoffenheit, das die Menschen im Laufe der Menschheitsgeschichte entwickelt haben, war und ist vom kulturellen Stand der Ethnie abhängig, in der Menschen aufwachsen, also von Erziehung, Bildung und der Sozialisation insgesamt innerhalb dieser Kultur.

In seinem Buch *Philosophie einer humanen Bildung* rückt der deutsche Philosoph Julian Nida-Rümelin die anthropologische Frage ins Zentrum seiner Überlegungen. Bildung benötigt aus seiner Sicht die Orientierung an einer begründeten kulturellen Leitidee, um sich nicht für beliebige Zwecke instrumentalisieren zu lassen. Die anthropologische Frage ist umfassend, da sie nach der Bestimmung der menschlichen Existenz fragt, nach dem Wünschenswerten, den menschenwürdigen Persönlichkeitsmerkmalen, welche Erziehung und Bildung ermöglichen sollen. Das Humanum, das Menschliche, liegt in der Offenheit der Entwicklung des Menschen, in der Fähigkeit zur Selbstbestimmung und seiner Moralfähigkeit im Sinne der gemeinsamen Verantwortung im Zusammenleben mit anderen begründet. Bildung soll das Individuum dazu befähigen, sein Leben gemäß diesen menschlichen Idealen gestalten zu können als Freier und Gleicher. Diese Gedanken der philosophischen Anthropologie zeigen, dass der Mensch durch seine Unverfügbarkeit und zugleich seine Verbundenheit mit seinesgleichen zu seiner Bestimmung findet; denn nur sozial ist das menschliche Leben realisierbar.

Für das Lernen in der Schule heißt dies, dass die Bildungsbemühungen der Schulen dem Ziel dienen sollten, jedem einzelnen Schüler eine möglichst freie, seiner Würde entsprechende Persönlichkeitsentwicklung zu ermöglichen. Letztlich ist das Ziel der humanen Bildung die Mündigkeit bzw. umfassende Selbstständigkeit des Individuums und dessen soziale Reifung als verantwortlicher Mitmensch.

Um nun das Ziel der humanen Bildung möglichst umfassend umsetzen zu können, rücken folgende Fragen ins Zentrum der Überlegungen: *Was sind denn genau die genuinen anthropologischen Voraussetzungen, die natürlichen Voraussetzungen des Menschen, worauf Erziehung und Bildung aufbauen können? Was braucht das Kind bzw. der Jugendliche von der Gesellschaft in den verschiedenen Phasen seiner Entwicklung, um die angesprochenen Fähigkeiten erlernen und ausbilden zu können, die er zur Entfaltung seiner Persönlichkeit benötigt?*

Mit diesen Fragen wenden wir uns einem Schwerpunkt dieses Buches zu. Die heute sehr gut erforschten humanwissenschaftlichen Erkenntnisse über die psychische Entwicklung des Menschen von der Geburt an mit seinem ganzen Bildungsbedarf und -verlauf liefern die erforderlichen Anhaltspunkte dazu.

Der Mensch – kein genuiner Egoist oder egozentrischer Individualist!

Angesichts gewisser Trends in der heutigen Schulpädagogik könnte man meinen, Lernen sei vornehmlich ein individualistischer Vorgang, der mit Vorteil so stattfinde, dass jeder für sich allein ein eigenes Lernprogramm verfolgt. Der Blick in heutige Klassenzimmer bestätigt häufig dieses Bild, obwohl offiziell das *soziale Lernen* großgeschrieben wird. Man fragt sich nur: Welches soziale Lernen? Unterricht findet immer häufiger in einer eigenen Blase statt, selbstorganisiert, ohne Erfordernis zur sozialen Interaktion; Lernen und das Nachdenken über eine Sache findet gemäß aktuell bevorzugter Didaktik *individualisiert* statt. Dies ist bedauerlich, zumal die Einsicht, dass Lernen ein vollumfänglich sozial vermittelter und sozial vollzogener Prozess ist, zu den wichtigsten anthropologischen Einsichten des 21. Jahrhunderts überhaupt zählt. Egal, ob sich jemand allein mit einer Frage, einem Inhalt bzw. einer Sache befasst, etwas liest, überlegt, ausprobiert oder z.B. sich eine grammatikalische Regel einprägt – die Art und Weise, wie er dies tut, hat er zumeist nicht selbst entwickelt, sondern von jemandem vermittelt bekommen oder bei jemandem abgeschaut. Oder vielleicht hat er es selbst ausprobiert und mit dem verglichen, wie es andere machen. Außerdem lernen wir Menschen immer bezogen auf Zielsetzungen, die in irgendeiner Weise mit anderen Menschen zu tun haben, sei es hinsichtlich der Ausbildung, des Berufs, kultureller Aktivitäten und Zugehörigkeiten etc.

Dennoch gehört die grundlegende Frage nach der tatsächlichen Sozialität bzw. der egoistischen Selbstbezogenheit des Menschen schon sehr lange zu den großen Menschheitsfragen, die zunächst unter Philosophen, später im 20. Jahrhundert unter Psychologen, Verhaltensforschern, Evolutionsbiologen und Kulturanthropologen intensiv und teils sehr kontrovers diskutiert wurden. Viele Ereignisse und Entwicklungen der Menschheitsgeschichte, Epochen bestürzender Ungerechtigkeit, unfassbarer Grausamkeit und ganz besonders der Horror des Krieges scheint kein sehr optimistisches Licht auf die Fähigkeit von uns Menschen zu werfen, friedlich-kooperativ zusammenarbeiten zu können außer vielleicht in kleinen Einheiten wie der Familie etc. Wenn jemand wie Thomas Hobbes, der die Auswirkungen des Dreißigjährigen Krieges im 17. Jahrhundert als Zeitgenosse miterlebte, in seiner Vision des sogenannten Naturzustandes[25] zum Schluss gelangte, die Menschen seien im Grund genommen natürliche Rivalen oder gar Feinde, da sie von primären Impulsen des Konflikts beseelt seien – Hobbes sprach von feindseligem Wettstreben, Argwohn und Ruhmsucht –, so erstaunt dies nicht. Noch im 20. Jahrhundert haben namhafte Persönlichkeiten wie Sigmund Freud (Todestrieb) oder Konrad Lorenz (Aggressionstrieb) dem Menschen eine natürliche Neigung zur Destruktion und zur Aggressivität zugeschrieben. Mit seiner Version des Naturzustandes hat Jean-Jacques Rousseau im Zeitalter der Aufklärung ein anderes Bild der menschlichen Natur postuliert. Der erste Satz in seinem berühmten Buch „Emil – oder über die Erziehung" lautet: „Alles ist gut, wie es aus den Händen des Schöpfers kommt: alles entartet in den Händen des Menschen" (Rous-

25 Hobbes spricht von den „natürlichen" Eigenschaften der Menschen noch vor der Entwicklung einer Gesellschaft mit ihren Normen, Bräuchen, Rollen, Wertungen, Institutionen usw. Es handelt sich beim „Naturzustand" um ein Denkmodell, um begründen zu können, welche Art Staat angesichts des anthropologischen Befundes zur Gestaltung des Zusammenlebens angemessen ist.

seau, 1983, S. 9). Was es an menschlichen Entgleisungen zu seiner Zeit gab, schrieb er vollumfänglich der verdorbenen gesellschaftlichen Entwicklung zu. Mittlerweile haben in der zweiten Hälfte des 20. Jahrhunderts die unterschiedlichsten Forschungszweige der modernen Anthropologie, ja sogar Forschungsteams der Verhaltens- und Neuroökonomie begonnen, Rousseaus Sichtweise nicht in allen Aspekten, aber im Großen und Ganzen zuzustimmen.

3.2.2 Mensch werden – eine Theorie der Ontogenese

Einen besonders wertvollen Forschungsbeitrag zur Frage der sozialen Disposition des Menschen und dessen Bedeutung für das individuelle und gemeinschaftliche Leben hat der amerikanische Psychologe, Anthropologe und Primatologe Michael Tomasello geleistet. Insbesondere in den zwanzig Jahren, in denen Tomasello Co-Direktor des Max-Planck-Instituts für evolutionäre Anthropologie in Leipzig war und ein eigenes Primatenforschungslabor leitete, leistete er international bedeutsame Forschungsarbeit hinsichtlich der Frage, was an unserer menschlichen Ontogenese besonders ist gegenüber derjenigen unserer nächsten Primatenverwandten. In seinem aktuellen Buch spricht er vom Menschen als einem „ultra-sozialen“ Lebewesen mit einer „geradezu hyperkooperativen Lebensform“ (Tomasello, 2020, S. 423), was im Wesentlichen seine Verschiedenheit gegenüber den Menschenaffen (Gorilla, Schimpansen, Orang-Utan) ausmache, die dem Menschen biologisch besonders nahestehen. Michael Tomasello stützt seine Forschung auf Experimente, bei denen er und sein Team Kinder verschiedenen Alters und Schimpansen (vorwiegend) im Labor mit denselben Aufgaben konfrontierten. Er unterstreicht bei seinen Vorträgen stets, wie klein der Unterschied zwischen dem Menschen und seinen nächsten Verwandten aus evolutionärer Sicht eigentlich sei. Er und auch andere Forschende hätten in den letzten Jahren festgestellt, dass Menschenaffen über erstaunlich viele Fähigkeiten verfügten, die für uns Menschen auch typisch sind: Sie können miteinander kooperieren und kommunizieren, sind in der Lage, vieles zu lernen, auch symbolische Zeichen zu verstehen, Probleme mit Überlegung (Vorstellungsvermögen) zu lösen und – was man lange nicht für möglich hielt – die Gedanken (Absichten) eines anderen Primaten zu lesen. Zugleich leugnet Tomasello nicht, dass bei uns Menschen auch egoistisches Verhalten durchaus verbreitet ist. Dennoch sei die soziale Disposition beim Menschen so viel ausgeprägter als bei den Menschenaffen, dass der diesbezügliche, scheinbar kleine Unterschied evolutionär gesehen enorme Konsequenzen gehabt habe. Der Unterschied machte es nämlich möglich, dass der Homo sapiens sapiens eine neue, qualitativ revolutionäre Entwicklung einleiten konnte: die kulturelle Evolution. Während die Menschenaffen nach wie vor in der Wildnis leben, ohne die Lebensweise von Generation zu Generation zu verändern, habe die Menschheit unzählige Kulturen geschaffen und stetig weiterentwickelt mit unterschiedlichen Sprachen, Normen, Gewohnheiten usw. Möglich sei dies geworden, unterstreicht Tomasello, weil die Konstitution des Menschen in einem enormen Ausmaß für Kooperation ausgelegt ist:

> „Unsere Natur ist so disponiert, dass wir uns um andere kümmern, dass wir von anderen abhängig sind und dass andere von uns abhängig sind. Wir vertrauen einander. Das ist es, worüber wir verfügen, um uns in der sozialen Welt zurechtzufinden" (Tomasello, 2019) [Übers. v. Verf.].

Die vielen Experimente, die Tomasello mit seinem Team zum Vergleich Kind-Schimpanse durchführte, haben immer wieder gezeigt, dass der zentrale Unterschied im kooperativen Handeln letztlich mit der unterschiedlichen Motivation zu tun hat. Zwar können Schimpansen miteinander kooperieren, z. B. bei der Jagd auf ein Beutetier. Doch ein erfolgreicher Jäger unter den Schimpansen gibt nichts von seiner Beute freiwillig ab. Es geht also den Individuen bei dieser Team-Jagd nicht wirklich um ein zusammen koordiniertes Projekt; jeder Schimpanse verfolgt nur eigene Interessen und Ziele. Dasselbe Bild zeigt sich auch bei Kooperationsexperimenten mit Belohnung. Sobald einer der Partner seinen Lohn erhalten hat, hört dieser auf, zu kooperieren, unabhängig davon, ob der andere seinerseits auch zu seinem Lohn gekommen ist. Dies sieht bei Kindern schon sehr früh ganz anders aus. Man kann immer wieder sehen, dass sie im Normalfall in den experimentellen Situationen die Aufgaben nicht nur gemeinsam bewältigen, sondern auch anschließend die Belohnungen teilen.

3.2.2.1 Die sozio-kulturelle Theorie der menschlichen Entwicklung (Lew Vygotsky)

In seinem jüngsten Buch verweist Tomasello auf eine ihm besonders wichtig erscheinende Referenz für seine Forschung, nämlich auf den russischen Psychologen Lew Vygotsky. Tomasello spricht sogar bei seinem eigenen ontogenetischen Ansatz von einer neovygotskyischen Theorie (Tomasello, 2020, S. 423).

Im Unterschied zu den gängigen psychologischen Entwicklungstheorien des 20. Jahrhunderts, die sich vorwiegend auf Jean Piagets individualistische *Strukturgenetische Theorie der kognitiven Entwicklung* stützten, schloss Vygotsky zwar den Aspekt der Reifung bei der geistigen Entwicklung des Kindes nicht aus, gewichtete aber die sozialen und kulturellen Einflussfaktoren auf das Kind wesentlich höher. Er sprach von der Ontogenese im Kindesalter als gemeinsames Werk (Ko-Konstruktion) der Enkulturation des Kindes zusammen mit Eltern, Schulpädagogen und anderen relevanten Erwachsenen. Damit unterscheidet er sich deutlich von Jean Piagets Standpunkt, welcher Vermittlung seitens der Erwachsenen als autoritären Akt, der das eigenständigen Denken des Kindes schlussendlich schwer beeinträchtigt, interpretiert. Vygotsky erläutert dazu:

> „Theoretisch wird die Sozialisierung des Denkens von Piaget als eine mechanische Beseitigung der Merkmale des eigenen Denkens des Kindes gesehen, als ihr allmähliches Verkümmern. Alles, was an Entwicklung neu ist, kommt von außen und ersetzt die eigenen Denkweisen des Kindes. Während der gesamten Kindheit gibt es einen unaufhörlichen Konflikt zwischen den beiden gegensätzlichen Denkweisen, mit einer Reihe von Kompromissen auf jeder der aufeinanderfolgenden Entwicklungsstufen, bis sich das Denken der Erwachsenen durchsetzt" (Vygotsky, 1962, S. 85) [Übers. v. Verf.].

Piaget geht von ähnlichen anthropologischen Überzeugungen aus wie Sigmund Freud: Der kleine Mensch sei zu Beginn seines Lebens mit wenig sozialen Neigungen ausgestattet. Er sieht wie Freud den Säugling bzw. das Kleinkind als eine Art egozentrischen Autisten, der während seiner Erziehung und Sozialisation einen widerständigen Weg gegen die Erwartungen der sozialen Umwelt hinter sich bringen muss. Enkulturation geschieht widerwillig ganz im Sinne von Freuds „Unbehagen in der Kultur", wie Vygotsky veranschaulicht:

> „Seine Auffassung von der Entwicklung des Denkens basiert auf der aus der Psychoanalyse übernommenen Prämisse, dass das Denken von Kindern ursprünglich und von Natur aus autistisch ist und sich erst unter langanhaltendem sowie ausdauerndem sozialen Druck in realistisches Denken wandelt" (Vygotsky, 1962, S. 13) [Übers. v. Verf.].

Diesem sehr pessimistischen Menschenbild setzt der russische Psychologe ein vollkommen anderes, aus Tomasellos Sicht bahnbrechendes Entwicklungsverständnis von Kindern entgegen, das die wirklich prägenden sozialen und kulturellen Einflüsse auf die Persönlichkeitsentwicklung des Kindes ins Zentrum stellt und damit zu gänzlich anderen Interpretationen der menschlichen Entwicklung gelangt.

Mit der besonderen Gewichtung der sozialen und kulturellen Einflüsse auf die Entwicklung des Kindes erschließt Vygotsky z. B. eine sehr plausible Erklärung für den Zusammenhang zwischen Denk- und Sprachentwicklung. Den Schlüssel zum Verständnis dieses Zusammenhangs findet er in der Rolle und Bedeutung der Begriffsbildung. Jeder Begriff habe eine sozial vermittelte Bedeutung, welche die Basis der Verständigung bilde, zugleich aber auch die Voraussetzung für das Denken sei. Diese Verknüpfung zwischen Sprechen und Denken, die durch die inhaltliche Bedeutung der Begriffe als zentrale Grundbausteine gewährleistet wird, erklärt Vygotsky selbst folgendermaßen:

> „Es ist durch die Wortbedeutung, dass Denken und Sprechen sich zu verbalem Denken verbinden. Die Erklärung zu unseren Fragen über die Beziehung zwischen Denken und Sprache erschließt sich aus der Wortbedeutung. ... Ein Wort bezieht sich nicht nur auf ein Objekt, sondern auf eine ganze Gruppe oder Klasse von Objekten. Jedes Wort beinhaltet also schon eine Generalisierung. Zu generalisieren ist ein verbaler Akt des Denkens und widerspiegelt die Realität auf eine ganz andere Art als Empfindung und Wahrnehmung dies tun" (Vygotsky, 1962, S. 5). [Übers. v. Verf.].

Es ist also der miteinander geteilte Sinn, der Bedeutungsgehalt, was Denken und Sprechen vereint, so Vygotskys Einsicht.

Die Stationen der soziokulturellen Entwicklung des Kindes im Allgemeinen, wie sie von Vygotsky vorgeschlagen wurden, zeichnet der deutsche Pädagoge und Soziologe Martin R. Textor in einem Buchbeitrag zur Frühpädagogik im Kindergarten anschaulich nach. Er konkretisiert in seinem Artikel, dass und wie die sozialen Lernerfahrungen, die das Kind macht, in Form von Verinnerlichungsprozessen das Gefühlsleben und das Denken des Kindes nachhaltig prägen und ihm ermöglichen, seine geistigen Fähigkeiten zu entwickeln:

> „Durch die in sozialen Beziehungen erfolgende ‚Interiorisation' solcher Inhalte (Symbole, Werte, Sprache...) bzw. durch deren ‚Internalisierung' in das kindliche Bewusstsein wird die psychische Aktivität angeregt, werden kognitive Strukturen und Prozesse ausgebildet. Das Kind kann also letztlich nur dadurch zu einem denkenden Wesen werden, indem es sich in der Interaktion mit kompetenteren Personen die ‚Werkzeuge' des Denkens (insbesondere Sprache, Gedächtnisinhalte und Denkweisen) aneignet und sie dann so lange selbst ausprobiert, bis es sie schließlich selbstständig und effektiv anwenden kann" (Textor, 2000, S. 70).

Textor erläutert weiter, dass eben mit zunehmender Sprachbeherrschung die Versprachlichung des Denkens einhergeht, was wiederum Auswirkungen darauf habe, dass das Kind sich selbst immer besser „steuern“ könne. Dies ist gut anhand des „lauten Denkens“ bei Kindern zu beobachten. Dieses beinhaltet, dass das Kind sein eigenes Handeln vor sich her sprechend kommentiert.

Im Kindergarten ist das Kind dann in der Lage, sich im Spiel eine mit eigenen Ideen, Vorstellungen und Gedanken angereicherte Vorstellungswelt aufzubauen, womit das abstrakte Denken vorgezeichnet ist. Für Vygotsky ist bei jedem Entwicklungsschritt die Rolle und Aktivität der Erwachsenen essenziell. Eltern, Lehrpersonen und alle sonst mit Kindern tätigen Personen haben laut Vygotsky einen großen Einfluss auf das Lernen der Kinder. Dies bestätigt auch Martin Textor ausdrücklich.

In Zusammenhang mit der Vermittlungsfrage spielt auch ein Begriff Vygotskys, der für die Pädagoginnen und Pädagogen bei ihrer täglichen Arbeit von Bedeutung ist, eine wichtige Rolle. Es geht um die *„Zone der nächsten (proximalen) Entwicklung*“. Alexei Nikolajewitsch Leontjew, ein weiterer Pionier der *kulturhistorischen Schule der sowjetischen Psychologie* definiert diesen Begriff sehr einfach wie folgt:

> „Die Zone der nächsten [proximalen] Entwicklung bezeichnet also den Unterschied zwischen dem, was ein Kind selbständig zu tun vermag, und dem, wozu es mit Hilfe eines Lehrers imstande ist“ (Leontjew, 2003, S. 48).

Es geht darum, dass der Lehrer in der Lage ist, den aktuellen Stand des Schülers richtig zu erfassen und durch seine Anleitung, Vermittlung und die gesetzten Anforderungen dem Schüler zu wichtigen Lern- und Entwicklungsschritten zu verhelfen. Unter- und Überforderung sollen vermieden werden, zumal beides das Lernen, vor allem die Motivation dazu sehr beeinträchtigt. Jeder erfahrene Lehrer realisiert schon während seines Unterrichts anhand der Lernhaltung und Stimmung in seiner Klasse, inwieweit es ihm gelungen ist, die Zone der proximalen Entwicklung richtig einzuschätzen und die Klasse auch entsprechend adäquat zu fordern und zu fördern.

Man könnte sagen, dass Vygotsky mit seinem Forschungsansatz den Weg für ein Verständnis der menschlichen Entwicklung freigemacht hat, das ohne biologistischen Determinismus und andere menschenbildliche Auffassungen auskommt, die ein soziales Miteinander der Menschen a priori für unhaltbar erklären. Wenn Tomasello von der „Ultrasozialität“ des Menschen spricht, so baut seine Beweisführung wesentlich auf den schlüssigen Erkenntnissen Vygotskys auf. In prägnanten Sätze Vygotskys wie „Dabei erben die Kinder sozusagen Möglichkeiten der Kategorisierung, des Denkens und der Rationalisierung der Welt“ (Tomasello, 2020, S. 429) manifestiert sich dessen Sicht auf die herausragende Bedeutung von Erziehung, Sozialisation sowie Enkulturation für das gesamt Welt- und Menschenbild, das ein Mensch sich in seiner Jugend zurechtlegt. Der gesamte kulturelle Vermittlungsprozess (das kulturelle „Erbe“) der älteren an die jüngere Generation beinhaltet einen viel umfassenderen Vorgang als dies auf den ersten Blick erfasst werden kann. Kinder nehmen, wie Vygotsky aufzeigt, im Laufe der Kindheit das ganze Geflecht an kulturellen Gefühls- und Vorstellungsdimensionen Schritt für Schritt auf, vieles nicht durch explizite Vermittlung, sondern anhand von Vorbildern oder aufgrund von intuitiven Lernprozessen, und verarbeiten diese erworbenen Eindrücke und Vorstellungen zu Aspekten der persönlichen Identitätsbildung.

Auf diesem Verständnis der Ontogenese baut Tomasello auf und hat mit seinem Forschungsansatz die weiterführende, evolutionär interessante Frage in den Fokus gerückt, welches denn die biologisch verankerten Dispositionen beim Kind sind, die es ihm schon so früh erlauben, aktiv in einen intensiven Dialog mit dem sozialen Umfeld zu treten und bald schon ein wachsendes Verständnis für die gemeinsamen Regeln des Zusammenlebens entwickeln zu können.

3.2.2.2 Die menschliche Ontogenese – Ausdruck einer „hyperkooperativen Lebensform“

Dank Tomasellos Forschung wissen wir heute, dass menschliche Säuglinge von Anfang an auf ein besonderes Sozialleben – zunächst in großer Abhängigkeit – *vorangepasst* sind. Bereits im Alter von zwei Monaten teilen Säuglinge ihre Gefühle in Protokonversationen beim dialogischen Wechselspiel mit der Mutter mit und versuchen sich emotional an Stimmungen des Partners anzupassen. Darin manifestiert sich laut Tomasello bereits die „grundlegendste motivationale Kraft der geteilten Intentionalität“ [26] (Tomasello, 2020, S. 436).

Dieser frühe Keim erfährt im Alter von neun Monaten beim Baby einen enormen Wachstumsschub, den Tomasello als „Neunmonaterevolution“ bezeichnet. Diese befähigt den Säugling, weit darüber hinauszugehen, einfach nur Gefühle auszutauschen. Er ist nun in der Lage, mit Betreuungspersonen sozusagen als praktisch ebenbürtiger Partner in Kontakt zu treten und gemeinsam die Aufmerksamkeit auf etwas zu richten („gemeinsame Intentionalität“). Hiermit vollzieht sich tatsächlich ein qualitativer Sprung in der psychischen Entwicklung des Kindes. Der Säugling und bald darauf das Kleinkind versucht von nun an, die Aufmerksamkeit in irgendeiner Weise mit dem Gegenüber zu teilen, was die Bindung zu den

26 Dieser zentrale Begriff in Tomasellos Theorie der Ontogenese bezeichnet die besondere Fähigkeit des Menschen, absichtsvolles Handeln miteinander zu koordinieren, indem die Perspektive und die Intentionen des anderen erfasst und entsprechend eine gezielte Kooperation ermöglicht wird. Daraus entwickelt sich auch der gemeinsame Sinn als Grundlage der Gemeinschaftsbildung.

Bezugspersonen stärkt. Bei den Interaktionen mit der Bezugsperson zeigt das Kind dabei einige charakteristische soziale Verhaltensweisen, welche bei Schimpansen bei denselben Aktivitäten nicht zu beobachten sind. So nimmt der noch sehr kleine Mensch anlässlich einer kooperativen Aktivität (Ball hin- und herschieben) immer wieder mit der Betreuungsperson Blickkontakt auf. Typisch ist auch, dass das Kind mit einer Zeigegeste auf etwas aufmerksam macht, z. B., welche Rolle das Gegenüber im Spiel zu übernehmen hat. Damit dokumentiert das Kleinkind auch, dass es bereits ein gegenseitiges Rollenverständnis hat. Zugleich zeigen diese Aktivitäten, dass es mit einem anderen Akteur zusammen aktiv ein „Wir" bildet; Tomasello spricht deshalb von der „Zwei-Ebenen-Struktur" (Tomasello, 2020, S. 439).

Bemerkenswert ist, dass alle Kompetenzen, die das Kind in der Periode vom ersten bis zum dritten Lebensjahr erwirbt, ausschließlich über die Interaktionen mit Erwachsenen aufgebaut werden. Diese lassen das Kind gewähren, ja unterstützen es in seinen Aktivitäten. Es ist in dieser Zeit dagegen noch nicht fähig, sich mit Gleichaltrigen abzustimmen.

Erst mit drei Jahren kommt es zum nächsten großen Entwicklungsschritt, den Tomesallo als Fähigkeit zur „kollektiven Intentionalität" bezeichnet. In diesem Alter reift die Motivation, sich an einer sozialen Gruppe zu orientieren und sich daran anzuschließen. Damit geht einher, dass Kinder von sich aus Konventionen und Normen einer solchen Gruppe respektieren und sogar bei gemeinsamen Aktivitäten vom Partner deren Einhaltung einfordern: „Man muss es so machen, nicht so!" Tomasello spricht deshalb von der „objektiven/normativen Wende" (Tomasello, 2020, S. 451). Fragen der Fairness werden relevant, ein Verständnis von Schuld und der Notwendigkeit, sich für eine Unachtsamkeit und den Bruch einer Abmachung zu erklären bzw. zu entschuldigen, entwickelt sich. Eine Wendung, die der Psychologe und Primatenforscher in diesem Zusammenhang auch immer wieder verwendet, ist die des „We over me" (das Wir ist dem Ich übergeordnet), also die Regulation gemeinsamer Aktivitäten und Beziehungen durch Vereinbarungen und Respektierung derselben. Dieses normative Band, das schon das dreijährige Kind mit seinem Partner verbindet, ist der Schritt in ein erstes Moralverständnis.

Tomasello zeigt, dass das Kind unter Reifungsgesichtspunkten dann schulreif ist, wenn es dazu disponiert ist, sein Verhalten vernunftbezogen zu steuern und auch Verantwortung zu übernehmen:

> „Sechs- und Siebenjährige demonstrieren ihre Vernünftigkeit und Verantwortlichkeit am deutlichsten, wenn sie mit Gleichaltrigen bei kooperativen Problemlösungen und im moralischen Diskurs interagieren. In solchen Situationen fühlen sie sich verpflichtet, Gründe für ihre Überzeugungen und Handlungen anzugeben,

> sie anderen gegenüber auf eine solche Weise zu rechtfertigen, die „wir" (das heisst jeder) als vernünftig und verantwortungsvoll empfinden sollten – ja auf eine Weise, die „objektiv" vernünftig und verantwortungsvoll ist. Die rationale und moralische Identität von Schulkindern wird durch ihre Fähigkeit konstituiert, mit andern auf diese Weise zu interagieren" (Tomasello, 2020, S. 469).

Hiermit ist bereits ein Stand der Persönlichkeitsentwicklung eines Menschen erreicht, der auf einer neuen, sehr konzentrierten Ebene das kulturelle Lernen systematisch und im Hinblick auf Entfaltung einer humanen Bildung, im Sinne Julian Nida-Rümelins, ermöglicht.

Dieser zügige Gang durch die sozio-kulturelle Entwicklung des jungen Menschen zeigt mit aller Deutlichkeit, wie sehr die für die frühe menschliche Entwicklung wesentlichen Lernprozesse in höchstem Maße sozial vermittelt sind; sie sind maßgeblich von der erzieherischen und bildungsmäßigen Gestaltung und Führung dieses Prozesses abhängig. Es gibt seit einigen Jahrzehnten eine Reihe entwicklungspsychologischer Forscher, die die ontogenetische Theorie Tomasellos über die „Ultrasozialität" des Menschen sehr gewinnbringend ergänzt und teilweise auch aus anderer Perspektive vertieft haben. Einige dieser Theorieansätze sind sehr bedeutsam, um die Situation des kleinen Menschen als erziehungs- und bildungsbedürftiges Wesen und sein Verhältnis zu seinen elterlichen und weiteren Mentoren noch präziser zu erfassen und daraus Schlüsse für die Humanisierung der Bildung für alle ziehen zu können.

Erst auf der Grundlage eines Verständnisses, das genauer ermitteln kann, wo ein Schulkind in seiner Entwicklung steht, können die verantwortlichen Pädagogen einfacher abschätzen, ob oder inwieweit gewisse Rahmenbedingen für ein bestimmtes Kind mit seinen Voraussetzungen tatsächlich förderlich sind oder andere Rahmenbedingungen vorteilhafter wären. Dem wollen wir im Folgenden vertiefter nachgehen.

3.2.3 Kindliches Vertrauen in die kulturellen Mentoren

Die wissenschaftlichen Erkenntnisse des Entwicklungspsychologen und Erziehungswissenschaftlers Paul L. Harris[27] von der Harvard Graduate School of Education (USA) sowie von Oxford (GB) ergänzen Vygotskys und Tomasellos Ver-

---

27 Die Quelle für diesen Forschungsansatz findet sich im Buch „Trusting what you're told: How children learn from others" (übersetzt: Darauf vertrauen, was einem vermittelt wird: Wie Kinder von anderen lernen).

ständnis der kindlichen Entwicklung. Auch er sieht Kinder nicht wie Piaget und andere Vertreter einer individualistischen Theorie als kleine genuine Naturforscher. Laut Harris streben Kinder viel mehr danach, zu verstehen, wie die Welt der Erwachsenen funktioniert. Sie versuchen möglichst früh, die gültigen Regeln, Konventionen, Umgangsformen und Interaktionsweisen, nach denen zusammengelebt wird, zu erfassen. Harris bezeichnet Kinder als neugierige Kultur-Anthropologen und nicht als genuine Naturforscher. Ihre zentrale Motivation, etwas über die Welt im Allgemeinen zu erfahren, sei stets mit dem starken Bedürfnis gekoppelt, von den Personen zu lernen, die sie mit Wissen versorgen.

Als besonders gravierenden Irrtum beurteilt Harris die unter sogenannten progressiven Pädagogen verbreitete Meinung, kleine Kinder sollten möglichst wenig instruiert werden bzw. sich instruieren lassen, sondern alles möglichst autonom durch eigenes Forschen – Beobachten und Experimentieren – entdecken. Harris widerspricht vehement Konzeptionen wie denjenigen von Maria Montessori, Jean Piaget oder auch Jean-Jacques Rousseau, die das Bedürfnis von Kindern nach Erklärung und Vermittlung und die damit verbundenen Fragen skeptisch sehen; sie argumentieren, das Kind würde sich dadurch an unkritischen Gehorsam gewöhnen. Harris hat sich mit seiner umfassenden Forscherstätigkeit genau dafür interessiert, wie Kinder in Wirklichkeit die Informationen, die sie von den Erwachsenen erhalten, konkret verarbeiten: Vertrauen sie diesen prinzipiell oder unter welchen Umständen ist dies der Fall, unter welchen nicht? Welche Differenzierungen gibt es dazu je nach Alter? Ist es ein unkritisches schlichtes Glauben ohne weiteres Nachdenken? Oder hat das Kind Kriterien, die es anwendet, um Informationen zu hinterfragen?

Harris hat die Verständigung des Kindes mit der Betreuungsperson insbesondere in der Phase zwischen einem und drei Jahren untersucht. Wie von Tomasello bereits beschrieben, verständigt sich das Kind mit dem Erwachsenen zunächst mit dem Zeigen anwesender Dinge. Ende des zweiten Lebensjahres ist es laut Harris sprachlich und geistig in der Lage, über Geschehenes und Sich-künftig-Ereignendes zu sprechen, also auch zu benennen, was es noch tun wird. Das Kind begreift nun auch, wenn ein Sprecher über etwas Abwesendes oder Unsichtbares spricht. Harris veranschaulicht am Beispiel von tauben Kindern, wie initiativ Kinder beim Bemühen um Verständigung sind. Diese würden sogar eigene Zeichen erfinden, um sich verständlich zu machen. Gemäß Harris sind Kinder im Alter von 30 Monaten im Allgemeinen kognitiv so weit, dass sie neue Informationen verstehen und ihr Verhalten danach auszurichten können (Harris, 2012, S. 8ff).

Die kommunikative Aktivität der Kinder wird im Alter von zweieinhalb Jahren intensiv, wenn das Fragen beginnt. Harris vergleicht wie Tomasello Kinder mit

Schimpansen, die zu diesem Zeitpunkt über vergleichbare Fähigkeiten verfügen. Er zeigt, dass aber schon jetzt die Unterschiede zwischen beiden Spezies eklatant sind. Gut geschulte Schimpansen seien nicht in der Lage bzw. hätten kein Interesse daran, ihre kommunikativen Fähigkeiten für dasselbe einzusetzen wie Kinder. Schimpansen stellen offenbar nie Fragen, sondern nutzen die Sprache ausschließlich, um ihre Wünsche und Vorzüge anzubringen. Kinder hingegen hoffen, mit ihren Fragen Informationen von ihren Bezugspersonen zu erhalten. Bemerkenswert ist hierbei Harris' Hinweis, dass das Fragen allein schon zeigt, dass Kinder mit eigenen Fehleinschätzungen rechnen würden (Harris, 2012, S. 22ff).

Kindliches Fragen ist gut erforscht. Als Phänomen ist es allen Eltern bestens bekannt. Harris stützt sich bei seinen Ausführungen insbesondere auf Arbeiten der Entwicklungspsychologin Michele Chouinard, die eingehende Untersuchungen (Einzelfallstudien) zur Entwicklung des Fragens im Alter zwischen zweieinhalb und fünf Jahren unternommen hat (Chouinard, 2007). Die Forscherin habe festgestellt, dass bereits Mitte des dritten Lebensjahres ein Teil der Kinder Fragen stelle, die auf Erklärungen und nicht auf reine Aufmerksamkeit abzielen. Wie schnell sich dies beim einzelnen Kind entwickle, hänge allerdings auch von sozialen und kulturellen Bedingungen ab. Je nach Erziehungsstil und Verfügbarkeit der Eltern sei das Fragen der Kinder mehr oder weniger stark ausgeprägt. Auch in der weiteren Entwicklung – insbesondere in der Schule – zeige sich die unterschiedliche Bereitschaft der Kinder zu fragen. Dies habe vornehmlich mit den Erwartungen zu tun, die das Kind an Erwachsene habe. Natürlich neige das Kind dazu, seine Fragen an diejenigen Erwachsenen zu richten, die es als zugänglich erlebt und zu denen es auch eine Bindung aufbaut.

Eine weitere wichtige Erkenntnis von Harris betrifft die Art, wie Kinder die Antworten, die sie von Erwachsenen erhalten, bewerten und inwieweit sie sich bei ihrer Meinungsbildung auf diese Information stützen. Sie tun dies viel differenzierter, als ihnen häufig unterstellt wird. Studien zeigen laut Harris übereinstimmend, dass Kinder sehr wohl die erhaltene Information nach Qualität unterscheiden und bei Unklarheiten oder fehlender Logik durchaus beharrlich nach- oder weiterfragen. Nicht selten habe das Nachfragen der Kinder den Sinn, abwägen zu können, ob die erhaltene Antwort tatsächlich stimmen kann. Wenn Erwachsene Kindern generalisierende Informationen gäben, geschehe es z.B. häufig, dass die Kinder anhand von Beispielen überprüfen würden, ob die Information auch für andere Beispiele zutreffen (eine Art Falsifikation). Es sei also falsch anzunehmen, sagt Harris, dass Kinder angesichts von Informationen, die ihnen angeboten werden, diese einfach gedankenlos schluckten (vgl. dazu Harris, 2012, S. 44).

Der Appell des Kindes: Erkläre mir, ich will verstehen und mitmachen!

Die Rolle der Vermittlung bzw. das Lernen von anderen ist sicherlich das wichtigste Unterscheidungsmerkmal zwischen Schimpansen und Menschen. Unterrichtet werden zu wollen, ist die Grundlage dafür, dass bei der Gattung Homo sapiens die jüngere Generation auf dem bisher erschaffenen Wissen und Können der vorangegangenen Generationen aufbauen kann. Schimpansen können zur Handhabung von Werkzeugen (Anwendung eines Stocks, um sich Nahrung zu beschaffen) gewisse unterschiedliche (kulturelle) Varianten entwickeln. Sie zeigen also durchaus auch kreative Fähigkeiten. Dies hat aber nie zur Folge, dass sie eine neu erfundene Technik oder Fähigkeit weiterentwickeln und an die jüngere Generation weitergeben, wie Menschen dies tun. Nur beim Menschen kommt es zum sogenannten Sperrklinkeneffekt (kulturelle Weitergabe), weshalb man von der kulturellen Evolution spricht.

Zum Verständnis dieses Vorgangs verweist Harris auf die Forschungsarbeiten von Victoria Horner und Andrew Whiten (Horner & Whiten, 2005). In einem Experiment dieser beiden Forscher ist zu beobachten, dass Schimpansen wie Menschen die vorgezeigte Lösung eines Problems sehr gut imitieren können. Schimpansen ahmen aber das Vorbild nur insoweit nach, als es notwendig ist, um ihre Belohnung zu erhalten. Die als unnötig erkannten Handlungen lassen sie aus. Die Kinder dagegen halten sich beim Experiment exakt an das, was das erwachsene Modell ihnen vorgemacht hat. Man kann dieses Experiment mit Kindern auf der ganzen Welt durchführen; das Ergebnis ist immer dasselbe. Die Interpretation der Forscher ist unstrittig klar: Die Kinder vertrauen darauf, dass das, was der Erwachsene ihnen vorzeigt, einen Sinn haben muss, obwohl ihnen dieser nicht ersichtlich ist. Hierin manifestiert sich ihre grundlegende Motivation, von den Älteren und Erfahrenen lernen zu wollen. Im Prinzip baut die gesamte kulturelle Zielsetzung und Leistung der Institution Schule auf dieser menschlichen Disposition auf.

Die Einsichten, zu denen Harris durch seinen Forschungsansatz in Hinblick auf das menschliche Lernen gelangte, sind für die Pädagogik von essenzieller Bedeutung. Sein Begriff und sein Verständnis des Kindes als cultural learner (ein Kultur-Lernender) und des Erwachsenen als cultural mentor[28] (kultureller Mentor) rücken einen wesentlichen Aspekt in den Mittelpunkt. Das Streben des Kindes ist in dieser Sichtweise nicht dasjenige eines Forschenden per se, sondern vielmehr

28 Eltern, ältere Geschwister, Großeltern, Kindergärtnerin, Lehrer etc., also Personen, über die das Kind Zugang zu und Verständnis vom sinnhaften, kulturellen Zusammenleben erhält.

eines kleinen Kultur-Anthropologen, der verstehen will, wie das soziale Zusammenleben und -wirken in der Gemeinschaft genau funktioniert, um mitmachen und sich zugehörig fühlen zu können:

> „Kinder sind zwar aufnahmefähige Schüler, aber ihre Motive sind – anders als bei Schimpansen – nicht rein pragmatisch. Sie sind nicht einfach auf der Suche nach kausalen Informationen darüber, wie praktische Probleme gelöst werden können. Wenn sie eine neue Umgebung betreten, schauen sie aufmerksam zu, um die Normen zu erkennen, die in dieser Umgebung gelten. Sie sind in erster Linie auf der Suche nach kulturellen und nicht nach kausalen Regeln. Sie betrachten das, was eine Person tut, als Demonstration dessen, was man in diesem Umfeld tun soll, und nicht als Demonstration dessen, was unter einem rein kausalen Gesichtspunkt wirksam ist. Folglich betrachten Kinder eine Person, die eine Demonstration anbietet, als einen kulturellen Mentor – als jemanden, der ihnen zeigt, wie man die Dinge richtig macht" (Harris, 2012, S. 54f) [Übers. v. Verf.].

Schimpansen kennen keine kulturellen Mentoren; für sie gibt es *den* Lehrer grundsätzlich nicht. Daraus erklärt sich, warum Schimpansen keine kulturelle Entwicklung kennen.

Was Harris in seinem Buch darlegt, beinhaltet eine reichhaltige Bestätigung der sozio-kulturelle Theorie von Ley Vygotsky und liefert eine ergänzende und bestätigende Perspektive zur sich entwickelnden *gemeinsamen Aufmerksamkeit* und *geteilten Intentionalität* (Tomasello) zwischen Kind und Betreuungsperson, also zu den Eigenschaften, die unsere „Ultra-Sozialität" erst möglich gemacht haben.

Resümierend wird hiermit nochmals unterstrichen, dass Lernen ein durch und durch sozialer Prozess ist, der mit zunehmendem Alter des Kindes intensiver und differenzierter wird. Wie noch prägnanter zu zeigen sein wird, hängt dieser Prozess des Lernens und Sich-Entwickelns außerordentlich stark von den erwachsenen Bezugspersonen ab bzw. davon, wie sie die Rolle des erwähnten kulturellen Mentors ausfüllen.

3.2.4 Die Rolle der Gefühle beim Denken-Lernen

Einen weiteren bedeutsamen Baustein zum Verständnis erfolgreichen Lernens hat Anfang des neuen Jahrtausends der englische Psychiater und Lehrstuhlinhaber für Psychopathologie Peter Hobson geliefert. Sein Blick auf den geistigen Entwicklungsgang des Kindes ist insbesondere auf die ersten achtzehn Monate bis zwei Jahre fokussiert, die Periode, in der sich das menschliche Denken im Kleinkind anbahnt. Wie Vygotsky, Tomasello und auch Harris sieht Hobson die Entwicklung des kindlichen Denkens nicht durch genetische Programme vorbestimmt, sondern durch seine sozialen Beziehungen geprägt, für die das Kind eine entsprechende soziale Prädisposition mitbringt. Im Mittelpunkt seiner Erkenntnisse stehen die emotionalen Aspekte der wichtigen Beziehungen des Kindes. Als Psychotherapeut und Forschender der Psychopathologie ist einer seiner Forschungsschwerpunkte das pathologische Phänomen des Autismus. Deshalb bezieht er stets den Vergleich zwischen glückender und pathologischer Persönlichkeitsentwicklung in seine Überlegungen mit ein.

Ausgangspunkt ist auch für Hobson die evolutionär-anthropologische Perspektive. Seine diesbezüglichen Darstellungen ähneln denjenigen Tomasellos, wenn er schreibt:

> „Vor der Sprache war da noch etwas anderes – etwas Grundlegendes, gewissermaßen Primitiveres, mit einem Entwicklungspotential von beispielloser Dynamik, das uns zur Sprache hintrieb; etwas, das sich in winzigen Schritten weiterentwickeln konnte, aber dann plötzlich die Denkprozesse entstehen ließ, die unsere mentalen Vorgänge revolutionierten; etwas das uns (leider) keine fossilen Überreste offenbaren können. Dieses Etwas war der intensive soziale Kontakt. Genau die Bindeglieder, die zwischen dem Bewusstsein der einen und dem Bewusstsein der anderen Person einen Kontakt – insbesondere einen emotionalen Kontakt – herstellen, ziehen uns zum Denken hin. Einfach gesagt: Die Fundamente des Denkens wurden gelegt, als unsere Primaten-Vorfahren auf dieselbe Art in emotionalen Kontakt miteinander zu treten begannen, wie das zwischen Menschenbabys und ihren Eltern geschieht" (Hobson, 2003, S. 17f).

Übertragen auf die Ontogenese wählt Hobson die Formel, der zwischenmenschliche Kontakt sei der „Unterbau der Sprache". Auch hier wird deutlich, wie sehr Hobsons Verständnis mit demjenigen von Vygotsky, Harris und Tomasello übereinstimmt. Die Bedeutung von Beziehungen als Voraussetzung für Lernen und geistige Entwicklung veranschaulicht Hobson, indem er die normale Entwicklung von Kindern in Vergleich setzt zu derjenigen eines Menschen mit frühkindlichem Autismus:

> „Der Autismus macht auf eindrucksvolle Weise deutlich, was es bedeutet, zu einem anderen Menschen in Kontakt zu treten, denn er zeigt uns das tragische Bild eines Menschen, dem ein solcher Kontakt nur ansatzweise oder gar nicht gelingt. Dieser Mangel an emotionaler Verbundenheit mit anderen ist an sich schon

> verheerend, doch es scheint auch bestürzende Auswirkungen auf die Denkfähigkeit des Kindes zu haben – Auswirkungen, aus denen sich umgekehrt schließen lässt, wie sich im Normalfall das Denken aus zwischenmenschlichen Beziehungen heraus entwickelt" (Hobson, 2003, S. 21).

Wenn Hobson konkret und detailliert auf die schrittweise psychische Entwicklung des normalen Kindes in den ersten beiden Lebensjahren eingeht, um zu zeigen, wie das menschliche Denken normalerweise entsteht, so spielt für seine theoretischen Überlegungen seine psychoanalytische Schulung eine wichtige Rolle. Der psychoanalytische Zugang berücksichtige die nicht offensichtlichen und irrational wirkenden Denk- und Beziehungsmuster und könne dadurch bestimmte Aspekte der geistigen Funktionen erst verständlich machen (vgl. Hobson, 2003, S. 37f).

Es spricht der Psychotherapeut, wenn er deutlich macht, dass vor allem die emotionale Zuwendung – das zwischenmenschliche Sich-ganz-auf-den-anderen-Einlassen – und das solidarische Mitgefühl die Basis des therapeutischen Wirkens schafft. Die Elemente sozialer Verbundenheit spielen aus seiner Sicht eine entscheidende Rolle, um einen verunsicherten, mit innerer Spannung ringenden Menschen zu beruhigen und ihm schrittweise zu ermöglichen, seine geistigen Ressourcen wieder zurückzugewinnen.

Die Analogie zur geistigen Entwicklung des Säuglings und Kleinkindes ist offensichtlich: Denken zu lernen ist ein anspruchsvoller, schrittweise aufbauender Prozess, der durch Unsicherheiten, Ängste oder Misstrauen beeinträchtigt werden kann. Es gehe laut Hobson dabei um die Aneignung von Symbolen, zumal der Symbolgebrauch „das entscheidende Kennzeichen des menschlichen Denkens" sei. Oder anders ausgedrückt:

> „Die Entstehung des Denkens ist eng damit verknüpft, wie das Kind begreifen lernt, was Symbole sind und was sie zu leisten vermögen" (Hobson, 2003, S. 41).

Da das allmähliche Erfassen der Symbole im engen Wechselspiel mit den frühen Bezugspersonen vor sich geht, wird deutlich, wie wichtig die Qualität dieser Beziehung ist. Diesen Zusammenhang unterstreicht Hobson mit aller Deutlichkeit:

> „Aus der These, dass die Wurzeln des Symbolgebrauchs im Zwischenmenschlichen liegen, ergibt sich ausserdem die Vermutung, dass eine massive Einschränkung der zwischenmenschlichen Erfahrungen eines Kindes dazu führt, dass es Symbole weniger flexibel und kreativ einsetzen kann" (Hobson, 2003, S. 43).

3.2.4.1 Die Wiege des Denkens

Wie bereits gesagt, gilt Hobsons Forschungsinteresse vornehmlich der Phase im Leben des Kindes, in der die Voraussetzungen des Denkens im Entstehen begriffen sind. Zahlreiche Studien haben sich in den letzten drei bis vier Jahrzehnten detailliert mit den ersten Lebenstagen, -wochen und -monaten bis hin zur sprachlichen Entwicklung beginnend im zweiten Lebensjahr befasst, eben diesen besonderen Voraussetzungen des Denkens. Hobson greift viele dieser Studien seiner Wissenschaftskollegen auf, zwei sind in unserem Zusammenhang besonders wichtig.

a) Wie Säugling kompetent interagieren

In einer viel beachteten Publikation mit dem Titel „How infants know minds“[29] (Reddy, 2010) hat die in England tätige Entwicklungspsychologin Vasudevi Reddy basierend auf eigener empirischer Forschung mit Säuglingen versucht, herauszufinden, wie der Säugling ein Verständnis dafür entwickelt, wer Mutter, Vater und weitere Betreuende sind und wie mit ihnen eine Verständigung hergestellt werden kann. Im Unterschied zu der früher sehr verbreiteten Meinung unter Säuglingsforschern, das Neugeborene würde bis weit ins erste Lebensjahr hinein kaum etwas von der sozialen Umwelt mitbekommen, kommt sie zum gegenteiligen Schluss. Dank eines eigenständigen Forschungsansatzes hat sie schon bei Neugeborenen ein äußerst waches, aktives Interesse am Kontakt zur Pflege- bzw. Betreuungsperson entdeckt:

> „Wir wissen, dass menschliche Säuglinge schon bei der Geburt mehr tun können, als nur reflexartig zu handeln. Sie können Gegenstände visuell nachverfolgen und ihren Kopf um 180 Grad drehen, Präferenzen durch Mimik und Kopfdrehen ausdrücken, sie können lernen (zum Beispiel sogar gewisse Passagen der Dichtungskunst im Mutterleib) sowie absichtlich saugen oder ihre Köpfe und Arme bewegen, um bestimmte Wirkungen hervorzurufen. ... Es scheint unbestreitbar, dass menschliche Neugeborene nicht nur zu intentionalen Handlungen fähig sind, sondern auch zu intentionalen Handlungen, die durch Neugier und Interesse motiviert sind, und nicht nur zu solchen, die von physiologischen Bedürfnissen angetrieben werden“ (Reddy, 2010, S. 49) [Übers. v. Verf.].

Dass Neugeborene praktisch direkt nach der Geburt einige Bewegungen mit dem Mund imitieren können, wurde in der Babyforschung schon früher entdeckt. Neu

---

29 Auf Deutsch etwa: „Wie Säuglinge andere verstehen“.

bei Reddy ist, dass sie sich die Frage stellt, was Neugeborene veranlasst, zu imitieren. Ihre eigene Forschung (Beobachtungen und Überlegungen) zur Interaktion zwischen Baby und Bezugsperson haben sie zur Überzeugung geführt, dies ergebe nur Sinn, wenn vom Säugling ein genuines, starkes, emotionales Begehren ausgeht, Kontakt mit Bezugspersonen herstellen zu wollen. Imitation ist offensichtlich eine Möglichkeit, die der Säugling hat, um eine Verbindung zur Betreuungs- bzw. Bezugsperson herzustellen; darin manifestiert sich die soziale Prädisposition des Menschenkindes, was als Ausdruck der Ultrasozialität des Menschen verstanden werden kann. Zur Veranschaulichung dieser Annahme verweist Reddy auf wissenschaftliche Beobachtungen ihres griechischen Kollegen Giannis Kugiumutzakis:

> „Kugiumutzakis und seine Kollegen haben nachgewiesen, dass Akte der Nachahmung zwischen Eltern und Kleinkind ‚in Emotionen schwimmen', wie er es ausdrückt. Sowohl bei Säuglingen als auch bei Erwachsenen kann man oft kurz vor, während und nach den Imitationshandlungen ein Lächeln beobachten. Das Lächeln scheint auch zu dem Zeitpunkt zuzunehmen, wenn Nachahmung beim imitierenden Austausch mit älteren Kindern oder Menschen mit Dysfunktionalitäten stattfindet, Nachahmung scheint nicht nur Vergnügen zu bereiten, sondern Freude scheint das Auftreten von Nachahmung zu begünstigen" (Reddy, 2010, S. 63) [Übers. v. Verf.].

In dieser Beschreibung des zwischenmenschlichen Ereignisses „Imitation", das nicht nur den Säugling, sondern auch Mutter und Vater beglückt, drückt sich aus, worauf Reddy mit ihrer Forschung hinweisen will und was bisher in der Säuglingsforschung kaum so klar erfasst wurde: Der Säugling strebt danach und ist offensichtlich tatsächlich intuitiv in der Lage, seinerseits einen Beziehungsfaden aktiv herzustellen und versucht dabei herauszufinden, was das Gegenüber erwartet und wie es dazu bewogen werden kann, die Zuwendung aufrechtzuerhalten.

Reddys Herangehensweise in der Babyforschung enthält Elemente der Erkenntnisgewinnung, die bisher in dieser Weise wenig berücksichtigt worden sind. Im Unterschied zu der üblichen Methodik bei der Säuglingsforschung, bei der der Wissenschaftler am interaktiven Geschehen mit dem Säugling selber nicht beteiligt ist, sondern ausschließlich die Rolle des neutralen Beobachters einnimmt und dokumentiert, begibt sich Reddy als Forscherin selbst in diesen interaktiven Dialog mit dem Säugling, was ihr gänzlich andere Beobachtungserlebnisse beschert, wie sie erklärt. Es erschließen sich ihr als Forscherin damit

Einblicke in das innerliche Engagement des Säuglings, die den abstinenten Forschern bisher verborgen blieben:

> „Es ist sehr entscheidend, ob das Gegenüber [der Säugling], das man beobachtet, einem zugewandt ist und mit einem in Beziehung steht oder mit jemanden anderen. Die Gesichtsausdrücke – das Stirne runzeln, das Lächeln, die Tränen – können buchstäblich gleich sein, aber die darin für einem enthaltenen Informationen und deren Wirkung kann ausserordentlich verschieden sein. Das Erlebnis mit dem Gegenüber ist nicht nur viel unmittelbarer und verbindlicher, sondern fordert eine andere Art der Präsenz, eine unmittelbare Reaktion, eine emotionale Reaktion und die Verpflichtung, auf das Handeln des Gegenübers zu antworten (Reddy, 2010, S. 27) [Übers. v. Verf.].

Dass die Forscherin hier von „Gegenüber" spricht statt vom Säugling, hat eine bestimmte Bewandtnis. Reddy stellt zwischen der Aufgabe, mit einem Säugling einen interaktiven Beziehungsfaden herzustellen, und der Anforderung, mit Menschen aus anderen Kulturen in einen echten Dialog zu treten, eine starke Analogie her. Der Schlüssel, um in beiden Fällen erfolgreich zu sein, sei die persönliche emotionale Offenheit in der Begegnung mit dem anderen.

Mit Reddys Forschungsansatz wird im Grunde genommen etwas in den Beobachtungsprozess mit einbezogen, das man üblicherweise in der Wissenschaft möglichst auszuschließen versucht: die persönliche Beteiligung des Forschers. Der subjektive Faktor *Emotionen* des Forschenden gelten für die wissenschaftliche Arbeit a priori als störend, da nicht objektiv. Reddy ist dagegen der Meinung, um wirklich Zugang bzw. eine emotionale Verbindung zum Säugling aufzubauen und seine innerliche Beteiligung, seine Eigenaktivität in der direkten Beziehung untersuchen zu können, sei ein persönliches Engagement, sprich eine emotionale Beteiligung und unmittelbare Kontaktnahme seitens der Forschenden unabdingbar. Sie weist sogar daraufhin, dass die Erwartungen an das Baby, ob man ihm gewisse Fähigkeiten zutraue oder nicht, dessen interaktives Handeln beeinflusse.

Reddys Forschungsansatz ist psychologisch gesehen sehr interessant. Das persönliche Interesse, insbesondere das emotionale Engagement und die Offenheit eines Forschers haben offensichtlich eine erhebliche Wirkung darauf, dass das Gegenüber (Säugling) seinerseits gerne antwortet, sich mehr öffnet und auch mehr von seiner Befindlichkeit preisgibt. Das Engagement hat also in dieser Art der Forschung einen stark erschließenden bzw. aufschließenden Charakter. Distanziertes Beobachten und neutrales Sammeln objektiver Daten auf dem Hintergrund hypothetischer Erklärungsmodelle – die klassische Methodik in den Naturwissenschaften – gewährt im Unterschied dazu keinen vertieften Einblick ins *Erleben* der Menschen.

Reddys Verdienst als entwicklungspsychologische Forscherin ist die schlüssige und anschauliche Darstellung dessen, wie Säuglinge sich allmählich zu immer kompetenteren Dialogpartnern mit ihren Bezugspersonen entwickeln. Ihre Erkenntnisse sind für die Thematik in diesem Buch ausgesprochen relevant, zumal es sich von Anfang an um einen sich laufend fortsetzenden Lernprozess handelt, der sich offensichtlich vollumfänglich sozial vollzieht. In Reddys Portrait dieser frühen Lebensphase wird deutlich, wie der kleine Mensch regelrecht danach fiebert und schon früh beste Voraussetzungen dafür mitbringt, die sich ihm eröffnende soziale Welt kennenzulernen und daran teilzunehmen.

b) Geborene Dialogpartner – die Anfänge

Auch der renommierte schottische Kinderpsychologe Colwyn Trevarthen, ein Kollege Reddys, hat sich mit der vergleichbaren Forschungsfrage befasst, zu welchem Zeitpunkt genau und in welcher Weise der Säugling den Dialog mit Mutter oder Bezugsperson aufnimmt. Seine Einsichten aus langjähriger Forschungstätigkeit ermöglichten Trevarthen seinerseits genauer zu erfassen und wissenschaftlich zugänglich zu machen, wie der Säugling Schritt für Schritt seine Fähigkeiten erweitert, um in eine Interaktion mit den Bezugspersonen eintreten zu können. Seine Erkenntnisse, insbesondere in Bezug auf das erste Lebensjahr, ergänzen hier das bisher von Vygotsky, Tomasello, Harris, Hobson und Reddy geschaffene Gesamtbild der psycho-sozialen Entwicklung eines Kindes von Geburt an.

Praktisch von Geburt an bemüht sich der Säugling laut Trevarthen die zwischenmenschliche Zuwendung auf verschiedene Weise herbeizuführen. Das menschliche Gesicht, insbesondere die Augen sowie die vertraute mütterliche Stimme, erregen sein bevorzugtes Interesse. Diese beobachtbare Dialogbereitschaft des Säuglings nennt Trevarthen *primäre Intersubjektivität*.

Im *zweiten Monat* beginnt das Kind mit ersten Formen der vorsprachlichen Kommunikation, indem es freudig die rhythmische Musikalität und die Klangfarbe der mütterlichen Sprache aufnimmt. Bei Begrüßung oder Berührung lächelt es und streckt beim gespannten Zuhören des „Gesprächspartners“ sein kleines Fäustchen in die Luft. Trevarthen hat bei seiner Erforschung der vorsprachlichen Dialogformen des Säuglings entdeckt, dass zwischen Säugling und der Betreuungsperson ein wahrhaft musikalisch-rhythmisches Wechselspiel stattfindet. Dabei stimmt sich der Säugling mit seinen Äußerungen sehr präzise auf den Dialogpartner ein. Diese Fähigkeit ist offensichtlich nicht erlernt, sondern ein intuitives Verhalten.

Ab *dem dritten Monat* sind bereits spielerischer Interaktionsmomente mit dem „Partner" aus purer Freude, ja sogar Gesten des Alberns, zu beobachten, wie der Wissenschaftler schildert. Der Säugling kann nun nach Objekten greifen, was viele Mütter dazu animiert, das Kind in eine spielerische, witzelnde Interaktion zu verwickeln. Der Säugling zeigt einen Sinn für Humor und Freude am spielerischen Necken – so Trevarthen.

Wenn sich das Gesichtsfeld und somit die Welt des Säuglings in den nächsten Monaten erweitert, unternimmt es Versuche, unabhängig von der Mutter entferntere Gegenstände zu fassen. Mit *einem halben Jahr* kann es kriechen, sitzen, zieht sich bald sogar schon hoch und übt, Balance zu halten. Es ergreift freudig Gegenstände, die ihm hingehalten werden. Seine artikulierten Laute wandeln sich zu einem Plappern, voll von sprachähnlichen „Mitteilungen". Gemeinsame spielerische Aktivitäten wie Händeklatschen begeistern den Säugling, wenn damit die entsprechende erfreute Aufmerksamkeit verbunden ist.

Ein großer Schritt voran ereignet sich im *zehnten Monat,* wenn es beginnt, die Einladung einer Bezugsperson zu einer gemeinsamen Aktivität zu verstehen und darauf einzugehen. Tomasello nennt diese Fähigkeit die *gemeinsame Intentionalität*. Erste Ansätze zum Sprechen, der Versuch, Dinge zu benennen, also die Verwendung symbolischer Kommunikation zeigen sich. Und nun mit *einem Jahr* merkt sich das Kleinkind erste Worte. Im *zweiten Lebensjahr* erweitert sich sein Spektrum an gedanklichen Elementen erheblich und öffnet die Pforte zur sehr raschen Sprachentwicklung im *dritten Lebensjahr*:

> „Die Welt der gemeinsamen Ideen, Aufgaben und Werkzeuge beginnt sich schon Monate noch vor der raschen Beherrschung der Sprache im dritten Jahr auszudehnen" (Trevarthen, Delafield-Butt & Dunlop, 2018, S. 25) [Übers. v. Verf.].

Für den Entwicklungsschub am Ende des ersten Lebensjahres, den Hobson als *kopernikanische Wende* in der Entwicklung bezeichnet, während Tomasello von der *Neun-Monate-Revolution* spricht, hält Trevarthen den Begriff der *sekundären Intersubjektivität* bereit. Er legt den Fokus auf die Veränderungen in der Kommunikationsfähigkeit des Kindes. Es sei nun in der Lage, selbst Initiative zur gemeinsamen Aktivität im Sinne eines Perspektivenwechsels zu ergreifen. Nun kann es seine Aufmerksamkeit nicht nur auf etwas allein richten – entweder auf eine Person oder ein Ding – sondern wird fähig, die Beziehung der Bezugsperson zu einem Objekt zu verstehen. Tomasello nennt dies die gemeinsame oder geteilte Aufmerksamkeit. Das Kleinkind erkennt nun, dass seine Mutter oder sein Vater je ein eigenes, subjektives Bewusstsein haben.

3.2.4.2 Denken heißt die Teilnahme an einer gemeinsamen Welt

Trevarthen hat wie die anderen hier angeführten Wissenschaftler mit seiner Forschung bedeutsame Erkenntnisse zum vertieften Verständnis von Lern- und Entwicklungsvorgängen bei Kindern beigetragen. Sie alle machen deutlich, was Tomasello mit der Ultrasozialität des Menschen meint. Alle bestätigen mit ihren Einsichten, dass das größte Streben des jungen Menschen – des Säuglings, des sprechenden Kleinkindes, des Vorschul- und Schulkindes bis hin zum Jugendlichen – darin besteht, teilhaben zu wollen am gemeinsamen Leben mit den anderen, möglichst schnell und früh zu verstehen, wie die Welt funktioniert, das Regelhafte zu erkennen und sich zum „Wir" zugehörig fühlen zu wollen und zu können. Alle seine Entwicklungsbemühungen sind vom Wunsch beseelt, lernen und sich aneignen zu können, was ihm die Teilhabe an der gemeinsamen Welt ermöglicht. Dabei findet Lernen natürlicherweise nicht allein statt, sondern von Anfang an im Dialog. Ohne die Zuwendung im dialogischen Wechselspiel versiegt die Motivation und alle Bereitschaft, die notwendig ist, um lernen zu können. Umgekehrt blüht der Lerneifer des Kindes auf, wenn der kulturelle Mentor seine Aufgabe als Dialogpartner und Lehrer des Kindes adäquat wahrnimmt.

Wenn Beziehungen bei der Genese und Entwicklung der kindlichen Denkprozesse eine besonders große Rolle spielen, so versteht sich von selbst, dass Gefühle bzw. die emotionale Verfassung eines Kindes damit stark involviert sind. Es ist dementsprechend nur folgerichtig, dass Hobson als einen Schwerpunkt in seinem Buch „Wie wir denken lernen" (Hobson, 2003) die Bedeutung der Bindungsforschung hervorhebt.

3.2.5 Bildung braucht Bindung

In einem Dossier des *Swiss Institute for Educational Issues* veröffentlichte 2013 die Schweizer Erziehungswissenschaftlerin Margrit Stamm eine 36-seitige Abhandlung mit dem Titel „Bildung braucht Bindung. Ein Fundament für das Vorschulalter" (Stamm, 2013). Sie erklärt darin zu Beginn, es gehe ihr darum, die vorhandenen Kenntnisse zu den beiden Themenbereichen „Bindung" und „frühkindliche Bildung" zusammenzubringen und dadurch verfügbar zu machen. Den Kern dieser Verbindung umschreibt sie im Hinblick auf den großen Schritt des Kindes aus der Familie in die größere Gemeinschaft, sprich in die Schule:

> „Ein erfolgreicher Schuleintritt wird nicht allein durch die kognitiven Fähigkeiten, die sprachliche und mathematische Förderung vorbereitet, sondern ebenso in

> den emotionalen und motivationalen Grundlagen. Diese basieren auf Bindungsbeziehungen, die für den kindlichen Wissenserwerb und die Bildungsentwicklung wichtig sind. Sie prägen Lernfreude und Anstrengungsbereitschaft, welche zu den grundlegenden Kompetenzen für eine erfolgreiche Schullaufbahn gehören" (Stamm, 2013, S. 24).

Die hier angesprochene Relevanz von Bindung in der menschlichen Entwicklung und für das psychische Wohlbefinden wird über die Schule hinaus in allen humanwissenschaftlichen Disziplinen mittlerweile sehr ernst genommen. Es dauerte allerdings etliche Jahrzehnte, bis die Erkenntnisse der Bindungsforschung in ihrer Bedeutung allgemein anerkannt wurden. Heute gilt die Bindungstheorie in der Fachwelt als empirisch solide belegt, mit starken Implikationen für viele Fachbereiche wie Bildung, Psychotherapie, Heilpädagogik und andere sozio-kulturelle Fachgebiete.

Die folgenden Ausführungen zur Bindungstheorie und -forschung stützen sich im Wesentlichen auf die umfangreichen Publikationen des Ehepaars Klaus E. und Karin Grossmann. Dieses Forscherehepaar hat seit Jahrzehnten die Forschung dazu in Europa aufgebaut und vorangetrieben. Über 30 Jahre lang widmeten sie sich der weiterführenden Erforschung der Bindungstheorie und standen mit den beiden angelsächsischen Pionieren der Bindungsforschung, John Bowlby und seiner Kollegen Mary Ainsworth, in engem Austausch.

3.2.5.1 Die Entstehung der Bindungstheorie

Der Pionier in der Entwicklung der Bindungstheorie und der dazu notwendigen Forschung war der englische Psychiater und Psychoanalytiker John Bowlby, der sich bereits in den Jahren vor dem Zweiten Weltkrieg mit problematischen Eltern-Kind-Beziehungen und deren Auswirkungen auf die Persönlichkeitsentwicklung von Kindern befasste. Im Krieg selbst konnte er miterleben, wie viele Kinder, die von ihren Eltern zum Schutz aufs Land geschickt und längere Zeit von der Familie getrennt bei ihnen fremdem Menschen lebten, unter dieser Trennung litten. 1948 begann Bowlby anhand von Untersuchungen von Kindern, die kürzer oder länger im Spital oder einem Kinderheim sein mussten, genauer zu erforschen, wie sie auf die Trennung von der Mutter reagierten und was genau geschah, wenn ein solches Kind wieder nach Hause kam. Bowlby stellte sich diese Fragen als Psychologe und Psychoanalytiker, den insbesondere das Verständnis der Persönlichkeitsentwicklung sowie die Entstehung psychiatrischer Störungen interessierte. Zunächst suchte er Antworten mithilfe der psychoanalytischen Theorie, kam aber zu einem ernüchternden Schluss, wie er selbst schreibt:

> „Unglücklicherweise leidet die Psychoanalyse – als Theorie –, an einer Anzahl von Gebrechen, die sie verunstaltet und lähmt. Eines dieser Gebrechen ist, dass die Informationen über möglicherweise ursächliche Ereignisse fast ausschließlich aus den lückenhaften und zwangsläufig voreingenommenen Darstellungen der Patienten über ihre Vergangenheit gewonnen werden, mit dem Ergebnis, dass die Hypothesen, ungeprüft durch unabhängige Daten, abenteuerlich werden. Ein zweites Problem ist, dass die Annahmen, auf die Freud seine Theorie aufbaute, aus der Biologie des 19. Jahrhunderts und sogar aus der Zeit vor Darwin stammten. Ich kam zu dem Schluss, dass die Psychoanalytiker zwar genau die richtigen Fragen gestellt hatten, dass aber ihre Antworten sehr zu wünschen übrigließen" (Bowlby, 1980, S. 40).

Diese kritische Einstellung Bowlbys zur Psychoanalyse mag als markanter Widerspruch zu den positiven Erläuterungen Hobsons zur Psychoanalyse erscheinen. Dabei darf aber nicht außer Acht gelassen werden, dass Bowlby seine Distanzierung gegenüber der Psychoanalyse in den 1940er- und Anfang der 1950er-Jahre vornahm, während Hobson sehr viel später zu seiner Ansicht gelangte. Die klassische Psychoanalyse hat erst mehr als 50 Jahre – dies nachdem Bowlby den Grundstein zur Entwicklung der Bindungstheorie gelegt hatte – sich durchgerungen, sie anzuerkennen.

Mit der psychoanalytischen Theorie gelang es Bowlby also in den Anfängen nicht, seine Frage zu beantworten, wie die Reaktionen kleiner Kinder auf Trennung und Wiedervereinigung mit der Mutter zu erklären sind oder auch wie sich grundsätzlich das emotionale Band zwischen Mutter und Kind aufbaut und entwickelt. Anfang der 1950er-Jahre hörte er von den Forschungsarbeiten Konrad Lorenz' und seiner Prägungstheorie bei Tieren. Beim Studium von dessen Erkenntnissen über die beobachtbaren Trennungsängste und das Nähe-Suchen bei nestflüchtenden Vögeln, die auf ihre Mutter geprägt waren, erschien ihm dieses Phänomen außerordentlich ähnlich wie bei Kindern (vgl. dazu Bowlby, 1987, S. 22).

Dies war eine gänzlich andere Sichtweise als die der Psychoanalyse, wo von der *Objektbeziehung* die Rede ist, deren Bestehen laut Theorie ausschließlich von der *oralen* Befriedigung durch die Mutter abhängt. Bowlby erkannte die Notwendigkeit, ein neues theoretisches Fundament zu schaffen, um ein plausibles Verständnis für die Probleme der Persönlichkeitsentwicklung und Pathologie in der frühen Kindheit zu ermöglichen, mit denen er es in seiner Praxis zu tun hatte.

Als psychologische Grundthese der nun entstehenden Bindungstheorie nannte Bowlby die Tatsache, dass wir Menschen alle angesichts von Angst- oder Trauersituationen Schutz und Beistand bei unseren Mitmenschen suchen – eine sehr hilfreiche Verhaltensdisposition, die insbesondere in Zeiten des noch nicht gänzlich eigenständigen Lebensvollzugs wichtig ist.

> „Vor allem in der Zeit der Unreife kann der Mensch nicht allein überleben. Er ist von Natur aus ein soziales Wesen. Wie bei allen gemeinschaftlich lebenden Säugetieren sind soziale Beziehungen die Grundlage seiner Sozialstrukturen .... Bei vielen Tierarten erhöhen der Gruppenzusammenhalt und besonders das Fürsorgeverhalten von Elterntieren die Überlebenschancen eines jeden Individuums und damit der ganzen Art. Auch die meisten menschlichen Aktivitäten, vor allem elterliche Fürsorge und Paarbildung, finden innerhalb sozialer Gruppen statt. Die Gruppe ermöglicht gegenseitigen Schutz während der elterlichen Fürsorge für die Jungen und sorgt damit gleichzeitig für ihren Erhalt" (Grossmann & Grossmann, 2017, S. 40).

Bindung ist demnach aus evolutionärer Sicht ein zentrales Element der Sozialnatur des Menschen, das auch nicht aufhört oder überflüssig wird, wenn die Mündigkeit erreicht ist. Das ganze Leben von der Wiege bis zum Grab ist beim Menschen von sozialen Beziehungen geprägt, von deren Qualität sehr viel für sein Wohlergehen abhängt. Auch hierin unterscheidet sich die Bindungstheorie hinsichtlich ihres Menschenbildes gänzlich von der Konzeption der Psychoanalyse, die „Abhängigkeit" in Beziehungen grundsätzlich als problematisch erachtet. Die Bindungstheoretiker sprechen von einer *Autonomie in Verbundenheit* (nicht Abhängigkeit), womit ausgedrückt ist, dass wir Menschen für unsere seelische Gesundheit Bindungen benötigen, ja sogar psychische Eigenschaften wie das Selbstwertgefühl, die Fähigkeit zur Überwindung von Niederlagen, schwierigen Lebenssituationen usw. wesentlich davon abhängen, wie viel Verbundenheit ein Mensch grundsätzlich zu anderen Menschen hat und wie gut er in der Lage ist, zu kooperieren.

Bei seiner wissenschaftlichen Tätigkeit ließ sich Bowlby von der Forschungsmethodik der Ethnologie überzeugen, die in erster Linie auf Feldforschung mit systematischer Beobachtung beruht. Als Kliniker leuchtete ihm dieses Vorgehen ein bzw. kam seinem Wunsch sehr entgegen, der Bindungsforschung ein solides wissenschaftliches Fundament zu verleihen.

Allmählich kristallisierte sich in Bowlbys Forschung und Theoriebildung deutlich heraus, dass es die Sensibilität der Mutter gegenüber ihrem Kind sein muss, wovon abhängt, ob und wie stark das Kind *Bindungssicherheit* erlebt und dementsprechend eine psychische Stabilität aufweist. Von der Bindungserfahrung hängt wiederum die Entwicklung des Selbst und des Selbstvertrauens ab. Negativ formuliert kann man auch sagen, je weniger eine Mutter in der Lage ist, den Grundbedürfnissen des Kindes nach Liebe, Schutz, Nähe und Fürsorge gerecht zu werden, desto größer sind die Risiken für das Kind, psychische Beeinträchtigungen zu erleiden. Dazu gehören Phänomene wie chronische Anstrengung und Anspannung als Grundbefindlichkeiten, Ängstlichkeit und Selbstzweifel sowie die Schwierigkeit, sich auf zwischenmenschliche Beziehungen einlassen zu können. Solche Zusammenhänge erforschten Bowlby, seine Mitarbeiterin Mary Ainsworth und all die weiteren späteren Bindungsforscher systematisch-empirisch. Zu ihren Instrumentarien und Erklärungsansätzen zählten

> „die Beobachtung des Ausdrucks von Gefühlen und des Verhaltens mit seinen Signalwirkungen, die prospektive entwicklungsorientierte Untersuchungsplanung und der systemische Ansatz. Durch Beobachtung ergibt sich die Möglichkeit zur objektiven Erfassung von Parametern individuellen Verhaltens bzw. von emotionalen Bewertungen in kommunikativen Prozessen. ... Dabei wird das Kind nicht als Einzelwesen beobachtet, sondern im Zusammenspiel mit einer Bindungsperson als natürliche Einheit“ (Grossmann & Grossmann, 2017, S. 36f).

3.2.5.2 Die essenziellen Erkenntnisse der Bindungsforschung

Die Ausreifung der Bindungstheorie mit wissenschaftlicher Überprüfung der theoretischen Erklärungen dauerte mehrere Jahrzehnte. Das Ehepaar Grossman betont, die Bindungstheorie sei immer eine „offene Theorie“ gewesen, die in sorgfältigen Schritten im Wechselspiel zwischen Beobachtung und Interpretation (induktiv-deduktiv) vorankam. Ein besonders wichtiger Beitrag zur wissenschaftlichen Fundierung der Theorie kam von der kanadischen Psychologin Mary Ainsworth, die sich 1950 dem Forschungsteam Bowlbys an der *Travistock Klinik* in London für vier Jahre anschloss. Auch als Ainsworth 1954 nach Kampala (Uganda) umzog, wo ihr Mann einen Forschungsauftrag erhalten hatte, verfolgte sie ihr Bestreben weiter, eigenständig Studien zu Mutter-Kind-Beziehungen in Anlehnung an die Forschungserfahrungen von und mit Bowlby durchzuführen, um die Kernfragen der Bindungsforschung weiter zu klären: Worauf kommt es an, dass sich zwischen Mutter und Kind ein enges Beziehungsband entwickelt? Und was bezüglich dieses Bandes erklärt, wieso das Fehlen desselben oder dessen zeitweise Beeinträchtigung so schwerwiegende Auswirkungen auf die Persönlichkeitsentwicklung haben kann?

Während ihres Aufenthalts in Uganda führte Ainsworth direkte Beobachtungen von Kindern und Müttern in ihrem familiären Umfeld durch und befragte auch die Mütter nach ihren Gewohnheiten bei der Säuglingspflege und zur Entwicklung ihrer Kinder. Im Fokus war insbesondere das spezifische Interaktionsmuster zwischen Mutter und Kind sowie allen weiteren Personen des jeweiligen Haushalts. Dabei beeindruckte die Forscherin das aktive Suchen des Mutterkontakts, wenn das Kind wegen etwas beunruhigt war oder wenn sich die Mutter entfernte. Darauf fokussierte Ainsworth noch genauer und war dann bald in der Lage, weitere zentrale Aspekte der Bindungstheorie formulieren zu können. Im letzten Kapitel ihres „Forschungsberichts" zu ihrer Studie in Uganda[30] fasst Ainsworth ihre Eindrücke und Vermutungen zusammen, die sich als Fazit aus den beiden Forschungsjahren ergeben hatten:

> „Das Verhaltensmuster, das wir als ‚Nutzung der Mutter als sichere Basis' bezeichnet haben, unterstreicht die Tatsache, dass es eine gesunde Entwicklung enger Bindung geben kann, während gleichzeitig Kompetenz und Unabhängigkeit zunehmen. Es ist das unsichere Kind, das sich an seine Mutter klammert und sich weigert, sie zu verlassen. Das sichere Kind, das ebenso eng mit seiner Mutter verbunden ist, entfernt sich von ihr und zeigt seine Verbundenheit dadurch, dass es den Aufenthaltsort seiner Mutter im Auge behalten und von Zeit zu Zeit zu ihr zurückkehren möchte. Und in seinen gelegentlichen Blicken zurück zu ihr oder indem es ihr Dinge bringt, die es ihr zeigen will, zeigt es seinen Wunsch, seine Freude an der Erforschung der Wunder der Welt mit ihr zu teilen. Auf eine Frage von Eltern antworte ich also, dass Bindung die Kompetenzentwicklung und den Aufbau von Selbstvertrauen weder im Normalfall noch gezwungenermassen behindert, sondern diese Entwicklung vielmehr unterstützt" (Ainsworth, 1967, S. 447f) [Übers. v. Verf.].

Nach dem zweijährigen Aufenthalt in Uganda zog das Ehepaar nach Baltimore (USA) um, wo Ainsworth verschiedene Lehraufträge an der Universität innehatte, bis sie 1963 eine zweite Beobachtungsstudie mit Familien vor Ort durchführen konnte. Eine der zentralen Antworten auf die Forschungsfrage, wovon es abhängt, wie sich die Qualität der Bindung eines Kindes entwickelt – also die Frage nach dem Grad an Sicherheit, die ein Kind in der Bindung zur Mutter erlebt –, war die Einführung des Begriffs der „Feinfühligkeit" der Mutter, was vielen Psycholo-

30 Das Buch erschien erst mehr als 10 Jahre nach ihrem Umzug in die USA mit dem Titel „Infancy in Uganda. Infant care and the growth of love" (1967).

gen zu dieser Zeit gar nicht einleuchten wollte. Zur Bedeutung dieses Begriffs für die Bindungstheorie schreiben die Entwicklungspsychologen Karin Grossmann, Klaus Grossmann, Inge Bretherton und Everett Walter im Gedenkband zu Ainsworths hundertstem Geburtstag:

> „Es wird oft verkannt, dass Mary Ainsworths Bewertung der an die Eigenschaften eines einzelnen Kleinkinds angepasste mütterliche Fürsorge revolutionär war. Das phylogenetische Programm ist offen genug, um allen Babys die Möglichkeit zu geben, sich an die Betreuerinnen zu binden, auch wenn die Qualität der Pflege, die sie erhalten, unsensibel oder sogar missbräuchlich ist. Die Bindung der Kleinkinder an die Betreuungsperson ist unter diesen Umständen jedoch wahrscheinlich unsicher. Sensibilität ist daher ein entscheidender Faktor zum Verständnis der Entwicklung individueller Unterschiede in Bindungsbeziehungen. Wie Mary Ainsworth später sagte, war die beobachtende Forschung zur mütterlichen Sensibilität, die weitgehend ethologisch ausgelegt wurde, ein völlig anderes Paradigma als die damals gängigen behavioristischen Vorstellungen, dass sensibles Reagieren darauf hinausläuft, ein Kleinkind zu verwöhnen" (zit. nach Grossmann, Grossmann, Bretherton & Walters, 2015, S. 2) [Übers. v. Verf.].

Bei der Baltimorestudie beobachteten Ainsworth oder Mitarbeiter ihres Teams über Stunden, wie sich die Interaktionen zwischen Müttern und Kindern gestalteten. Um diese Einschätzungen der jeweiligen mütterlichen Feinfühligkeit validieren zu können, führte Ainsworth am Ende des ersten Lebensjahres der Kinder ein Laborexperiment durch, das sie die „Fremde Situation" nannte. Dabei wurde mit ansteigendem Anforderungsprofil während 20 Minuten die Qualität der Bindung des jeweiligen Kindes mit seiner Mutter überprüft und mit der Prognose verglichen, die früher aufgrund der gemessenen mütterlichen Feinfühligkeit im individuellen Fall gestellt worden war. Die Korrelation zwischen dem Maß an Feinfühligkeit und der Bindungssicherheit war offensichtlich hoch und gab Ainsworths Theorie recht, dass die Feinfühligkeit der Mütter wesentlich ausmacht, welche Art von Bindung mit ihrem Kind entsteht. Die „Fremde Situation" wurde zu einem der bedeutendsten experimentellen Testverfahren der Entwicklungspsychologie und die Bindungstheorie zu einem der am besten verifizierten Erklärungsmodelle zum Verständnis unserer Persönlichkeitsentwicklung bzw. pathologischer Entwicklungen. Die Hypothese des Kinderpsychiaters und Entwicklungsforschers Bowlby, dass fehlende Bindungssicherheit eine wesentliche Rolle bei der Entstehung problematischer psychischer Entwicklung spiele, hat sich nach mittlerweile einigen Jahrzehnten Forschung bestätigt.

3.2.5.3 Bindungsqualität und die Folgen für Persönlichkeitsentwicklung und Bildung

Anlässlich einer Tagung zum Thema „Bindung – was die Welt zusammenhält" im August 2017, organisiert vom Lehrstuhl für Klinische Psychologie an der Universität Zürich, hat der Lehrstuhlinhaber Guy Bodenmann den Zusammenhang zwischen Bindungsstörungen und psychischen Störungen aufgerollt. Der Mangel an elterlicher Feinfühligkeit bzw. Fürsorgeverhalten kann, wie Bodenmann in seinem Vortrag aufzeigte, delinquentes oder gewalttägiges Verhalten begünstigen. Dasselbe gelte für weitere psychopathologische Befunde wie ADHS, Depressionen oder Essstörungen. Dazu führte er empirische Studien an und ergänzte das klinische Bild, indem er die „Mechanismen" aufzeigte, welche als Folge von Bindungsstörungen zu solchen psychischen Auffälligkeiten führen können (vgl. Bodenmann, 2017, Folie 41):

- negative Selbst- und Fremdrepräsentation
- niedriger Selbstwert
- geringes Explorationsverhalten
- dysfunktionale Emotionsregulation
- externale Kontrollüberzeugungen und geringe Selbstwirksamkeitserwartungen

Man könnte auch sagen, dass die Bindungsunsicherheit als starker Faktor wirkt, die allgemeine Vulnerabilität eines Menschen zu erhöhen.[31]

An dieser Tagung sprach das Bindungsforscherehepaar Grossmann über den Zusammenhang von sicherer Bindung und der Offenheit zur Welt, eine Thematik mit hoher Relevanz für Bildung und Lernen. Sie unterstrichen dabei die schon von Ainsworth betonte Bedeutung der Bindungspersonen „als Hafen der Sicherheit und als sichere Basis" nicht nur in der Familie, sondern auch im Schulzimmer. Karin und Klaus Grossmann veranschaulichten, wie einerseits das Gefühl von Bindungssicherheit beim Kind entsteht und umgekehrt, welche täglichen Erlebnisse in der Familie zu Bindungsunsicherheit führen. Alle Kinder suchen bei ihren Bezugspersonen je nach ihren täglichen Erfahrungen Anerkennung, Ermutigung, Schutz, Fürsorge, Trost, Angenommen- und Gefördertwerden, also ein bejahendes emotionales Echo. Da gibt es keine Ausnahmen. Aber die einen erleben, dass diese Bedürfnisse von ihren Eltern zuverlässig und gerne befriedigt werden, sodass das Kind ein beruhigendes Grundgefühl von Sicherheit und Entspannung er-

31 Ausführlicher nachzulesen in: Bodenmann, 2016, S. 123–125.

lebt; es weiß, dass es jederzeit bei den Eltern emotional „auftanken" kann und unterstützt wird, falls es ihm erforderlich erscheint. Das andere Kind läuft mit seinen Bedürfnissen bei den Eltern auf, da sie die Signale des Kindes nicht angemessen wahrnehmen und adäquat beantworten können. Dies erhöht den bereits vorhandenen Stress des Kindes weiter und hinterlässt bei ihm ein Gefühl von Geringschätzung, Bedeutungslosigkeit, Angst und anderen negative Emotionen.

Laut Grossman und Grossmann ist es für das Kind und den Jugendlichen also nicht voraussetzungslos, sich offen und neugierig mit den Anforderungen der Schule auseinandersetzen und grundsätzlich unbeschwert lernen zu können. Ein sicher gebundenes Kind lasse sich im Allgemeinen gerne helfen und etwas erklären und zeige generell Interesse, sich auf eigene Exploration und Vermittlung einzulassen. Das unsicher-gebundene Kind hingegen verharre in einem Zustand der Verschlossenheit, weil es innerlich von ungelösten Gefühlskonflikten beeinträchtigt werde, es also von negativen Gefühlen (Unsicherheiten, Zweifel an sich selbst, Angst vor Beurteilung, Versagensängsten, Misstrauen usw.) absorbiert sei. Die unbeschwerte Fähigkeit, sich auf etwas Neues, mit anderen Worten aufs Lernen einlassen, sei häufig stark beeinträchtigt. Summa summarum schließen Großmanns, dass sich je nach Bindungssicherheit zwei unterschiedliche Lebensperspektiven ausbilden: eine, die den Menschen für geistige Höhenflüge und eine offene Zugewandtheit zur Welt frei macht und eine andere, die von mehr oder weniger Angst und Furcht geprägt ist, was das Denkvermögen, den Initiativgeist und die mentale Wachheit generell einschränkt (Grossmann & Grossmann, 2017).

Betrachtet man die Entwicklungsphase der Kindheit bis zur Grundschule wie zuvor ausführlich dargelegt, so sieht man schon sehr früh, dass der stärkste Antrieb beim Kind darin besteht, zur Gemeinschaft – zunächst der familiären – dazuzugehören zu wollen, sprich bei den Aktivitäten der „Großen" möglichst mitwirken zu können. In der dann noch spielerischen Beschäftigung mit Dingen, am liebsten mit Tätigkeiten der „Großen" (Rollenspielen), wird die Motivation von Kindern erkennbar, tüchtig und fähig sein zu wollen, etwas selbst meistern zu können. Im Zusammenhang damit steht auch die lange unterschätzte Bedeutung der Väter, die erfahrungsgemäß zumeist gerade im zunehmenden Explorationsalter beginnen, sich immer mehr für die Beschäftigung mit dem Kind zuständig zu fühlen. In der Bindungsforschung hat sich im Zusammenhang mit der Bedeutung der Väter der Begriff der „Spielfeinfühligkeit" herauskristallisiert. Zahlreiche Untersuchungen haben gezeigt, dass Väter sozusagen „ins Spiel kommen", wenn das Kind anfängt, zu explorieren, wenn der Drang, zu lernen und sich zu entwickeln, groß ist. Viele soziale Kompetenzen, die der junge

Mensch lernen bzw. entwickeln muss und die später für die Beziehungen zu den Gleichaltrigen relevant sind, werden Grossmanns zufolge von der Spielfeinfühligkeit des Vaters beeinflusst.

Nimmt man diese Unterschiede zwischen sicher gebundenen und unsicher gebundenen Kindern in ihrer ganzen Tragweite zur Kenntnis, wie sie die beiden europäischen Bindungsforscher in ihrem Lehrbuch charakterisieren, wird einem bewusst, wie entscheidend solch unterschiedliche Startbedingungen ins Leben sind. Wie sollen etwa unsicher-gebundene Kinder mit ihren Gefühlsbelastungen in der Lage sein, konzentriert, selbstbewusst, neugierig, zuversichtlich, mutig und sich der Unterstützung der Erwachsenen und der anderen Kinder gewiss, zu lernen, also offen, geistig wach und vif zu sein für anspruchsvolle Aufgabenstellungen?

Im Unterschied dazu beschreiben die Entwicklungspsychologen die emotionale und soziale Disposition des sicher gebundenen Kindes mit Begriffen wie Angstfreiheit, Gelassenheit, Selbstbewusstheit, Erfolgszuversicht, Interesse und Neugierde angesichts herausfordernder Aufgabenstellungen sowie Kooperations- und Konfliktfähigkeit. Diese Einstellungen und Fähigkeiten ermöglichen dem jungen Menschen eine große „innere Freiheit" bzw. „Handlungsfähigkeit" (Grossmann & Grossmann, 2017, S. 315) angesichts der alltäglichen Anforderungen sowie ein hohes Maß an „geistiger Flexibilität" (ebd., S. 373).

Ein wichtiges Theorieelement in der Bindungsforschung stellen des Weiteren die „Internalen Arbeitsmodelle" bzw. die „innerlichen Abbildungen der Lebenswelt" oder „inneren Repräsentationen" dar. In den 1980er-Jahren begannen die Bindungsforscher, sich mit der Persönlichkeitsentwicklung bis ins Erwachsenenalter zu beschäftigen. Sie stützten ihre Studien nicht mehr nur auf Beobachtbares (Verhaltens- und Interaktionsmuster), sondern bezogen auch innere, mentale Prozesse ein. Gemäß den Überlegungen der Bindungsforscher werden frühkindliche Bindungserfahrungen in Form von Erwartungen verinnerlicht. Je nach Bindungserfahrungen entwickelt das Kind die Gewissheit, dass eher Positives oder eher Negatives von seinen Mitmenschen zu erwarten ist. Das Problem bei unsicher-gebundenen Kindern ist, dass sie kaum in die Lage kommen, ihre negativen Erwartungen zu hinterfragen, wodurch alle verinnerlichte Skepsis, alles Misstrauen, alle Befürchtungen und sonstigen eher feindselig gestimmten Einstellungen ungebrochen ihre isolierende Wirkung beibehalten. Kritische Selbstreflexion, die eine Revision früherer negativer Erfahrungen möglich macht, erfordert normalerweise therapeutische Hilfe. Dies trifft auch für sicher-gebundene Erwachsene unter Umständen zu. Für unsicher-gebundenen Kinder ist dies unabdingbar.

3.2.5.4 Resilienz

Eine Frage beschäftigte die Entwicklungspsychologie schon sehr früh, nämlich erklären zu können, wieso es Kinder gibt, die nachweislich unter häuslich äußerst belastenden Umständen aufgewachsen sind und die dennoch ihr Leben ebenso erfolgreich meisterten wie Menschen, die eine unbeschwerte Kindheit hatten.

Es war die amerikanische Entwicklungspsychologin Emmy E. Werner-Jacobsen, die sich mit ihrem Kauai[32]-Langzeitstudie dieser Forschungsfrage annahm. Dank dieser Studie mit fast 700 Probanden, alle 1955 geboren, die sich über mehr als 30 Jahre erstreckte, gelang es ihr, eine Antwort darauf zu finden: Im Unterschied zu anderen Kindern aus sehr schwierigen Familienverhältnissen, die mit großen Problemen im weiteren Lebensverlauf zu kämpfen hatten, hatte das erfolgreiche eine Drittel familiär belasteter Kinder ausnahmslos einigermaßen früh bei mindestens einer Person aus dem sozialen Umfeld ein emotionales Angenommensein erlebt (was normalerweise bei den Eltern der Fall ist) und somit eine sichere Bindung aufbauen können. Zu wichtigen Bindungspersonen für diese Kinder gehörten Großeltern, Tanten, Nachbarn, Kindergärtnerinnen oder etwa Lehrpersonen. Diese kompensatorische Erfahrung konnten die anderen unglücklichen Kinder leider nicht machen. Werner prägte für die erfolgreichen Kinder aus „Broken-Home-Families" den Begriff der *Resilienz*, der seelischen Widerstandskraft, einer Art innerlicher psychischer Stärke, die es erlaubt, allen Widrigkeiten zum Trotz den Weg im Leben zu finden.

Im großen Bindungstheorie-Lehrbuch des Ehepaars Grossmann wird im Zusammenhang mit der Frage, wer im Lebensverlauf von Kindern und Jugendlichen allenfalls eine solche sicherheitsstiftende Bedeutung für unsicher-gebundene Kinder einnehmen könnte, klar die Klassenlehrperson genannt. Gerade die Volksschullehrer verbringen sehr viel aktive, anregende Lebenszeit mit Kindern. Nach Grossmanns sind sie prädestiniert, als Bindungsperson empfunden und angenommen zu werden. Allerdings setze dies voraus, dass diese Pädagogen selbst auch emotional und aufgrund ihres psychologischen Verständnisses in der Lage seien, solchen emotional stark verunsicherten, mit wenig Vertrauen ausgestatteten Schülern geduldig, wohlwollend und zuversichtlich schrittweise positive zwischenmenschliche Erfahrungen zu ermöglichen, die ihnen bisher versagt blieben. Möglicherweise sind die Haltungen solcher Schüler von Empfindlichkeit, Abwehr, Rückzug, schweren Stimmungsschwankungen oder Aggressivität geprägt, was nicht verwunderlich ist. Vergegenwärtigt man sich, was sie für Vorerfahrungen

32 Dies ist der Name der Hawai-Insel, auf der alle Probanden der Studie geboren wurden.

mitbringen, erstaunen solche Verhaltensweisen oder emotionale Zustände nicht. Die Ausprägungen unsicherer Bindungen zeigen anschaulich auf, wie tief verletzend und verunsichernd sich der Mangel an emotionaler Versorgung auswirken kann und dass dem Kind aus seiner Logik heraus nichts anderes übrigbleibt, um als Person sozusagen zu überleben, als sich mit allen Mitteln zu schützen.

3.2.5.5 Bindungssicherheit hilft, große Einschränkungen zu kompensieren – zwei Beispiele

Die Bindungsforschung erklärt anschaulich und plausibel, wieso der Entwicklungsspielraum bzw. die Entwicklungsperspektiven eines Kindes stark von dessen frühen Kindheitserfahrungen abhängen. Für die Pädagogen, die Integrations- oder gar Inklusionklassen übernehmen, ist es entsprechend von großer Relevanz, ein vertieftes Wissen um die Bedeutung der früheren Bindungserfahrungen zu haben, um im Einzelfall ermessen zu können, was von der Integration des betreffenden Kindes zu erwarten ist. Von Kind zu Kind wird man staunen, welche Hürden ein Kind unerwarteter Weise zu überwinden in der Lage ist, während ein anderes bereits mit wesentlich geringen Anforderungen scheitert und sehr viel tatkräftige Unterstützung benötigt. Dies trifft auch auf alle Kinder zu mit mehr oder weniger starken Handicaps. So mancher Schulleiter steht vor Beginn des neuen Schuljahres zusammen mit seinem Lehrerteam z.B. vor der Entscheidung, ob ein Kind mit schwerer körperlicher Behinderung in eine Klasse der Schule integriert werden kann oder nicht. Woran sollen sich die Verantwortlichen orientieren, um zu einer erfolgversprechenden Entscheidung zu gelangen? Ein Kind mit schwerer Körperbehinderung kann sehr viel Aufmerksamkeit und Energie von Lehr- und zusätzlichen Betreuungspersonen erfordern, wenn es gelingen soll, daraus nicht einfach ein Experiment mit unabsehbarem Ausgang, sondern eine positive Erfahrung für alle Beteiligten, letztlich insbesondere für das integrierte Kind zu ermöglichen. Im Folgenden wird anhand von zwei sehr eindrücklichen Beispielen gezeigt, dass es sogar Kinder mit schwerwiegender Behinderung gibt, die nicht nur mehr oder weniger normal durch die Schule kommen – zuweilen sogar unter widrigen Umständen –, sondern auch auf ihrem weiteren Lebensweg einen vorbildlichen Mut, Hartnäckigkeit und Ausdauer beim Lernen und Sich-Weiterentwickeln zeigen. Dass dabei die Bindungssicherheit für ihre besondere Resilienz eine entscheidende Rolle gespielt haben muss, ist evident. Es handelt sich um zwei außergewöhnliche, aber reale Beispiele. Und wie es in der UN-Konvention heißt, soll ja nach Möglichkeit alles versucht werden, die Integration oder gar Inklusion eines Kindes zu erleichtern.

Bei den folgenden zwei geschilderten Beispielen handelt es sich um Menschen, die als Kinder mit ihren schweren körperlichen Dysfunktionalitäten von zuhause aus so viel seelische Stabilität mitbrachten, dass sie die, objektiv gesehen, schwierigen Rahmenbedingungen in der Schule gut bis sehr gut bewältigen konnten.

Am 7. Oktober 2020 war in der Sendung „Leeroys Momente“ [33] eine 37-jährige, selbstbewusst wirkende Frau, Hülya Marquart, zu Gast, der man mit 18 Jahren beide Beine amputieren musste. Im Laufe des Portraits erhielt man als Zuschauer Einblick in die Biografie dieser beeindruckenden Persönlichkeit. Die Notwendigkeit für die schwere Operation ergab sich aufgrund der Erbkrankheit Dysmelie, bei der während der Schwangerschaft die Extremitäten nicht richtig ausgebildet werden. Es kann entweder Beine oder Arme bzw. Hände betreffen oder wie bei Hülya Marquart beides. Bei ihrer Einschulung hatte sie bereits zwanzig Operationen durchstehen müssen, konnte aber dank Beinprothesen die normale Grundschule besuchen und erlebte dabei offenbar keinerlei größere Probleme. Unter den Mitschülern schien ihre Behinderung nicht so sehr ins Gewicht gefallen, so wie sie sich selbst in die Klassengemeinschaft einbrachte. So erzählt sie in der Sendung, die anderen Kinder hätten sie angesichts der doch unübersehbaren Einschränkungen mal befragt, was sie Spezielles habe. Nachdem sie es ihnen erklärt hatte, habe dies niemanden in der Klasse weiter beschäftigt.

Aus den Schilderungen Hülyas Marquarts ist zu entnehmen, dass es stets ihr Bestreben war, möglichst alles wie alle anderen mitzumachen. Für einen jungen Menschen mit einer so erheblichen Einschränkung der Mobilität kann man sich ausmalen, wie viel mehr Aufwand erforderlich gewesen sein muss, um dies realisieren zu können. An dieser mutigen Frau fällt auf, dass sie eine sehr positive Einstellung zu sich selbst hat. Auch ihre Erwartungen an die Mitmenschen sind grundsätzlich praktisch immer positiv. Dies zeigt sich auf eindrückliche Weise bei der für behinderte Menschen oft sehr schwierige Frage nach der Liebe. Hülya war sich als Jugendliche sehr bewusst, dass ihre Behinderung keine geringe Hürde sein würde, um einen Partner zu finden. Aber – und dies bestätigt ihre Einstellung zu sich selbst – sie war sich sicher, dass sie Menschen treffen würde, die sich von ihrer Persönlichkeit angezogen fühlen und zugleich mit ihrem Handicap zurechtkommen würden.

Hülya Marquart fand ihren jetzigen Mann, mit dem sie mittlerweile verheiratet ist. Dessen Einstellung zu ihr bestätigt ihre Prognose vollauf. Er ist, wie er vor der

33 SWR.de (2020). Mama ohne Beine [Video]. Zugriff am 1. Mai 2021 unter https://www.ardmediathek.de/swr/video/leeroys-momente/mama-ohne-beine-oder-leeroys-momente/swr-de/Y3JpZDovL3N3ci5kZS9hZXgvbzEzMTUzNDI/.

Kamera sagt, sehr stolz auf seine stets positiv gestimmte Frau, deren Lebenseinstellung ihm selbst hilft, wenn er mit schwierigen Problemen – er ist von Beruf Lehrer – konfrontiert ist. Zusammen entschloss sich das Paar ein Kind zeugen zu wollen, trotz des Risikos, dass es mit derselben schweren Behinderung geboren werden könnte. Die Tatsache, dass beide Eltern des Paares ihre Entscheidung ohne Skepsis, ja im Gegenteil aus vollem Herzen unterstützten, mag im ersten Moment erstaunen. Angesichts von Hülyas Lebenseinstellung und den zuvor dargelegten Erkenntnissen der Bindungstheorie kann man aber davon auszugehen, dass sie bei ihren Eltern eine sehr intakte Bindungssicherheit erlebt hat. Sicher ist auch, dass Hülya von Anfang an von den Eltern viel eher darin unterstützt, ermutigt und gefördert wurde, möglichst viel eigenständig machen zu können, als ihr, z.B. aus Mitleid oder Schuldgefühlen unnötige Erleichterungen bei der Bewältigung des Alltags zu gewähren. Diese Haltung widerspiegelt sich darin, dass die Eltern sich keine Sorgen machten, ihre Tochter könnte mit der Säuglingspflege nicht zurechtkommen. Und wenn man an Kindheit und Jugend mit den unzähligen Operationen denkt, die im Vergleich zu den anderen Kindern, viele Einschränkungen, Abwesenheit vom Kontakt zu ihnen bedeutet haben, ist nicht zu übersehen, dass ihre Schilderungen kein einziges klagendes Wort enthalten, keinen Ansatz von Selbstbedauern, sondern im Gegenteil ausschließlich eine engagierte Grundstimmung und der feste Wille, das Leben möglichst in alle Facetten ausschöpfen zu können.

Im zweiten Fall handelt es sich um das Beispiel eines Contergan-Kindes. Anfang 1960er-Jahre brachten Mütter, die während der Schwangerschaft das millionenfach verkaufte Beruhigungsmittel Contergan einnahmen, Neugeborene mit körperlichen Dysfunktionalitäten zur Welt. Diese hatten mitunter schwerwiegende Fehlbildungen insbesondere an den Extremitäten sowie an Schultern und Hüftgelenk. Auch der weltberühmte Bariton Thomas Quasthoff, der später mit den renommiertesten Orchestern und Dirigenten auf den großen Weltbühnen auftrat, wurde so geboren. Als Kleinkind lag er während eineinhalb Jahren festgeschnallt in einem Streckverband aus Gips in einem orthopädischen Rehabilitationszentrum ohne direkten alltäglichen Kontakt zu seinen Eltern und seinem Bruder. Mit drei Jahren und einem Gewicht von fünf Kilo konnte ihn die Familie nach Hause nehmen. In den folgenden drei Jahren bis zu seiner Einschulung muss der Bub in seiner Familie absolute Bindungssicherheit und ein intensives Fördern durch Fordern erlebt haben. Seine Autobiografie gibt darüber einigen Aufschluss. Quasthoff spricht im Rückblick auf die Zeit, als er zur Familie nach Hause konnte, von einer „Protestkultur", die er sich im Rehabilitationszentrum mit „nervenzerfetzender Meisterschaft" (Quasthoff, 2004, S. 58) angeeignet hatte und mit der er seine Eltern zunächst bei seiner Heimkehr sehr auf Trab hielt. Wenn man bedenkt, was es für ein Kind in diesem Alter, aber auch für die Eltern bedeutet, so lange voneinander getrennt zu sein, klingt diese Charakterisierung ziemlich ironisch. Zieht man auch hier die Kenntnisse aus der Bindungsforschung zu Rate, so ist es unschwer nachzuvollziehen, wieso das Kind nach dieser langen Isolation von den Eltern zunächst „schwierig" war. Die ganze Situation muss zunächst insbesondere für die Mutter, die starke Schuldgefühle hatte, das verheerend wirkende Medikament eingenommen zu haben, sehr schwierig gewesen sein. Sie versuchte offensichtlich mit einem unendlichen Einsatz für das schwer zu beruhigende Kind mit der Situation umzugehen, was zunächst beinhaltete, dass sie ihm möglichst alles Störende aus dem Weg räumte. Mit der Zeit änderten die Eltern ihre übervorsorgliche Haltung ihrem Sohn gegenüber jedoch grundsätzlich und begannen, ihn zunehmend – soweit es nur ging –, wie ein normales Kind zu behandeln. Ihr Verhalten war zwar nach wie vor liebevoll, aber nicht mehr verwöhnend. So gelang es der Mutter mit unermüdlicher Beharrlichkeit, ihren Sohn, der offensichtlich bis dahin geübt war, die Erwachsenen zu dirigieren, statt sich selbst führen zu lassen, zu ersten Schritten mit seiner Gipsprothese zu bewegen. Dieser Erfolg schuf den Ausgangspunkt einer Entwicklung, die die behandelnden Ärzte in der Klinik nie für möglich gehalten hatten. Der Vater brachte in einem nächsten Schritt dem mittlerweile immer besser kooperierenden Buben mit hartnäckigem Üben bei, wie er beim Umfallen durch Abrollen einen Sturz abfedern konnte, zumal ihm dies mit seinen sehr rudimentär ausgebildeten Armen und Händen nicht möglich war. Beim vierten Geburtstag war er nach intensivem Training so weit, dass man die Gipsschale feierlich zerbrechen konnte. Gesamthaft entsteht aus Quasthoffs autobiografischen Schilderungen das Bild einer Familienstimmung, die von viel Humor, geistigen Anregungen und Lebensfreude geprägt war. Das besonders verbindende Element sei aber die Musik gewesen.

Die Einschulung des schwer behinderten Buben bedeutete in seinem Fall, einen emotionalen Rückschlag zu erleiden: Keine einzige Volksschule in seiner Heimatgemeinde oder in der Umgebung wollte ihn aufnehmen. Begründet wurde dies von den Schulleitungen damit, die Lehrer seien damit überfordert. Schlussendlich blieb den Eltern nichts anderes übrig, als ihn in ein Behinderteninternat zusammen mit weiteren Kindern mit Contergan-Schäden, mit spastischen Lähmungen oder Muskelschwund sowie mit Epileptikern, Autisten und dementen Kindern zu schicken. Auch wenn Thomas Quasthoff als Bilanz dieser Schulzeit von Lehrpersonen berichtet, denen er vieles zu verdanken habe, hatte der Alltag in Schule und Internat überwiegend ein traumatisierendes Potenzial; der Grund dafür waren äußerst unsensible Erzieherpersönlichkeiten und der unzimperliche Umgang unter den Schulkameraden. Durch sein „ziemlich großes Mundwerk"

(Quasthoff, 2004, S. 77) habe er sich einigermaßen schadlos halten können. Zugleich konnte er sich darauf verlassen, dass an Wochenenden die Eltern zur Stelle waren und ihn aus dem wenig geliebten Milieu befreiten, bis sie endlich eine öffentliche Schule fanden, die ihren Sohn aufnahm. Auch hier habe ihm anlässlich seiner Integration in die öffentliche Schule wiederum seine „großen Klappe“, mit der er sich schnell Respekt verschaffen konnte, geholfen. Dass ihn die gelegentlich erlebten abschätzigen Bemerkungen zu Beginn seiner Einführung in die Klasse sehr schmerzten, habe er nicht gezeigt. Sein Durchsetzungsvermögen in der Schülergemeinschaft schreibt er dem Umstand zu, dass seine Eltern „von Anfang an keine falschen Rücksichten genommen“ (Quasthoff, 2004, S. 83) und ihn nicht versteckt, sondern genauso behandelt hätten wie den zwei Jahre älteren Bruder. Wenn er nach Hause kam und sich über „fiese Bemerkungen“ beklagte, habe der Vater mit einigen sportlichen und zugleich ermutigenden Bemerkungen „die Anfälle von Selbstmitleid stets im Keim erstickt“ (Quasthoff, 2004, S. 84). Zugleich waren Eltern und Bruder zu seinem Schutz sofort zur Stelle, wenn jemand Thomas tatsächlich offensichtliches Unrecht antat, wie verschiedene Beispiele in der Autobiografie aufzeigen. Aus Quasthoffs Schilderungen wird weiter deutlich, wie es auf ihn gewirkte hatte, dass er zu Hause wie ein normales Kind behandelt wurde. In der Schar der Gleichaltrigen wollte er – wie auch Hülya Marquart – mitmachen und tat dies sehr weitgehend. Problematisch wurde es für ihn aber in der Pubertät, als das Verhältnis zu den Mädchen eine Rolle zu spielen begann. Die Situation stürzte ihn zeitweise in eine schwere Krise, vermutlich gerade deshalb, weil er sich mit den gleichaltrigen jungen Männern verglich. Auch in dieser Situation waren es zweifellos die Eltern, die mit viel Einfühlungsvermögen in der Lage waren, ihrem jüngeren Sohn den erforderlichen emotionalen Rückhalt zu geben und diese heftige Krise aufzufangen.

Eine weitere diskriminierende Hürde, die Thomas Quasthoff später verdauen musste, war die Ablehnung seiner Anmeldung an der Musikhochschule Hannover, da er aufgrund seiner Behinderung die Bedingung, Klavierspiel zu können, nicht erfüllte. Trotz solcher Enttäuschungen ließ sich Thomas Quasthoff nicht den Mut und den Willen nehmen, seinen hürdenreichen Weg zu einer großartigen Sängerkarriere fortzusetzen und erlebte auf den Konzertbühnen der Welt großartige Erfolge. Wie ihm als schwer behinderter gefeierter Musiker angesichts seines Erfolgs zumute war, schildert seine Mutter im Filmportrait „Thomas Quasthoff – The Dreamer“ (Harder, 2004/05) mit folgenden Worten:

> „Ich habe ihn auch schon des Öfteren gefragt: ‚Thomas, was empfindest Du, wenn Du auf der Bühne stehst oder auf die Bühne kommst und Du wirst von einem Ap-

> plaus überfallen oder auch hinterher?' Da sagt er: ,Weißt Du, Mutti, das ist ein Gefühl – ich weiß ja, wie ich aussehe –, aber dass ich trotzdem, durch die Musik und durch meine Persönlichkeit die Menschen so sehr in meinen Bann ziehen kann, da habe ich ein Glücksgefühl" (Harder, 2004/05).

Diese Aussage erinnert an Hülyas Marquarts Zuversicht als Jugendliche, zum Zeitpunkt als die Partnerfrage aktuell wurde.

Bei beiden Persönlichkeiten kommt eine grundlegend positive Einstellung zu sich selbst zum Ausdruck. Dies hat ihnen sichtlich ermöglicht, trotz einer nicht immer sehr verständnisvollen und solidarischen sozialen Umwelt ihre schweren körperlichen Handicaps zu kompensieren. Es gelang ihnen hervorragend, sich auf die allgemeinen Rahmenbedingungen in Schule, in Ausbildung und unter den Gleichaltrigen einstellen zu können. Sie konnten sich Respekt verschaffen – Hülya Marquardt sicherlich aufgrund ihrer lebensfreudigen Ausstrahlung und ihren positiven Erwartungen in zwischenmenschlichen Beziehungen, Thomas Quasthoff aufgrund seines Humors, seiner Schlagfertigkeit und später seiner beglückenden Musikalität. Beide haben sich von ihren Zielen nie abbringen lassen.

Hinsichtlich der Frage der Integration weisen diese beiden Beispiele darauf hin, dass körperlich behinderte Kinder sehr gut in einer Regelklasse unterrichtet werden können, allerdings unter gewissen Voraussetzungen. Entscheidend ist die Frage, wie viel „Normalität" beim Mitlernen und -leben in der Klasse für ein solches Kind möglich ist. Bei Hülya Marquart und Thomas Quasthoff war dies kein Problem. Sie hatten beide keinerlei Schwierigkeiten schulisch mitzukommen und brachten beide einen enormen Willen mit, wie alle anderen möglichst alles normal mitmachen zu können. Dass es solche Beispiele gibt, sollte bei den Erwägungen um Integration eines beeinträchtigten Kindes in einer Regelklasse als Option nicht vergessen werden.

3.3 Die zentralen Erkenntnisse aus der anthropologischen Forschung und ihre Relevanz für die Schule

Humane Bildung in der Schule im Sinne Nida-Rümelins, also die möglichst umfassende Persönlichkeitsbildung und -entwicklung junger Menschen, knüpft an die Erziehung und Bildung in der Familie an, die bis zum Schuleintritt sehr unterschiedlich weit entwickelte und geförderte Kinderpersönlichkeiten hervorbringt. Die dargelegten Erkenntnisse haben die folgenreiche Aussage Tomasellos verständlich werden lassen, dass das Besondere an uns Menschen unsere „Ultrasozialität" ist, die sich bereits beim Säugling in seiner außerordentlichen Bereitschaft und in seinem aktiven Streben manifestiert, sich sozialen Kontakt bzw. Zuwendung zu verschaffen. Verschiedene Forscher haben den komplexen und anspruchsvollen Entwicklungsprozess des Kindes aufgeschlüsselt und klar werden lassen, dass jeglicher Fortschritt in diesem Prozess sozial bedingt ist, also von den Bezugspersonen abhängt, denen das Kind anvertraut ist, im Normalfall der Familie. In ergänzender Vertiefung der Forschung von Harris, Hobson und Kollegen hat die Bindungsforschung aufgezeigt, wie entscheidend die Fähigkeiten der Erzieher sind, die kindlichen Bedürfnisse in den verschiedenen Phasen seiner Entwicklung feinfühlig zu erfassen und angemessen darauf einzugehen. Davon hängt ab, wie sich das Selbstwertgefühl des Kindes und seine sozialen Kompetenzen in den ersten Lebensjahren ausbilden.

Je nach den diesbezüglichen Voraussetzungen sitzen dann Kinder am ersten Schultag vor ihrem Lehrer, die über sehr unterschiedliche emotionale, soziale und geistige Ressourcen verfügen und auch sehr unterschiedliche Erwartungen an die Schule haben. Sich dessen klar bewusst zu sein sowie eine Vorstellung davon zu haben, wieso die Unterschiede von Kind zu Kind so groß sein können, sollte angehenden Lehrern in ihrer Ausbildung vermittelt werden. Jedes Kind ist wie der früher erwähnte Entwicklungsforscher Remo Largo unermüdlich betonte, ein Individuum, dem man nicht mit rezeptartigem Handeln gerecht werden kann.

Die Beispiele von Hülya Marquart und Thomas Quasthoff haben gezeigt, dass Kinder und Jugendliche sogar mit schwerwiegenden Einschränkungen aufgrund erlebter Bindungssicherheit genügend Lebensmut, Ausdauer und eine ausgeprägte Sozialkompetenz aufbauen, um unter normalen Umständen gut in einer Regelklasse integriert werden zu können. Mit letzterem ist gemeint, dass es sich nicht um eine Klasse mit einem Mobbingproblem handelt oder in der die Lehrperson mit der pädagogischen Aufgabe, allen Kindern gerecht zu werden, deutlich überfordert ist. Die bisherigen Kapitel haben zahlreiche Facetten aufgezeigt, wieso die Tätigkeit des Lehrers im Hinblick auf die Leben- und Entwicklungsperspektiven jedes seiner Schüler mit sehr viel Verantwortung verbunden ist. Die Resilienzforschung hat eine Erfahrung wissenschaftlich bestätigt, die Menschen bereits vor der Kauai-Studie von Emmy Werner gemacht hatten: Lehrer können einen äußerst prägenden Einfluss auf ihre Schüler haben. Es ist nicht so selten, dass sie einzelnen Schülern in der Schule zu Erfahrungen verhelfen, die ihre Lebensperspektive vollkommen ins Positive verändern. Dass Schüler umgekehrt durch ihre Erlebnisse mit Lehrern in ihrem Selbstvertrauen und Lebensmut traumatisiert werden können, ist leider auch eine Tatsache.

Wenn man nun zu den Erkenntnissen der jungen Studenten zurückblendet, die sich eingangs dieses Kapitels (s. **Kapitel 3.1**) im Rückblick auf ihre Schulerfahrungen gefragt haben, was für sie im schulischen Lernen vonseiten der Schule für schulischen Erfolg entscheidend war, so sind ihre Aussagen dazu sehr gut mit den referierten anthropologischen Erkenntnissen in Bezug zu setzen. Denn die Zusammenschau ihrer geschilderten Erfahrungen haben genau dieses Phänomen, die herausragende Bedeutung der Beziehung jedes Schülers zu seinem Lehrer, nachdrücklich unterstrichen. Aber auch die soziale Situation in einer Schulklasse, das zwischenmenschliche Klima bzw. der Umgang miteinander spielen eine sehr wichtige Rolle dabei, ob sich ein Kind in der Klassengemeinschaft dazugehörig, ernst genommen und geachtet fühlt oder nicht. Die Verantwortung, eine solch integrationsförderliche Atmosphäre in einer Klasse zu schaffen, liegt selbstverständlich auch in der Hand des Lehrers. Er gestaltet kurz-, aber vor allem auch längerfristig, er erlaubt, fördert, unterbindet, problematisiert, lebt vor, welche Art von Kooperation oder Nicht-Kooperation sich in seiner Klasse etabliert. Von seinen diesbezüglichen pädagogischen Fähigkeiten hängt es weitgehend ab, in welche Richtung sich die soziale Kultur in der Klasse entwickelt – inwieweit asoziales Verhalten wie Mobbing vermieden oder gestoppt werden kann und in der Klasse Werte bedeutsam werden, die den Respekt vor jedem anderen als Norm sichert.

4 Integrative Praxis – die Umsetzung einer humanen Bildung

In diesem Praxiskapitel werden konkrete Beispiele von Schülern mit teils sehr unterschiedlichen Schulkarrieren, persönlichen Voraussetzungen und Lebensverläufen betrachtet. Die Beispiele zeigen, auf welche Art Lehrer erfolgreich darin waren, Kinder und Jugendliche nachhaltig zu fördern. Es sind Beispiele erfolgreicher Integrationsbemühungen, wobei nicht in erster Linie das Elternhaus, sondern der Lehrer in Zusammenarbeit mit der ganzen Klasse besonders bedeutsam war.

Paradoxerweise besteht der aktuelle Trend in der heutigen Ausbildung und Schulung der Lehrer nicht vornehmlich darin, sie auf ihre verantwortungsvolle Aufgabe so vorzubereiten, dass sie zum einen in der Lage sind, eine Klasse als Gruppe oder Gemeinschaft kompetent zu unterrichten und die dazu erforderlichen sozialen Kompetenzen aufzubauen, und zum anderen zu sehen und zu erfassen, wo der einzelne Schüler steht und was er allenfalls an Unterstützung, Anleitung oder Ermutigung benötigt. Solche psychologischen und dialogischen Fähigkeiten stehen offensichtlich in den Pädagogischen Hochschulen kaum noch auf der Lehrplanagenda, seit fast jede Art von Vermittlung als eine Variante des verpönten „Frontalunterrichts“ disqualifiziert wird. Stattdessen wird den Studenten vielfach das neue, angeblich innovativ-fortschrittliche Berufsverständnis des Lehrers als eines „Moderators von Lernprozessen“ vermittelt. Dafür sind insbesondere organisatorisch-verwaltungsorientierte Fähigkeiten anstelle von pädagogischen gefragt, z.B. das Erstellen und Bewirtschaften von Lernprogrammen für die Schüler, am besten gleich eine ganze „Lernumgebung“ mit entsprechenden Kompetenzrastern zur Selbstkontrolle durch die Schüler. Der Schwerpunkt der neu definierten Lehrerrolle erschöpft sich zu oft in der „Lernbegleitung“ und kaum noch in der Führung und Gestaltung eines gemeinsamen Klassenunterrichts. Die Verantwortung für die Lernfortschritte liegt somit vor allem beim Schüler selbst.

Ein Erziehungswissenschaftler, der selbstbewusst und offen diesem stark forcierten Trend kritisch entgegentritt und versucht, in seinen Publikationen, Vorträgen, Interviews, zahlreichen Artikeln und Beiträgen in wissenschaftlichen Fachzeitschriften sowie Tages- oder Wochenzeitungen den öffentlichen Diskurs darüber zu ermöglich, ist Roland Reichenbach, Ordinarius für Allgemeine Erziehungswissenschaften an der Universität Zürich. Er fokussiert vor allem auf zwei problematische Aspekte des neumodischen Unterrichtens:

> „Zwei schleichende Entwicklungen unterhöhlen in letzter Zeit tendenziell die gesellschaftliche Anerkennung der Institution Schule und damit auch der Lehrperson: das ‚sinnfreie' Lernen und das ‚Verschwinden der Person' – diese Tendenzen können als Nebeneffekte zweier Affirmationen verstanden werden: Dass es erstens weniger auf das Lehren als vielmehr das Lernen ankomme (und ankommen soll), und dass man sich weniger auf Inhalte als auf zu erwerbende Kompetenzen zu konzentrieren habe" (Reichenbach, 2013, S. 36).

In einem Interview mit der Neuen Zürcher Zeitung charakterisiert Reichenbach diesen Ansatz als „Neo-Manie" und stellt die „Selbstregulation" des Schülers als realitätsfremd infrage. Er unterstreicht, dass „gerade mittelstarke und vor allem leistungsschwache Kinder ... mehr Führung, Unterstützung und Kontrolle durch die Lehrperson" benötigen (Reichenbach, 2014).

Dass Reichenbach, dessen Kritik insbesondere der Lehrerbildung gilt, bei der das *Selbstorganisierte Lernen* zu einer Art neuen Doktrin hochstilisiert worden sei, einen Nerv dieser Institution getroffen hat, zeigt die postwendende Replik des früheren Rektors der Fachhochschule Nordwestschweiz (FHNW), Helmut Forneck. Reichenbach bezichtigt er als Innovationsverhinderer, gibt aber unumwunden zu, dass es tatsächlich um das Abrücken von der Lehre, vom „lehrerzentrierten Unterricht" geht, wenn er von der eigentlichen *Innovation* spricht:

> „Die Steuerungsfunktion der Lehrperson wird im selbstgesteuerten Lernen bezüglich der stofflichen Vermittlung auf apersonale Medien übertragen" (Forneck, 2014).

Der Schüler soll demnach mithilfe von Medien sich alles, was es an neuen mathematischen, sprachlichen oder sonstigen Aufgabenstellungen und Problemen gibt, selbst entdeckend erarbeiten. Für den *Lernbegleiter* sieht Forneck „höherwertige" Tätigkeiten vor als zu lehren, nämlich den Schülern mit protokollarischer Diagnostik und lernfördernder Begleitung bzw. Beratung zur Verfügung zu stehen, Letzteres auf Anfrage.

Die FHNW beherbergt die größte Pädagogische Hochschule in der Schweiz. Was ihr damaliger Rektor hier erläutert, spiegelt sehr genau wider, in welchem Sinne heute die Lehrerstudenten auf ihre Aufgabe vorbereitet werden und auch, welche Art von Lehrperson und Konzeption in den Medien zuweilen als „modern“ und innovativ beschrieben werden. Viele Erziehungswissenschaftler, Dozenten an den Pädagogischen Hochschulen und an der Fort- und Weiterbildung der Lehrer beteiligte Fachleute haben sich mit teils erheblichem Widerwillen diesem Trend gefügt. Wenige wagen es wie Reichenbach, ihren Standpunkt in Form von *unzeitgemäßen Betrachtungen* zu äußern. In seinem 2013 erschienen Buch „Für die Schule lernen wir. Plädoyer für eine gewöhnliche Institution“ hat dieser dargelegt, welche Aspekte der Schule unverzichtbar sind. Zwei Schwerpunkte in seinem Buch entsprechen den zuvor hervorgehobenen Einsichten, die im heutigen Trend erodiert würden: die besondere Bedeutung des Lehrers sowie der Schulklasse als Lerngemeinschaft. In seinem Buch spricht er dazu von der „Personalität des Lehrers“ sowie vom „Lernen im Kollektiv“ (Reichenbach, 2013, S. 36 u. S. 22).

Zunächst werden im Folgenden die Rolle und Bedeutung der Lehrer für die Lern- bzw. Persönlichkeitsentwicklung der Schüler in den Vordergrund gerückt. Im zweiten Teil sollen die Rolle und Bedeutung der Klasse als Lerngemeinschaft im Mittelpunkt der Betrachtungen stehen. Das Ziel dabei ist, prüfen zu können, ob und welchen Beitrag die Zusammenarbeit als Klassengemeinschaft für die erfolgreiche Integration von Mitschülern leistet.

4.1 Der Lehrer als Pädagoge bzw. kultureller Mentor

Reichenbach bezeichnet Lehren als „im Kern eine personale Angelegenheit“ (Reichenbach, 2013, S. 36). Damit wird ausgedrückt, dass die persönliche Begeisterung des Pädagogen für sein Fach und sein Engagement in der Vermittlung auf seine Schüler ausstrahlt. Selbstverständlich kann sich dies von Lehrer zu Lehrer für die Schüler sehr unterschiedlich „anfühlen“. Die Authentizität, die Glaubwürdigkeit und die ansteckende Begeisterung des Lehrers – Eigenschaften, die die Schüler zumeist besonders ansprechen –, entscheiden wesentlich darüber, wie belebend, aktivierend und motivierend ein Lehrer empfunden wird. Vermittlung ist in diesem Verständnis ein zwischenmenschliches Bemühen, das von Personen geprägt wird, die die bedeutsame, von der Gesellschaft aufgetragene Aufgabe übernehmen, der heranwachsenden Generation Zugang und Verständnis zum Wissen und kulturellen Reichtum zu vermitteln. Dies soll den jungen Menschen erlauben, im gesellschaftlichen Leben ihren Platz als selbstbewusste, mitgestaltende Persönlichkeiten zu finden. Die Wertschätzung für diese personale Orientierungsarbeit der Pädagogen habe nach Reichenbach heutzutage in den westlichen Industrieländern stark abgenommen. Dies steht im Kontrast dazu, dass Lehrende auf allen Altersstufen „eine bedeutende, manchmal sogar entscheidende Rolle im Leben der Kinder und Jugendlichen einnehmen“. Dies könne sowohl im Positiven wie leider auch manchmal im Negativen der Fall sein (Reichenbach, 2013, S. 38).

Trotz der vergleichsweise verminderten gesellschaftlichen Anerkennung für den Beruf begeistern sich glücklicherweise nach wie vor junge Menschen dafür. Viele der von mir unterrichteten Gymnasiasten, die sich für das Ergänzungsfach Pädagogik/Psychologie im letzten Gymnasialjahr bewarben, hatten die Absicht, Lehramt zu studieren. Unter ihnen waren nicht wenige, die bereits über einiges an Erfahrung im Umgang mit Kindern und jüngeren Jugendlichen in Sport- oder Musikvereinen, bei den Pfadfindern oder in religiösen Jugendverbänden verfügten. Bei manchen war der Berufswunsch aufgrund dieses Engagements entstanden, zumal sie die Erfahrung machen konnten, dass ihnen das Lehren und Betreuen große Freude bereitete. In ihren Augen hat somit der Lehrerberuf seinen hohen Stellenwert als eine besonders sinnhafte Aufgabe erhalten. An den jungen Menschen würde es also nicht fehlen, wenn es darum geht, die Bedeutung des Lehrerberufs zu rehabilitieren.

In Interviews sowie in Artikeln und Vorträgen hat Reichenbach wiederholt auf sehr prägnante Weise diejenigen Elemente in die Haltung der Lehrer formuliert, die er in Bezug auf die Förderung von Schülern als entscheidend erachtet. Daraus wird klar ersichtlich, dass es alles andere als beliebig ist, *wie* der Lehrer seine Rolle ausfüllt (Reichenbach, 2015):

> „Zunächst ist zu sagen: Es gibt keine guten Schulen ohne gute Lehrpersonen.
> Und diese Lehrpersonen müssen den Schülerinnen und Schülern klar machen:
> Erstens: Was du hier lernst, ist wirklich wichtig.
> Zweitens: Mir ist es ein Anliegen, dass du das lernst.
> Drittens: Ich glaube fest daran, dass du das schaffst.
> Und viertens: Ich werde dir dabei helfen und dich unterstützen.
> Schüler, die solche Lehrer haben, sind glücklich zu schätzen“

In diesen Zeilen illustriert Reichenbach, was zur „Personalität des Lehrens“ erforderlich ist. Mit der ersten Aussage signalisiert der Lehrer seinem Schüler, dass er das, was er vermittelt, für sehr bedeutsam hält und dem Schüler die Sache begreifbar machen wird. Mit der als Zweites formulierten Haltung kommt zum Ausdruck, dass der Pädagoge es nicht dem Ermessen des Schülers überlässt, sich für oder gegen ein Engagement zu entscheiden. Dies ist wichtig, weil es zumeist Überforderungsgefühle sind, die den Schüler beim Mitdenken abhängen und resignieren lassen. Die dritte Aussage schließt direkt daran, indem der Lehrer dem unsicheren, schwächelnden Schüler Mut macht, die Aufgabe anzupacken, es unbedingt zu versuchen und nicht gleich aufzugeben. Mit seiner zuversichtlichen Haltung bringt der Lehrer sein Zutrauen dem Schüler gegenüber zum Ausdruck, die nächsten Hürden im Lernen überwinden zu können. Und, für den Fall, dass dem Schüler tatsächlich gewisse Voraussetzungen zum Erfolg fehlten sollten, spürt er vonseiten des Lehrers die Versicherung, ihn bei seinen Versuchen unterstützend zu begleiten und im Falle von Schwierigkeiten ihm mit der erforderlichen Hilfe zur Seite zu stehen.

Ohne ein besonderes Engagement, Sympathie und einen überzeugenden Willen, dem Kind oder Jugendlichen zum Erfolg und so zum innerlichen „Wachstum" verhelfen zu wollen, fehlt das *Personale* im Bildungsprozess. In ihrer Publikation „Kenne Deinen Einfluss! ‚Visible Learning' für die Unterrichtspraxis" sprechen John Hattie und Klaus Zierer angesichts eines solchen pädagogischen Agierens im Sinne Reichenbachs von einem „zutiefst ethischen Handeln", das ein Wollen des Pädagogen voraussetze, das auf Werten basiert sei (Hattie & Zierer, 2019, S. 28).

John Hattie macht die Rolle des Lehrers sichtbar

Wenn man über überprüfbare Wirkfaktoren im Unterricht spricht, kommt man nicht darum herum, sich mit den Einsichten John Hatties genauer zu befassen. Der neuseeländische Forscher hat mit seinem Konzept des „Visible Learning" viel zur Erhellung der Frage geleistet, welche Elemente im normalen Schulbetrieb besonders wichtig sind, um den Lernerfolg der Schüler zu garantieren. In einer über 15 Jahre dauernden wissenschaftlichen Arbeit hat Hattie ca. 800 Metastudien, die aus ca. 80000 Einzelstudien[34] erstellt wurden und dabei ca. 250 Millionen Lernende miteinbezogen, ausgewertet. Aus den gesammelten Daten der Metastudien konnte er mit seinem Team 150 einzelne Wirkfaktoren herausarbeiten und deren einzelne Wirkung isoliert untersuchen. Mit „Visible Learning" schuf Hattie Evidenz, welche schulischen Maßnahmen, welches pädagogische Handeln bzw. welche Elemente der Unterrichtsführung für die Unterrichtenden in welchem Maße zum Gelingen des Unterrichts beitragen. Beste-

34 Es handelt sich im Allgemeinen um Studien aus der angelsächsischen Welt.

chend an seinem Vorgehen war der ausschließlich auf empirischen Studien basierende Erkenntnisgewinn, womit er seine Forschung des Verdachts enthob, einer ideologischen oder dogmatischen pädagogischen Auffassung das Wort zu reden. Hattie räumt dem Lehrer mit seiner Art der Unterrichtsgestaltung als Wirkfaktor die mit Abstand größte Bedeutung ein. Allerdings zeigen seine Ergebnisse, dass dabei genauer zu differenzieren ist, was im Lehrerhandeln besonders relevant ist.

Den Schwerpunkt bei der Schulung junger Lehrer setzt Hattie darauf, ihnen zu vermitteln, dass sie vor allem lernen müssten, ihren eigenen Unterricht durch die Augen der Schüler zu evaluieren und zu reflektieren. Statt in der Lehrerbildung Lehrmethoden einzuüben, wie dies zumeist vornehmlich geschehe, sei es viel wichtiger, erklärt Hattie in einem Interview, an ihren Reflexionen als angehende Lehrer zu arbeiten. Um das Lernen der Schüler gezielt animieren und anregen zu können (Einsatz einer Methode), steht der Lehrer laut Hattie vor der Aufgabe, genau zu erfassen, worauf er genau aufbauen bzw. was er voraussetzen kann (vgl. McDougall, 2012).

Sobald die jungen Lehrer ihr Denken als Gestalter und Verantwortliche des Unterrichts in diesem Sinn schulen würden, kämen sie von selbst darauf, dass sie verschiedene didaktische Methoden bräuchten und auch geeignete Themen und Aufgabestellungen wählen müssten.

Hatties umfassende Konsultation empirischer Schulwirkungsforschung hat ihn in der Einschätzung der notwendig aktivierenden Rolle der Lehrperson zu denselben Schlussfolgerungen geführt wie Reichenbach. Auf den Trend, die Lehrer vorwiegend als „Facilitator“[35] sehen zu wollen, angesprochen, spricht Hattie von einer irreführenden Metapher. Auch von den didaktischen Reformkonzeptionen des „Konstruktivismus“, des „forschenden Lernens“ und „entdeckenden Lernens“, die die kaum angeleitete Selbsttätigkeit und laut Theorie das kritische Selbstdenken fördern sollen, hält Hattie nicht viel. Vielmehr fragt er ironisch, wie denn Schüler kritisch über etwas nachdenken könnten, wenn sie noch gar keine Kenntnisse darüber hätten, zumal sie diese erst entdecken müssten (McDougall, 2012).

Die Bedeutung der einzelnen 150 Wirkfaktoren macht Hattie mittels eines Barometers sichtbar, der zu jedem eine bestimmte Effektstärke anzeigt. In der bereits erwähnten Publikation mit Klaus Zierer wird ein Teil der Barometer-Resultate gezeigt und kommentiert. Dabei sieht man sehr schnell, dass bei allen bedeutsamen Faktoren der Lehrer stark beteiligt ist.

35 Moderator; alternativ wird auch „Arrangeur von Lernprozessen“ verwendet.

Zu den sichtlich einflussreichen Faktoren zählt z. B. die *„Klarheit der Lehrperson“*. Sie besteht nach Hattie darin, dass „Lehrpersonen alle Planungsschritte im Hinblick auf Ziele, Inhalte, Methoden und Medien benennen, begründen und beispielhaft darlegen können“ (Hattie & Zierer, 2019, S. 50). Wenig überraschend angesichts der Erkenntnisse aus der Anthropologie ist der gewichtige Einfluss der intakten *„Lehrer-Schüler-Beziehung“*, die sozusagen als „conditio sine qua non“ kommentiert wird. Außergewöhnlich hoch ist der Ausschlag auf Hatties Barometer beim Faktor *„Bewertung des Unterrichtsprozesses (Formative Evaluation)“*, eigentlich exakt der Punkt, den Hattie im Interview als zentral hervorgehoben hat: Der Lehrer kann den Unterricht umso besser auf die Bedürfnisse seiner Klasse abstimmen, je genauer er sich ein Bild machen konnte, wie seine Lektionen von den Schülern aufgenommen und verwertet werden können. Erforderlich ist dazu, sich das Echo (Feedback) von den Schülern über verschiedene Wege einzuholen. Als noch effektiver erweist sich die *„Reaktion auf Intervention“*, ein differenziertes Förderprogramm, das einen sonderpädagogischen Hintergrund hat und den unterschiedlichen Niveaus in einer Klasse Rechnung trägt. Auch bei anderen wirkungsvollen Faktoren, bei denen mehr Eigenaktivität der Schüler erforderlich ist – z. B. beim *„Bewussten Üben“* – lassen die Autoren durchblicken, dass die Aktivität der Lehrperson auch hier unabdingbar ist. Bewusstes Üben könne nicht einfach dem Willen des Schülers überlassen werden, um die erforderliche Regelmäßigkeit und Beharrlichkeit, die Suche nach stets größerer Optimierung bei jedem Schüler sicherzustellen. Als weiterer besonders herausstechender Effekt werden *„Klassendiskussionen“* aufgeführt, was die Autoren wesentlich darauf zurückführen, dass die aktive Beteiligung der Schüler hierbei mehr als sonst gewährleistet ist. Wiederum bleiben die Lehrer auch hier nicht außen vor. Sie müssen zunächst die Klasse dazu befähigen, miteinander in einer würdigen Weise eine fruchtbare Diskussion durchführen zu können. Immer wieder zentral für den Unterrichtserfolg ist folglich auch die menschliche Ausstrahlung des Lehrers.

> „Es sind also die leidenschaftlichen und begeisterten Lehrpersonen (Hattie, 2014, S. XVI), die für gelingende Bildungsprozesse ausschlaggebend sind“ (Hattie & Zierer, 2019, S. 27).

Eine naheliegende Schlussfolgerung ist, dass die Lehrer in ihrer Aus- und Weiterbildung persönlich gestärkt und angeleitet werden sollten, wie sie Lerngruppen erfolgreich so führen können, dass alle Schüler ihre anstehenden Lernschritte vollziehen können.

4.2 Die Bedeutung des Lehrers – zwei konkrete Beispiele

4.2.1 Die Dankbarkeit eines Nobelpreisträgers an seinen Volksschullehrer

1957 erhielt der französischalgerische Schriftsteller und Philosoph Albert Camus für sein literarisches Schaffen den Nobelpreis. Seine Stimme hatte für die Nachkriegsgeneration nicht nur in Frankreich als das Gewissen eines großen Humanisten eine große Ausstrahlung. Wesentlich verantwortlich dafür war einerseits seine rückhaltlose Lebensbejahung, die in der Nachkriegszeit auf die Menschen sehr ermutigend wirkte. Sein Ethos als Schriftsteller und Philosoph strahlte eine Zuversicht über die Sinnhaftigkeit des Lebens aus sowie eine Gewissheit über den grundsätzlich guten Kern des Menschen. Andererseits beinhaltete jedes seiner Werke eine Stellungnahme gegen alle Formen der menschlichen Entwürdigung. Aus seinen Schriften sprach stets ein tief empfundenes Verbundenheits- und Solidaritätsgefühl mit den benachteiligten Menschen weltweit. Er selbst vaterlos in einem äußerst ärmlichen französischen Haushalt mit einer sehr strengen Großmutter und einer autistisch anmutenden Mutter – beide Analphabeten – in einem Armenquartier von Algier aufgewachsen, hatte erlebt, was Armut, Hunger und Perspektivlosigkeit bedeutet.

Es mag sehr erstaunen, wie aus einem Kind mit solchen biografischen Voraussetzungen ein so hoch geehrter Schriftsteller werden konnte. Camus Antwort auf diese Frage ist im mehr als 30 Jahre nach seinem Tod veröffentlichten autobiografischen Manuskript „Le Premier Homme“[36] nachzulesen. Man findet im Anhang des Buches einen Brief vom 19. November 1957 mit der Anrede „Lieber Monsieur Germain“. Dieser lüftet das Geheimnis. Camus hatte unmittelbar nach Erhalt des Nobelpreises als zweiten Brief nach demjenigen an seine Mutter an seinen Lehrer der letzten Volksschulklasse, Monsieur Germain, geschrieben. Hier dessen Wortlaut:

> „Ich habe den Lärm sich etwas legen lassen, der in diesen Tagen um mich war, ehe ich mich ganz herzlich an Sie wende. Man hat mir eine viel zu grosse Ehre erwiesen, die ich weder erstrebt noch erbeten habe. Doch als ich die Nachricht erhielt, galt mein erster Gedanke nach meiner Mutter, Ihnen. Ohne Sie, ohne ihre liebevolle Hand, die Sie dem armen kleinen Kind, das ich war, gereicht haben, ohne Ihre Unterweisung und Ihr Beispiel wäre nichts von alldem geschehen. Ich mache um diese Art Ehrung nicht viel Aufhebens. Aber diese ist zumindest eine Gelegenheit,

36 Dt.: Der erste Mensch.

> Ihnen zu sagen, was Sie für mich waren und noch immer sind, und um Ihnen zu versichern, dass Ihre Mühen, die Arbeit und die Großherzigkeit, die Sie eingesetzt haben, immer lebendig sind bei einem Ihrer kleinen Zöglinge, der trotz seines Alters nicht aufgehört hat, Ihr dankbarer Schüler zu sein. Ich umarme Sie von ganzem Herzen. Albert Camus" (Camus, 1997, S. 282).

Die Antwort des Lehrers auf dieses berührende Schreiben beginnt mit den Worten „Mein lieber Kleiner ..." und zeugt nicht minder von der warmherzigen Beziehung zwischen Lehrer und Schüler noch nach Jahrzehnten. In Camus autobiografischen Werk „Der erste Mensch" ist beschrieben, wie es zu dieser tiefen Vertrauensbeziehung kam. Das Zeugnis Camus bestätigt sehr genau Hatties, Zierers und auch Reichenbachs Aussage darüber, was entscheidend dafür ist, dass ein Lehrer seine Schüler *innerlich* erreicht. Er erreicht sie dann, wenn sie ihren Lehrer als Mensch empfinden, der sich mit dem ganzen Gewicht seiner Persönlichkeit für ihr Wohlergehen engagiert. Bei Monsieur Bernard[37] war dies ganz offensichtlich in sehr hohem Maße der Fall. Schon auf den ersten Zeilen im Kapitel *Schule* wird der Lehrer und dessen Bedeutung für das Leben von Jacques[38] so eingeführt:

> „Denn Monsieur Bernard, sein Lehrer in der letzten Volksschulklasse, hatte in einem bestimmten Moment sein ganzes Gewicht als Mann eingesetzt, um das Schicksal dieses Kindes zu ändern, und er hatte es tatsächlich geändert" (Camus, 1997, S. 119).

Bei diesem Lehrer, der einen konzentrierten, lebendigen und kurzweiligen Unterricht bot, öffneten sich für seine Schützlinge viele Türen zur Welt. Sein Engagement war für die Klasse eine Erfahrung großer Wertschätzung, die diese armen Kinder innerlich aufrichtete und neugierig auf Wissen und Lernen machte, wie die folgende Passage aus dem Buch zeigt:

> „In Monsieur Germains Klasse fühlten sie zum ersten Mal, dass sie existierten und Gegenstand höchster Achtung waren: Man hielt sie für würdig, die Welt zu entdecken. Und ihr Lehrer liess es sich sogar nicht nur angelegen sein, ihnen das beizubringen, wofür er bezahlt wurde, er eröffnete ihnen sogar sein Privatleben, er lebte es mit ihnen, erzählte ihnen seine Kindheit und die Geschichte von Kindern, die er gekannt hatte, legte ihnen seine Ansichten dar ..." (Camus, 1997, S. 128)

---

37 So heißt der Lehrer, Monsieur Germain, im Buch „Le premier homme".
38 So nennt sich Camus selbst im Buch „Le premier homme".

Aus diesen Zeilen lässt sich gut ermessen, wieso der kleine Jacques in diesem Lehrer den „ersten Menschen" erlebte, der begann, seinem Leben Sinn und Perspektive einzuflößen. Auf den wenigen Seiten dieses Schulkapitels sind zahlreiche Sequenzen und Erlebnisse beschrieben, welche die innige Bindung greifbar machen, die der kleine Albert mit dieser väterlichen Lehrerpersönlichkeit hatte. Monsieur Bernard, der für viele seiner Schüler den im Krieg gefallen Vater vertrat, fand auch den Weg, seine Klasse an dieses schwierige, aber natürlich sehr präsente, leidvolle Thema des Krieges heranzuführen. Stundenweise las er ihnen aus dem Antikriegsroman „Die hölzernen Kreuze" von Roland Dorgeles über das tragische Leben und Sterben eines jungen Franzosen vor, der wie viele als Kriegsfreiwilliger eingerückt war. Dieser Lektüre, deren verstörenden Inhalt der Lehrer selbst auch als Kriegsteilnehmer erlebt hatte und die er mit entsprechender Anteilnahme vorlas, lauschte die Klasse voller Hingabe. Als am Ende des Buches das Sterben des Protagonisten geschildert wurde, hatte Jacques in höchster Betroffenheit tränenüberströmt geschluchzt, was den seinerseits berührten Lehrer viele Jahre später bewog, ihm dieses Buch mit den Worten zu schenken: „Du hast am letzten Tag geweint, erinnerst du dich? Seit dem Tag gehört das Buch dir" (Camus, 1997, S. 130).

4.2.2 Von einer Kindheit ohne Buch zum Lehrstuhl für Literatur

Die Lebensgeschichte Nuccio Ordines, Professor für italienische Literatur in Cosenza (Kalabrien) sowie renommierter Renaissance-Experte und Spezialist für die Schriften Giordano Brunos, hat klare Parallelen zu derjenigen Albert Camus'. In einem Interview des Verfassers mit Ordine in Leuca (Apulien) 2017 zeigt sich, dass seine Kindheit und Jugend ihn auch in keiner Weise für eine solche Laufbahn prädestiniert hatten. Auf sein seit Jahren großes Engagement als Professor und Autor für die Wiedergewinnung humanistischer Bildung in Schule und Hochschule angesprochen – übrigens ein sehr ähnliches ethisches und gesellschaftspolitisches Anliegen wie dasjenige Nida-Rümelins (Nida-Rümelin, 2013) – kam Ordine unumwunden auf seine Kindheit, Familie und Schule zu sprechen und drückte dabei seine tiefe Dankbarkeit für das aus, was seine kulturellen Mentoren in der Schule ihm eröffnet hatten:

> „Es geht darum, der Allgemeinheit etwas zurückzugeben, was ich selbst erhalten habe, als ich klein war. Das ist der Grund, warum ich mich mit dem Brief von Camus so verbunden fühle. Deshalb habe ich geweint, als ich das Buch „Der erste Mensch" gelesen habe. Denn trotz der Distanz und dem Unterschied in den Situationen – das Algerien des „ersten Menschen" war nicht Kalabrien als ich klein

> war – gibt es etwas, was bei beiden Lebenserfahrungen vergleichbar ist: Es ist, dass die Bildung, die Schule und die Universität das Leben eines Menschen verändern können. Heute überlegt sich dies niemand, dass die Bildung, konkret Schule und die Universität das Ziel haben sollten, das Leben der Schüler/Studenten zu verändern" (Kissling, 6. Mai 2017, Leuca) [Übers. v. Verf.].

Nuccio Ordine entstammt wie Camus einer sehr bescheidenen Familie, aufgewachsen in dem kleinen Küstendorf Diamante in Kalabrien, wo eine weiterführende Bildung als mögliche Perspektive kaum in Betracht gezogen wurde. Bei ihm waren es verschiedene Lehrpersonen auf den unterschiedlichen Schulstufen bis hinauf zur Universität, die ihm dazu verhalfen, sich die Welt der Literatur und des Denkens zu erobern. Im Bewusstsein, was solche Vorbilder und Mentoren für die Persönlichkeitsbildung und die Eröffnung von Entwicklungsmöglichkeiten bedeuten, gab und gibt der Literaturprofessor seinen Studenten sehr viel mehr mit als ausschließliches Fachwissen. Sie konsultieren ihn dafür auch mit ihren persönlichen Lebensfragen, Fragen, die ihm aus seiner Geschichte vertraut sind. Er steht ihnen gerne dazu zur Verfügung, weil er aus eigener Erfahrung weiß, wie bedeutsam ein solches Angebot von Seiten des Lehrers für jeden einzelnen ist.

> „Ich wurde in eine Familie geboren in einem kleinen Dorf in Kalabrien, in einer einfachen Familie, was das intellektuelle Niveau betraf. Mein Vater und meine Mutter hatten beide die Schule bis zur mittleren Reife besucht. Ich wurde in ein Haus geboren, in dem es kein einziges Buch gab, in ein Dorf, wo es keine Buchhandlung, keine Bibliothek gab, kein Theater, nichts. Wie ist so ein Wunder möglich? Es war möglich, weil ich Lehrer hatte, die sehr gut waren. Dies war auf allen Niveaus der Fall, während jeder Phase der Schulzeit, auf verschiedene Arten. Die einen so, die anderen anders. Ich hatte einige sehr bewundernswerte, die davon überzeugt waren, was sie machten. Wie Camus es ausdrückte: „Wenn ich bin, was ich bin, dann ist es, weil ich das Glück hatte, einem Lehrer zu begegnen" (Kissling, 6. Mai 2017, Leuca) [Übers. v. Verf.].

Die besondere Affinität des hellwachen Jugendlichen Nuccio zu Büchern und zum Lesen wurde laut Ordine insbesondere durch einen Lehrer entfacht, der ihn ermutigte, sich seine eigene Bibliothek aufzubauen. Da Ordine damals noch minderjährig war und seine Eltern kein Geld zur Verfügung hatten, um es für Bücher auszugeben, bürgte dieser Lehrer am Gymnasium für ihn, damit er beim Vertreter des Verlags *Einaudi*, der in der Region gelegentlich präsent war, Bücher kaufen konnte. Für eine lächerlich kleine Summe konnte der strebsame Jugendliche so seine eigene Bibliothek einrichten. Gleichzeitig lud dieser Lehrer ihn und einige Klassenkameraden nachmittags zu sich nach Hause zur gemeinsamen Lektüre ein. Auf allen Ebenen sei er solchen ausgezeichneten Lehrern begegnet, die ihm ermöglicht hätten, sein Leben im Vergleich zu seiner Herkunft grundlegend zu ändern. Sehr prägend für ihn sei auch ein weiterer Aspekt in Familie und Dorfleben gewesen: die Erfahrung der *Einfachheit*. Aufgrund dieser Erfahrung habe er die Fähigkeit erworben, auch ohne viel zu besitzen, glücklich sein zu können. Gemeinsam alltägliche kleine Freuden teilen und das damit verbundene Zusammengehörigkeitsgefühl zu erleben, sei ein großes Privileg. Seine Erfahrungen mit gelehrten Persönlichkeiten, denen er im Laufe seines Lebens begegnet sei, habe ihm bestätigt, dass die „großen Meister" zumeist sehr bescheidene Menschen sind.

Wie er im Interview erklärte, liegt Ordines Selbstverständnis als Wissenschaftler und Lehrender in der Gewissheit begründet, dass er seine Laufbahn und seinen Reichtum an kulturellem Wissen einerseits einzelnen Menschen, aber auch der Gesellschaft insgesamt verdankt. Dies bezeichnet der heute angesehene Literaturprofessor als seine Kernmotivation, seinen Studenten bewusst machen zu wollen, dass sich Sinn und Aufgabe von Schul- und Hochschulbildung doch nicht darin erfüllen könne, Diplome und akademische Ehren zu erwerben bzw. zu verteilen. In Wirklichkeit habe das Angebot dieser ehrwürdigen Institutionen keinen anderen Sinn, als ihnen die Gelegenheit zu bieten, „bessere Menschen" zu werden – so Ordine.

Beide geschilderte Beispiele zeigen die außergewöhnliche Bedeutung, die Lehrer für das Leben eines oder mehrerer ihre Schüler haben können. Wenig ist dabei über die didaktische Unterrichtsgestaltung zu erfahren, die sie in ihrer Schulzeit bei ihren verehrten Lehrern erlebt haben. Dafür treten Wesenszüge und insbesondere das persönliche Engagement von Lehrerpersönlichkeiten aus ihren Schilderungen hervor, die genau die Eigenschaften „kultureller Mentoren" widerspiegeln, die für ein Kind und einen Jugendlichen eine wahre Wohltat sind: echte Warmherzigkeit und leidenschaftliches Engagement verbunden mit einem hohen Verantwortungsgefühl für das Wohlergeben und persönliche Wachstum ihrer Schüler.

4.3 Drei Beispiele gelungener Integration

Als Lehrender für Pädagogik war ich wie vermutlich viele Erziehungswissenschaftskollegen immer auf der Suche nach Unterrichtsbeispielen, die so vorbildlich sind, dass dies jedem ins Auge springt. Leider sind solche Dokumentationen über Unterricht, der länger als einige kürzere Sequenzen dauert, selten. Ähnlich sieht es mit überzeugenden Spielfilmen zum Thema aus. Über die Jahre bin ich auf zwei Filmbeispiele gestoßen, die ich gerne für meinen Unterricht zu einem fortgeschrittenen Zeitpunkt im Jahr verwendet habe. Beide zeigen je einen Lehrer bei seiner anspruchsvollen täglichen Arbeit, einmal mit einer altersgemischten Volksschulklasse, das andere Mal handelt es sich um Jugendliche aus einem sozialen Brennpunkt in den USA. Der erste Film „Etre et Avoir" (2002) ist dokumentarisch, also durch teilnehmende Beobachtung entstanden, während der zweite, „Stand and Deliver" (1988) ein Spielfilm ist, der sehr nahe an der Wirklichkeit produziert wurde; der Lehrer, dessen Unterricht dabei portraitiert wird, freundete sich während der Dreharbeiten mit seinem Darsteller an, sodass daraus bei der Produktion eine enge Zusammenarbeit resultierte.

Beide Filmbeispiele haben bis heute kein bisschen an Aktualität verloren, was die pädagogischen Anforderungen an die Pädagogen betrifft, und illustrieren mit unterschiedlichen Schwerpunkten aufgrund des verschiedenen Alters und Milieus sehr eindrücklich, worauf es im Schulunterricht vornehmlich ankommt. Im ersten Film über die Volksschulklasse erlebt man die Arbeitsweise des Lehrers, indem die Kamera sich mitten im schulischen Alltag bewegt und die vielen spontanen Unterrichtsdialoge einfängt. Der Zuschauer wird unmittelbarer Zeuge davon, was den sichtlichen außerordentlichen Erfolg dieses Lehrers ausmacht. Der zweite Film führt direkt in die Situation hinein, die ein Lehrer in einer Quartierschule der USA erlebt, wo Gewalt, Drogen- und Alkoholmissbrauch, Armut und Illusionslosigkeit, zerrüttete Familien den Alltag der Menschen prägen. Der Lehrer, bolivianischer Einwanderer, begegnet hier im ‚Land der Freiheit und Demokratie' deutlich mehr Verwahrlosung, Defaitismus und Gleichgültigkeit als er dies aus seiner mausarmen Heimat kennt. Er trifft auf ein Klasse wie alle anderen in dieser Schule, für die Unterricht mehr darin besteht, die Zeit totzuschlagen und die sich von den Lehrern nicht mehr viel versprechen. Man wird Zeuge eines erstaunlichen Prozesses, wie es diesem Lehrer Schritt für Schritt gelingt, Jugendliche, die eigentlich längstens abgeschrieben sind und sich auch selbst abgeschrieben haben, für eine ehrliche Zusammenarbeit zu gewinnen und schlussendlich für hartes und engagiertes Lernen zu motivieren, das ihnen zuvor nie in Betracht gezogene Perspektiven eröffnet.

4.3.1 Etre et Avoir – Sein und Haben[39]

Der Regisseur von „Etre et Avoir", Nicolas Philibert, hatte innert einiger Monate über 100 verschiedene Schulklassen besucht und nicht wirklich das gefunden, was ihm vorschwebte, bis er auf die Klasse des Grundschullehrers Georges Lopez

39 Philibert, 2002. (Dokumentarfilm)

in der Auvergne stieß. Er realisierte nach einem kurzen Besuch rasch, dass dies seine Chance war, die tägliche Arbeit eines vorbildlich arbeitenden Lehrers dokumentieren zu können. Wie er in einem Interview später sagte, sei er „sofort eingenommen (gewesen) von der Persönlichkeit des Lehrers“. Es gefiel ihm, dass dieser stets „eine große Aufmerksamkeit für seine Schüler“ aufbrachte und sich im Umgang mit ihnen sehr taktvoll verhielt. Georges Lopez – dieser Lehrer – machte auf ihn nie den Eindruck, „eine Rolle zu spielen“ oder in irgendeiner Weise die Realität in seinem Schulzimmer zu beschönigen oder etwas zu verleugnen. Die Tatsache, dass die meisten Kinder über die ganze Zeit hinweg die Anwesenheit der vier Erwachsenen des Kamerateams in ihrem Schulzimmer mehr oder weniger ignorierten, lässt erahnen, wie wenig sich der Lehrer selbst beim Unterrichten davon irritieren ließ und inwiefern es ihm gelang, seine Schüler so sehr ins Lernen zu involvieren, dass sie ihre Beobachter mit ihren Kameras ausblendeten.

Die Konstellation ist für unseren Zusammenhang auch deswegen besonders interessant, weil es sich um eine äußerst heterogene Klasse aus allen Kindern der umliegenden Dörfer im Alter zwischen ca. 5 und 13 Jahren handelte – also eine ausgeprägte Integrationssituation.

4.3.1.1 Unterricht im Kollektiv

Der Film beginnt damit, dass Lehrer Lopez zusammen mit der Gruppe der Kleinsten rund um einen Tisch sitzt, die das Wort „maman“ – in verbundener Schrift – von einer Vorlage auf dem eigenen Blatt abschreiben. Der Lehrer gibt bei einem Schüler einen Hinweis, hilft bei einem anderen den Ausgangspunkt des Buchstabens zu finden, korrigiert bei einem Dritten einen falschen Ansatz und behält dabei laufend die ganze Gruppe im Blick, ohne sich dabei von dem ablenken zu lassen, wo er gerade seine Aufmerksamkeit hingewandt hat. Alle sind eifrig bei der Sache. Von Zeit zu Zeit hört man Aussagen wie: „Das ist nicht schwer!“, „Ich bin schon fast fertig“. Jojo, einer der Kleinsten, spricht wiederholt den Lehrer an und meint, er habe nicht richtig zugehört. Er muss warten, bis der Lehrer Zeit für sein Anliegen hat. Später fragt er plötzlich in die Runde, eigentlich an den Lehrer gewandt: „Ist jetzt Vormittag oder Nachmittag?“ Der Lehrer greift die Frage auf und gibt sie an die anderen weiter. Als niemand etwas sagt, hilft der Lehrer mit der Gegenfrage nach, ob man schon Mittag gegessen habe. Jojo überlegt kurz und verneint dann. „Also haben wir …“, sagt der Lehrer. Der Bub gibt nun befriedigt die Antwort. Solche Momente, in denen eine Frage im Raum steht, beantwortet Lopez nicht selbst, sondern gibt stets die Frage an die Klasse weiter, fordert sie so zum Mitdenken auf. Sein Bestreben zielt darauf ab, alle bei möglichst allen Aktivitäten und Aufgabenstellungen zu involvieren. Als alle ihr Werk vollendet haben, schafft er eine weitere Situation, in der alle mit aufgefordert sind, ihre Meinung zu äußern, und zwar bei der Begutachtung der einzelnen Schreiblösungen. In der ersten Runde bei der Betrachtung von Jojos Werk sind Bemerkungen wie „Ist gut!“, „Ist ziemlich gut!“, „Ist ein wenig gut“ zu hören. Der Lehrer lässt ihre Kommentare stehen, zumal sich allesamt positiv geäußert haben. Wenn kritische Äußerungen dabei sind, greift er die Mängel so auf, dass er zuerst auf die Aspekte hinweist, die nicht schlecht gelungen sind, um dann noch den Mangel im Hinblick auf Verbesserungsmöglichkeit zu erläutern. Damit nimmt er der Kritik die Spitze und gestaltet die gemeinsame Besprechung so, dass alle Kinder selbstverständlich zur Stellungnahme eingeladen sind und dabei lernen, wie man gegenseitig seine Leistungen kritisch würdigen kann, ohne zu verletzen.

Schon in dieser Film-Sequenz erlebt man als Zuschauer eine sehr entspannte und zugleich konzentrierte Atmosphäre, bei der alle Kinder voll involviert sind und aktiv am Geschehen teilnehmen, jedes Kind auf seine Art. Die Stimmung in dieser Klasse ist praktisch immer ernsthaft auf die Sache konzentriert. Alle Schüler bemühen sich, folgen zu können, während der Lehrer zugleich auch sicherstellt, dass niemand abhängt und innerlich aussteigt. Und während er mit den Großen Diktat übt und die anderen Schüler mit einem schriftlichen Auftrag beschäftigt sind, entgeht ihm nichts, auch nicht, wenn z. B. einzelne der Jüngsten – Jojo an vorderster Front – abgelenkt sind und Dummheiten machen. Zwischen den Sätzen, die er den Großen diktiert, signalisiert er den albernden Schülern mit seiner Miene, dass er sie sieht, und fordert sie mit kleinen Gesten auf, wieder zurück zur Arbeit zu gehen.

Immer wieder erlebt man im Film aber auch Sequenzen, in denen sich unerwartet sehr persönliche Gespräche ergeben, z. B. ein munterer Dialog mit der ganzen kleinen Schar, in dem der Lehrer jeden Einzelnen fragt, was er oder sie sich für einen zukünftigen Beruf wünschen. Es stellt sich heraus: Die Mehrheit will ebenfalls Lehrer werden. Nach solchen Momenten eines spontanen persönlichen Austauschs führt Herr Lopez den Unterricht selbstverständlich weiter.

Jeweils ein Kind schreibt an der Tafel auf Hilfslinien die neue Zahl, die gelernt wird. Derzeit ist es die 7. Einer nach dem anderen ist dran und wird intensiv von den Kameraden dabei beobachtet. Es fallen wieder Kommentare wie „Gut!“, „Sehr gut!“ oder auch umgekehrt: „Nicht gut!“ Mit aller Selbstverständlichkeit gibt der Lehrer bei einzelnen Kindern, denen die Aufgabenstellung Mühe bereitet, gezielt und ohne lange Kommentare die erforderliche Unterstützung. So kann es sein, dass er einem der noch weniger reifen Kinder die Zahl mit Pünktchen andeutungsweise vorzeichnet. Es fällt auf, dass niemand unter den Kindern auf die Idee kommt, sich spöttisch über jemanden, der mehr Zeit oder Hilfe benötigt, zu äußern. Erstaunlich für das Alter ist die verständnisvolle, gegenseitige Geduld der Kinder beim Üben der Zahl 7. Herr Lopez setzt sich neben die verträumte Laetitia und geht die Zahlenreihe bis sechs mit ihr durch. Nach der Zahl 6 stockt sie, weiß nicht mehr weiter. Der Lehrer sieht sie an und sagt: „Wen wollen wir fragen?" Dabei schaut er in die Runde und nennt zwei Namen. Damit macht er ihr und den anderen Kindern vor, wie man sich bei den Kollegen Hilfe holen kann. Laetitia, die vermutlich aufgrund ihres geistig entrückten Verhaltens in unseren Schulen Gefahr laufen würde, eine ADS-Diagnose oder eine Variante des Autismus diagnostiziert zu erhalten, gelingt es auch noch nach zwei weiteren Hilfestellungen von ihren Kameraden nicht, sich der 7 zu erinnern; sie ist offensichtlich nicht ‚auf Empfang'. Der Lehrer muntert sie in einem sanft-fordernden Ton auf, doch mal aufzuwachen. Die Kinder in der Runde haben dies alle mitbekommen; dennoch entfährt niemandem eine abfällige Bemerkung, im Gegenteil. Jojo, der ihr zuvor schon bereitwillig geholfen hat, sagt in die Runde: „Wir müssen ihr helfen!" Wie in dieser Situation, die in vermutlich nicht wenig Klassen zu spöttischen Kommentaren führen würde, erlebt man im ganzen Film keine derartige Situation. Eine vergleichbare spontane Gesprächssequenz wie zuvor bei den Kleinen ergibt sich bei den größeren Schülern, als der Lehrer dazu ansetzt, ein neues Diktat mit seinen „Großen" durchzuführen. Etwas gedankenversunken sagt er halblaut zu sich selbst: „Nochmals ein Diktat!" Dies löst fragende Blicke bei seinen Schützlingen aus, worauf er ihnen, die ihm mit offenem Mund zuhören, erläutert, wie lange er schon als Lehrer mit seinen Schülern Diktate übe: mehr als 20 Jahre. Nächstes Jahr höre er auf, fährt er fort, eine Botschaft, die bei seinen Schülern sichtliche Betroffenheit auslöst. Julien, einer der etwas raubeinigen Schüler, meint, dann würden sie streiken! Ein anderer schlägt vor, Herr Lopez könne doch im Haus wohnen bleiben und Schülern Nachhilfeunterricht erteilen. Die Schüler werden still, nachdenklich, wirken etwas bedrückt. Die persönliche Anteilnahme der Schüler am Leben ihres Lehrers zeugt von der fast familiären Stimmung in diesem Schulzimmer.

Die freundschaftliche Atmosphäre und das Verbundenheitsgefühl innerhalb der Klasse zeigen sich, als zusammen Omeletteteig hergestellt wird: jeder der Kleinen trägt eine Handreichung bei. Die größeren Schüler üben sich dann im Wenden des Omelettes in der Pfanne. Einige scheitern und die Eierspeise landet unversehens auf dem Boden, was für viel Heiterkeit sorgt, allen voran beim Lehrer. Aber nach mehreren Anläufen klappt es bei einigen. Dies löst viel herzlichen Applaus aus und sorgt bei den Erfolgreichen für Stolz.

In einer weiteren gemeinsamen Aktivität erlebt man ausgelassenen Spaß beim Schlittenfahren von einem nahebeiliegenden Hügel herunter. Der Lehrer schickt jeden Schlitten mit Schwung auf der vorgesehenen Spur los. Es kommt zu Zusammenstößen, Entgleisungen der Schlitten und Stürze, alles begleitet von übermütigem Gelächter. Einige Zeit später zurück im Haus zeugen nur noch die an einer Leine aufgehängten Mützen, Handschuhe und Schale vom vergnüglichen Wintersport. Auffallend beim Schlittenfahren ist, dass auch Kinder, die im sozialen Verband normalerweise sehr still und auch geistig häufig etwas abwesend sind (Laetitia), ihre Verhaltenheit für den Moment ganz vergessen haben.

4.3.1.2 Individuelle fördernde Zuwendung

In vielen Szenen von „Etre et Avoir" erfasst die Kamera einen schnell ermüdenden, gähnenden, mit allerlei anderem als Arbeiten beschäftigten kleinen Jojo. Nur schon das sorgfältige Ausmalen von vorgedruckten Tieren auf einem Blatt, das seine Kameraden rundherum eifrig bearbeiten, fällt ihm schwer. Er kann nicht stillsitzen, hört nicht richtig zu, lenkt sich und andere von der Arbeit ab. ADHS? AHS? Braucht er Ritalin? Senor Lopez, Sohn spanischer Auswanderer, schon als Schüler leidenschaftlicher Lehrer für einen Mitschüler und ein jüngeres Kind macht sich andere Gedanken. Er stellt mit dem fahrigen Buben eine Verbindlichkeit her, die das Kind voraussichtlich vor ihm nicht kannte. Alle fünf bis zehn Minuten will er von Jojo wissen, wie weit er ist und nimmt ihn in die Pflicht, sein Blatt bis zur Pause beendet zu haben. Dieser trödelt weiter herum. Als der Knirps in die Pause verschwinden will, ruft ihn der Lehrer zurück und bespricht mit ihm die Sachlage. Er lässt dem Buben sein Trödeln und Abschweifen nicht durchgehen und erwartet von ihm, dass er seinen Beitrag leistet wie die anderen. Ohne ein ungeduldiges Wort bespricht Herr Lopez die Sache mit dem Buben und verlangt: Das Blatt muss er in der Pause, nicht irgendwann sonst im Unterricht fertigstellen. Jojo erlebt also bei seinem Lehrer, dass er ihm etwas zutraut, ihm zum Erlebnis verhilft, dass er den anderen nicht unterlegen sein muss. In einer nächsten Stunde, als Jojo an etwas still arbeitet, ist der Lehrer in der Hocke auf Augenhöhe neben dem Buben und verwickelt ihn ins Gespräch. Mit der Frage „Wozu gehst du zur Schule?" eröffnet der Lehrer einen Dialog, bei dem der Bub offensichtlich zunächst etwas geistesabwesend nur sehr wortkarg mitgeht. Aber nach ein bis zwei Minuten gelingt es Herrn Lopez, ihn zu verwickeln und miteinander rekapitulieren sie die Zahlen, die sie gelernt habe, dies in einer nun sehr aufgeräumten Stimmung.

Zu einem anderen Zeitpunkt ergibt sich die Situation, dass Jojo dem Lehrer seine Hände zeigt, nachdem er sie angeblich gewaschen hat. Sie sind noch äußerst schmutzig. Der Bub scheint darin vollkommen ungeübt zu sein, die einfachsten alltäglichen Anforderungen wie eben Händewaschen zu verrichten. Wie ein geduldiger Vater gibt Lopez dem Buben die erforderliche Orientierungshilfe. Er bespricht mit ihm, was angesichts der schmutzigen Finger Schritt für Schritt zu tun ist: Es braucht Seife und Schwamm, emsiges Schrubben mit dem Schwamm und Trocknen der Hände. Am Schluss dieser Szene, als Jojo mit sichtlicher Freude und Stolz seine sauberen Hände in die Luft hebt, sodass es alle sehen können, wird deutlich, zu welchem Erlebnis der Lehrer ihm mit dieser fast banal wirkenden Sequenz verholfen hat. „Jetzt fühlst du dich besser, nicht wahr", ist des Lehrers anerkennender Kommentar, was der Bub mit einem glücklichen Lächeln quittiert.

Bei allen im Film eingefangenen Szenen ist die pädagogische Haltung des Lehrers darauf gerichtet, jedem Kind die Erfahrung zu ermöglichen, die jeweils anstehenden Aufgaben bewältigen zu können und dadurch möglichst viel Stärkung seines Selbstwertgefühls und seiner Selbstwirksamkeit mitzugeben. Diagnostische Überlegungen scheinen für ihn keinerlei Bedeutung zu haben.

4.3.1.3 Konfliktlösung

Natürlich gibt es im Schulzimmer und auf dem Pausenplatz bei Herrn Lopez auch Konflikte. Eine Szene zeigt das Gespräch des Lehrers mit zwei seiner ältesten Schüler, die einen handfesten Streit miteinander hatten. In einer groben Auseinandersetzung hatte der ansonsten sehr sensible Olivier einen Wutanfall bekommen und sich mit Julian geprügelt. Im Unterschied zu Olivier ist Julien in seiner Art wenig zurückhaltend. Als der Lehrer von beiden unter sechs Augen in Erfahrung bringen will, was genau geschehen war, redet Julien ungeniert seine Version frei heraus. Er sieht sich jeglicher Schuld enthoben. Olivier hingegen schluchzt und spricht nicht. Es ist klar: Die ganze Wahrheit ist noch nicht auf dem Tisch. Lopez bleibt dabei, sie in Erfahrung bringen zu wollen. Wieso wurde der verhaltene Olivier so wütend? Erst nach zahlreichen Anläufen gelingt es dem Lehrer, von Olivier den Grund zu erfahren: Julien hatte ihn immer wieder beleidigt. Die Auflösung dieses Konflikts lässt beispielhaft erahnen, wieso solche kränkenden Vorgänge unter diesen Schülern in Lopez Klasse Seltenheitswert haben. Der Pädagoge findet die passenden Worte, welche beide Jugendlichen erreichen. Julien vermittelt er etwas, was ihm aufgrund des Umgangs in seiner Familie nicht bewusst ist: Worte können verletzender wirken als alles andere. Aber auch Olivier als „Großer" in der Klasse wirkt nicht als gutes Vorbild für die Jüngeren, wenn er angesichts eines Konflikts beginnt die Fäuste einzusetzen, führt der Lehrer ihm vor Augen. Dieser stimmt nickend zu; eigentlich weiß er es. Alles, was der Lehrer den beiden Streithähnen, die sich im Laufe des Gesprächs sichtlich entspannen, sagt, verzichtet auf einen moralisch verurteilenden Unterton; es geht ihm restlos um Verständigung, Mitgefühl und die Rolle jedes Einzelnen in der Klassengemeinschaft.

Wie dem Zuschauer im Laufe des Films bewusst wird, hat Senor Lopez auch zu all den Eltern bzw. Familien seiner Schüler einen persönlichen Kontakt. Alle haben großes Vertrauen zu ihm. Direkt anschließend an das Konfliktgespräch, begleitet man Julien sozusagen mit nach Hause. Die nächste Einstellung zeigt ihn bei einem Traktormanöver, beim Versorgen der Kühe mit Gras und Kraftfutter, später mit der Mutter in der Küche an seinen Rechenaufgaben sitzend. Er ist fest im Familienbetrieb eingespannt und muss sich öfter um jüngere Geschwister kümmern. Die Eltern glauben in der Erziehung noch stark an die heilsame Wirkung der harten Hand. Streng observierend verfolgt Juliens Mutter den Vollzug der Hausaufgaben, wird rasch ungeduldig, schnauzt den Sohn an und verpasst ihn eine Ohrfeige als er sich verrechnet. Er soll besser aufpassen, sich anstrengen! Aufgrund dessen, wie er den Umgang der Mutter mit dem Jungen erlebt, versteht man, wieso Julien ein recht patenter Junge ist, zugleich aber auch ein ziemliches Raubein. Herr Lopez spricht ihn später im Unterricht etwas entschlossener an als andere Kinder in der Klasse, als ob er den gewohnten Ton in der Familie im Ohr hätte.

Als die Kamera ins Wohnzimmer von Olivier hineinblickt, ist man in einer ganz anderen Welt: Der scheue große Junge sitzt mit der Mutter ebenfalls am Küchentisch, vor sich das Schulheft. Beide blicken oder starren fast darauf. Es vergehen Minuten, ohne dass einer von beiden etwas tut oder einen einzigen Ton sagt. In dieser Familie scheint eine Sprachlosigkeit vorzuherrschen. Man realisiert daraufhin, dass der Lehrer tatsächlich bei jedem Schüler eine individuelle Art der Ansprache sucht.

Die persönliche Anteilnahme und das reale Interesse des Lehrers am Leben seiner Schüler, das sicherlich eine Voraussetzung dafür ist, dass er mit jedem Kind intuitiv auf individuelle Weise spricht, wird im Film klar nachvollziehbar. In einer Szene im Garten, als der Lehrer mit Olivier allein auf einem Mäuerchen sitzt, zunächst im Gespräch über den Übertritt in die Oberstufe, erkundigt sich der Lehrer, wie es der Familie geht. Der Junge zögert und es scheint, also ob dem Lehrer etwas in den Sinn komme. Er fragt: „Wie geht es dem Vater? Ist er wieder zurück aus dem Krankenhaus? Hat er sich gut erholt?“ Nach und nach erzählt Olivier unter Tränen, dass man dem Vater den Kehlkopf entfernt habe und dass er auch nochmals ins Krankenhaus zurückmüsse. Nachdenklich wiederholt der Lehrer die Worte des sehr betrübten Jungen, berührt ihn mit der Hand leicht am Kopf, begleitet von einigen zuversichtlich-aufmunternden Bemerkungen zu den ausgezeichneten Möglichkeiten der heutigen Medizin, zu helfen. Der Lehrer bleibt dabei immer Lehrer und wird nicht etwa zum Vaterersatz, aber ein Lehrer, der mehr ist als nur Vermittler fachlicher Inhalte und konkreter Fähigkeiten ist. Er ist auch der anteilnehmende, ermutigende, tröstende und freundschaftlich verbundene Mentor seiner Schützlinge.

Ähnliches wird dem Zuschauer in Bezug auf Nathalie, der großen Schwester von Laetitia, vor Augen geführt: Man wird Zeuge der Besprechung des Lehrers mit der äußerst still-verhaltenen Jugendlichen unter vier Augen vor ihrem definitiven Abschied von der Schule. Sie wechselt mit Olivier und Julien in die Oberstufe. Das Gespräch besteht im Wesentlichen darin, dass der Pädagoge spricht, ihr dabei Mut macht, sie nach ihrer Meinung fragt, ohne eine Antwort zu erhalten außer einem Nicken oder Kopfschütteln. Der Lehrer muss antizipieren, wie es ankommt, was er ihr sagt. Er rätselt an den Tränen, die ihr plötzlich in die Augen steigen. Nach einigem Zögern, bei dem man dem Lehrer anmerkt, dass er nach einem Ansatz ringt, wie er Nathalie aus ihrer depressiv wirkenden Stimmung herausbringen kann, hat er offensichtlich die richtige Eingebung. Er fragt, ob sie am Wochenende bzw. am Samstagmorgen, wenn sie jeweils zuhause ist, nicht gelegentlich zu ihm kommen wolle, um ihm von ihren neuen Erfahrungen zu berichten. Er kenne sich bei den weiterführenden Schulen nicht aus. Außerdem könnten sie so miteinander im Kontakt bleiben. Auf diese Worte hin breitet sich eine sichtliche Entspannung in Nathalies Gesicht aus, ja sie beginnt sogar glücklich zu lächeln.

4.3.1.4 Einsichten und Diskussion

Dieser Film ist ein einmaliges Dokument dafür, was ein Lehrer zu leisten in der Lage ist, wenn seine Arbeit von einem Ethos wie demjenigen von George Lopez getragen ist. Schulen wie die in „Etre et Avoir" gezeigte, gab es früher viele. Keineswegs in allen altersgemischten Klassen waren jedoch solch versierte Lehrer anzutreffen. Der Film zeigt überzeugend, wie sehr die erfolgreiche Integrationsleistung trotz äußerst heterogener Zusammensetzung der Klasse der beeindruckenden pädagogischen Kompetenz und damit verbunden dem großen Engagement des Lehrers für seine Schüler zu verdanken ist.

Eine wichtige integrative Rolle spielt zweifellos die Klassengemeinschaft, die eben nicht zufällig so entstanden ist. Wiederholt kann man im Film erleben, wie der Lehrer die Schüler aufeinander bezieht und sie somit auch aktiv miteinander geistig und emotional verbindet. Die Stimmung ist spürbar freundschaftlich, zumal der Lehrer auch bei Konflikten geduldig und mit sehr viel psychologischem Feingefühl den Weg findet, die Klärung der Problematik zu ermöglichen und somit eine versöhnliche Stimmung schafft.

Die letzte Szene des Films ist der Verabschiedung der Klasse gewidmet: Jedes Kind hält ihm seine Wange hin, sodass er nach französischer Art ein „baiser“ links und rechts darauf drücken kann. Mit dieser fröhlich-zärtlichen Geste drücken sie ihm ihre Dankbarkeit und Verbundenheit aus, wie dies in glücklichen Familien geschieht. Als alle verschwunden sind, ruht die Kamera auf dem Gesicht des Lehrers. Die Rührung seinerseits steht ihm ins Gesicht geschrieben. Im Gespräch mit dem Regisseur beschreibt der Pädagoge, wie sehr er für seine Engagement mit den Kindern von ihnen entschädigt wird. Es fällt nicht schwer, ihm seine Worte vollumfänglich abzunehmen.

4.3.2 Die soziale Herkunft determiniert nicht

Das zweite Filmbeispiel „Stand and Deliver“ veranschaulicht, unter welchen Bedingungen Schulen ein zentrales soziales Postulat aus den 1960er- und 1970er-Jahren – die Chancengleichheit – trotz großer Unterschiede in Bildungsvoraussetzungen von Schülern weitgehend realisieren können. Auf diesem Hintergrund machte in den 1980er-Jahren eine Schule im östlichen spanischsprachigen Stadtteil von Los Angeles auf sich aufmerksam. An der *Garfield High School* mit Schülern, die alle in Quartieren aufwuchsen, die als soziale Brennpunkte galten, gelang 18 Schülern eine Leistung, die bis dahin solchen Schülern niemals zugetraut worden war. Sie bestanden die sogenannte „Calculus-Prüfung“ und erhielten damit den Hochschulzugang. Was besonders daran verblüffte, war, dass ausnahmslos die gesamte Klasse bestanden hatte. Da dieses Resultat angesichts der unterprivilegierten Schüler als unglaubwürdig erschien, wurde es kurzerhand mit der Begründung annulliert, die Schüler hätten betrogen. Verdächtig erschienen der Prüfungsleitung nicht nur die überdurchschnittlich hohen Lösungsergebnisse, sondern das Phänomen, dass so viele exakt dieselben Fehler gemacht hatten. Die Jugendlichen wiederholten die Prüfung unter strengeren Kontrollen. Alle bestanden ein zweites Mal. Damit war der Betrugsverdacht entkräftet. Jay Mathews, Leiter des Bureaus der *Washington Post* in Los Angeles, las darüber in einer Lokalzeitung. Es veranlasste ihn, der Sache nachzugehen und zu eruieren, wie dies möglich geworden war. Aus seiner Recherche ging 1988 das Buch „Escalante. The Best Teacher in America“ (Mathews, 1989) hervor, auf dem der Film basiert. Noch im selben Jahr wurde auch der Spielfilm „Stand and Deliver“ ausgestrahlt. Bis heute ist dies einer der eindrucksvollsten Filme mit schulpädagogischem Thema.

Der Lehrer dieser erfolgreichen Klasse, Jaime Escalante, war ein bolivianischer Einwanderer, der bereits in seinem Heimatland unterrichtet hatte. Bei seiner Einreise mit seiner Familie in die USA wurde ihm eröffnet, er müsse, um die Lehrerlaubnis an der Highschool zu erwerben, die Lehrerausbildung der USA nachholen. Dies schreckte den engagierten Pädagogen nicht ab. Parallel zu seiner Ausbildung reinigte er in einem Restaurant Böden, um für die Familie zu sorgen, bis er die Lehrerlaubnis erworben hatte. Als er dann an der *Garfield High School* zu arbeiten begann, war er 43 Jahre alt und fand eine Schule vor, die von Bandenkriminalität geprägt war und Gefahr lief, ihre Akkreditierung zu verlieren. Eigentlich war Escalante als Lehrer für Computerunterricht eingestellt worden. Tatsächlich musste er aber Mathematik-Lektionen erteilen, weil der Schule die finanziellen Mittel fehlten, um Computer anzuschaffen.

An seinem ersten Schultag fiel dem bolivianischen Einwanderer erst richtig auf, wie verwahrlost die Schule war und welch schwachen schulischen Stand die Schüler verglichen mit seinen Schülern in Bolivien hatten. Was Jaime Escalante aber besonders missfiel, war, dass die Lehrpersonen samt Schulleitung eigentlich kaum Anforderungen an die Schüler stellten, ihnen nichts zuzutrauen schienen. Sie ersetzten Unterricht häufig durch Spiele, angeblich zur besseren Motivation. Oder sie verteilten den Schülern laminierte Karten mit Einmaleins-Tabellen darauf, um die Schüler (und sich selbst) vom mühsamen Lernen mit entsprechendem Unwillen zu entlasten. Erschwert wurde die Situation durch ständig wechselnde Schulleiter, die es aber nicht schafften, etwas an der Situation zu ändern. Jaime Escalante war konsterniert und kam sehr bald zum Schluss, er habe an dieser Schule nichts verloren. Spätestens nach einem Jahre wollte er weg sein.

4.3.2.1 Realistische Entwicklungsperspektiven?

Empfangen wurde Escalante in seiner ersten Stunde von einem chaotischen Durcheinander herumalbernder Jugendlicher. Die erste an ihn gerichtete spöttische Frage lautete: „Lernen wir etwas über Sex?“ Seine Bemühungen, in dieser ersten Stunde ein paar Regeln zu erklären und ein Problem mit ihnen an der Wandtafel zu erörtern, ging im allgemeinen lauten Gerede unter. Am Schluss, auf die Frage angesprochen, was die Hausaufgaben seien, sagte Escalante nach kurzem Zögern: „Sex!“

Diese Schlagfertigkeit in einer Situation scheinbarer pädagogischer Hilflosigkeit war eine der besonderen Eigenschaften Escalantes, wie der Film alsbald zeigt. Nach einigen Wochen Unterricht, in denen er mit seinen Klassen ständig von einem Klassenzimmer zum nächsten auf Wanderschaft war, wurde ihm endlich ein eigenes Schulzimmer zugestanden. Es gelang ihm, einige seiner Schüler dafür zu gewinnen, in der Freizeit den unansehnlichen Raum mit Pinsel und Wanddekoration in Ordnung zu bringen. Im Vergleich zu den anderen Klassenräumen war nun sein Schulzimmer viel freundlicher geworden. Die Schulleitung war erfreut und erkor es zum nachahmenswerten Vorbild. Escalante suchte immer wieder nach Möglichkeiten, seine sehr oft lethargischen bzw. apathischen Schüler auf irgendeine Weise zu aktivieren und ihnen mehr Selbstachtung und Mut einzuflößen. So führte er z.B. in seinem Unterricht komisch anmutende sprachliche Jargons ein sowie eine Penny-Stempel-Zeituhr, wodurch sich die Schüler für alle anspruchsvolleren Lektionen, die sie besuchten, einen Penny gutschreiben lassen konnten. Dann forderte er persönlich die athletischen Schüler in der Klasse zum sportlichen Wettbewerb mit ihm heraus, z.B. durch Zielwürfe mit einem Handball. Diese Sportevents fanden häufig nach der Schule oder am Samstagmorgen statt, bei denen er selbst regelmäßig gewann. Als Vorbedingung hatten sich die Schüler im Fall ihrer Niederlage verbindlich verpflichtet, ihre Hausaufgaben ordentlich zu erledigen. Solche Ansätze im Unterricht erbrachten tatsächlich einen gewissen Erfolg. Noch wirkungsvoller waren Momente, in denen er seiner Klasse vor Augen zu führte, dass ihre ethnische Herkunft als Maya-Abkömmling sie für mathematisches Denken sozusagen prädisponiere. Als Escalante in einer Lektion die Zahl 0 einführte, sagte er ihnen Folgendes:

> „Was wir hier bisher machten, ist mathematischer Basisstoff. Für Euch ist dies eigentlich zu einfach, ihr Dickköpfe. Ich werde Euch Algebra beibringen, ich bin darin der Champion. Denn, wenn Ihr nichts anderes könnt, als nur zu addieren und zu subtrahieren, bleibt Euch nichts anderes übrig, als an der Tanksäule zu stehen und die Tanks zu füllen. Wusstet Ihr, dass weder die Griechen noch die Römer fähig waren, das Konzept mit der 0 zu verwenden? Es waren Eure Vorfahren, die Mayas, welche die 0 einbezogen: die Abwesenheit eines Wertes. Wahre Geschichte! Ihr Dickköpfe habt Mathematik in Euren Adern!" (Menéndez, 1988) [Übers. v. Verf.].

Im Unterschied zu seinen Kollegen und der Schulleitung ließ Escalante bei seiner Klasse nichts, was ihm am Verhalten der Schüler nicht gefiel, einfach auf sich beruhen. Er ging immer in die direkte Auseinandersetzung mit ihnen und scheute sich nicht, sie direkt mit witzigen ironischen Bemerkungen auf Fehlverhalten, wie z.B. Zuspätkommen oder die Flittchen-Bekleidung einiger Schülerinnen, anzusprechen. Damit handelte er sich zunächst natürlich nicht nur dankbare Reaktionen ein, sondern durchaus auch harsche Reaktionen. Dennoch traf er mit seiner Art eine Tonalität, die ihnen signalisierte: „Ich gebe euch nicht recht und lasse mich von euch nicht abschütteln", was aber auch hieß: „Ich gebe euch nicht auf, ihr seid mir nicht egal." Wesentlich war, dass die Jugendlichen sein Engagement und Interesse an ihnen empfanden, eine Erfahrung, die sie so bis dahin in der Schule nicht gemacht hatten. Eine Begebenheit, die zeigt, dass Escalante seine Klasse für sich gewonnen hatte, war als ein Schüler auf ihn zukam und entschieden zu ihm meinte, sein Name, Mr. Escalante, passe nicht zu ihm; er brauche einen anderen Namen. Die Einwände des Pädagogen nützten nichts. Der Schüler teilt Escalante mit, er sei beim Schauen seiner Lieblingssendung auf den Namen *Kemo Sabe*[40] für ihn gekommen. Ihm gefallen die Assoziationen mit diesem Namen: Freundlichkeit gepaart mit einem spanischen Bezug zu Wissen und Kompetenz! Er und die anderen Schüler hätten sich entschieden, ihn in Zukunft Kimo zu nennen: „Sie sind Kimo", wurde Escalante mitgeteilt, zweifellos die Geste eines Ritterschlags.

4.3.2.2 Die erforderliche Souveränität

Ein wichtiger Baustein für die wachsende Achtung der Schüler Escalante gegenüber war dem Umstand zuzuschreiben, dass dieser sich von den Gangs an der Schule, von der auch eine in seiner Klasse zu Beginn Raum einnahm, nicht einschüchtern ließ. Dazu gibt es im Film zwei Schlüsselszenen, in denen der Lehrer einem überheblich agierenden Bandenchef auf ruhige, aber deutlich überlegene Art Paroli bietet. Der Unterricht hat schon begonnen als zwei coole Typen das Klassenzimmer betreten, sich möglichst gelangweilt zu Escalante hinbewegen. Der eine ist der Chef, Chuco, der vorangeht; der andere ist Angel, dessen ‚rechte Hand', direkt dahinter. Sie fordern je einen Stuhl für beide. Der Lehrer fragt nach der Zuteilungsverordnung durch die Schulleitung. Chuco zückt einen Zettel, lässt ihn aber vor der Nase Escalantes fallen, sodass dieser sich danach bücken muss. Damit demonstriert der Bandenchef den Anwesenden, dass nicht der Lehrer, sondern er in dieser Schulstube das Sagen hat. Escalante lässt sich nicht aus der Ruhe bringen und hebt in aller Ruhe den Zettel auf. Chuco lässt er auf dem letzten freien Platz vorne sich hinsetzen. Angel muss sich mangels Stühle vorläufig hinten an der Wand hinstellen. Nachdem der Lehrer die Klasse angewiesen hat, eine Aufgabe im Buch still zu lösen, stellt er sich neben Chuco und fragt ihn, wo seine Unterlagen und Stifte seien. Dieser antwortet mit Verweis auf seine Stirn, er mache alles mit seinem Kopf. Escalante erwidert verschmitzt: „Aha!?" und ergänzt: „Kannst Du das Einmaleins?" Der coole Gangleader hält zuerst

40 Name einer Heldenfigur in der Favoritensendung des Jugendlichen

Daumen, dann Zeigefinger, zuletzt Mittelfinger hoch (was doppeldeutig auch so viel wie ‚Arschloch' symbolisiert) und zählt: „Eins, zwei, drei!" Der Lehrer schaut ihn belustigt an:

> „Fingermann! Ich habe von Dir gehört! Bist Du Fingermann? Ich bin auch Fingermann. Weißt Du, was ich damit kann?" (Menéndez, 1988) [Übers. v. Verf.].

Er hält ihm seine zehn Finger vors Gesicht und spielt verschiedene Rechnungen der Neunerreihe durch, wobei er bei jeder Rechnung den sichtlich verärgerten, weil in seinen Chefallüren gedemütigten Jugendlichen, fragt: „Was erhältst Du?" Dieser kann nur die Augen rollen. Die ganze Klasse verfolgte das Geschehen mit höchster Spannung und Faszination, da sie diese Erfahrung bisher noch bei keinem anderen Lehrer erlebt hatten. Escalante war dem sichtlichen Großmaul in jeder Hinsicht überlegen und machte ihn so vor der Klasse kleinlaut. Auch als Chuco den Lehrer nach der Stunde nochmals versucht, einzuschüchtern und erklärt: „Wir haben schon ganz andere fertig gemacht. Ich will von Dir einfach in Ruhe gelassen werden und während der Stunde einfach dasitzen und ein Loch in die Decke starren können", gibt ihm Escalante die passende Antwort: „Das erste, was Du von mir mitbekommen kannst, ist, Anstand zu lernen" (Menéndez, 1988) [*Übers. v. Verf.*].

In einer zweiten Schlüsselszene kommt Chuco in Begleitung dreier Gang-Mitglieder, die nicht zur Klasse gehören, zum Unterricht. Sie nehmen inmitten der anderen Schüler Platz. Daraufhin baut sich Escalante vor der Klasse auf und macht einen kurzen eigenen Auftritt als Bandenchef in eigener Sache:

> „Ich bin El Ciclón von Bolivien, eine Ein-Mann-Gang. Und dies hier, die Klasse, das ist meine Domäne! Erzähl mir also keinen Blödsinn. Ich werde Dir sonst ins Gesicht springen und Deine Chromosomen tätowieren!" (Menéndez, 1988) [Übers. v. Verf.].

Die Klasse lacht, weil sie spürt, ihr Lehrer ist nicht eingeschüchtert, weicht nicht zurück oder sackt ängstlich in sich zusammen. Er hat sich im Gegenteil die Initiative von den Wichtigtuern nicht aus der Hand nehmen lassen. Als der Lehrer kurz darauf an der Wandtafel mit einem neuen mathematischen Problem beginnt, wirft Chuco einen ironischen Spruch gegen den Lehrer in die Klasse, der zeigen soll, dass er hier noch immer die Oberhand hat. Grinsend gratuliert Angel seinem Chef zur vermeintlich gelungenen Pointe. Allein Escalante wandelt die Situation für Chuco in eine Peinlichkeit um. Er baut sich mit künstlich geschwellter Brust in der Rolle eines großen Prahlers vor der Klasse auf: „Orale![41] Ich bin ein harter Kerl! Harte Kerle brauchen keine Mathematik! Harte Kerle braten Hühner, um zu leben. Ist doch super!" An einen Schüler gewandt fragt er: „Willst Du einen Flügel oder ein Bein, Mann?" (Menéndez, 1988) [*Übers. v. Verf.*].

Damit ist Chucos Karriere bei Escalante für immer zu Ende. Angel bleibt zuerst seinem Chef gegenüber noch hörig, lässt sich noch einmal von diesem aus dem Unterricht rausholen, um mit ihm die ganze Nacht im Auto randalierend und Scheiben einschmeißend herumzufahren. Dann überwiegt aber die Hoffnung des jungen Mannes, mit der Hilfe des unerschrockenen Lehrers aus der Perspektivlosigkeit herauswachsen zu können.

Für die Klasse war der Fall nach einiger Zeit klar: Dieser Lehrer war Klasse. Mit dem konnte man Pferde stehlen.

4.3.2.3 Der Halt beim Lehrer verleiht Flügel

Ohne die im Laufe der Zeit entstandene Beziehungsgrundlage zwischen dem Lehrer und seiner Klasse, die es allen Schülern ermöglichte, sich unter seiner Führung sicher zu fühlen und ihm zu vertrauen, dass es ihm wirklich um sie und ihre Zukunft ging, wäre das nicht möglich geworden, was in der Folge geschah und was die Jugendlichen zu einem Erfolg führte, den niemand außer Escalante für möglich gehalten hätte.

Der Unterricht bei Escalante war zwar immer etwas sportlich-ironisch-lustig, zugleich aber ebenso beharrlich wie fordernd. Die Schüler konnten sich an seiner Unbeirrbarkeit orientieren und erlebten, dass er zu jedem von ihnen auch einen Faden herstellte, jeder sich also persönlich wahrgenommen fühlte.

Als angesichts des gesamthaft miserablen Abschneidens der Schülerschaft bei den Leistungstests und somit die Akkreditierung der Garfield Highschool im folgenden Schuljahr endgültig infrage gestellt war, suchte Jaime Escalante nach Möglichkeiten, das Lernen in seiner Klasse weiter zu optimieren. Inzwischen dachte er nicht mehr an einen Wechsel. Er war inzwischen der Überzeugung, diesen entmutigten Schülern fehle das Ziel, etwas, wofür sie sich wirklich engagiert einsetzen würden. Durch Zufall erfuhr er von dem Calculus-Test (Differential- und Integralrechnungen), der am College unterrichtet wurde, aber teils auch an sehr guten Highschools. Er entschloss sich, dieses Ziel mit seinen Klassen anzupeilen und informierte bei einer Konferenz Schulleitung und Kollegium über sein Vorhaben. Der Schulleiter ebenso wie die Lehrerkollegen hielten das für unmög-

41 Klar, o.k.!

lich, da es aber nicht zuletzt um das Weiterbestehen der Schule ging, waren sie einverstanden.

In der nächsten Lektion unterbreitete der Lehrer seiner Klasse seine Idee und schilderte ihnen die Perspektive, die sich durch das Bestehen dieses Mathematiktests für sie eröffnen würde – eine durchaus realistische Perspektive. Er traute ihnen einerseits zu, die erforderliche Leistung zu erbringen, andererseits machte er ihnen klar, dass sie wesentlich härter arbeiten müssten, als sie dies bisher gewohnt waren, und dass sie große Opfer an Freizeit, Ferien und Feierabend erbringen müssten. Die Klasse wusste mittlerweile, dass ihr Lehrer es ernst mit ihnen meinte und willigte in das ehrgeizige Projekt ein.

Eine nicht zu unterschätzende Hürde bestand noch darin, die Einwilligung der Eltern einzuholen, damit diese den Plan auch mittrugen. Mit einigen Umwegen gelang es, und es ging los.

Die Wochen und Monate, die folgten, waren für die Schüler äußerst anspruchsvoll und anstrengend. Dennoch, trotz gelegentlicher Einbrüche, Anflügen von Resignation und den Lockrufen, einen Job für schnelles Geld anzunehmen und auszusteigen, gelang es, die Klasse zu einer verschworenen Gemeinschaft zu machen. Das stärkte den Durchhaltewille. Die Schüler halfen einander, achteten aufeinander, wie sie es bei ihrem Vorbild, Escalante, gesehen und erlebt hatten. Dieser verstand es immer wieder, aufgrund des mittlerweile schon fast familiär-vergnüglichen Verhältnisses zu seiner Klasse sie auf fast wundersame Weise bei der Stange zu halten. Bei größter Hitze im Sommer – sie lernen jeden Tag auch in den Ferien – sitzt die ganze Klasse mit ihm in einem Schulzimmer, der Schweiß tropft ihnen von der Stirn. Orangen werden ausgeteilt und gierig verzehrt und dabei sind alle noch erstaunlich konzentriert bei der Sache. Als jemand jammert, wieso es keine Klimaanlage gebe, liefert der unerschöpfliche Einfallsreichtum und Humor dieses kreativen Pädagogen eine Lösung, die alle sehr erheitert und das Weitermachen erleichtert. Er sagt, sich mehrmals wiederholend und sich bei jeder Wiederholung mit einer Handbewegung vorbeugend: „Denkt ... cool!“ (Menéndez, 1988).

Nach einer enormen Durststrecke kam der große Tag: Die Klasse machte die Prüfung und alle bestanden sie sehr gut. An der Schule fand mit den Eltern und Lehrpersonen eine Feier statt, an der die strahlenden Jugendlichen ihren Lehrer vor der Lehrerschaft und den Familienangehörigen in ihre Mitte nahmen und mit großer Begeisterung feierten. Auch für die Schule war dies ein unter Umständen entscheidender Erfolg, wenn es um die Beibehaltung der Akkreditierung ging. Dann kam allerdings die Ernüchterung, nämlich der Vorwurf des Betrugs. Da niemand ein Schuldgeständnis ablegt, blieb letztlich nur die sehr streng kontrollierte Wiederholung mit dem abermals erfolgreichen Ergebnis: Alle bestanden.

Dieser schier unglaubliche Erfolg bescherte dem Ansehen der Schule enorm viel Aufwind und animierte in der Folge weitere Lehrpersonen, es Jaime Escalante gleichzutun. In den Folgejahren bestanden immer mehr Schüler der Schule die Calculus-Prüfung und sicherten sich dadurch den Hochschulzugang.

Jaime Escalante erhielt als Lehrer für seine große Pionierleistung viel Publizität, er wurde mehrfach ausgezeichnet und wurde vor allem von Schülern und Schule sehr in Ehren gehalten. Als er starb, war folgende Nachricht in der Presse zu lesen:

> „Die Welt der Bildung hat mit Trauer davon erfahren, dass am Dienstag Jaime seinen tapferen Kampf mit dem Blasenkrebs im Alter von 79 Jahren im Beisein seiner Familie und Freunde verloren hat. Er half, eine äußerst schwierige Highschool im Osten der Stadt Los Angeles auf ein ganz anderes Niveau zu heben, indem er seine Schüler motivierte, höhere Mathematik zu bewältigen, und schaffte damit das vielfach aufrechterhaltene Stereotyp aus der Welt, innerstädtische Schüler seien nicht in der Lage, auf dem höchsten Niveau die erforderlichen Leistungen zu erbringen (ACT, 2010) [Übers. v. Verf.].

4.3.2.4 Nachtrag

Dieses Beispiel ist für die Erörterung der Frage, wie die Integration von schwachen Schülern aussehen kann bzw. aussehen sollte, sehr wertvoll. Es geht um Schüler, die in mehrfacher Hinsicht benachteiligt sind, sowohl bei Schuleintritt als auch im Verlauf ihrer Schulzeit. Sie sind mit schwierigen emotionalen Problemen zu Hause in der Familie belastet, haben in ihrer Familie selten Vorbilder für erfolgreiches Lernen, keine Unterstützer bei den Hausaufgaben und sind auch sprachlich durch ihren fremdsprachigen Hintergrund im Defizit.

Die Anforderungen an Lehrer solcher Schulen sind enorm hoch. Auch Jaime Escalante gelang es nicht auf Anhieb, die Schüler genügend zu motivieren und sie im Lernen „mitnehmen“ zu können. Es dauerte einige Jahre, bis er den Schritt mit dem Calculus-Test wagte. Sein Beispiel zeigt aber sehr klar, dass der Lehrer zum einen das Vertrauen der Schüler gewinnen muss und dass er zum anderen nebst seiner Zuversicht, Ermutigung, Motivierung und konkreten sowie gezielten Unterstützung die erforderliche Beharrlichkeit und Weitsicht haben muss, um die Schüler zu Leistungen zu befähigen, die weit über das hinausgehen, was sie sich selber zutrauen.

Es wird an diesem Beispiel einmal mehr ersichtlich, dass der Lehrer mit seiner pädagogischen Befähigung das Zünglein an der Waage ist. Warum, lässt sich fragen, sollte es in der Lehrerbildung nicht möglich sein, genau die pädagogischen Eigenschaften und Fähigkeiten bei den jungen Lehrern zu entwickeln, die Escalantes Erfolg bewirkt haben? Ähnlich wie beim Thema Mobbing liegen das erforderliche Wissen und die erfolgreichen Modelle vor, werden aber bei der Schulung angehender Lehrpersonen heute viel zu wenig vermittelt.

4.3.3 Verstehen und Helfen – die Aufgaben der Schule

4.3.3.1 Praktischer Anschauungsunterricht für Integration

Gut dokumentierte Fallbeispiele zu finden, wie in Schule und Unterricht Kindern mit Lern- und Verhaltensdefiziten erfolgreich geholfen werden konnte, so wie man dies im Film „Etre et Avoir" sehen kann, ist nicht leicht, denn sie sind nicht sehr zahlreich. Ein Blick in das Schriftgut der Individualpsychologie Alfred Adlers und der daraus entwickelten individualpsychologischen Pädagogik bildet diesbezüglich eine Ausnahme. Tatsächlich ist der Bekanntheitsgrad der Individualpsychologie im Unterschied zur Psychoanalyse Sigmund Freuds und der Analytischen Psychologie Carl Gustav Jungs nicht so groß und nach dem frühen Tode Adlers im Jahre 1937 bzw. nach dem Zweiten Weltkrieg relativ stark verblichen. Zugleich haben paradoxerweise, ohne dass man sich dessen im Allgemeinen bewusst ist, zahlreiche individualpsychologische Grundbegriffe wie Minderwertigkeitsgefühl, -komplex oder Kompensation und Überkompensation, Lebensstil usw. in den allgemeinen Sprachgebrauch Eingang gefunden. Darauf weist schon Henry Ellenberger in seiner umfassenden Geschichte der Psychologie hin: „Man wird schwerlich einen anderen Autor finden, von dem von allen Seiten so viel entliehen worden ist, ohne daß es zugegeben wird, wie Alfred Adler" (Ellenberger, 1973, S. 873f.). Seit einigen Jahren gibt es nun in der Adler-Rezeption eine Trendwende. Verschiedene Autoren haben begonnen, die Individualpsychologie wiederzuentdecken und auch zu realisieren, wie sehr Adlers Psychologie eigentlich ihrer Zeit voraus war. Ein Beispiel für die fruchtbare Wiederentdeckung ist Gisela Eife, Ärztin und Psychotherapeutin mit psychoanalytischem und individualpsychologischem Hintergrund, die in den letzten Jahren mehrere Bücher zur Persönlichkeitstheorie, Psychopathologie und therapeutischen Praxis Adlers bzw. über die Entwicklung seiner gesamten Konzeption verfasst hat. 2016 beschrieb sie ihren Bezug zum Alfred Adlers Lehre folgendermaßen:

> „Seit vielen Jahren beschäftigen mich bestimmte Themen in Adlers Schriften, die ich wie ungehobene Schätze seiner Theorie empfand. Zum Beispiel, wie sehr unbewusste Phantasien oder Fiktionen das menschliche Fühlen und Handeln prägen; wie schon in frühester Kindheit ein unbewusster Lebensentwurf gestaltet wird und

fortan das Leben bestimmt. Auch faszinierte mich in Adlers Hauptwerk von 1912 seine Betonung der Eigenaktivität des Kleinkindes aufgrund seiner schöpferischen Kraft. Mit seinem Konzept des Gemeinschaftsgefühls konnte ich mich lange Zeit nicht anfreunden, bis ich dann Adlers Schriften gründlicher studierte. Das Gemeinschaftsgefühl steht im Zentrum der Individualpsychologie ebenso wie der Mensch, wie er leibt und lebt, strebt und scheitert" (Eife, 2016, S. 9).

2019 erschien eine viel beachtete neue Biografie über Alfred Adler mit dem etwas missverständlichen Titel „Die Vermessung der menschlichen Psyche" (Kluy, 2019). Denn die Individualpsychologie hat mit dem naturwissenschaftlich konnotierten Begriff Vermessung nicht das Geringste zu tun. Der Autor des Buches, Alexander Kluy, kann dies nur im übertragenen Sinn gemeint haben, indem damit ausgesagt werden soll, dass Adler sehr viel zur wissenschaftlichen Entdeckung und Auslotung des Psychischen beigetragen hat. Oder wie es Wolfgang Taus in seiner Besprechung der Biografie in der NZZ erklärt:

„Neben Sigmund Freud und C.G. Jung gehörte auch der in Wien geborene Alfred Adler (1870–1937) zu den zentralen Säulen der modernen Psychologie. Gegen Ende seines Lebens, Mitte der 1930er Jahre, war seine Berühmtheit so gross, dass er in einem Atemzug mit Albert Einstein genannt wurde. Während Einstein das Universum vermessen habe, sei dem Genie Adler etwas noch Wichtigeres gelungen: die ‚Kartierung der menschlichen Seele', schreibt der Literaturwissenschaftler Alexander Kluy in seiner tiefgreifenden Biografie über den Begründer der Individualpsychologie" (Taus, 2020).

Taus weist darauf hin, dass diese neue Biografie Adlers von Alexander Kluy auf erstmals veröffentlichten Archivfunden basiere, die neues Licht auf das Leben „jenes großen Psychologen" werfe, „der zu Unrecht im Schatten der beiden anderen Größen steht" (Taus, 2020).

Der Vergleich mit Einstein und dessen Berühmtheit wirft Fragen auf: Wieso haben Freuds und Jungs Psychologie so viel mehr Prestige bis heute behalten, wenn man sich die Bedeutung Adlers vor seinem Tod 1937 vergegenwärtigt? Es drängt sich eine Parallele zu Vygotsky auf. Beide hatten ihre maßgebliche Wirkungszeit nach dem Ersten Weltkrieg und starben noch vor Beginn des Zweiten Weltkriegs. Interessant ist, dass Adler und der russische Psychologe den Säugling und das Kleinkind als ausgesprochen sozial bezogen bzw. prädisponiert erachteten und sie beide eine ähnlich kritische Sicht auf das Menschenbild von Freud und Piaget hatten, welches den sozialen Eigenschaften des jungen Erdenbürgers wenig Bedeutung beimaßen. Vygotskys sozio-kulturelle Entwicklungstheorie des Kindes steht bis heute im Schatten von Piagets individualistischer Theorie mit dessen biologischer Determination. Dies ist sehr gut vergleichbar mit der Persönlichkeitstheorie Adlers im Vergleich zu Freuds biologistischem Verständnis der menschlichen Psyche. Wie Taus zurecht darlegt, ist Adlers Anthropologie weitaus moderner als diejenige Freuds:

> „Adler sah den Menschen nicht als isoliertes Individuum, sondern als Teil der Gesellschaft an, weshalb das menschliche Verhalten ganz wesentlich von der Gesellschaft geprägt sei. Anders als Freud glaubte Alfred Adler auch nicht, dass Störungen der kindlichen Sexualität die Ursache seelischer Probleme im Erwachsenenalter darstellten. Vielmehr vermutete er dahinter Minderwertigkeitskomplexe bzw. einen übersteigerten Geltungstrieb infolge missglückter Anpassung an die Gemeinschaft. Laut Adler sind Frauen und Männer von Natur aus gleichwertig; Freuds eher patriarchalisches Menschenbild kritisierte er deshalb scharf" (Taus, 2020).

Das jüngere tiefenpsychologische Interesse an der Auseinandersetzung mit der individualpsychologischen Schule Adlers zeigte sich u.a. im Rahmen einer Tagung zum Thema „Alfred Adler heute, 99 Jahre Individualpsychologie", die vom 6. bis 8. Mai 2010 an der Sigmund-Freud-Privatuniversität Wien stattfand. Dabei wurden verschiedene Elemente aus der Theorie der Individualpsychologie mit neueren humanwissenschaftlichen Erkenntnissen in Zusammenhang gebracht. So gab es z.B. einen Beitrag, der bindungstheoretische und individualpsychologische Einsichten miteinander verglich bzw. deren Übereinstimmung prüfte. Der Kernbegriff der Individualpsychologie, das *Gemeinschaftsgefühl,* wurde „im Spiegel der Neurowissenschaften" beleuchtet. Auch spezielle Anwendungen der Individualpsychologie wurden thematisiert, wozu die entsprechende Therapie mit geistig Behinderten gehörte (Rieken, 2011).

Ausgangspunkt der Tiefenpsychologie als Theorieansatz im ärztlichen Bemühen um ein genaueres Verständnis und Therapiemöglichkeiten für neurotische Patienten war der Austausch von Ärzten der von Freud 1902 gegründeten Mittwochsgesellschaft, zu der Adler eingeladen und an der er beteiligt war. Früh schon entwickelte Adler jedoch seine eigene Konzeption des Psychischen unabhängig von derjenigen Freuds und schrieb vielmehr der Erziehung für die Persönlichkeitsentwicklung des Menschen eine besonders große Bedeutung zu. In der Folge richtete die Individualpsychologie ihre Aufmerksamkeit immer mehr auf die Prävention, also auf die Erziehung und damit verbunden die Verhinderung pathologischer Fehlentwicklung schon in Kindheit und Jugend anstelle der reinen

Konzentration auf die Therapie erwachsener psychisch beeinträchtigter Menschen. Dementsprechend steckten Adler und seine Mitarbeiter sehr viel Energie in die Ausbildung der Erzieher, vor allem der Eltern und Lehrer. Dafür gründeten Individualpsychologen seit Beginn der 1920er-Jahre an verschiedenen Orten Österreichs und Deutschlands Erziehungsberatungsstellen, an denen sich Lehrer, Eltern und Erzieher weiterbilden und beraten lassen konnten.

Zu den aktivsten Lehrern, die sich an der vom langjährigen Weggefährten Adlers, Leonard Seif, in München gegründeten Beratungsstelle weiterbildeten, gehörten Alfons Simon und Kurt Seelmann. Sie wurden Mitarbeiter des Münchner Arbeitskreises für Individualpsychologie, machten selbst eine Lehranalyse und absolvierten die vollumfängliche individualpsychologische Schulung. So konnten sie nebst ihrer Tätigkeit als Lehrer später selbst in der Elternberatung und Lehrerbildung tätig sein. Auf Anregung Adlers zeichneten Simon und Seelmann mehrere Fallbeispiele von Kindern mit unterschiedlichen Schulschwierigkeiten auf, denen sie dank ihrer individualpsychologischen Ausbildung hatten helfen können. Ein erster Bericht von ihnen erschien 1925 in Form eines Beitrags mit dem Titel „Schulkinderpsychologie" in der „Internationalen Zeitschrift für Individualpsychologie". Der Bericht wurde von Adler mit einigen einführenden Zeilen zum allgemeinen Thema „Schwer erziehbare Kinder und nervöse Erwachsene" eingeleitet (Adler, 1925, S. 145ff).

Simon wurde nach dem Krieg Autor und Präsident der *Deutschen Gesellschaft für Erziehung*. Seine besondere Bedeutung für die schulpädagogisch interessierte Nachwelt verdankt Simon aber vor allem seinen ausführlichen Fallbeispielen, die in den Publikationen „Verstehen und Helfen – die Aufgaben der Schule" (Simon, 1950) und „Helga – ein emotional verwahrlostes Kind findet den Weg in die Gemeinschaft" (Simon, 1958) nachzulesen sind. Simon hat bei der Schilderung seiner Fallbeispiele jeweils, wo er es für nötig erachtete, theoretische Erläuterungen eingebaut, statt die einzelnen Fälle mit grundsätzlichen Erklärungen zur Individualpsychologie zu beginnen.

Dies entspricht auch der Vorgehensweise Adlers, wenn es ihm darum ging, durch Fallberichte zu klinischer Evidenz zu gelangen. Hans-Joachim Hannich, Direktor des *Instituts für Medizinische Psychologie an der Universitätsmedizin Greifswald*, schreibt in seiner neuen Publikation zu Adlers Individualpsychologie und deren Bedeutung innerhalb der Klinischen Psychologie zu Rolle und Bedeutung der Fallgeschichten:

> „Sie werden zum Ausgangspunkt kritisch-diskursiver Analyse des Therapieprozesses und seiner Wirksamkeit. In dieser Hinsicht verfügt die Individualpsychologie

über eine lange Tradition, die bis auf Adler zurückgeht. Er selbst hat eigene Fallberichte zur Grundlage genommen, um seine theoretischen und behandlungstechnischen Vorstellungen vor- und zur Diskussion zu stellen" (Hannich, 2018, S. 141).

Fallbeispiele wie „Ein Störenfried" oder „Ein Musterknabe", „Ein wilder Mann" oder „Helga und ihre Lehrerin" beinhalten Schilderungen Simons über Bewusstseinsprozesse bei Lehrern, die dadurch befähigt wurden, mit sehr bewussten und gezielten Maßnahmen dem jeweiligen Schüler mit seiner individuellen Problematik helfend zu einem wesentlich besseren Stand in seinen sozialen und intellektuellen Fähigkeiten zu verhelfen. In einem der beiden erwähnten Bücher Simons gibt es ein kurzes, sehr erhellendes Kapitel mit dem Titel „Einsicht verwandelt" (Simon, 1960, S. 95–98), in dem er exemplarisch veranschaulicht, wie bei einem Lehrer ein Gesinnungswandel eintritt, wenn ihm bewusst wird, dass er sich mit seiner Interpretation eines kindlichen Verhaltens getäuscht und somit dem Kind Unrecht getan hat. Dieses Erlebnis wird für diesen Lehrer zum Anstoß, mit den eigenen Deutungen des Verhaltens der Schüler vorsichtiger und wohlwollender zu sein und zu beginnen, mehr „hinter die Kulissen zu blicken", sich also psychologisch „Ein-Blick" in die Psychodynamik bei diesem Kind zu verschaffen.

4.3.3.2 Einsicht verwandelt

Als Simon als Pädagoge wirkte, war die Körperstrafe in der Schule noch en vogue bzw. galt als unerlässlich. Aus Sicht der Individualpsychologie hingegen ist die Körperstrafe entweder Ausdruck einer autoritären Einstellung des Pädagogen oder dessen Hilflosigkeit. Sie belastet auf jeden Fall die Lehrer-Schüler-Beziehung sehr.

Das Kapitel „Einsicht verwandelt" beginnt mit der Schilderung Simons wie ein Lehrer in einer Lektion ein Kind, das den Unterricht laufend stört, durch Ermahnungen und Hinweis auf seine stille Beschäftigung zu verweisen versucht. Sehr bald verändert sich die Stimmung des Lehrers aufgrund der fortgesetzten Unruhe des Schülers und er beginnt ihn schärfer zurechtzuweisen, anzuherrschen und erteilt ihm schlussendlich ein paar Ohrfeigen. Die Folge ist, dass der Bub weint, für den Rest des Vormittags aber tatsächlich still ist. Als der Lehrer nach dem Unterricht beim Verlassen des Schulgebäudes auf die Mutter dieses Schülers stößt, will er ihr von seinem Ärger berichten, kommt aber gar nicht dazu, weil die Mutter ihrerseits ihm mit einer erschütternden Schilderung aus ihrer Familie zuvorkommt. Was sie erzählte, lässt den Leser tief betroffen erbleichen: Ihr betrunkener Mann hatte sie und ihr Kind mitten in der Nacht bei seinem Nachhausekommen misshandelt und danach für den Rest der Nacht im Nachthemd ins eiskalte Treppenhaus ausgesperrt.

„Wenn ich das gewusst hätte ...", waren die einzigen Worte, die der Lehrer im ersten Augenblick zu äußern in der Lage war. Die Schilderung der Mutter hatte ihm vor Augen geführt, dass er das Verhalten des Kindes am Morgen in der Schule vollkommen falsch interpretiert hatte. Wenn Lehrer schimpfen oder gar strafen, gehen sie zumeist entweder davon aus, das Kind könnte anders, es müsste sich nur zusammennehmen, oder sie fühlen sich überfordert bzw. ohnmächtig und greifen zu Methoden, die sie eigentlich nicht befürworten. Der hier beschriebene Lehrer hatte offensichtlich in der Situation das Gefühl, der Bub widersetze sich seiner Autorität, ein Verhalten, dem man nur mit Drohung und Schläge beikommen könne.

Aufgrund des von der Mutter geschilderten Dramas dämmert ihm, wie sehr er dem Kind in seiner innerlichen Aufwühlung nach der traumatischen nächtlichen Erfahrung Unrecht getan und ihm sogar noch mehr Kummer zugefügt hatte. Indem der Lehrer dies realisiert, vollzieht sich in seiner Einstellung ein Wandlungsprozess, der es ihm in einer vergleichbaren Situation zukünftig verunmöglichen wird, nochmals ohne Skrupel gleich zu handeln. Um sein Verständnis vom fehlbaren Verhalten des Kindes zu vertiefen, ist es hilfreich bzw. notwendig, mehr über die Hintergründe und die Lebensumstände dieses Knaben zu erfahren. Dazu schreibt Simon:

> „Bei seinen Nachforschungen erfährt er auch Positives über das Kind, das in der Schule nicht zutage gekommen war, vielleicht gar nicht zutage kommen konnte. So wird sich sein Bild auch nach der freundlichen Seite hin erweitern. Aus der bloßen frontalen An-sicht vom Kinde wird nach und nach Ein-sicht, Hinein-sicht in fremdes Leben – das des Kindes und der Eltern, die ja auch eine lange Geschichte mit sich tragen" (Simon, 1960, S. 96).

Mit diesem Wissen wird es diesem Lehrer bei einer nächsten Störaktion des Schülers leichter fallen, nicht so rasch verärgert zu sein, sondern mit Geduld und sehr viel mehr Verständnis Möglichkeiten zu suchen, wie das nervöse Kind psychologisch an die Hand genommen werden kann.

4.3.3.3 Ein Störenfried

Das vielleicht eindrücklichste konkrete Fallbespiel in der Sammlung Alfons Simons ist „Ein Störenfried". Zur Beleuchtung der Aufgabenstellung für die Integration von sogenannten schwierigen oder, wie man früher sagte, schwererziehbaren

Schülern eignet sich dieses Fallbeispiel besonders gut. Und da gerade die Integration solcher Kinder die Lehrer besonders herausfordert und schnell einmal an den Rand der Überforderung bringen kann, wird „Ein Störenfried" hier ausführlich beleuchtet. Der Schweizer Individualpsychologe und Hochschullehrer, Jürg Rüedi, würdigt die zeitlose Aktualität dieses Fallbeispiels für die Schulpädagogik auf eindrückliche Weise:

> „‚Max – der Störenfried' ist in meinen Augen eines der schönsten Fallbeispiele in der gesamten Pädagogik. Auf 34 Seiten schildert Simon Schritt um Schritt, wie er mit Max umging, wie er ihn besser verstehen lernte und wie er ihm auf dieser Basis helfen konnte. Auch wenn inzwischen fünfzig oder mehr Jahre vergangen sind, hat der Bericht nichts von seiner grundsätzlichen anthropologischen Aktualität verloren, vorausgesetzt man bleibt nicht an Äusserlichkeiten hängen. Natürlich wachsen Kinder heute in anderen Verhältnissen auf, natürlich machen sie darum andere Erfahrungen als vor fünfzig Jahren. Gleichwohl können uns Simons Fallbeispiele viel lehren, weil gewisse seelische Grundstrukturen – zum Beispiel die Aufrechterhaltung des Selbstwertgefühls beschäftigt Kinder und Jugendliche heute genauso wie vor fünfzig Jahren – die gleichen geblieben sind, quasi zur conditio humana gehörend. Dementsprechend gleich geblieben ist zum Beispiel auch die pädagogische Notwendigkeit, das Selbstwertgefühl und den Lebensmut des Kindes zu stärken" (Rüedi, 1995, S. 103).

Dieser Einschätzung kann man sich nur voll und ganz anschließen. Seinen Bericht teilt Simon in drei Teile. Im ersten Teil wird das Portrait dieses Schülers und somit die grundsätzliche Problematik dem Leser nähergebracht. Der zweite Teil, die „Vorgeschichte", gibt einen Einblick, was der Bub bis zur Begegnung mit seinem Lehrer erlebt hat. Im dritten und letzten Teil, dem „Weg", beschreibt er die pädagogischen Maßnahmen und die zugrunde liegenden psychologischen Überlegungen des Lehrers, um Max zu einer (unbewussten) Revision seiner feindseligen Einstellung der Klasse und ihm gegenüber zu bewegen.

Der Start des jungen Lehrers Alfons Simon in seinen Beruf ist vielversprechend. Er beginnt mit großem Elan und Idealismus. Zunächst ist er erfolgreich und bleibt seiner unzeitgemäßen Überzeugung treu, im Unterschied zu den meisten Lehrerkollegen ohne Stock und andere Zwangsmaßnahmen in der Schule auskommen zu wollen und zu können. Er ist bemüht, mit seiner Klasse ein freundschaftliches Lehrer-Schüler-Verhältnis aufzubauen. Aber bald geschieht etwas, das die guten Vorsätze ins Wanken bringt. Er erhält einen Schüler, dem der Ruf vorausgeht, ein außergewöhnlich renitentes Kind zu sein. Die erste Begegnung mit dem Buben erstaunt Simon, weil er aufgrund der dramatischen Vorankündigung sich nicht einen so kleinen, schwächlich wirkenden Schüler vorgestellt hatte. Schnell wird Max seinem Ruf aber mehr als gerecht: Er sorgt permanent für Unruhe, stört, plagt und wütet ständig, was den jungen idealistischen Pädagogen mit den Mitteln, die er sich bisher angeeignet hat, bald hilflos und verzweifelt werden lässt. Da seine Kollegen mit ihren Ratschlägen letztlich nicht viel mehr anzubieten haben als Zwangsmaßnahmen und nachdem Max ein viel jüngeres Kind übel zugerichtet hat, sieht Simon keine andere Lösung, als – wie von allen Seiten empfohlen – doch zum Stock zu greifen. Damit kann er Max für 1–2 Tage ruhigstellen, denn nach der Tracht Prügel verkriecht dieser sich wie ein geschlagenes Tier. Drei Tage später beginnt aber alles von Neuem.

Auf der Suche nach adäquater Hilfe hört der zutiefst unglückliche Junglehrer, der in seiner Hilflosigkeit ganz entgegen seiner Ethik begonnen hat, einen Schüler zu verprügeln, von einer individualpsychologischen Erziehungsberatungsstelle, wo sich Eltern und Lehrern erzieherisch beraten und helfen lassen können, wenn sie mit schwererziehbaren Kindern nicht weiterkommen. Der dort leitende Arzt nimmt sich der Situation von Simon mit seinem schwierigen Schüler an. Während der ganzen Beratung hat er Max selbst nie persönlich gesehen bzw. kennengelernt. Der erste Rat, den Simon erhält, nachdem er seine Problematik mit Max in der Klasse geschildert hat, betrifft die Prügelstrafe. Er solle sie weglassen, zumal sie sowieso nichts nütze. Sie würde aber sicherlich die Beziehung zu ihm belasten. Schon dieser Rat kommt dem Empfinden des Jungpädagogen sehr entgegen. Weiter rät ihm der Arzt, möglichst viel über Max in Erfahrung zu bringen: wie sein Lebensverlauf bisher war und wie ihm die Menschen dabei begegnet sind. Was dabei ans Licht kommt, lässt bald begreiflich werden, wieso sich der kleine Kerl mit seiner Mitwelt im Clinch befindet: Max war das zweite uneheliche Kind der Mutter. Weil die Mutter den Lebensunterhalt allein für die zwei Buben und sich sichern musste, ging sie in die Fabrik arbeiten und musste die beiden Söhne einer Kostfrau auf dem Land übergeben. Da Max ein kränkliches Kind war, das viel einnässte, hatte die Kostfrau mit ihm viel mehr zu tun als mit seinem großen Bruder. Deshalb bevorzugte sie diesen. Es kam sogar vor, dass Max für Vergehen des Bruders bestraft wurde, weil dieser geschickt alle Missgeschicke Max in die Schuhe schob. Früh schon wirkten sich die Erfahrungen mit dem Bruder und der Kostfrau so aus, dass er sich grundsätzlich zurückgesetzt fühlte und sich auch mit den Gleichaltrigen nicht vertrug. Schon vor der Schule war das Verhältnis von Max zu den Menschen im Allgemeinen von Misstrauen und Ablehnung geprägt.

Als Max mit diesen Voraussetzungen in die Schule kam, traf er leider auf eine sehr strenge und wenig flexible Lehrerin, die mit ihm offensichtlich nicht zurechtkam. Das Zeugnis, das Max von ihr erhielt, hätte buchstäblich nicht schlechter sein können. Somit bestätigte die erste Schulerfahrung seine bisher ausschließlich negativen Erwartungen bzw. Befürchtungen.

Hoffnung kam auf, als die Mutter wieder heiratete und die beiden Buben zu sich nahm. Aber auch diese Beziehung mit dem neuen Mann endet schon bald mit einer Enttäuschung. Er ging ständig fremd und behandelte sie und die Kinder ebenfalls schlecht. Die Mutter, ein vom Leben enttäuschter Mensch, zog sich fortan selbst praktisch aus allen Beziehungen zurück und machte Max zu ihrem einzigen Vertrauten. Zwischen beiden gab es sozusagen ein Treuebündnis gegen die böse Welt. Wenn Max in der Schule oder sonst etwas verbrochen hatte, floh er zu ihr und erhielt von ihr die volle Protektion. Er dankte es ihr, indem er sich öfter Gedanken machte, wie er ihr eine Freude machen könnte.

An dieser Stelle des Fallbeispiels lässt Simon den Leser innehalten und überlegen, wie die bisherige Schilderung auf ihn gewirkt hat. Dachte man zu Beginn, es müsse sich um einen „asozialen Typ mit ganz starken sadistischen Anlagen" (Simon, 1959) handeln, offenbart die kurze Beschäftigung mit seiner Vorgeschichte, wie wenig Positives er bisher von Mitmenschen erlebt hat. Der ursprüngliche sehr skeptische Eindruck ist so nicht mehr in der gleichen Weise aufrechtzuerhalten. Simon kommentiert dies treffend: Durch die Empfehlung des Arztes, sich mit seinen bisherigen zwischenmenschlichen Erfahrungen zu beschäftigen, sei man „vom moralischen Gebiet auf das psychologische Gebiet geführt worden" (Simon, 1959, S. 18f).

Der junge Lehrer erhält nun den Hinweis, sich auf den Standpunkt des Kindes zu stellen, sich also zu vergegenwärtigen, was seine bisherige Lebenserfahrung ihm für eine Perspektive von der Welt, den Menschen und von sich selbst mitgegeben hat. Es gehört zu den grundlegenden Erkenntnissen der Individualpsychologie, dass für das Verständnis eines Menschen nicht entscheidend ist, was dieser Mensch objektiv an Erfahrungen gesammelt hat, sondern wie er diese interpretiert und welche Schlüsse er daraus gezogen hat.

Mit seiner Reflexion des ärztlichen Hinweises gelangte Simon zu folgenden Überlegungen über die Sichtweise des Buben: Bei Max ist offensichtlich, dass seine leidigen Erfahrungen schon sehr früh begannen. Er, der im Vergleich zum Bruder noch sehr klein und angewiesener auf eine mütterliche Beziehung war, erhielt von der Kostmutter kaum Zuneigung und wenig Umsorgung. Er wurde von ihr gegenüber dem Bruder ständig zurückgesetzt und ins Unrecht gesetzt. Eine Chance, diese frühe negative Erfahrung zu korrigieren, hätte seine erste Lehrerin gehabt – vorausgesetzt, sie hätte hinter seiner feindseligen Fassade die innere Not geahnt. Max erlebte bei ihr genau das Gegenteil. Simon spricht angesichts der Erfahrung mit ihr von einer „kalten Dusche auf das ohnehin schon wunde Selbstgefühl des Max“ (Simon, 1959, S. 22).

Aus seiner Perspektive gab es also niemandem außer seiner Mutter, der sich ihm positiv zuwandte. Sie wiederum, die ihm eine andere Sicht von den Mitmenschen hätte vermitteln können, war aufgrund ihres eigenen Lebensgefühls nicht dazu in der Lage, sondern konnte lediglich sein Misstrauen bestätigen. Aus den Erfahrungen der ersten sechs Lebensjahre – laut Tiefenpsychologie maßgebend für die Charakterentwicklung eines Menschen – konnte Max also kein anderes Menschenbild entwickelt haben, als dass man sich vor allen anderen außer der Mutter in Acht nehmen und misstrauisch bleiben muss. Er fühlte sich prinzipiell überall in Feindesland. Somit waren fatale Weichen für alle seine weiteren Beziehungen schon früh gestellt.

Angesichts dessen, dass der arme Kerl auch in der Schule keinerlei Chance erhielt, in irgendeiner Weise wenigsten in gewissen Aspekten positiv gesehen zu werden, ist man geneigt zu denken, diese Erlebnisse müssten Max doch in den Rückzug und die Depression geführt haben. Sein Verhalten in Simons Klasse entsprach dieser Erwartung aber in keiner Weise. Max war alles andere als passiv-zurückgezogen, sondern im Gegenteil sehr aktiv, aber in einem eher destruktiven Sinn. Wie ist dies zu erklären? Die Individualpsychologie fragt: ***Wozu*** macht der das? Inwiefern macht dies für ihn Sinn?

Simon liefert dem Leser eine Erklärung dazu in einem kurzen individualpsychologischen Exkurs: Wie zuvor erklärt, haben die bitteren Erfahrungen in seinem kurzen Leben Max gelehrt, dass er von niemandem außer der Mutter Zuneigung und Wertschätzung erwarten kann. In der Klassengemeinschaft war er deshalb von vorneherein schon feindselig eingestellt und erntete dafür natürlich auch nur Distanzierung und Ablehnung. Das Gefühl, bei allen, die täglich um einen herum sind, nur auf Ablehnung zu stoßen und gering geschätzt zu werden, ist für jedermann unerträglich, sogar wenn der Betreffende diese Situation selbst mit seiner Haltung verursacht (dies ist ihm ja nicht bewusst). Niemand findet sich mit einer solchen Situation einfach ab. Aus individualpsychologischer Sicht verfügt die menschliche Psyche unter solchen Umständen über einen unbewussten Kunstgriff, der hilft, das eigene Selbstwertgefühl zu retten. Der Kunstgriff besteht in einer Art Verdrängungs- und Umdeutungsvorgang: Die Realität wird von der Person mit dem schmerzhaften Gefühl, nirgendwo auf Sympathien zu stoßen, sondern im Gegenteil abgelehnt zu werden, so umgedeutet und umgewertet, dass sie aus der realen unerträglichen Situation der Geringschätzung eine fiktive Überlegenheitssituation schafft. Im Fall von Max hieß dies, dass er die Perspektive *„Ich kann in dieser Schulgemeinschaft nicht mitmachen, alle wollen nicht mit mir und sie* *mögen mich nicht*" zur Formel umdeutete zu: „***Ich** bin es, der nicht mitmachen will.* ***Ich** bin es, der nicht mit ihnen will.* ***Ich** verderbe ihnen ihre Gemeinschaft.*" Damit legte er sich die Situation so zurecht, dass er sich in seinem Gefühl eine Überlegenheitsposition verschaffen konnte, und handelt auch entsprechend. Dies sah dann so aus, dass er einen regelrechten Kampf gegen den Lehrer und die Klasse führte. Einerseits zog er zwar oberflächlich gesehen laufend den Kürzeren, weil er bestraft wurde und alle ihn ablehnten. Andererseits war die Gesamtbilanz für Maxens Selbstbewusstsein positiv im Sinne eines Machtgefühls: Er entschied nämlich mehr oder weniger darüber, ob der Unterricht einigermaßen geordnet ablaufen konnte oder nicht. Dies war also psychologisch gesehen der Grund, warum der Lehrer mit Max in eine vollkommene Sackgasse geraten war.

Das Beispiel zeigt nun aber, dass es für Lehrer möglich ist, sich mit dem erforderlichen Aufwand ein Verständnis davon zu erarbeiten, was einen Schüler psychologisch zu seinem störenden Verhalten veranlasst. Bei Max ging es für den Lehrer letztlich darum, den psychologischen Sinn und das Ziel seines Kampfes gegen den Lehrer und die Klasse zu erfassen.

Als der beratende Arzt realisiert, dass Simon nun die Verhaltensmuster von Max in seiner psychologischen Dimension erfasst und verstanden hat, ist aus seiner Sicht der Moment gekommen, die Beratung abzuschließen. Im letzten Beratungsgespräch gibt er Simon folgende äußerst wichtige Überlegungen mit:

> „Ich bin Arzt und kann Ihnen keine praktischen Ratschläge geben. Nur vorher noch dies: Sie haben gesehen, wie der Bub in 12 langen Jahren und durch tausend bittere Erfahrungen dahingekommen ist, wo er heute steht. Durch gutes Zureden wird dies alles nicht aus der Welt geschafft. Denn auch wir lassen uns Erfahrungen nicht durch freundliches Zureden nehmen, um so weniger, je schlimmer sie waren. Erfahrungen werden nur durch andere Erfahrungen korrigiert. Hat er bisher erlebt oder zu erleben geglaubt, dass Sie sein Feind sind, so muss er nun erleben, dass Sie ihm freundlich gesinnt sind; hat ihn die Gemeinschaft bisher hinausgewiesen oder hinausgestoßen, so muss ihm jetzt geduldig und beharrlich gezeigt werden, dass sie ihn hereinnimmt zu sich. Wenn Sie das Zustandekommen der Schwierigkeiten wirklich verstanden haben, wenn Sie selber wirklich herauskommen wollen aus Ihrer Lage, dort strafen zu müssen, wo Sie doch helfen wollen – dann werden Sie einen Weg finden" (Simon, 1950, S. 26).

Was Simon nun über sein weiteres Vorgehen und pädagogisches Handeln beschreibt, orientiert sich in der Umsetzung sehr genau an der vom Arzt prognostizierten Aufgabenstellung: Erfahrungen werden nur durch andere Erfahrungen korrigiert.

a) Nur neue Erfahrungen können Erfahrungen korrigieren

Die Darstellung all der Maßnahmen, die Simon nun mit Max und der Klasse ergreift, ist auch für den Leser ohne viel theoretisches Vorwissen gut nachzuvollziehen. Es ist eine besondere Stärke individualpsychologischen Denkens, dass das Verständnis psychologischer Vorgänge ohne schwierige Fachbegriffe und komplizierte theoretische Konstrukte auskommt.

Lernen, seinen Beitrag für die Gemeinschaft einzubringen

Eine der ersten Maßnahmen Simons betrifft etwas, an dem die ganze Klasse beteiligt wird: das Verteilen von Klassenämtern. Diese haben oft den Charakter von Pflichten, deren Erfüllung schlussendlich doch wieder davon abhängt, wie sehr der Lehrer durch Erinnerung, Ermahnung usw. für deren Einhaltung sorgt. Den Schülern erscheinen sie oft eher als lästig und werden von vielen tunlichst „vergessen".

Simon nutzt bereits die Verteilung der Klassenämter insofern pädagogisch, als er versucht, diejenigen Schüler, die eher etwas randständig sind, in die Klasse einzubinden. Die Zuteilung der Ämtchen stellt er unter das Motto, jedem Schüler das Amt zuzuteilen, das diesem die Möglichkeit eröffnet, gewisse Schwächen zu überwinden. So erhält beispielsweise derjenige, der Mühe damit hat, seine Sachen in Ordnung zu halten, die Verantwortung, für eine übersichtliche Ordnung der Dinge im Schrank zu sorgen. Diese Ämterverteilung verordnet der Lehrer allerdings nicht einfach so, sondern versucht, die Schüler dafür zu gewinnen. Dies heißt, dass er Sinn und Bedeutung jedes Ämtchens mit ihnen bespricht und dessen Bedeutung mit den dazu gehörenden Anforderungen hervorhebt. Die Schüler sollen realisieren, dass ihr Lehrer diese Aufgaben sehr ernst nimmt. Im Bewusstsein, dass es für Kinder in diesem Alter schwierig ist, ausdauernd das Ämtchen regelmäßig zu versorgen, signalisiert der Lehrer mit gelegentlichen kurzen Bemerkungen allen, dass ihr Beitrag und Bemühen für die Gemeinschaft sehr wohl wahrgenommen wird.

Simon überträgt Max ein sehr persönliches Amt, das offensichtlich mit viel Vertrauen verknüpft ist. Zu seinen Pflichten gehört, dass Max morgens bei Ankunft seines Lehrers, dessen Fahrrad entgegennimmt und es versorgt. Mittags, nach dem Unterricht, muss er das Fahrrad zur Abfahrt Simons wieder bereitstellen. Den Vorschlag, Max dieses Amt zu übertragen, verbindet Simon mit der Aussage, er brauche dafür jemanden, der zuverlässig sei. Zu Max gewandt meint der Lehrer, er sei zwar klein, zugleich aber sehr geschickt und flink und sei somit sicherlich der Aufgabe gewachsen. Max nimmt das Angebot gerne an, zumal ihn das vom Lehrer geäußerte Zutrauen mit stillem Stolz erfüllt; dabei spielt auch eine Rolle, dass die ganze Klasse dies direkt mitbekommt. Zu Simons Freude erfüllt Max dieses Amt mit kleinen Ausreißern zumeist sehr zuverlässig, sodass er bei den täglichen, zweimaligen Gelegenheiten dem Knaben frühmorgens das Fahrrad mit einem Dank übergeben und später wieder entgegennehmen kann. Dieser Erfolg schafft eine erste positive Verbindung zwischen Max und dem Lehrer und indirekt mit der Klasse.[42]

Schulische Stärkung beeinflusst „schwieriges" Verhalten

Simon greift bei der zweiten Maßnahme auf eine wichtige individualpsychologische Erkenntnis zurück: Schüler, die mit ihrem Verhalten ungut auffallen, sind häufig dieselben, deren Leistungen sehr zu wünschen übriglassen und umgekehrt:

> „... aus schwierigen werden leicht schlechte Schüler und die meisten ursprünglich schlechten werden bald auch schwierige Schüler sein" (Simon, 1950, S. 29).

Dieser Zusammenhang wird häufig in der Schule unterschätzt. Man kann dies daran sehen, dass bei schwierigen Schülern eher selten die Bemühungen dahin gehen, ihnen zu besseren Leistungen zu verhelfen. Dabei kennt eigentlich jeder Lehrer aus eigener Erfahrung, dass das Selbstbewusstsein von Schülern erheblich gestärkt werden kann, wenn es ihnen gelingt, eine Aufgabe zu bewältigen, der sie sich zuvor nicht gewachsen fühlten. Aus solchen Erfahrungen können Zuversicht und die Bereitschaft des Schülers entstehen, sich auch anderen „schwierigen" Aufgaben zu stellen. Der Erfolg in einem Fach wirkt sich nicht selten sogar motivierend auf die Bemühungen in den anderen Fächer aus.

42 Heutzutage ist es schwer vorstellbar, dass ein Volksschullehrer einem Schüler sein Fahrrad in ähnlicher Weise anvertrauen würde, dies aus verschiedenen Gründen. Ein Fahrrad hat selbstverständlich längst nicht mehr die Bedeutung von damals; Kinder besitzen zumeist selber schon eins. Wenn man sich allerdings überlegt, was Alfons Simon mit der Übergabe dieses Ämtchens an Max in dessen Gefühlsleben erreichte, lassen sich durchaus analoge Möglichkeiten im heutigen schulischen Alltagsleben finden, die beim Schüler das Gefühl entstehen lassen: Dass dieser Lehrer mir so etwas Persönliches, ihm sicherlich Wichtiges anvertraut, zeigt, dass er an mich glaubt, an meine Ehrlichkeit und Sorgfalt, und dass er mir auch etwas zutraut. Man könnte anstelle des Fahrrads sich ein persönliches digitales Gerät des Lehrers vorstellen, das jeweils für eine didaktische Phase des Unterrichts bereitgestellt und später wieder umsichtig versorgt werden muss.

Max hatte bisher in der Schule fast ausschließlich entmutigende Erfahrungen sammeln müssen. Seine schulischen Misserfolge verstärkten sein Außenseiterdasein immer weiter. In keinem einzigen Fach hatte er in seiner bisherigen Schullaufbahn die Erfahrung machen können, ein wenig Erfolg zu haben. Irgendwann hatte er gänzlich resigniert und jegliche Motivation verloren, sich schulisch um etwas zu bemühen. Es kam hinzu, wie der Lehrer mit der Zeit herausfand, dass Max stark kurzsichtig war, sodass er sogar in der ersten Bankreihe sitzend nicht entziffern konnte, was an der Wandtafel geschrieben stand. Dies allein musste in der Vergangenheit seine Möglichkeiten, aktiv erfolgreich mitlernen zu können, schwer beeinträchtigt haben.

Simon misst nun dem schulischen Misserfolg als Ursache für Maxens problematisches Verhalten großes Gewicht bei. Wie aber kann Max nachholen und aufholen, was er alles verpasst hat? Angesichts dessen, dass der Bub schon länger den Anschluss an den laufenden Unterricht verloren hat, erscheint es auf den ersten Blick schwierig bis aussichtslos, den ganzen verpassten Stoff mit ihm nacharbeiten zu wollen. Als ein Schüler in der Rechenlektion sichtlich nicht folgen kann, meint Simon zu diesem Schüler, ihm würden offensichtlich gewisse Grundlagen fehlen. Allerdings seien diese Lücken mit etwas regelmäßigem Aufwand nach der Schule gut aufzuarbeiten; wenn er wolle, könne er direkt nach dem Unterricht für eine Viertelstunde bleiben und mit der gemeinsamen Aufarbeitung beginnen. Für den betreffenden Schüler, der schon dabei war, aufzugeben, sind diese Bemerkungen des Lehrers wie ein Rettungsanker: *„Der Lehrer gibt mich nicht auf! Er traut mir zu, aufzuholen und mit den anderen vielleicht sogar Schritt zu halten.“* Simon blickt sich in der Klasse um und lädt zwei weitere Rechenkandidaten zu diesem Nacharbeitungskurs ein und zum Schluss wie nebenbei auch Max. Mit seiner gewinnend-optimistischen Art gelingt es Simon, alle vier Angesprochenen tatsächlich zu gewinnen, nach dem Unterricht zurückzubleiben.

Als der reguläre Unterricht beendet ist, setzt sich Simon im kleinen Kreis mit den Vieren zusammen wie ein Vater mit seiner vertrauten Kinderschar. Die ersten „Sitzungen“ stehen unter dem Motto, Erfolgserlebnisse zu sammeln, sodass Simon zunächst mit sehr einfachen Aufgaben beginnt und sich mit der Steigerung des Anspruchsniveaus sehr Zeit lässt. Die laufenden Erfolge flößen dem kleinen Grüppchen allmählich immer mehr Zuversicht ein, sie sind dabei, es auch zu schaffen! Dieses ermutigende Gefühl, im Rechnen schlussendlich kein hoffnungsloser Fall zu sein, bewirkt, dass schon nach kurzer Zeit die vier zu Hause freiwillig ergänzend arbeiten wollen und es ihnen sogar nach etlichen Wochen möglich ist, bei leichteren Aufgaben im Unterricht mit der ganzen Klasse mitzumachen. Simon freut sich mit ihnen und würdigt den erstaunlichen Erfolg des kleinen Nacharbeitungsteams vor der Klasse. Bei Max und seinen Kollegen hinterlassen die Worte ihres Lehrers sowie die stille Anerkennung durch die Klasse einen offensichtlich stärkenden Eindruck. Über Max schreibt Simon:

> „Max erwies sich als flink und leicht auffassend. Der innere Erfolg war ihm noch mehr als den anderen anzusehen. Er strahlte vor Stolz, wenn ihm unter den Augen der Klasse eine Sache gelang. Und immer ging es danach tagelang reibungslos mit ihm" (Simon, 1959, S. 32).

Der Wandel bei diesen schwachen Rechnern wird in der Klasse sehr genau registriert. Mehr noch: Es hat Einfluss auf die Lernperspektive von allen. Als Simon einigen Schülern – Max gehört auch wieder dazu – einige Zeit später den Vorschlag macht, in ähnlicher Weise wie beim Rechnen einen Schönschreibkurs im Anschluss an den Unterricht durchzuführen, melden sich so viele aus der Klasse freiwillig dazu an, dass dieser Kurs schlussendlich als Klassenunterricht mit allen durchgeführt wird. Der in gleicher Weise Schritt für Schritt aufbauende Kurs führt nach acht Wochen zu einem großen sichtbaren Erfolg für alle und kräftigte bei jedem die Erfahrung, dass konsequente Übung aus dem Anfänger einen Könner machen kann.

Die gute Seite im Kinde auffinden sowie einen Freund gewinnen

In der Pädagogik ist es heute verbreitet, nicht „defizitorientiert" die Schwierigkeiten der Schüler anzugehen, sondern bei deren Stärken anzusetzen. Genau dieser Gedanke spielt bei der nächsten Maßnahme des Lehrers eine wichtige Rolle, wenn von der „guten Seite" eines Schülers die Rede ist. Eine solche lässt sich laut Simon bei jedem Kind auffinden. Allerdings warnt er davor, mit Lob zu übertreiben, auch wenn man erleichtert ist, dass man einen solch positiven Ansatzpunkt gefunden hat:

> „Das zu große Wort für die zu kleine Sache entwertet die Sache und das Wort. Die Kinder haben feines Qualitätsempfinden und können genau abschätzen, was richtig und was übertrieben ist" (Simon, 1950, S. 34).

Genauso problematisch sei es aber, Anerkennung mit einem Verweis auf Defizite zu verbinden nach dem Motto, man könne dem Kind etwas zumuten, wenn es ja gleichzeitig gelobt werde. Zur vermeintlich sinnvollen Verknüpfung von Lob und Defiziten auf anderen Gebieten gibt Simon zu bedenken, dass dadurch der Erfolg getrübt und dieser sich somit auch nicht stärkend auf das defizitäre Gebiet auswirken könne.

Die gute Seite, die Simon bei Max schon relativ früh entdeckt hatte, war seine ungezwungene, hemmungsfreie Art zu schreiben. Max formuliert seine Erlebnisse frisch „von der Leber“, sodass seine Aufsätze äußerst lebendig und ansprechend sind. Der Lehrer hat deshalb öfter Maxens Aufsatz vorlesen lassen, was ihm ein ungewohntes Maß an Bewunderung und Anerkennung seitens der Mitschüler bescherte, das ihn stolz machte. Nach solchen Ereignissen war Max mehrere Tage wie verwandelt: Er kooperierte und störte nicht.

Eine weitere, nicht nur den Einzelnen für sich allein unterstützende Maßnahme Simons betrifft die Banknachbarschaft seiner Schüler. Sein Plan ist, dass die Schüler mit einer überlegten, von ihm vorgeschlagenen Sitzordnung erleben sollen, wie wohltuend die Zusammenarbeit und die gegenseitige verlässliche Hilfe ist, die auch ermöglicht, dass daraus freundschaftliche Beziehungen entstehen können.

Deshalb legt Simon seiner Klasse einen Wechsel ihres Sitzplatzes nahe. Er begründet dies mit einigen Beobachtungen: zwei Freunde lenken sich ständig gegenseitig ab oder bei zwei schwächeren Banknachbarn können sich die beiden nicht wirklich unterstützen. Simon malt ihnen die Vorteile aus, die eine fruchtbare Banknachbarschaft eröffnet, wenn z.B. jeweils ein Schüler mit guten Leistungen mit einem schwächen Schüler zusammensitzt. Durch die garantierte Unterstützung werde ein unsicherer oder schwächerer Schüler zuversichtlicher, dem Unterricht folgen zu können. Simon betont aber auch, dass der Helfende ebenfalls von der Zusammenarbeit profitiere: Dem Kollegen die Zusammenhänge zu erklären und ihm auf die Sprünge zu helfen, sei eine sehr gute Art, den Stoff selbst ganz zu durchdringen. Außerdem sei die Möglichkeit, jemandem so zu Seite stehen zu können, dass dieser seine Angst verliert, als menschliche Erfahrung sehr wertvoll.

Für Max wirkt sich der Wechsel des Sitzplatzes sehr bereichernd aus. Durch den neuen, schulisch stabilen Schulkameraden erhält er eine permanente Anlaufstelle, die ihm zuverlässig helfen kann. Simon hat bei der Wahl von Maxens Banknachbarn darauf geachtet, einen Schüler zu engagieren, von dem er sicher ist, dass dieser mit Maxens nach wie vor nicht ganz einfachen Verhaltensreaktionen zurechtkommen kann. Die Schüler, die die Rolle der Helfenden übernehmen, brauchen, wie Simon in seiner Reflexion erläutert, gelegentlich eine Anleitung oder einen Hinweis, manchmal unterstützende Ermunterung und auch Anerkennung für ihre Bemühungen.

Die enge Kooperation zwischen den Banknachbarn hat gemäß Simon einen zweiten wichtigen pädagogischen Effekt nebst der Stärkung für das Fach. Erfahrungsgemäß wird dadurch eine ausgezeichnete Voraussetzung dafür geschaffen, dass zwischen den Banknachbarn eine Freundschaft entstehen kann. Gerade dadurch, dass der Lehrer seiner Klasse den Wert einer solchen Zusammenarbeit vermittelt und sie die entsprechende Erfahrung machen lässt, wächst die Klasse als Gemeinschaft weiter zusammen.

Die Klasse an den Fortschritten von Max interessieren und ihre Mitarbeit sichern

Die Stimmung der Klasse Max gegenüber war aufgrund ihrer Erfahrungen mit ihm anfänglich sehr ablehnend. Es hatte sich sogar eine Art Solidarisierungseffekt ergeben, der die Klasse gegen ihn einte. Dazu kam, dass der Lehrer selbst in seiner anfänglichen Verzweiflung auf Kollegen gehört hatte, die ihm geraten hatten, über die Klasse Druck auf den unflätigen Buben auszuüben. Ein solches Zusammenrücken gegen einen unangenehmen Außenseiter ist aber nicht das, was zu einem kameradschaftlichen Klima in einer Klasse führen kann. Zwischen Max und der Klasse hat sich in der Zwischenzeit durch die bisherigen Maßnahmen die frühere Spannung aber bereits ein wenig abgebaut.

Trotz der Fortschritte bleibt bei vielen Klassenkameraden gegenüber Max eine skeptische Vorsicht und Distanz erhalten. Als Max aufgrund einer Krankheit abwesend ist, ergreift Simon die Gelegenheit, mit der Klasse darüber zu sprechen. Er schildert seinen Schülern – ohne dabei jemanden (z.B. die Mutter von Max) in ein schiefes Licht zu rücken –, dass ihr Mitschüler außer seiner Mutter nie Menschen um sich hatte, die es gut mit ihm meinten. Diese traurige Erfahrung habe dazu geführt, dass er praktisch jedermann, dem er begegnet, als einen potenziellen Feind ansieht. Aber – so relativiert Simon an die Klasse gewandt die scheinbar vertrackte Situation mit Max – sie hätten ja selber in den letzten Wochen beobachten können, wie er etwas zugänglicher geworden sei und sich sogar freundliche Seiten an ihm gezeigt hätten. Er fragt die Klasse, ob ihnen dazu etwas aufgefallen sei. Mit dieser Ansprache gelingt es Simon, ein Gespräch zu initiieren, in dem die Schüler ernsthaft beginnen, miteinander ihre Beobachtungen und Überlegungen auszutauschen. Sie kommen zusammen mit ihrem Lehrer auf grundlegende psychologische Fragen zu sprechen wie die Zusammenhänge zwischen Misserfolg, Resignation, Unglück, Empfindlichkeit und Aggression. Als Simon ihre immer noch recht ablehnende Haltung Max gegenüber thematisiert und sie dafür zu gewinnen sucht, von sich aus den ersten Schritt auf ihn zuzumachen, wird aus der Klasse prompt die Frage aufgeworfen: „Wieso wir? Er hat doch das Unrecht getan?“ Simon greift diese Frage auf und schildert ihnen dazu eine Geschichte mit einer analogen Situation. Sie macht einsichtig, dass die Bedrohlichkeit des Gegenübers, also von Max, nicht so gravierend ist, wie sie oberflächlich oft erscheint. Der Schlüssel zu dieser Einsicht ist, dass hinter der bedrohlich wirkenden Fassade bei Max eigentlich ein zutiefst enttäuschter und abgeschreckter Mensch steckt. Simon verdeutlicht der Klasse, dass Max eigentlich keinen größeren Wunsch hat, als von ihnen gemocht zu werden. Dieses Gespräch sowie weitere, später folgende Gespräche weichen allmählich die skeptische Einstellung und die negativen Erwartungen der Klasse Max gegenüber auf. Es versteht sich von selbst, dass ein solches Gespräch durch große Behutsamkeit, viel Taktgefühl und Geduld geprägt sein muss, um allmählich bei allen ein Umdenken zu erreichen, schreibt Simon in seinem Fallbericht. Es sei der Klasse auch immer bewusster geworden, dass ihre Klassengemeinschaft beeinträchtigt bliebe, wenn sie Max nicht als Mitspieler gewinnen könnten.

Die Klasse ebnet den Weg zur Integration

Bevor Simons Bericht auf den eigentlichen Durchbruch des Integrationsprozesses von Max zu sprechen kommt, werden seine erfolglosen Versuche erwähnt, mit dessen Mutter in Kontakt zu kommen. Diese habe alle Versuche des Lehrers heftig abgewehrt, mit ihr zu sprechen und in ein Einvernehmen zu kommen. Dies habe so krasse Formen angenommen, dass Simon sich gezwungen sah, mit dem Arzt Rücksprache zu nehmen, um seinen Rat in dieser Sache einzuholen. Dieser führt ihm vor Augen, dass es die Angst und die Eifersucht der bedauernswerten unglücklichen und einsamen Frau ist, die ihre Einstellung ihm gegenüber erklärt. Sie befürchte, ihr kleiner Sohn, der zugleich ihr einziger Verbündeter ist, könnte sich mehr dem Lehrer zugeneigt fühlen als ihr. Deshalb ihre strikte Verweigerung jeglicher Zusammenarbeit.

Nun tritt für Simon ein Ereignis ein, das zunächst bedrohlich erscheint, weil es die ganze Aufbauarbeit zunichtemachen könnte: Eine Hüftgelenkentzündung zwingt Max zu einem monatelangen Krankenhausaufenthalt. Die weitere gemeinsame Arbeit mit der Klasse erscheint somit verunmöglicht. Simon fragt sich besorgt, ob der Mut und die Zuversicht, die über lange Zeit aufgebaut worden ist, bei Max nicht rasch versiegen wird, wenn er dem Unterricht mit der Unterstützung des Banknachbarn nicht mehr wird direkt folgen können. Simon bespricht die prekäre Situation mit der Klasse, worauf bald einer der Schüler einwendet, es brauche ja keine Unterbrechung zu geben. Sie, die Klasse könne ja zu ihm hingehen, wenn er daran gehindert sei, zu ihnen zu kommen. Innert kürzester Zeit erwirken die Schüler beim Chefarzt des Spitals die Erlaubnis, Max täglich zu besuchen und teilen zu diesem Zweck die Klasse in Gruppen ein. Jeden Tag besucht ihn eine Gruppe und bringt ihm etwas mit, das sie mit den Mitteln einer selbstgegründeten „Krankenkasse" kaufen, zu dem jeder wöchentlich zwei Pfennige beisteuert. Da die Besuche während den Unterrichtszeiten stattfinden und Max mittlerweile wünscht, über den Fortgang des Unterrichts informiert zu werden, ist die jeweils nächste Gruppe, die ihn besucht, im Unterricht äußerst aufmerksam dabei, um ihn bestens auf dem Laufenden halten zu können. Außerdem verfassen Klasse und Lehrer jeweils einen Brief mit Berichten aus der Schule, den er täglich erhält. Wenn man bedenkt, wie wenig Max bisher an Freundlichkeit ihm gegenüber erlebt hatte, kann man sich ausmalen, wie wohltuend sich so viel positive Aufmerksamkeit, Umsorgung und Warmherzigkeit auf sein Gefühlsleben auswirken musste. Sogar auf die Mutter von Max hat dieser beeindruckende Einsatz der ganzen Klasse für ihren Sohn eine heilsame Wirkung. Sie erfährt davon, weil die Nachricht vom großen Engagement der Klasse in der Stadt die Runde macht; dies bewirkt bei ihr eine Einstellungsänderung Simon und der Schule gegenüber.

Als Max nach sieben Wochen das Krankenhaus verlassen und in die Klasse zurückkehren kann, wird er von der Klasse festlich mit Blumen und Festivitäten willkommen geheißen. Er wiederum dankt es seiner Klasse und seinem Lehrer, indem er für sie während dreier ganzer Tage die Geschichte seines Krankenhausaufenthalts niederschreibt, gesamthaft vierundzwanzig Seiten.

Zweifellos ist dies der Durchbruch für die echte Verbindung von Max zu seiner Klasse und zu seinem Lehrer. In seinem Bericht erwähnt Simon, Max habe ungefähr vier Monate später im schulischen Lernen wieder ganz Fuß fassen können und habe überall „ganz bedeutende Fortschritte" gemacht.

Nun gibt es noch einen letzten wichtigen Reifungsschritt, den dieses Mal Max selber vollziehen muss, einen Reifungsschritt, der die vorangegangenen Schritte voraussetzt. Den ganzen bisherigen Integrationsprozess hatte Simon selbst verantwortet. Jeden Schritt hatte er eingeleitet, nachdem er sich mit der Hilfe des Arztes darüber klar geworden war, worum es ging. Er hatte der Klasse gezeigt, dass Max kein genuiner Bösewicht ist, und nach und nach war es ihm gelungen, die Schüler dafür gewinnen, bei der Integration mitzuhelfen. Dank ihres Engagements ebneten sie ihm letztendlich den Weg, sein Misstrauen ihnen gegenüber gänzlich aufzugeben. Dadurch konnte er nun innerlich so weit erstarken, dass nun *er* am Zug war.

Simon lässt diesen wichtigen letzten Entwicklungsschritt für Max nicht aus. Er weiß, zu einem früheren Zeitpunkt wäre dies nicht möglich gewesen. Nun konfrontiert er Max mit seinem früheren Verhalten: Wie er sich früher gegenüber der Klasse und ihm selbst benommen und allen schwer zugesetzt hat. Er muss sich der Verantwortung stellen, hinzusehen und sich zu vergegenwärtigen, was er seinen Klassenkameraden und ihm als Lehrer über die ganze Zeit an negativen Einstellungen und destruktiven Verhaltensweisen zugemutet hat. Auch bei dieser diffizilen, sehr konfrontativen Auseinandersetzung für Max ist das psychologische

Feingefühl des Pädagogen entscheidend. Simon gelingt es, ihn maßvoll Schritt für Schritt heranzuführen und zur ernsthaften Reflexion und Einsicht seiner früheren Rolle zu motivieren. Damit wird die eigentliche Voraussetzung geschaffen, dass Max nicht in neuen konfrontativen Situationen in sein altes Verhaltensmuster zurückfällt. Somit ist ein nachhaltiges Einschlagen eines positiven Weges erreicht, sodass eine wirkliche Integration in die Klassengemeinschaft gelungen ist.

Zum Abschluss seines Berichts schildert Simon nur noch kurz vom weiteren, positiven Verlauf mit Max. Er blieb noch ein weiteres Jahr in Simons Klasse, hatte auch nochmals einen gewissen Rückschlag aufgrund eines erneuten Krankenhausaufenthalts, den er aber auf die Länge wiederum gut verdaute. Endlich fand auch die Mutter ihr Glück, nämlich einen neuen Mann bzw. Vater für Max, diesmal einen ruhigen, ernsthaften Menschen, was beiden, Mutter und Sohn, sehr guttat. Dann kam es für Max zu einem Lehrerwechsel. Der neue Lehrer brachte dem mittlerweile jungen Burschen kein besonderes Verständnis entgegen. Dennoch habe es, wie Simon erfreut seinen Bericht beendet, nie irgendwelche weitere Klagen mit ihm gegeben.

b) Schlussfolgerungen im Hinblick auf die Praktikabilität der Integration eines solchen Kindes

Dieses Fallbeispiel ist für die Erörterung der Frage der Integration schwieriger Schüler zweifellos von großer Bedeutung. Der vertiefte psychologische Einblick in die innerliche Disposition eines solchen Schülers bietet jedem Pädagogen sehr viel Anregung und Anhaltspunkte, was dem „schwierigem" Verhalten zugrunde liegen kann. Den psychologischen Hintergrund bzw. die zugrunde liegende Motivation zu verstehen, ist die Voraussetzung dafür, als Pädagoge eine realistische Vorstellung davon entwickeln zu können, was getan werden kann, um dem jungen Menschen, der sich durch sein Verhalten selber isoliert bzw. die Zusammenarbeit als Gemeinschaft zum Teil massiv beeinträchtigt, zu einer versöhnlichen und kooperativen Einstellung zu verhelfen.

Das Beispiel vermittelt zugleich einen differenzierten Eindruck davon, welch große Bedeutung eine entwickelte Klassengemeinschaft, gefördert durch den Lehrer, haben kann, um z. B. einem so feindselig-aggressiven Buben wie Max zu Erfahrungen zu verhelfen, die sein tief eingegrabenes Misstrauen Menschen gegenüber aufzuweichen beginnen. Die Erfahrung, die die Klasse von Alfons Simon mit Max machte, ist ein beispielhaftes Modell für gelebte Mitmenschlichkeit bzw. Solidarität. Man kann davon ausgehen, dass jedes Kind, das diesen Prozess mit Max miterlebt hat, eine wertvolle Erfahrung für sein Leben mitnimmt: Menschen können sich unter engagierter Mithilfe von Mitmenschen grundlegend zum Positiven ändern. Für sie ist diese optimistische Sichtweise nicht nur Theorie. Sie habe es gesehen, erlebt, sogar mitgestaltet.

Für die früher angeführten Beispiele junger Menschen aus prekären Verhältnissen – Albert Camus in Algier und Nuccio Ordine in Kalabrien – hat das menschliche Engagement ihrer Lehrer für sie das Tor zur Welt, zu einer erfüllenden Zukunft in besonderer Weise geöffnet. Camus und Ordine erlebten ihre Lehrer als sehr authentische „kulturelle Mentoren", die in ihnen durch ihren gehaltvollen, sinnhaften Unterricht eine große Leidenschaft für die Welt und das Leben entzündeten.

Während bei Hattie sich dies insbesondere auf das konkrete schulische Lernen bzw. das kognitive Verständnis bezieht, haben die Schulbeispiele mit den Klassen von George Lopez, Jaime Escalante und Alfons Simon eindrücklich demonstriert, wie bedeutsam es ist, die psychische Disposition des Schülers zu erfassen, um eine erforderliche emotionale Stütze sein zu können. Bei Lopez und Escalante handelte es sich um sehr viel Intuition und persönliches Engagement, um ihre Schüler zu stärken und sie zur Mobilisierung ihrer ihnen noch unbekannten Ressourcen zu verhelfen. Sie haben sich von den Entmutigungsreaktionen ihrer Schüler nicht selber entmutigen lassen, sondern im Gegenteil ihnen den Mut und die Zuversicht vermittelt, in gewissem Sinn zu kämpfen, sich intensiv zu bemühen, die letzten Kräfte zu aktivieren und sich vom Optimismus, der Leidenschaft und der zuverlässigen aufmunternden Präsenz ihres Lehrers leiten zu lassen.

Bei Alfons Simon kommt die Dimension des vertieften psychologischen Verständnisses hinzu, also erfassen zu können, was der Schüler für eine Sicht auf sich, die Mitmenschen und das Leben hat. Sein pädagogisches Instrumentarium kann er dadurch noch bewusster und gezielter einsetzen und für das individuelle Kind anpassen. Das ausführlich dargelegte Beispiel des Störenfrieds Max hat dies in differenzierter Weise gezeigt.

Dabei kann der Leser einen anspruchsvollen Integrationsprozess nachvollziehen. Ein sich sehr asozial verhaltender Schüler, ein ungeliebter, misstrauisch bis feindselig sich verhaltender Außenseiter wird – wie man beim Lesen des Fallbeispiels nachvollziehen kann – zum Mitspieler in der Klasse und zum kooperierenden Freund. Das ethische Ziel der Integration ist hier vollumfänglich gelungen – Max kann seine schweren Beeinträchtigungen nachhaltig hinter sich lassen, während er und alle seine Mitschüler durch die geschickte Anleitung des Lehrers erleben, wie wichtig gegenseitige Hilfe ist.

Aus all den dargelegten Beispielen ist auch ersichtlich geworden, dass die Integration eines verhaltensauffälligen Schülers eine sehr anspruchsvolle Aufgabe ist und der Lehrer sich sozusagen auf die individuelle Situation mit dem betreffenden

Schüler und der betreffenden Schulklasse einlassen muss. Der Lehrer kann den dargelegten Beispielen sehr viele Anregungen entnehmen, ohne aber die Fallbeispiele im Sinne von „Best Practice"-Beispielen als Rezeptvorlagen zu verstehen, die man am besten kopiert. Jede Schulklasse ist unterschiedlich zusammengesetzt und weist dementsprechend eine andere Gruppendynamik auf. Auch bei jedem Schüler muss sich der Lehrer auf den individuellen Fall einlassen und sich ein eigenes Bild erarbeiten. Jeder Lehrer selbst hat eigene Stärken, Empfindlichkeiten, Unsicherheiten und natürlich insbesondere seine individuelle Erfahrung als Pädagoge.

Es ist nicht ratsam, von einem unerfahrenen Lehrer zu erwarten, die Integration eines Schülers wie Max in eine Klasse umsetzen zu können. Ohne die eingehende Beratung und Unterstützung, die Alfons Simon durch die individualpsychologische Erziehungsberatungsstelle erhielt, wäre er mit Max – wie die Lehrerkollegen, die es vor ihm mit Max zu tun hatten – voraussichtlich gescheitert. Die psychologischen Folgen wären für alle Beteiligten gravierend gewesen.

Auch beim Fallbeispiel mit Max zeigte sich, dass der Unterrichtserfolg eines Lehrers zu einem großen Anteil von seinen Fähigkeiten abhängt, seine Schüler bzw. die ganze Klasse zu „Verbündeten" zu machen, die einen starken solidarischen Zusammenhalt entwickeln. Integration und Gemeinschaftsbildung bzw. ein hochentwickeltes Niveau an Kooperation und gegenseitigem Respekt in einer Schulklasse haben offensichtlich einen engen Zusammenhang. Auf diese Einsicht wird im folgenden Kapitel näher eingegangen.

4.4 Lernen im Kollektiv – Bezug zur Integration?

4.4.1 Die besondere Bedeutung des Klassenklimas

Der zweite Schwerpunkt in diesem Kapitel ist der Bedeutung der schulischen Lerngemeinschaft oder, wie Roland Reichenbach es nennt, dem „Lernen im Kollektiv" (Reichenbach, 2013, S. 22) gewidmet. Aus den Erkenntnissen der Anthropologie ist ersichtlich geworden, wie sehr das menschliche Leben von Beginn an vom Wunsch durchdrungen ist, zusammenzuarbeiten, teilzuhaben am gemeinsamen Leben, integriert zu sein bzw. seinen Platz zu haben – zunächst in der Familie, später in der Krippe, im Kindergarten, dann in der Schule, im Beruf, unter Kollegen usw. Tomasello beschreibt die Stufen der menschlichen „Ultrasozialität" mit der erstaunlich frühen Fähigkeit zur „geteilten Intentionalität" des Kindes bis hin zur „kollektiven Intentionalität", wenn das Kind beginnt, ein normatives Band zwischen sich und den anderen zu empfinden. Beim Eintritt in die Schule wird das Kind gerade fähig, mit seinesgleichen Abmachungen zu treffen, Dinge auszuhandeln und allgemein kooperativ zu handeln.

In seinem Buch „Für die Schule lernen wir. Plädoyer für eine gewöhnliche Institution" erläutert Reichenbach (2013) in Anlehnung an Hannah Arendt, dass es in der Schule nicht primär ums individuelle Lernen – jeder Schüler für sich alleine nebeneinander, was heutzutage idealisiert wird – geht, sondern vor allem um die „gemeinsame Welt", die es geistig zu durchdringen und zu erobern gilt. Die Tatsache, dass die Kinder und Jugendlichen nicht einzeln, sondern in gleichaltrigen Gruppen unterrichtet werden und auch viel Lebenszeit in ihrer Jugend zusammen verbringen, bezeichnet er als „pädagogisch, sozial und gesellschaftlich von größter Bedeutung"; denn „zum pädagogischen Sinn der Schule" gehöre „die Förderung des Gemeinsinns – noch fundamentaler – der Zivilität" (Reichenbach, 2013, S. 22). Diese Aussage weist zurück auf die humane Bildung, wie sie von Julian Nida-Rümelin zu Beginn des Kapitels zur Anthropologie dargelegt wurde. Teil der individuellen Persönlichkeitsentwicklung jedes Schülers in der Schule betrifft demnach die soziale, moralische und auch gesellschaftliche Dimension. Das gemeinsame Lernen im Klassenverband bietet allen die Möglichkeit, als Teilnehmende bzw. Mitwirkende in einer Gemeinschaft gegenseitig voneinander Anregungen zu erhalten und gemeinsam Einsichten zu gewinnen. Wenn dieser Prozess erfolgreich ist, erschließt die Schule einem jungen Menschen ein Bewusstsein davon, was das gesellschaftliche Zusammenleben beinhaltet und bereichert. Reichenbach schreibt dazu:

> „Dass die Schule nicht nur die Funktion hat, Einzelmenschen zu unterrichten, zu fördern und zu beurteilen, sondern eine für moderne Gesellschaften konstitutive Rolle im Erwerb der allgemeinen Gesellschaftstauglichkeit ihrer Mitglieder übernimmt und weitestgehend gut ausübt, gehört wohl zu den vernachlässigten Gesichtspunkten im kritischen und weniger kritischen pädagogischen Diskurs" (Reichenbach, 2013, S. 35).

Den Gemeinsinn identifiziert Reichenbach mit dem gesunden Menschenverstand bzw. dem „Sinn für das Richtige (aber auch Angemessene oder Schickliche)", einer Fähigkeit des Menschen, „die entwickelt, geübt und erworben werden muss" (Reichenbach, 2013, S. 31). Die erforderliche schulische Bildungsarbeit müsse auf einer „Kultur der Nachdenklichkeit, des Fragens und des Zweifelns" aufbauen, die das soziale Zusammenwirken als Gemeinschaft zum Gegenstand der Reflexion macht (Reichenbach, 2013, S. 32). Als Zivilität wiederum bezeichnet Reichenbach Verhaltens- und Umgangsformen, die als Konventionen bzw. Sitten dazu dienen, ein friedfertiges gesellschaftliches Neben- und Miteinander der

Menschen zu gewährleisten. Dazu gehören Tugenden wie Mäßigung, Selbstbeherrschung, Anstand und Hilfsbereitschaft. Es versteht sich eigentlich von selbst, dass die Schule als Bildungsauftrag den Aufbau, die Vertiefung und die Festigung von Gemeinsinn und Zivilität nur im gemeinsamen Unterricht gewährleisten kann. Aus diesem Bildungsprozess konstituiert sich die „gemeinsame Welt", eine „vorrechtliche Ordnung" bzw. ein Rechtsbewusstsein, was den Weg hin zur Mündigkeit und sozialen Verantwortung eröffnet.

Wenn Kinder und Jugendlichen in der Schule beginnen, gegenseitiges Interesse aneinander, wohlwollende Kooperation und Freundschaft zu erleben, ist es nicht schwer, ihr Interesse an Fragen des Gemeinsinns und der Zivilität zu wecken und zum Gegenstand gemeinsamer vertiefter Reflexion zu machen. Als Unterrichtender habe ich immer wieder die Erfahrung gemacht, dass sich junge Menschen im Allgemeinen sehr für Fragen der Gerechtigkeit und Fairness interessieren und dass mit zunehmendem Alter und durch die Auseinandersetzung mit diesen Fragen ihre moralische Differenzierungs- und spätere Urteilsfähigkeit reift. Begünstigt wird diese Entwicklung dann, wenn sie bei ihren Lehrern und in ihrer Klassengemeinschaft eine entsprechende humane Werthaltung erleben.

Nicht zuletzt birgt das gemeinsame Lernen – das gemeinsame Erarbeiten von Aufgaben, Inhalten und Problemstellungen im Klassenverband – ein heute schwer unterschätztes Potenzial, um die geistige und soziale Entwicklung einer Klasse auf ein anderes Niveau zu heben. Wenn gemeinsamer, vom Lehrer geführter Unterricht per se dem Stereotyp *Frontalunterricht* zugeordnet wird, wie es oft geschieht, wird das Potenzial von Schule und Unterricht empfindlich geschwächt.

Interessant ist nun, dass in der angelsächsischen Welt seit einiger Zeit eine andere schulpädagogische Perspektive regelrecht Schlagzeilen macht: Dort hat man an zahlreichen erziehungswissenschaftlichen Instituten und Pädagogischen Ausbildungsstätten dieses triviale Stereotyp Frontalunterricht ad acta gelegt und begonnen, das „Dialogische Lernen" als gemeinsamen Unterricht bzw. Klassenunterricht zu erproben.[43] Es basiert auf differenzierender Reflexion, wie gemeinsames Lehren und Lernen gewinnbringend stattfinden kann. Dabei wird im Gegensatz zu individualisierenden Konzepten dem gemeinsamen Unterricht sehr viel zugetraut – sowohl in intellektueller als auch in sozialer Hinsicht. Die Forschung widmet sich den Voraussetzungen und dem Potenzial eines dialogischen Unterrichts, bei dem der Lehrer gerade nicht auf einen Moderatoren- oder Coach-Status reduziert ist.

---

43 Vergleiche Kapitel 4.4.3.

Dialogisches Lernen ist ein Lernen im Kollektiv, das bei den hier geschilderten, zielführenden Schulbeispielen eine wichtige Rolle gespielt hat. Nebst der großen Bedeutung des Lehrers für den schulischen Erfolg der Schüler zeigte sich immer wieder, wie eminent wichtig für das Wohlbefinden der Schüler das Gefühl der Verbundenheit in der Klasse ist, das, was gemeinhin als *Klassengeist* bezeichnet wird. Dies trifft für das Beispiel der ehemaligen Sonderschüler, die sich 30 Jahre später an ihre Schulzeit zurückerinnerten, ebenso zu wie für die persönlichen Reflexionen der jungen Studenten über die eigenen Unterrichtserfahrungen. Aber auch bei den Schulbeispielen in den Filmen „Etre et Avoir" und „Stand and Deliver" sowie beim Fallbeispiel von Max wird die besondere Relevanz des kooperativen Zusammenwirkens als Klassengemeinschaft deutlich.

Die Beispiele legen nahe, dass die kollektiven Formen des Lernens einen wichtigen Beitrag zur Förderung des Lernfortschritts aller Beteiligten leisten können und keinesfalls zugunsten immer stärker individualisierter Lernformen verdrängt werden sollten. Gerade bei „Etre et Avoir" sowie beim Fallbeispiel von Alfons Simon erwies sich die gemeinschaftliche Atmosphäre, an der die Lehrer dauernd arbeiteten, als wertvolle Voraussetzung und pädagogisches Mittel, um den einzelnen Kindern und Jugendlichen mit ihren spezifischen, auch sozialen Schwierigkeiten helfen zu können. Die erfolgreiche Zusammenarbeit ist ohne Zweifel ein zentrales Element, wenn nicht sogar *das* zentrale Element, um das zu ermöglichen, was Integration eigentlich fordert, nämlich dafür zu sorgen, dass niemand in einer Klasse oder Gruppe außen vor bleibt, sondern alle als gleichwertige Mitglieder in der kleinen Gemeinschaft aufgenommen sind. Deshalb wird hier im zweiten Teil dieses Praxiskapitels auf das kollektive Lernen speziell fokussiert.

Während der Reformpädagogik zu Beginn des 20. Jahrhundert gab es an verschiedenen Orten schulpädagogische Ansätze, die den besonderen Sinn und die Bedeutung gemeinschaftlicher Bildung und Erziehung berücksichtigt haben. Bedeutsam waren dabei vor allem die Schulversuche im „roten Wien" in den 1920er- und Anfang der 1930er-Jahre, bis dann alle hoffnungsvollen Bemühungen von der nationalsozialistischen Barbarei eliminiert wurden. Ein totalitärer Gemeinschaftsbegriff, der auf einer völkischen Blut- und Bodenideologie gründete und rein gar nichts mit einem auf einer humanen Ethik gründenden Verständnis von Gemeinschaft zu tun hatte, überschattete fortan nahezu alles. Einige Schlaglichter auf solch interessante Ansätze, die den sozialbildenden Charakter der Schule bewusst ausbauen wollten, werden hier kurz aufgerollt, um sie inhaltlich mit dem erwähnten aktuellen Forschungs- und Entwicklungszweig in der angelsächsischen Schulpädagogik – mit dem dialogischen Lernen – in Beziehung zu setzen.

4.4.2 Die Bedeutung der Klassengemeinschaft im Rahmen der Schulreform im roten Wien

In Österreich, das nach 1919 als Republik aus der Habsburger Monarchie hervorging, und insbesondere in Wien konnten sich die erwähnten Schulreformbestrebungen sehr entfalten. Unter der politischen Führung von Otto Glöckel wurden viele Schulreformvorhaben nicht nur in vereinzelten Vorzeigeschulen, sondern innerhalb der öffentlichen Bildungsinstitutionen umgesetzt. Ein zentrales Anliegen der Reformpädagogen ausgehend von der neuen „Pädagogik vom Kinde aus“[44] war es, der Selbsttätigkeit und Eigenaktivität der Schüler Gewicht zu verleihen und ihnen im Unterricht Freiräume dafür zu eröffnen. Um den Übergang der Habsburgermonarchie in ein demokratisches Staatswesen zu ermöglichen, lag den Schulreformern in Wien die politische Bildung in der Schule besonders am Herzen. Deshalb wurde versucht, das Schulleben als Übungsfeld für das soziale Leben unter demokratischen Gesellschaftsbedingungen zu gestalten, wie Lutz Wittenberg in seiner Dissertation zur „Synthese aus Reformpädagogik und Individualpsychologie“ aufzeigt:

> „Nicht zuletzt engagierten sich die Reformpädagogen auch für soziale Elemente im Schulleben, wie Gruppenarbeit, Schülermitbestimmung, Schülerselbstregierungskonzepte und ‚staatsbürgerliche Erziehung‘, die Übungsfelder für politisches Handeln im demokratischen Staat schaffen sollten“ (Wittenberg, 2002, S. 27).

Die ersten drei Jahrzehnte des 20. Jahrhunderts waren nicht nur von der Reformpädagogik geprägt, sondern insbesondere in Wien auch von der Entwicklung der Tiefenpsychologie. Die Individualpsychologie Alfred Adlers übte damals im Unterschied zur Psychoanalyse Sigmund Freuds einen großen Einfluss auf die dortigen Schulreformbestrebungen aus. Zwischen dem Wiener Stadtschulrat und den Vertretern der Individualpsychologie entwickelte sich im Verlaufe der 1920er-Jahre eine enge Zusammenarbeit. Dazu verhalf die Tatsache, dass ihre pädagogischen Zielsetzungen im Großen und Ganzen übereinstimmten. Wittenberg schreibt dazu:

> „Wesentliche Positionen in der Wiener Schulbehörde waren also durch Individualpsychologen ausgefüllt. Furtmüller erklärte, dass zudem auch die wichtigsten er-

44 Es handelt sich um eine Pädagogik im diametralen Gegensatz zu der, bis dahin gängigen autoritären und gewalttätigen Pädagogik, oftmals auch als „Schwarze Pädagogik“ bezeichnet.

ziehungsmethodischen Grundsätze der Wiener Schulreform den Leitideen der Individualpsychologie sehr nahekamen" (Wittenberg, 2002, S. 49).

Eine große Ausstrahlung hatten die individualpsychologischen Beratungsstellen für die Schulung von Lehrern und Erziehern sowie diejenigen für Eltern, Familien und Kinder. Während der 1920er- und am Anfang der 1930er-Jahre waren die Erfolge dieser Erziehungsberatungsstellen so überzeugend, dass das „Rote Wien" für internationale Aufmerksamkeit sorgte. Die Adler-Biografin, Phyllis Bottome, charakterisierte die Bedeutung Adlers und seiner Schule zu dieser Zeit in flammenden Worten:

„Adlers Einfluss auf das Leben der Kinder im damaligen Wien kann kaum hoch genug eingeschätzt werden. Leute aus aller Welt wurden plötzlich auf die Rolle aufmerksam, die Wien auf dem Gebiet der Erziehung spielte, und auf die neuen Methoden, mit denen man dort das größte Menschheitsproblem anging: die Bildung von Menschen. Aus allen Ländern kamen Lehrer trotz Sprachproblemen nach Wien, um das individualpsychologische System in seinem Ursprungsland kennen zu lernen und um neue Erkenntnisse mit nach Hause zu nehmen. Der Geist der Individualpsychologie prägte damals das Denken der Pädagogen weltweit" (Bottome, 2013, S. 168).

Die damalige Bedeutung Adlers für die Wiener Schulreform als Ganzes kann man auch einem 2007 erschienenen Artikel der Parlamentskorrespondenz der Republik Österreich entnehmen:

„Neben Beiträgen der Wiener Schule der Psychologie unter Karl und Charlotte Bühler war die Wiener Schulreform hauptsächlich das Werk der Individualpsychologie Alfred Adlers. Die Individualpsychologie mit ihrem zentralen Begriff Gemeinschaftsgefühl entsprach dem Bedarf der sozialdemokratischen Schulreformer an praktisch anwendbarem pädagogischem und psychologischem Wissen im Erziehungsbereich und unterstützte deren reformpädagogische Konzepte" (Republik Österreich, 2007).

Einige individualpsychologisch geschulte Lehrer wie Oskar Spiel, Franz Scharmer und Ferdinand Birnbaum beteiligten sich schon zu Beginn der 1920er-Jahre an den vom Wiener Stadtschulrat ausgeschriebenen Versuchsklassenarbeit zum Thema „Die Schulklasse – eine Arbeits- und Lebensgemeinschaft". Bei der in Konferenzen mit der gesamten Lehrerschaft Wiens geführten Auseinandersetzung zwischen Vertretern eines konsequenten Individualisierungsunterrichts (z. B. Montessori) und den Befürwortern eines gemeinsamen Unterrichts setzten sich Letztere durch. Die Lehrer Wiens gewichteten also bei den Reformen die Gemeinschaftserziehung besonders hoch. 1931 wurde eine eigene individualpsychologische Versuchsschule gegründet, die bis 1934 arbeiten konnte und in welcher viele Elemente einer solchen Gemeinschaftserziehung erprobt wurden.

Die Zürcher Erziehungswissenschaftler Helmut Fend und Georg Stöckli thematisieren ergänzend als Essenz aus der individualpsychologischen Versuchsschule sowie auch aus den Publikationen von Alfons Simon die psychologisch-pädagogische Bedeutung des Lehrers für den einzelnen Schüler sowie für die Klassengemeinschaft als Ganze. Bezugnehmend auf Oskar Spiel schreiben sie:

> „Er hat als erster eine Führungslehre für den Volksschullehrer entwickelt und insbesondere die Bedeutung des Lehrers als Instanz der Ermutigung und als Verantwortlicher für die Gestaltung der Klassengemeinschaft hervorgehoben. Die sorgfältige Beobachtung der Entwicklung jedes Kindes und der Vorgänge in der Schulklasse findet sich auch in der Pädagogik von Simon (1950)" (Fend & Stöckli, 1997, S. 7).

Zum Programm dieser Versuchsschule, das von Ferdinand Birnbaum ausformuliert wurde, gehörten wöchentliche Klassenbesprechungen, in denen z. B. das problematische (asoziale) Verhalten einzelner Schüler Thema war. Worum es dann in einer solchen Besprechung ging bzw. wie man mit diesem fehlbaren Schüler sprach, schildert Wittenberg, indem er sich auf eine Quelle Birnbaums abstützt:

> „Indem das Kind sehe, dass sein Verhalten, vom Ganzen des Kollektivs aus gesehen, anders erscheine, als von seinem individuellen Gesichtswinkel aus, sei es genötigt, zu diesem neuen Bezugssystem Stellung zu nehmen. Wenn das Kind erlebe, dass die anderen seine Schliche durchschauen, ohne eigenes Kapital daraus zu schlagen, sondern darüber nachdenken, wie ihm zu helfen sei, könne das Kind die Gemeinschaft mehr im Sinne des Gemeinschaftsgefühls erleben und schließlich die verzerrende Brille ablegen, durch die es bisher zu sehen gewohnt gewesen sei" (Wittenberg, 2002, S. 119f).

Aus dieser Beschreibung wird klar, dass es in dieser Klassenbesprechung nicht um eine missbilligende moralische Be- oder Verurteilung des Fehlbaren geht, sondern um ein mit Wohlwollen geführtes Gespräch, bei dem gemeinsam nach Lösungen gesucht bzw. nachgedacht wird, wie der fehlgeleitete Schüler für einen Wandel seines Verhaltens gewonnen werden bzw. das verursachte Unrecht einsehen kann.

Mit dem Erleben des Gemeinschaftsgefühls ist demnach gemeint, dass das Kind, über dessen Verhalten gesprochen wird, hier die Erfahrung machen kann, dass seine Klassenkameraden ihm gegenüber trotz seines eigenen destruktiven Verhaltens gegenüber den anderen (z.B. er hat etwas geklaut, jemanden verletzt ...) nicht feindselig oder rachsüchtig gesinnt sind. Er macht entgegen seiner Erwartung die Erfahrung, dass ihr Anliegen und Engagement darin besteht, ihn für die Kooperation zu gewinnen und somit seine Integration zu ermöglichen. Dieses adlerianische inklusive Verständnis von Gemeinschaftsgefühl, das bei niemandem Halt macht, stand natürlich im größten Kontrast zum später um sich greifenden rassistischen Ideologiebegriff von (Volks-)Gemeinschaft des Nationalsozialismus.

In ihrer Dissertation über die Entstehung und Bedeutung des Begriffs Gemeinschaftsgefühl in der Persönlichkeitstheorie von Alfred Adler sowie über Parallelen oder Übereinstimmungen mit Theorieansätzen späterer Neopsychoanalytiker und Entwicklungspsychologen erläutert die Historikerin und Psychologin Annemarie Kaiser seinen besonderen Stellenwert folgendermaßen:

> „Vom Gemeinschaftsgefühl her – als dem Kernstück der Adlerschen Lehre – sind auch die anderen Bereiche dieser Persönlichkeitstheorie in ihrem Zusammenhang zugänglich: das Minderwertigkeitsgefühl und die Arten der Kompensation, die durch den Grad an Lebensmut ermöglicht werden und die in Geltungsstreben auf der nützlichen oder unnützen Seite des Lebens zum Ausdruck kommen oder in gemeinschaftsbezogene Lösungen der Lebensfragen einmünden können“ (Kaiser, 1981, S. 12).

Kaiser erklärt weiter, im Prinzip hänge die seelische Stabilität eines Menschen gemäß Adler unmittelbar von dessen Grad an Gemeinschaftsgefühl ab. In seiner Biografie über Adler findet Alexander Kluy eine ähnliche Formulierung zu Adlers Verständnis dieses in seiner Theorie zentralen Begriffs:

> „Gemeinschaftsgefühl war Richtschnur und Lackmustest für Fähigkeit oder Unfähigkeit eines Menschen, sozial erfolgreich oder erfolglos zu interagieren. Gemeinschaftsgefühl plus Mitmenschlichkeit waren für ihn Leitkriterien für ein gelingendes Leben“ (Kluy, 2019, S. 182).

Das Beispiel des „schwierigen“ Max (s. **Kapitel 4.3.3**) illustriert diese Darstellung sehr gut. Unter dem Aspekt des Gemeinschaftsgefühls betrachtet, kann man auch sagen, das Mitgefühl von Max war gegenüber seinen Schulkameraden verschüttet, sodass individualpsychologisch gesprochen er einen erheblichen Mangel an

Gemeinschaftsgefühl aufwies.[45] Erst durch die Maßnahmen von Simon konnte das Gemeinschaftsgefühl von Max geweckt und gestärkt werden.

Im Prinzip war das Ziel bei den erwähnten Klassengesprächen in der Wiener individualpsychologischen Versuchsschule von denselben Bemühungen getragen wie im Beispiel Simons. Die Schweizer Lehrerin und Autorin des 1934 erschienen Buches „La psychologie d'Alfred Adler et le développement de l'enfant"[46], Madelaine Ganz, hat ausführlich die Versuchspraxis an vielen Wiener Schulen untersucht und hebt die „mitmenschliche Atmosphäre", die „Lebendigkeit" und die „hohe Aktivität der Schüler bei den Klassenbesprechungen" (Wittenberg, 2002, S. 206) hervor. Sie beschreibt anerkennend wie sachorientiert dabei diskutiert wurde.

In Bezug auf das gemeinschaftliche fachliche Lernen im kollektiven Klassenunterricht weist Oskar Spiel, einer der Pioniere der individualpsychologischen Versuchsschule, auf die Notwendigkeit hin, mit vielfältigen didaktischen Methoden zu arbeiten und sich nicht auf eine didaktische Monokultur abzustützen, auch nicht auf die „freie Diskussion", die seiner Zeit von den Individualpsychologen als besonders gemeinschaftsfördernd erachtet wurde. Beim Unterricht mit der „Klasse als Arbeitsgemeinschaft" müsse die Methodik grundsätzlich den Inhalten und den Fähigkeiten und Neigungen der Klasse sowie des Lehrers angepasst werden:

> „Die Lehrform der freien Diskussion allein ist zur Erreichung der Bildungsziele nicht ausreichend. Es wird, je nach dem Charakter des Stoffes und der Individualität der Klasse, notwendig sein, einen Wechsel zwischen Diskussion, Lehrerfrage, Darbietung durch den Lehrer und der reinen Selbsttätigkeit des Schülers eintreten zu lassen" (Spiel, 1979, S. 57).

Wenn Spiel Bildungsziele anspricht, meint er als Individualpsychologe natürlich nicht nur die kognitiven, sondern betont ebenso die interaktiven und sozialen, also die Bezugnahme aufeinander, das Mitdenken bei den Ausführungen der anderen, die Kooperation und gegenseitige Hilfe usw. Weltanschauliche und ethische Themen, die letztendlich auch mit Gemeinschaftlichkeit zu tun haben, also Fragen der Solidarität, der Friedfertigkeit, der Koexistenz und Toleranz haben entsprechend im Unterricht von Spiel großes Gewicht.

Auch der Münchner Lehrer und Freund Alfons Simons Kurt Seelmann gewichtet die Förderung des Gemeinschaftsgefühls als zentrales, aber auch komplexes

45 Viele Autoren würde heute in diesem Zusammenhang von einem Mangel an Empathie sprechen.
46 Die Psychologie Alfred Adlers und die Entwicklung des Kindes

Bildungsziel im Unterricht stark. Einem Artikel, veröffentlicht in einer Publikation von Leonhard Seif, dem Gründer der ersten psychotherapeutischen Erziehungsberatungsstelle in München (1922), gibt er den bezeichnenden Titel „Erziehung zum Mitmenschen"[47] und unterstreicht dessen Bedeutung als zentrales Element der Volksschulbildung. Prägnant fasst er zu dessen Veranschaulichung die individualpsychologisch-anthropologische Sichtweise des grundlegenden Verhältnisses von Individuum und Gemeinschaft in wenige Worte:

> „Das Kind ist wie der Erwachsene – ein selbständiges Individuum und gleichzeitig ein kollektives Wesen.
> Als Individuum drängt es nach Entfaltung, nach Verselbständigung, nach Selbstbehauptung und Sicherung der eigenen Person.
> Als Gemeinschaftswesen sucht es nach Anerkennung, Achtung, Liebe, sucht es Partner, Kameraden und Freunde.
> In der Spannung zwischen Selbstbehauptung und Hingabefähigkeit, zwischen Selbständigkeit und Anpassung, gestaltet sich das menschliche Leben" (Seelmann, 1952, S. 230).

Die Parallele dieser Aussage zu modernen anthropologischen Forschungsergebnissen sind auffallend.[48] Das in dem Zitat angesprochene Spannungsverhältnis kommt bei Seelmanns Unterricht bereits in seiner allerersten Lektion, die er in einer Klasse hat, zum Ausdruck. Er versucht die Schüler menschlich so anzusprechen, dass alle erleichtert aufatmen und sich zuversichtlich auf den Unterricht mit ihm freuen können. Dazu adressiert er sie zum einen als eine Gemeinschaft, zum anderen aber auch als Individuen mit ihren jeweils besonderen Hoffnungen, Befürchtungen, Unsicherheiten, Zweifel und sonstigen Erwartungen. Er versucht alle mit ihren unterschieden psychischen Dispositionen im Blick zu haben und seine ersten Worte so zu wählen, dass sie sich in ihren persönlichen Gefühlen und Gedanken gemeint fühlen. Mit seiner Ansprache schafft Seelmann die Voraussetzungen, um das Vertrauen der Schüler – jedenfalls der meisten – von Anfang an gewinnen zu können:

> „Eine Klasse wird neu übernommen. 40, 50 und heute oft noch wesentlich mehr Schüler sitzen und warten auf ihren Lehrer. Die einen mit Vertrauen und Zuversicht. Sie haben gute Erfahrungen gemacht und gute Leistungen aufzuweisen. Die

---

47 „Erziehung zum Mitmenschen" bzw. Erziehung zur Mitmenschlichkeit kann wohl gleichgesetzt werden mit dem der Förderung des Gemeinschaftsgefühls.

48 Dieses Spannungsverhältnis kommt bei den Bindungstheoretikern z. B. im Begriff der „Autonomie in Abhängigkeit" zum Ausdruck (siehe Kapitel 3.2.5 zur Bindungstheorie in diesem Buch).

> anderen mit Unbehagen und ängstlichem Misstrauen. Auch das ist begründet. Alle sind auf den ersten Eindruck gespannt.
> Der ist auch – gerade bei Kindern – ausserordentlich wichtig. Sieht er freundlich aus? Lacht er? Macht er Witze? Grüsst er die einzelnen? Macht er Unterschiede zwischen verschiedenen Schülergruppen? Ist er alt oder jung? Ist er gut oder weniger gut angezogen? All das wird zunächst einfach registriert, aber nicht unbedingt bewertet.
> Aufgabe ist nun, die Begrüssung der neuen Klasse so zu formulieren, dass sich jeder angesprochen fühlt und Vertrauen fassen kann. Keinesfalls darf man etwa nur die die guten, fleissigen und strebsamen Schüler ansprechen. Jeder soll für sich eine Chance spüren“ (Seelmann, 1952, S. 234).

Über fast zwei Seiten schildert Seelmann, worauf er alles in diesem Moment, in dem er das erste Mal mit seiner Klasse spricht, achtet, dass eben jeder empfindet, es wird von ihm und seinen Erwartungen gesprochen: Während er seinen Blick über die Klasse schweifen lässt, äußert er seine Freude über die sympathische Schar Schüler, die er vor sich sieht, versichert ihnen, dass lebendige Schüler, die sich auch mal einen Spaß erlauben, ihm gefallen, gibt ihnen zu verstehen, dass sie natürlich alle verschieden sind mit unterschiedlichen Stärken und Schwächen, mit guten und auch mal problematischen Seiten und dass es hier in der Schule für alle darum geht, miteinander vieles zu lernen, um später ihren Platz im Leben zu finden, im Beruf, in Familie, mit Freunden usw. Der Lehrer kommt auch darauf zu sprechen, dass nebst dem Lernen für die Fächer auch das Erlernen der Kooperation für ihre Zukunft ein sehr bedeutsames Ziel ist. Es sei sehr wichtig, dass sie lernen, zusammenzuarbeiten, sich füreinander zu interessieren und sich einzusetzen sowie Freundschaften zu schließen. Mit dieser ersten Ansprache knüpft Seelmann also zu möglichst jedem Kind als Individuum einen ersten Beziehungsfaden, der aber auch die Schüler untereinander mit ihren ähnlichen Erwartungen verbindet, sodass sie erleben, sowohl als Individuen als auch als Teil der Gemeinschaft gemeint zu sein. Im Bewusstsein, dass in einer solchen Klasse von 40 bis 50 Schülern und mehr auch Kinder sitzen werden, die bereits den Ruf haben, als schwierig bzw. verhaltensauffällig zu gelten, zeichnet Seelmann mit seinen Worten speziell auch für sie eine erleichternde Perspektive vor, wie er dem Leser in seinem Artikel erklärt.

> „Wir wissen, dass sich das schwererziehbare Kind keineswegs wohl fühlt in seiner abseitigen Haltung und Einstellung. Wir zeigen ihm einen Weg aus seinem Dilemma und erzählen noch schnell eine Geschichte von einem früheren Oberklasser,

> der, obwohl in den Unterklassen kein sehr glorreicher Schüler, in der Oberklasse ein sehr brauchbarer Kamerad und Schüler wurde" (Seelmann, 1952, S. 235).

In diesem Beitrag kommt Seelmann letztlich auf die zentralen pädagogischen Aufgaben zu sprechen, die gemäß Individualpsychologie wichtig sind, um die Schüler – jeden einzelnen – im Lernen möglichst wirkungsvoll unterstützen zu können: die Stärkung des Selbstvertrauens, die Ermutigung, sich den schulischen Anforderungen zu stellen, also nicht aufzugeben und die Ermöglichung von Erfolg, womit auch die Arbeitsfreude gefördert wird. Wiederholt unterstreicht er, was der Schüler im Schulzimmer erleben muss, um eben Mitmensch zu werden: Dazu gehört das Erlebnis der eigenen Wertschätzung, das Vorbild und die Anleitung zur Hilfsbereitschaft untereinander, statt miteinander zu rivalisieren und sich gegenseitig anzuschwärzen; ebenso betont Seelmann die freundschaftliche Zusammenarbeit und wechselseitige Unterstützung. Der erste Schritt, den ein Lehrer vollziehen müsse, um in seiner Klasse Mitmenschlichkeit zu einem wesentlichen Bildungsziel zu erheben, sei – so Seelmann nachdrücklich –, dass er, der Lehrer, dies selbst vorlebt und sich selbst als Mitmensch erweist. Deshalb nennt Seelmann nebst den bereits erwähnten erforderlichen pädagogischen Maßnahmen ein Anzahl Eigenschaften des Lehrers, die ihn als Mitmensch auszeichnen: sein Interesse an den privaten Aktivitäten und Neigungen seiner Schüler, seine Hilfsbereitschaft, sein Humor, seine Großzügigkeit und Gelassenheit angesichts von Albernheiten einzelner Schüler, seine Freude und Unterstützung von Freundschaften innerhalb der Klasse, dass er dafür sorgt, dass unsichere und ängstliche Schüler geschützt sind, dass kein Mobbing infrage kommt und streitende Schüler sich wieder versöhnen können. Unter dem nachdenklich stimmenden Motto „Er reisst die Klasse nicht auseinander" weist Seelmann auf einen Aspekt seiner Rolle hin, der vermutlich vielfach von den Lehrern in seiner ganzen gemeinschaftsbildenden Bedeutung nicht realisiert wird:

> „Er hat keine Vorzugsschüler. Er trennt nie in Gute und Schlechte, in Fleißige und Faule, nicht in Flinke und Langsame usw. Er lobt keinen aus der Klasse heraus (hebt keinen hervor) und verdonnert keinen (stößt keinen aus der Gemeinschaft aus).
> Er ist zu allen gleicherweise gerecht. Man hat den Eindruck, dass er alle gern hat und versteht. Er trägt auch keinem etwas nach. Erledigte Sachen sind erledigt. Ist etwas vorgefallen, so bespricht er es meistens mit der Klasse, lässt sich raten und sucht mit allen zusammen eine Lösung.
> Er sorgt dafür, dass alle nacheinander mit den gleichen Ämtern betraut werden. Er sorgt dafür, dass es überall kameradschaftlich zugeht" (Seelmann, 1952, S. 241).

Dieses Zitat erinnert sehr daran, was meine ehemalige Abiturientin, die zur Zeit unseres Gesprächs in der Ausbildung als Volksschullehrerin war, betonte: Schon als Volksschülerin sei es ihr sehr wichtig gewesen, dass der Lehrer gerecht war, das heißt zu allen Kindern gleich freundlich, auch zu Hippeligen, den Klassenclowns und sonstigen sich nicht immer sehr konstruktiv benehmenden Schülern. Diese menschlich überzeugende Einstellung, alle Schüler gleichwertig wertzuschätzen und zu behandeln unabhängig von ihren Leistungen und Gangarten, ist für die Entstehung einer Klassengemeinschaft tatsächlich elementar.

Seelmanns Worte rufen aber auch die irritierende Schilderung des Schulleiters der Kölner Rosenmaar-Schule, Walter Heilmann, in Erinnerung, der in seinem Vortrag beschrieb, dass sich in den Inklusionsklassen in seiner Schule in den ersten Wochen des Zusammenseins automatisch „Hierarchien" bilden würden, die während den vier Jahren gemeinsamen Schulunterrichts bestehen bleiben würden. Die Gruppen würden sich über die ganze Zeit nicht ändern, sodass ein Kind, das „unten" sei, dies auch während der ganzen Zeit bleibe. Gemäß der Schilderung des Schulleiters gehört es nicht zum pädagogischen Konzept der Schule, eine solche sozial bedenkliche Situation zu verändern, also von Anfang an zu thematisieren, dass dies keine menschlich akzeptable Einstellung ist. Aus meiner Sicht ist ein solcher sozialer Zustand in einer Klasse alarmierend, denn, wenn der Lehrer dazu keinen Standpunkt einnimmt, sondern den Kindern sozusagen überlässt, zu entscheiden, ob sie eine Hackordnung oder ein freundschaftliches Verhältnis in ihrer Klasse wollen bzw. installieren, so interpretieren die Schüler seine Abstinenz zwangsläufig als Zustimmung.

Dieselbe ehemalige Schülerin und heutige Volksschullehrerin war es auch, die ihre Absicht unterstrich, in ihren zukünftigen Klassen sehr daran arbeiten zu wollen, dass jede ihrer Klassen zu einer Gemeinschaft zusammenwachsen könne. Sie sei überzeugt, dass eine freundschaftliche Stimmung das Lernvermögen jedes Kindes steigern würde. Mit dieser Aussage bekräftigte sie die Überzeugung und auch Erfahrung Seelmanns und anderer individualpsychologisch geschulter Lehrer. Die einzelnen Kinder sind unter solchen Voraussetzungen in einer Klasse mutiger, selbstständiger und selbstverantwortlicher, zumal sie sich gegenseitig positiv beeinflussen. Die Förderung des Gemeinschaftsgefühls hilft also stark mit, insgesamt das Lernniveau der Klasse zu erhöhen. Ein weiterer Aspekt ist, dass die positive Grundstimmung in einer Klasse nicht nur in hohem Maß die Zufriedenheit der Schüler beeinflusst, sondern auch das Vertrauen der Klasse in ihren Lehrer, zumal er der Initiator ihres guten Klassenverhältnisses ist. Dieses psychologische Phänomen konnte man am Beispiel von Max sehr gut nachvollziehen: Der Lehrer hatte das Vertrauen seiner Schüler, was es ihm ermöglichte, sie dafür zu gewinnen, dass sie ihm sehr tatkräftig, ja sogar ziemlich eigenständig halfen, eine freundschaftliche Brücke zu Max zu bauen. Er stimulierte und brauchte individualpsychologisch gesprochen dazu ihr Gemeinschaftsgefühl.

4.4.3 Dialogisches Lernen/dialogische Bildung

Wie schon erwähnt, führt der aktuelle Trend, der vor allem mittels internationaler Organisationen unter Führung der OECD (PISA) koordiniert und vereinheitlicht wird, schon seit etlichen Jahren zu einer forcierten „Individualisierung" und „Binnendifferenzierung" des Unterrichts, was durch die Digitalisierung des Unterrichts weiter begünstigt wird. Gegen den Vorwurf, diese Unterrichtsform führe zu einer Vereinzelung der Schüler, womit ein wichtiger Auftrag der Schule, nämlich die Ausbildung sozialer Kompetenzen, unberücksichtigt bleibe, wird von den Theoretikern der Individualisierung angeführt, das „soziale Lernen" werde ergänzend zum normalen Unterricht berücksichtigt, indem die Schüler, die auf vollkommen verschiedenen Niveaus sind und nebeneinander lernen, sich zeitweise gemeinsamen Aktivitäten zuwenden, z. B. in Form von Projekten, und dass sie einander sowieso gegenseitig helfen würden.

Für erfahrene Lehrer ist offensichtlich, dass mit dem Primat des Individualisierens wichtige gemeinsame Lernerfahrungen nicht mehr oder jedenfalls nur in sehr bescheidenem Maße möglich sind und deshalb das schulische Lernen überhaupt verarmt. Die schwerwiegendsten Folgen hat diese mittlerweile zur Norm gewordene Unterrichtsform für die schwächeren Schüler, denen die Modelle ihrer Mitschüler, die den Lösungsweg im gemeinsamen Unterricht vor der Klasse aufzeigen können, fehlen, wenn sie alleine vor einer Aufgabe sitzen. Für die schwachen Schüler ist der Klassenunterricht, in dem zusammen Aufgaben bearbeitet werden und sie als Beobachtende die Lösungswege ihrer leistungsstärkeren Mitschüler nachvollziehen und still, ohne sich exponieren zu müssen, mitdenken können, eine sehr wichtige Stütze. Dadurch gewinnen sie innerhalb der Klasse an Sicherheit, dem Unterrichtsfortgang doch folgen zu können. Im individualisierten Unterricht werden sie in ihrer Mutlosigkeit zumeist allein gelassen, in vielen Fälle auch ohne Unterstützungsmöglichkeit zu Hause. Sie können innert kürzester Zeit abgehängt werden und resignieren, zumal der Klassenlehrer sich nicht ständig nur mit ihnen beschäftigen kann oder auch ein anwesender Heilpädagoge verschiedene Schüler zu betreuen hat und nicht unbedingt ständig verfügbar ist.

Das in den letzten Jahren unter angelsächsischen Erziehungswissenschaftlern entstandene Interesse am *dialogischen Lernen* ist eine gegenläufige Bewegung zur

Individualisierung. Zahlreiche Artikel in Fachjournalen befassen sich mit dem „Dialog" im Klassenzimmer als eine besonders wirkungsvolle Form des gemeinsamen Lernens. Internationale Tagungen und Konferenzen finden statt, die auf vielfältige Weise dieser Thematik gewidmet sind. Hinzu kommen einschlägige Publikationen mit wissenschaftlichen Studien und Evaluationen zu diesem Unterricht. Die Forscherinnen Lauren B. Resnick von der Universität Pittsburgh, Christa S.C. Asterhan von der Universität in Jerusalem und Sherice N. Clark von der Universität in San Diego (Kalifornien) waren 2018 die Verfasserinnen der 29. Ausgabe der renommierten Publikation „Educational Practices Series"[49] mit dem Titel „Accountable Talk: Instructional dialogue that builds the mind"[50] (Resnick, Clarke & Asterhan, 2018). Als Forschende interessieren sie sich für die Wirksamkeit des Dialogs als Kernelement des Unterrichts. Sie berichten von nachhaltigen Effekten strukturierter Klassengespräche, sofern diese unter dem klaren Anspruch stehen, zu gemeinsamen relevanten Einsichten zu gelangen.

4.4.3.1 Verantwortliches Gespräch – strukturierter Dialog zum Aufbau des Denkens

In dieser sehr bekannt gewordenen Schrift wird eine Form der Unterrichtsgestaltung aufgezeigt, die Lernenden hilft, sich gemeinsam mit anspruchsvollen Fragen zu befassen, also über Problemstellungen nachzudenken und auch komplexe Texte und Aufgabenstellungen im Dialog miteinander interpretieren oder lösen zu können. Das Anspruchsniveau kann sehr unterschiedlich sein, angepasst an Alter und Stufe der jeweiligen Klasse. Es handelt sich dabei um ein – das ist sehr wesentlich – vom Lehrer (an)geleitetes Gespräch, bei dem die Schüler bzw. Studenten lernen sollen, gemeinsam laut nachdenkend ein Problem zu wälzen bzw. zu erörtern. Zu dieser Art der diskursiven Auseinandersetzung gehören Elemente wie das Äußern des vorläufigen persönlichen Standpunkts und dessen argumentative Begründung, das Aufgreifen und Bezugnehmen auf Gedanken und Argumente der Kollegen, das Aufwerfen eigener Fragen sowie die schlussfolgernde Formulierung gemeinsam erarbeiteter Einsichten. Zur Strukturierung dieser Klassengespräche führen Resnick, Asterhan und Clarke drei grundlegende Kriterien an, die als Voraussetzungen mit den Klassen zunächst genau besprochen, durchdacht und deren Implementierung dann Schritt für

49 herausgegeben von The International Bureau of Education (IBE) and The International Academy of Education (IAE)

50 Übersetzt: „Verantwortliches Gespräch – strukturierter Dialog zum Aufbau des Denkens"

Schritt gesichert werden muss. Es handelt sich um verbindliche Ansprüche, mit denen sich alle Schüler identifizieren sollten, um die angestrebte Gesprächskultur des Accountable Talk zu ermöglichen:

1. **Accountability to knowledge** (die Verantwortung, sich ausschließlich auf Tatsachen abzustützen)
   Die im Gespräch eingebrachten Argumente müssen möglichst solide faktengestützt sein und dürfen nicht auf vagen Behauptungen beruhen. Hiermit wird eine Verbindlichkeit geschaffen, die alle Beteiligte dazu in die Pflicht nimmt, nicht einfach aus dem Bauch heraus Dinge zu behaupten bzw. sich mit sachlich haltlosen Meinungsäußerungen profilieren zu wollen.
2. **Accountability to reasoning** (die Verantwortung des schlüssigen und plausiblen Argumentierens)
   Alle sind darauf verpflichtet, ihre Argumentation für die Mitschüler verständlich und nachvollziehbar zu formulieren und somit auch gut aufgreifbar zu machen. Man könnte auch etwa sagen: die Argumentationen erfordern ein redliches Bemühen, die eigenen Überlegungen so darzulegen, dass sie ohne größere Anstrengungen oder aufwendige Ergänzungen bzw. Erläuterungen verstanden werden können.
3. **Accountability to community** (die Verantwortung für die Gemeinschaft)
   Alle müssen sich dafür mitverantwortlich fühlen, die gemeinsame Auseinandersetzung so zu gestalten, dass jeder sich möglichst ungezwungen einbringen kann. Dazu gehört, dass alle einander aufmerksam und respektvoll zuhören sowie geduldig jeden seine Gedanken entwickeln lassen.

Der Kern der Gesprächskultur, die mit dieser Art von Unterricht entstehen soll, besteht darin, dass die Verantwortlichkeit für den erfolgreichen Ablauf den Schülern gleichermaßen zugemutet wird wie dem Lehrer. Die Schüler stehen nicht in der Pflicht, das Gespräch selbst strukturieren zu müssen. Dafür entscheidet aber laut den Autorinnen die aktive, engagierte Beteiligung der ganzen Klasse am Fortgang der dialogischen Auseinandersetzung wesentlich darüber, wie differenziert und qualitativ vertiefend das Ergebnis dieser Diskussion ist. Es kommt dabei sehr darauf an, dass die Schüler sich getrauen, ihre Gedanken spontan zu äußern, auch wenn sie nicht vollkommen ausgegoren sind (= lautes Denken) und dass sie ein offenes, waches Interesse an den Überlegungen, Argumenten und Stellungnahmen ihrer Klassenkameraden haben. Bemühungen um rhetorische Brillanz oder Rivalitäten und Konkurrenzgebaren sind ausdrücklich nicht erwünscht. Meinungsäußerungen oder Vorstellungen, die sich hingegen im Gespräch als klar falsch oder mangelhaft erweisen, werden nicht übergangen, sondern auch interessiert zur

Kenntnis genommen. Sie geben Aufschluss darüber, wo der Einzelne in seinen Überlegungen steht; außerdem kann die Klärung der Frage, wo genau der Denkfehler liegt oder inwiefern der Ausgangspunkt der Überlegung falsch war, dazu beitragen, das ganze Spektrum möglicher Überlegungen zu durchleuchten und zu klareren Einsichten zu gelangen.

Das Anliegen der Wissenschaftlerinnen mit dieser pädagogisch geleiteten Dialogkultur ist es, mit den Schülern gemeinsam einen Unterricht gestalten zu können, an dem alle beginnen, teilhaben zu wollen und dadurch ein Lernprozess ermöglicht wird, der das Niveau der Auseinandersetzung wesentlich erhöht. Dies manifestiert sich auch in der bestechenden Formel: a *teacher-led, but student-owned* process[51]. Dieser Vorgang des gemeinsamen Nachdenkens soll letztendlich zu sorgfältig entwickelten, auf solidem Sachwissen aufbauenden Folgerungen, Lösungen oder Erklärungen führen.

Schlussendlich äußern die Autorinnen ihre Überzeugung, eine solche Gesprächskultur benachteilige niemanden, auch nicht die zunächst scheueren oder schwächeren Schüler – ein häufig angeführtes Argument von Menschen, denen es schwerfällt, sich mündlich ins Unterrichtsgespräch einzubringen. Resnick und ihre Kolleginnen sind der Meinung, Mitreden können alle lernen, zumal ausdrücklich die Gewandtheit beim Sprechen ebenso wenig eine Rolle spiele wie die Frage, ob eine Stellungnahme zutreffend ist oder nicht. Wesentlich ist vielmehr, dass die Entwicklung des Dialogs im Klassenzimmer dadurch zunehmend gelingt, dass alle lernen, ihre Gedanken nicht für sich zu behalten, sondern diese der Klasse zunehmend offen mitzuteilen.

Ein nicht unbedeutender Aspekt ist allerdings dabei, dass diese Zielsetzung je nach Zusammensetzung der Klassen nicht immer ohne Weiteres zu erreichen ist, was aber von den Forscherinnen in der genannten Schrift nicht genauer thematisiert wird. Sehr entscheidend wird bei jeder Art der Klassendynamik sein, inwiefern es gelingt, eine respektvolle Atmosphäre im Unterrichtsverlauf zu schaffen, sodass es auch den scheuen bzw. unsicheren Schülern ermöglicht wird, ihre bisherigen Hemmungen Schritt für Schritt abbauen und schlussendlich überwinden zu können. Es wird immer wieder im Zusammenhang mit dem dialogischen Lernen darauf hingewiesen, dass die Art, sich am Gespräch zu beteiligen, *äußerst* vielfältig sein kann, zumal Fragen sowie mitgeteilte Zweifel oder Unklarheiten ebenso dazu gehören wie andere Formen der Beteiligung. Es brauche sozusagen den Wunsch bzw. die Neugierde aller Schüler am echten Austausch gegenseitiger Ideen sowie ein Bemühen darum, das anzustreben, was die Autorinnen als „Socializ-

---

51 Ein von der Lehrperson geführter, aber von den Schülerinnen und Schüler angeeigneter Prozess.

ing Intelligence“ bezeichnen. Was sie genau darunter versteht, beschreibt Lauren Resnick in einem Videobeitrag so:

> „Ich lade Sie ein, an einer Revolution teilzunehmen, bei der es darum geht, wie Menschen Dinge verstehen können und klüger werden. Man dachte lange Zeit, dass die Menschen entweder gescheit oder dumm geboren werden und dass man daran nicht viel ändern kann. Nun, wir wissen, dass Intelligenz allmählich aufgebaut wird, dies vor allem durch das Gespräch mit anderen. Wir dachten früher, Intelligenz sei etwas Privates, das ausschliesslich im Kopf eines Menschen stattfinde. Nun wissen wir, dass auch dies nicht zutrifft. Wir wissen jetzt, dass die Menschen laufend Wissen aufbauen. Sie schaffen Wissen gemeinsam und indem sie dies tun, werden sie gemeinsam klüger. Sogar wenn wir glauben, wir würden allein lernen, z. B. wenn wir ein Buch lesen, führen wir in Wirklichkeit ein Gespräch mit dem Autor: Was kenne ich bereits, das vergleichbar ist? Bin ich mit dem Autor nicht einverstanden? Warum? Indem wir solche Fragen erörtern, werden wir klüger. Wir entwickeln Intelligenz, mehr Wissen und mehr Möglichkeiten, uns dieses Wissen anzueignen. Wir wissen, dass Menschen durch das Gespräch intelligenter werden. Dieser Lehrgang befasst sich mit einem neuen Verständnis über das Wesen der Intelligenz. Es geht auch darum, wie man „Accountable Talk“ nutzen kann, um anderen beim Lernen zu helfen und sein eigenes Lernen zu verbessern“ (Resnick, 9.10.2014) [Übers. v. Verf.].

Socializing Intelligence bedeutet also den Vorgang, dass durch Gespräche und Diskussionen, die einem strukturierten Aufbau folgen bzw. dementsprechend geführt werden, gemeinsam Intelligenz, Denken und Wissen geschaffen bzw. erhöht werden können. Resnick unterstreicht ausdrücklich, dass dies überall möglich ist, wenn Menschen sich zusammentun und miteinander im Gespräch in einer strukturierten bzw. systematisch-zielgerichteten Weise Probleme diskutieren und zu lösen versuchen.

Die Revolution, von der sie spricht, beinhaltet die Abwendung vom alten Intelligenzparadigma, wonach Intelligenz eine unabänderliche, von Individuum zu Individuum unterschiedliche Eigenschaft des Menschen ist, hin zu der Erkenntnis, dass Lernen ein sozialer Vorgang ist und Intelligenz vorwiegend durch interaktive Prozesse geschaffen bzw. optimiert wird. Alle, die aktiv am gemeinsamen Gespräch und somit Lernprozess beteiligt sind, können davon profitieren. Allerdings wird davon ausgegangen, dass die Zugänge zu den neuen Einsichten und der Profit, der daraus gezogen wird, unterschiedlich sein können – je nach Vorbildung bzw. Vorkenntnissen und nach Motivation, sich damit zu beschäftigen. Hier erhält die Integrationsfrage ihre Relevanz, indem auch Schüler mit Beeinträchtigungen beim gemeinsamen, strukturierten Dialog teilnehmen können, soweit sie dem Gespräch folgen können, selbst wenn sie zu Beginn noch weit davon entfernt sein können, sich selbst einzubringen.

Auch empirisch lässt sich der kollektive Lernerfolg zeigen. So berichtet Resnick am Ende ihrer Stellungnahme von Studien mit Schülern eines Bezirks von Massachusetts, die ursprünglich die schlechtesten Testergebnisse von allen ausgewiesen hatten. Diese Schüler seien daraufhin im Fach Rechnen mit Accountable Talk unterrichtet worden. Drei Jahre später hätten dieselben Schüler bei den Mathematiktests zu denjenigen Schülern mit Spitzenergebnissen gehört. Man habe bei ihnen sogar einen Transfereffekt auf ihre Testergebnisse im Fach Englisch feststellen können. Resnick erwähnt eine weitere, noch größere Studie, die in England durchgeführt wurde. In diesem Fall hätten elf- bis vierzehnjährige Schüler das Fach Naturwissenschaften in einigen ihrer Lektionen mithilfe strukturierter Diskussionsmethoden gelernt. Drei Jahre später seien deren Testergebnisse bei den nationalen Prüfungen Großbritanniens in allen drei Fächern Englisch, Mathematik und Naturwissenschaften höher gewesen als diejenigen der Kontrollgruppen. Weitere Studien zeigen, dass Schüler, die generell mittels strukturierter Diskussionen lernten, gesamthaft gesteigerte Intelligenztestwerte haben (Resnick, 9.10.2014).

4.4.3.2 Eigene Erprobung des Accountable Talk

Angeregt durch die Lektüre dieser Schrift der drei Forscherinnen habe ich Accountable Talk mit drei meiner Abiturientenklassen umgesetzt. Da ich meinen Unterricht ohnehin zu einem hohen Prozentanteil in Form von Gesprächen und Diskussionen führe, war die Umstellung nicht sehr aufwendig. Neu war vor allem, dass ich eine gute Theoriegrundlage in Händen hielt, um mit den Abiturienten die Besonderheiten dieser Art der Unterrichtsgestaltung zu studieren, darüber zu reflektieren und sie somit auch für die Durchführung mit in die Verantwortung einzubeziehen.

Es ist vorab festzuhalten, dass die drei Klassen in ihrer sozialen Dynamik sich erheblich voneinander unterschieden. Eine Klasse war ausgesprochen munteraufgeräumt und ließ sich jederzeit für ein engagiertes Gespräch gewinnen. In einer weiteren Klasse gab es einige junge Frauen und Männer, die sich gerne äußerten, während andere eher zurückhaltend waren und zögerten, sich spontan einzubringen. Bei dieser Klasse gelang es über das erste Semester hinweg, einige der eher Verhaltenen gelegentlich zu mehr unaufgeforderter Beteiligung beim Accountable Talk zu gewinnen, was der konstruktiven Dynamik in der Klasse sehr zugute kam. Die dritte Klasse, in der ich Accountable Talk häufig zur Anwendung brachte, erwies sich insgesamt als ein etwas „harter Brocken“, der über das ganze Schuljahr hinweg nicht vollends „gelockert“ werden konnte. Im Unterschied zu den beiden anderen Klassen war diese dritte Klasse aus einigen Abiturienten aus drei verschiedenen Klassen zusammengesetzt[52], eine Zusammensetzung, die nur in meinem Fach gegeben war.

In der abschließenden Evaluation wurden die Schüler auf ihre Erfahrungen mit Accountable Talk hin befragt. Die Aussagen der Maturanden, die im Folgenden dargelegt werden, sind ihre Antworten auf die Fragen: *Haben Sie den Eindruck, dass die Bemühungen um einen dialogischen Unterricht (Accountable Talk) Ihnen etwas gebracht haben? Wenn ja, in welcher Hinsicht?*

Alle Stellungnahmen hier aufzuführen, würde den Rahmen sprechen. Es werden deshalb vorwiegend diejenigen Antworten wörtlich wiedergegeben, welche die förderliche Wirkungsweise des Accountable Talk für das Mitdenken, Sich-Äußern, das gegenseitige Sich-Anregen, für die Erweiterung des persönlichen Horizonts etc. zum Ausdruck bringen. Gesamthaft kann gesagt werden, dass der größere Teil der drei Klassen ausschließlich Positives zu berichten hatte. Einige äußerten sich grundsätzlich ähnlich, erwähnten aber auch explizit einige Schwierigkeiten, die sie hatten, insbesondere zu Beginn. Lediglich bei zwei Abiturientinnen waren die positiven Kommentare verbunden mit etwas einschränkenden kritischen Anmerkungen, die einen gewissen sozialen Druck problematisierten, dem aus ihrer Sicht die eher scheuen Abiturienten ausgesetzt gewesen seien. Die besonders interessanten Sätze innerhalb der Stellungnahmen – bezüglich gemeinschaftlichen Lernens – oder kritische Anmerkungen sind kursiv hervorgehoben. Falls Namen in den Äußerungen vorkommen, handelt es sich um Pseudonyme.

Die Aussagen der Abiturienten sind selbstverständlich nicht repräsentativ, zumal es sich nicht um eine systematisch durchgeführte Untersuchung des Accountable Talk im Vergleich mit einer Kontrollgruppe handelt. Dennoch sind viele der Aussagen interessant und aufschlussreich.

a) Die positiven Stimmen

„Ja, ich denke der dialogische Unterricht hat mir sehr viel gebracht. Ich habe zuvor noch nie den Unterricht auf solche Art und Weise erlebt. *Es war sehr ungewohnt, nicht zu strecken und quasi seine Gedanken einfach laut auszusprechen.* Dies

52 Das Fach Pädagogik/Psychologie wird nicht in allen Schweizer Gymnasien geführt. Dort, wo dies der Fall ist, handelt es sich um ein „Ergänzungsfach“, das die angehenden Abiturienten wählen können, zumeist im letzten Schuljahr vor dem Abitur; deshalb die gemischte Zusammensetzung aus verschiedenen Klassen.

war vor allem für mich persönlich eine Herausforderung, weil ich jemand bin, die sehr viel einfach gedanklich dabei ist. *Ich finde es aber äußerst wichtig, seine Gedanken auch auszusprechen und nicht für sich zu behalten, aus Angst andere würden einen vielleicht verurteilen. So habe ich definitiv an Selbstbewusstsein gewonnen und gelernt, mich nicht zu schämen für das, was ich denke und sage.* Ich kann mir sehr gut vorstellen, wenn ich einmal Sekundarlehrerin bin, diese Unterrichtsmethode auch anzuwenden. *Mir gefällt, dass die Schüler viel aktiver dabei sein können und den Unterricht mitgestalten. Meiner Meinung nach kann man die Schüler so schnell „abholen" und der Unterricht kann mehr auf Augenhöhe zwischen Lehrer und Schüler stattfinden.*"

„*Ja sehr viel, da ich diese Methode sehr genossen habe! Fredi, Frank, Marc und ich haben diese Art des Lernens für viele Fächer übernommen und uns teilweise nur so auf Prüfungen vorbereitet.*"

„Ich kannte diese Form von Unterricht zuvor nicht, da diese in anderen Fächern nicht angewendet wird und auch in der obligatorischen Schulzeit oder während der Berufsschule nie angewendet wurde. Ich fand es schön zu sehen, dass diese Unterrichtsform mit der Zeit immer besser klappte, sich auch immer mehr beteiligten und diese Form in diesem Fach zur Normalität geworden ist. Es hat mir definitiv etwas gebracht, denn durch diesen dialogischen Unterricht *hatte jeder die Chance seine Gedanken mitzuteilen und nicht nur, wenn die Lehrperson einem dafür auswählte. Durch verschiedene Ansichten der einzelnen Mitschüler gab es jeweils anregende Gespräche.*"

„Auf jeden Fall, ich konnte mich selber weiterentwickeln, im Sinne von, dass ich nicht mehr einfach so im Schulzimmer sitze (wie in der Berufsschule) und den Lehrern zuhöre, sondern *dass ich auch selber viel mehr mitgedacht habe und mich mehr am Unterricht beteiligt habe.* Das war ich bis am Anfang der Berufsabiturschule nicht gewohnt. *Extrem spannend waren die Gedanken der Mitschüler und dass man miteinander diskutieren konnte. Für mich war das am Anfang eine neue Welt.*"

„*Das aktive Mitdenken und die genauen Besprechungen im Plenum waren für mich eine sehr angenehme Erfahrung.* Ich habe es sehr geschätzt, dass der Unterricht von Ihnen sehr facettenreich gestaltet wurde und wir auch immer unseren Beitrag mit unseren Überlegungen und Fragen beisteuern konnten. Da ich keine sehr aktiv mitmachende Persönlichkeit bin, wie Sie vielleicht auch gemerkt haben, habe ich jedoch trotzdem das Gefühl, *dass ich sehr viel von den Diskussionen und Gesprächen aufschnappen konnte.*"

„*Anfangs Berufsmaturajahr fiel es mir beispielsweise noch um vieles schwerer, mich im Unterricht einfach zu äußern. Ich konnte zwar immer noch nicht einfach frei meine Gedanken der gesamten Klasse äußern, doch teilweise gelang es mir dann doch. Die Fä-*

higkeit, die eigenen Standpunkte vor der Klasse zu begründen, gelang mir mit der Zeit auch immer besser."

„*In Ihrem Unterricht wurde mir bewusst, wie wichtig es ist, sich mit anspruchsvollen Fragen zu befassen, über unbekannte Arten von Problemen zu rätseln, komplexe Texte interpretieren zu können und dabei die Fähigkeit zu haben, die eigenen Standpunkte vor der Klasse zu begründen.*"

„*Ja, sehr. So konnte ich mir selbst komplexe Themen besser einprägen.* Die Art des Accountable Talk finde ich eine gute Art zu kommunizieren, und ich würde mir wünschen, dass dies viel mehr Menschen früher lernen. *Ich fand die Art, wie Sie unterrichtet haben, inspirierend. Insbesondere wie Sie versucht haben, alle in den Unterricht einzubeziehen und immer auf eine Art, die ermutigend war.*"

„*Ja, weil ich gelernt habe, mehr auf das von der Person gegenüber einzugehen. Außerdem habe ich gesehen, wie man in der Gemeinschaft und durch eine strukturierte Diskussion gemeinsam auf Lösungen/Ideen kommt.* Auch habe ich durch den Sozialwissenschaftsunterricht gelernt, nicht nur auf meine Meinung zu setzen, sondern mehr auf die Gegenseite einzugehen. *Das ‚verantwortliche Gespräch' habe ich als sehr angenehm empfunden.*"

„*Sehr, vor allem da dieser Stil nirgends sonst im Unterricht vorkommt. Sorgt für Abwechslung und macht wirklich Spaß mit den anderen Schülern relativ natürlich zu diskutieren. Die wichtigste Erfahrung im Unterricht war für mich die Atmosphäre und die Art, wie wir gelernt haben. Ich denke wir haben trotz oder eben gerade durch Diskussion und einem lebendigen Unterrichtsverhältnis sehr viel gelernt.*"

„*Ich habe gemerkt, wie ich am Anfang viel mehr Mühe hatte, mich im Unterricht zu integrieren und meine Ansichten zu teilen.* Ich finde jedoch, Sie haben uns immer wieder dazu aufgefordert und *so habe ich gelernt mich ebenfalls zu beteiligen und die Sachen auszusprechen, welche ich vorher nur gedacht habe, weil ich dachte, dass es niemand interessiert.*"

„Ja, ich glaube es wäre außerordentlich gut, wenn alle Lernenden diese Tipps anwenden würden. *Durch die Anwendung des ‚Accountable Talk' hören sich die Lernenden besser zu und knüpfen auch gleich an die Ideen der anderen Schüler an. Dadurch fördert man ja nicht nur das fachliche Wissen, sondern auch den Umgang mit anderen Menschen.* Jedoch glaube ich, dass die Lehrer dialogischen Unterricht bei den Schülern bereits früher anwenden sollten, denn er bringt ganz sicher Vorteile für die Lernenden."

„*Ich finde eigentlich den dialogischen Unterricht sehr hilfreich. Es ist abwechslungsreich, wenn nicht nur der Lehrer spricht, sondern auch die Schüler involviert werden. Es ist spannend, die Meinungen von den anderen zu hören und mit seinen eigenen zu vergleichen.*"

„Diese Unterrichtsform war mir zuvor völlig unbekannt. Die Erfahrungen, die ich dank und über Accountable Talk lernen durfte, sind für mich sehr wertvoll. *Mit Hilfe dieser Unterrichtsform fiel es mir leichter, Themen zu verstehen, da es mit den angeregten Diskussionen verschiedenste Blickwinkel und Betrachtungsweisen gab, welche ich bis dahin nicht in Betracht zog, nun jedoch auch in meine Überlegungen miteinfließen lassen kann. Die Fähigkeiten, die man aus dieser Unterrichtsform lernt, wie z.B. das Sortieren und Formulieren von Gedanken, sind für mich sehr wichtig und ich bin dankbar, dass ich die Gelegenheit hatte, diese zu erlernen, da ich zuvor nicht wusste, wie oder wo man dies erlernen kann.*"

„Es machte Spaß, sich mit den anderen auseinanderzusetzen und so gemeinsam auf eine Lösung zu kommen. Ich finde, diese Art von Unterricht war sehr hilfreich, um sich auch in anderen Fächern mehr mitzuteilen und es hat das Ganze auch ein wenig aufgelockert. Man hat gelernt, sich besser auszudrücken und seine Gedanken offen auszusprechen. Ich denke also, es hat nicht nur für die Gestaltung des Unterrichts etwas gebracht, sondern auch uns persönlich, um sich ein wenig mehr zu öffnen und zu merken, dass jede Meinung zählt und dass jeder Gedanke wichtig ist."

b) Auswertung – Überzeugendes und Schwieriges

Unterschiede zum sonstigen Unterricht

Alle Maturanden aus den drei Klassen betonen, der Unterricht mit Accountable Talk unterscheide sich stark vom üblichen Unterricht. Vieles sei ungewohnt, beispielsweise die Tatsache, dass der Lehrer nicht alles „vorgibt", dass man als Schüler nicht die Hand heben muss, sondern sich spontan äußern soll und sich dabei mit den anderen hinsichtlich der Reihenfolge abstimmen muss. Bemerkt wird auch, dass die Stilleren unter ihnen ausdrücklich mit eingeladen werden, sich spontan und möglichst viel am Gespräch zu beteiligen. In den Zeilen der Letzteren kommt bei den meisten zum Ausdruck, dass sie diesen Mitbeteiligungsanspruch mehrheitlich als einladende Aufforderung empfunden haben, sich im Mitsprechen zu üben und sich langsam auf den Weg zu machen, zu lernen, sich trotz der innerlichen Barriere einzubringen. Insgesamt empfanden die meisten den Unterricht auf diese Weise verglichen mit sonstigen Erfahrungen in der Schule als bereichernd und abwechslungsreich. Dennoch darf nicht übersehen werden, dass die innerliche Hürde, die überwunden werden muss, von Schüler zu Schüler unterschiedlich hoch ist. Um dem vorzubeugen, wurde der Wunsch geäußert, es sollte früher in der Schule mit solchen Unterrichtssequenzen begonnen werden.

Aktivität der Lehrperson

Resnick und ihre Kolleginnen betonen beim Accountable Talk die Notwendigkeit gezielter Lehrerinterventionen zur Strukturierung des Gesprächs. Die Äußerungen der Klassen bestätigen, dass sich der Lehrer bei dieser Unterrichtsgestaltung teilweise relativ stark strukturierend einbringt. Offensichtlich wird dies geschätzt und bringt die Betreffenden nicht zum Verstummen. Die Klassenführung wird positiv beurteilt, weil sie es allen erleichtere, sich spontan am Unterricht und dessen Verlauf zu beteiligen. Jemand spricht von einem „inspirierenden" Unterricht, der es schaffe, alle mit einzubeziehen, indem er ermutigend auf die Klasse einwirke. Allerdings bemerkt eine Maturandin ergänzend zu ihrem ansonsten positiven Kommentar, sie hätte es begrüßt, wenn die Lehrperson gelegentlich „eine direkte Antwort" gegeben hätte. Dieser Wunsch ist nachvollziehbar, zumal der Verlauf eines Accountable Talk trotz klarer Strukturierung des dialogischen Lernprozesses nicht immer so rasch eindeutige Ergebnisse liefert. Diesem Bedürfnis muss sicherlich auf Seiten des Lehrers genügend Rechnung getragen werden.

Aktivität der Schüler

Eine der zentralen Anliegen des Accountable Talk ist die Aktivierung der Schüler. Dies ist den Abiturienten durchweg positiv aufgefallen und in ihren Aussagen häufig erwähnt worden. Viele beschreiben die eigenen Schritte zu aktiverer Mitwirkung im Unterricht, freuen sich aber auch daran, solche Entwicklungen bei ihren Schulkameraden mitzuerleben. Offensichtlich regt das Mutiger-Werden und das Sich-Exponieren mit seinen Gedanken gegenseitig an. Möglicherweise hängt einiges auch davon ab, inwieweit es der Lehrperson gelingt, die Klasse an der Unterrichtsgestaltung direkt mitwirken zu lassen und alle so weit ermutigen zu können, dass sie sich auch ohne Aufruf, also ganz aus eigenem Antrieb, einbringen wollen. Eine Abiturientin liefert eine psychologisch interessante Beschreibung dessen, was ihrer Meinung nach die Schüleraktivität gestärkt habe: Durch die Unterrichtsgestaltung hätten sich alle mehr auf Augenhöhe mit dem Lehrer gefühlt. Dies ist wohl so zu verstehen, dass die jungen Erwachsenen sich vom Lehrer in ihrer Meinung bzw. mit ihren Überlegungen und Argumentationen als gleichwertige Partner ernstgenommen fühlten. Dies ist nicht als Widerspruch dessen zu verstehen, dass sie den Lehrer als Fachautorität selbstverständlich dennoch anerkennen und schätzen.

Ein Aspekt, der im Zusammenhang mit der Eigenaktivität der Klasse auch immer wieder betont wird, ist der Anregungsreichtum, der aufgrund des lauten Denkens oder anders gesagt, des „visible thinking"[53] entsteht, wenn die Lehrperson

53 Das sichtbare Denken

die Sprechenden dazu bringt, ihre Standpunkte und Ansichten zu begründen und nicht nur bei der reinen Meinungsäußerung zu bleiben. Zugleich ist den Aussagen einiger Abiturientinnen zu entnehmen, für sie, die etwas zögerlichen, unsicheren Schüler, die sich ungern exponieren mögen, ist diese Gesprächskultur sehr anspruchsvoll. Ihnen gelingt es laut ihren Beschreibungen häufiger nicht richtig, „ins Gespräch reinzufinden“, weil sie inhaltlich mangels Spontanität stets etwas „hinterherhinken“ und der thematische Schwerpunkt sich häufiger verlagere. Einige gaben unumwunden zu, dass es ihnen sehr schwerfalle, sich im Plenum zu äußern und das Gespräch im kleinen Rahmen vorziehen würden.

Die psychologischen Implikationen des dialogischen Lernens

„Socializing Intelligence“ als Ziel des dialogischen Lernens ermöglicht zum einen eine konzentrierte kooperative Zusammenarbeit mit einem gemeinsamen Ziel, wirkt zum anderen stärkend auf alle Mitglieder der Klasse bzw. Lerngemeinschaft, da die damit verbundene Auseinandersetzung allen zu einem spürbaren Lernfortschritt verhilft. Verschiedene Kommentare der Abiturienten scheinen dies sehr konkret zu bestätigen. Zunächst wird mehrfach verdeutlicht, welch emotional aufbauende Wirkung das Erlebnis nach sich zieht, wenn man in einer Gemeinschaft mit seiner Meinung ernst genommen wird. Alle machen die Erfahrung, dass praktisch jede Aussage gehört wird, indem sie im Dialog aufgegriffen und darauf Bezug genommen wird.

Einige berichten mit Verweis auf diese Erfahrung, dass dies ihr Selbstwertgefühl gestärkt und ihnen ermöglicht habe, ihre Scham bzw. ihre Hemmungen ablegen zu können. Es sei ihnen gelungen, sich frei zu äußern und sich zugleich gegenseitig besser zuzuhören. Dies habe sowohl dem gemeinsamen inhaltlichen Lernfortschritt sehr geholfen als auch ihrem Umgang miteinander.

Verschiedene Schüler äußern ihr Erstaunen darüber, dass der dialogische Unterricht das Lernen wirklich nachhaltig voranbringen kann und man damit gar zu „echten Lösungen“ gelangt, also im Lernen viel profitiert. Sie scheinen dies offensichtlich nicht erwartet zu haben. Einige liefern dazu eine Erklärung, wenn sie zum Ausdruck bringen, die produktive Zusammenarbeit habe mit der „ausgezeichneten Atmosphäre“ zu tun. Nicht alle haben dies allerdings gleich empfunden. Eine Abiturientin aus der zusammengesetzten Klasse äußerte die Überzeugung, dass es ihr in ihrer vertrauten Stammklasse leichter fallen würde, sich nach Maßgabe des Accountable Talk einzubringen.[54]

54 Die betreffende Klasse war ausschließlich in meinem Fach für 4–5 Stunden pro Woche als sogenanntes Ergänzungsfach so zusammengesetzt.

Bedeutung des Kompetenzerwerbs

Einige der sozialen Eigenschaften, die mit dieser Unterrichtsform erworben werden können, wurden bereits erwähnt: die Fähigkeit, einander wirklich aufmerksam zuhören zu können sowie der Mut, sich spontan mit seinen möglicherweise noch wenig ausgegorenen Gedanken zu äußern. Hinzu kommen Elemente wie die Kompetenz, den eigenen Standpunkt vor der Klasse darlegen und begründen zu können, sowie die Kompetenz, sich präzise und verständlich auszudrücken und auf andere einzugehen. Das wachsende Interesse an den Gedanken der Klassenkameraden, also die wache Bezogenheit aufeinander, gehört dabei zu den besonders wertvollen Phänomenen, die wesentlich auch mit dem Gemeinschaftserlebnis zu tun haben.

Eine weitere Entdeckung, die verschiedentlich beschrieben wird, ist der persönliche, eigentlich intellektuelle Gewinn, der sich aus der gemeinsamen Auseinandersetzung mit komplexen Inhalten ergebe. Eine andere Art Gewinn hat sich für einige der jungen Männer dadurch ergeben, dass sie ihre positiven Erfahrungen mit Accountable Talk oder jedenfalls wesentliche Elemente davon in anderen Lernsituationen anwandten, das heißt, sie haben andere Möglichkeiten gefunden, miteinander dialogisch lernen zu können.

Integration

Es darf angenommen werden, dass bei einer wirklich gelungenen Umsetzung des Accountable Talk gute Bedingungen geschaffen werden können, sodass auch unsichere und/oder schwache Kinder und Jugendliche in der Schule in der Lerngemeinschaft mitwirken und mithalten können. Die wohlwollende, an allen Meinungen interessierte Haltung, die weniger an der guten Leistung bzw. der korrekten Antwort als am offenen Dialog interessiert ist, hat das Potenzial, die Versagensangst oder die Befürchtung, sich lächerlich zu machen, stark zu reduzieren und somit den Weg freizumachen für Wagnisse, sich persönlich zu exponieren. In den Worten der Abiturienten wird diese Option so ausgedrückt, jeder habe ja die Chance, sich einzubringen – auch ohne dazu aufgerufen zu werden – und könne mit seinen persönlichen Gedanken ohne Weiteres wichtige Denkanstöße für den Fortgang des Gesprächs geben.

Ein nicht zu unterschätzender Beitrag zur integrierenden Wirkung des Accountable Talk besteht ganz offensichtlich darin, dass diese Art des gemeinsamen Erarbeitens mit der pädagogischen Überzeugung verbunden ist, dass Intelligenz nicht als isoliertes Gut abgeschlossen in einzelnen Gehirnen von Schülern gehortet ist. Man lernt vielmehr, dass die Intelligenz der einzelnen Schüler einer Klasse durch die intensive geistige Kooperation mit Accountable Talk bei allen Beteiligten zwangsläufig eine Erweiterung erfährt. Durch diese für alle spürbare Überzeugung, im Verband (im „Schwarm") entwickle sich das intellektuelle Niveau von allen klar weiter, wirkt zweifellos auf alle sehr motivierend.

Gesamthaft ist das Echo, das die drei Klassen zu ihren Erfahrungen mit Accountable Talk gaben, so positiv, dass sich die Erfahrungen und Erwartungen von Resnick und ihre Kolleginnen ohne Einschränkung bestätigen lassen.

4.4.3.3 Socializing Intelligence durch dialogisches Lehren

Accountable Talk ist eine ausgereifte unterrichtliche Methode, wie durch dialogisches Lernen gemeinsam fruchtbar gelernt und dabei das Reflexionsvermögen und die Wissensbildung aller Beteiligter erweitert werden kann. Dieser Ansatz erhielt deutlichen Auftrieb, als 2011 an der Universität Pittsburgh, an der Lauren Resnick tätig ist, eine große internationale wissenschaftliche Konferenz mit Unterstützung der *American Educational Research Association* durchgeführt wurde. Das eigentliche Anliegen dieses Kongresses war es, die verschiedenen Forschungsbemühungen zum dialogischen Lernen weltweit miteinander ins Gespräch zu bringen. Das Echo auf die Einladung und das angekündigte Thema, nämlich die Bedeutung von Klassengesprächen und sozialen Interaktionen für schulisches Lernen, war sehr groß. 2015 wurden in einem umfassenden Kongressband sämtliche Beiträge sowie ein Teil der stattgefundenen Diskussionen veröffentlicht (Resnick, Asterhan & Clarke, 2015).

In der Einführung zum Kongressband erklären die Herausgeberinnen die große Resonanz damit, dass diese wissenschaftliche Konferenz vor dem Hintergrund grundlegender Veränderungen in der Theorie wissenschaftlicher Disziplinen stattfand, die sich mit Forschungsfragen in Schule und Bildung beschäftigen. Zentral sei dabei die breit geteilte Ansicht, die Erarbeitung von Wissen finde grundlegend mit Vorteil durch soziale Interaktion statt, wobei nicht in allen Fragen der konkreten Umsetzung und der entscheidenden Wirkfaktoren ein absoluter Konsens gefunden wurde (Resnick et al., 2015). Einig war man sich laut den Herausgeberinnen darin, dass der Dialog grundsätzlich eine privilegierte Form des Lernens bzw. Unterrichts sei, sowie darin, dass das Unterrichtsgespräch eine klare Orchestrierung durch die Lehrperson erfordere. Die referierte Forschung bezog sich auf unterschiedliche Altersstufen, Fachbereiche oder auch Aspekte der Wirksamkeit verschiedener Maßnahmen oder Interventionsformen durch den Lehrer. Auch Erfahrungen und Fragen hinsichtlich der Ausbildung von Lehrern im dialogischen Lehren sowie hinsichtlich der Bereitschaft bei den Schülern, sich auf das laute Denken einzulassen, wurden zur Diskussion gestellt. Im abschließenden

Kapitel bilanziert Lauren B. Resnick zusammen mit einer Kollegin die Einsichten dieses Kongresses optimistisch:

> „Wir haben nun den empirischen Beweis, dass strukturierte Diskussionen, die auf spezifische Wissens- bzw. Fachbereiche fokussieren, basierend auf standardisierten Regeln des Argumentierens, dauerhafte Lernerfolge hervorbringen können, die weit über die aktuell diskutierten Themen hinausreichen. Jüngste Zeugnisse aus mehreren Ländern belegen, dass unter bestimmten Bedingungen sogar der ‚weite' Transfer von einem akademischen Fachbereich zum anderen möglich ist. Anders ausgedrückt: Schüler, die in einem Bereich eines schulischen Fachs durch Gespräch lernen, können neue Einsichten und Konzepte in einem anderen Fach leichter erlernen" (Resnick et al., 2015, S. 441) [Übers. v. Verf.].

Zukünftige Forschung müsse noch erweisen, meint Resnick, weshalb Formen der gesprächsgestützten Instruktion das Denken nachhaltig entwickeln können. Sie und ihre Forschungskollegen haben drei Hypothesen dazu vorgeschlagen (Resnick et al., 2015, S. 444):

a. Denkbar sei, dass Lernende befähigt würden, so überzeugend zu argumentieren, dass sie diese Fähigkeit auch in anderen Zusammenhängen und Fachbereichen zu Anwendung bringen könnten. Die Ansprüche des faktengestützten, einer nachvollziehbaren Logik folgenden und respektvollen Argumentierens bei Accountable Talk setzen ein hohes Reflexionsniveau voraus. Es ist evident, dass die damit einhergehende Notwendigkeit, sich konzentriert und fokussiert zum Gesprächsprozess Gedanken zu machen und diese einzubringen, eine Schulung des Denkens und aktiven Argumentierens beinhaltet. Dies wird durch die Aussage eines Berufsabiturienten bestätigt, der explizit die Übertragung der positiven Erfahrung auf andere Lernsituationen mit seinen Kollegen beschrieben hat.
b. Da die Lernenden im unterrichtlichen Dialog als Denkende sehr ernst genommen werden, entwickle sich daraus für alle eine wachsende positive Selbsteinschätzung in Bezug auf die eigenen intellektuellen Fähigkeiten. Dies animiere bzw. motiviere sie dazu, weitere Lerngelegenheiten gerne zu nutzen. Der Glaube an seine Fähigkeiten, im Dialog neben den Kolleginnen und Kollegen bestehen zu können und mit seinen Beiträgen Gehör zu finden, hat natürlich einen großen Einfluss auf die Spontanität und das Lernvermögen jedes einzelnen Lernenden. Auch diese Hypothese lässt sich durch einige Aussagen aus den Abitursklassen bestätigen. Darin wurde z. B. die Entdeckung beschrieben, dass es sehr gewinnbringend sei, sich auf diese Weise mit anspruchsvollen Texten und Aufgabenstellungen zu befassen.

c. Möglich sei auch, dass Lernende mit Erfahrungen im dialogischen Lernen sich mit einer Kultur des argumentativen Gesprächs identifizieren und sich deshalb spontan gerne laut denkend am Dialog beteiligen würdigen, statt wie üblich auf die „korrekte“ Antwort auf die Frage des Lehrenden fixiert zu sein sowie auf eine tadellose Formulierung. Das eigene Nachdenken und Begründen ist ja aus Sicht dieser Dialogkultur deutlich höher bewertet als bei einer Meinungsäußerung auf die „korrekte“ Ausdrucksweise zu achten; dies eröffnet den Lernenden einen ungezwungenen gedanklichen „Spielraum“ für das spontane Fassen eigener Gedanken.

Ein großer Anteil der Aussagen der Abiturienten bestätigen diese Hypothesen. Sie sprechen davon, die Dialogkultur habe ihnen nicht nur zugesagt, sondern auch den Eindruck vermittelt, sie würden wirkungsvoll dabei lernen. Es hat eher wenige gestört, dass die Klärung, welches nun die Lösung bzw. richtige Antwort bei einer Fragestellung war, nicht immer sogleich möglich wurde; manchmal dauerte dies länger und ließ je nach Fach auch einen gewissen Interpretationsspielraum.

In ihrer Bilanz zur bisherigen Forschung zum Thema „Socializing intelligence through academic talk and dialogue“ schreibt Resnick, die Teilnahme und Erfahrung an dialogischen Klassengesprächen könne sehr viel dazu beitragen, dass die Schüler eine andere Sicht von sich selbst als Lernende erhalten. Dies werde v.a. dadurch begünstigt, dass sie viel Gelegenheit haben, Überlegungen anzustellen und ihre Gedanken äußern zu können. Die Schüler würden eben als reflektierende und logisch denkende Menschen behandelt.

4.4.4 Unterricht im Kollektiv, Dialog und Förderung des Gemeinsinns – eine Zusammenschau

Das Beispiel der Schulklasse im Film „Etre et Avoir“ sowie das Fallbespiel mit Max haben konkret veranschaulicht, was in den Gesprächen mit meinen ehemaligen Abiturienten bestätigt wurde: Die Beziehungen unter den Schülern sowie die Atmosphäre in der Klassengemeinschaft sind für das Wohlbefinden der Schüler sehr wichtig. Je mehr das Klima in einer Schulklasse freundschaftlich-kooperativ geprägt ist, desto besser sind die Voraussetzungen für alle, ruhig und konzentriert lernen zu können. Diese wichtige Erkenntnis war einer der Anlässe, die Bedeutung der Klassengemeinschaft bzw. des gemeinsamen Lernens als Kollektiv vertiefter unter die Lupe zu nehmen. Auch wenn der aktuelle Trend in deutschsprachigen Schulen nicht auf gemeinsames Lernen fokussiert ist, kann niemand ignorieren, dass es im Unterricht um die „gemeinsame Welt“ geht und nicht darum, jedem Schüler zu überlassen, sich alleine (in einer Art eigenen Welt) mit Themen und Aktivitäten zu beschäftigen. Schule hat die Aufgabe, den Zugang zu den inhaltlichen Elementen der Kultur zu eröffnen, zum Verständnis des geistigen Milieus, in dem der Schüler ohne bisherige vertiefte Reflexion groß wurde. Sie bereitet den jungen Menschen vor, eigenständig teilhaben zu können an der Welt der Erwachsenen. Die gemeinsamen Anstrengungen, als Schulklasse zu lernen und sich diesen Zugang nach und nach zu erarbeiten, beinhalten allein schon ein Stück Gemeinschaftsbildung, weil es um das Verbindende geht, das gesellschaftliche Relevanz hat. Unterricht ist so gesehen die vom Lehrer gestaltete gemeinsame Auseinandersetzung mit den verschiedenen Themen und Aufgaben, wodurch der Sinn für das Gemeinsame sich in einem lebendig verlaufenden kollektiven Lernprozess entwickelt. Dies ist ein integrierender Prozess, der vom Ziel getragen ist, alle Beteiligte möglichst erfolgreich mitzunehmen, zu aktivieren und zur persönlichen Mitwirkung zu motivieren.

Die beiden hier aufgeführten Beispiele pädagogischen Bemühens um Gemeinschaftsbildung beim Lernen bzw. in der Schule entwickelten sich in sehr unterschiedlichen zeitlichen Epochen und auch Kontexten. Die Schulpädagogik in den Versuchsschulen im roten Wien der 1920er- und Anfang der 1930er-Jahre war stark durch den Willen zum Aufbruch in ein demokratisches Zeitalter weltanschaulich motiviert sowie durch den Einfluss der Individualpsychologie im pädagogischen Handeln fundiert. Gemeinschaftsbildung war einerseits vom sozialen Gedanken als ethisch-politische Zielsetzung beseelt, andererseits geleitet von der Erkenntnis aus der Individualpsychologie, dass die Förderung und Ausbildung des Gemeinschaftsgefühls für die seelische Stabilität der Schüler kurz- und langfristig bedeutsam sind. Um die Entwicklung des Gemeinschaftsgefühls zu fördern, wurden mit vielfältigen Sozialformen des Lernens und Möglichkeiten der Kooperation innerhalb der Schulklasse Erfahrungen im gemeinsamen Lernen gesammelt und im täglichen Umgang mitmenschliches Handeln eingeübt und reflektiert.

Das geschilderte Beispiel von Alfons Simon über Max dokumentiert einen Integrationsprozess mit erfolgreichem Ausgang, zumal er als Lehrer mit vertiefter psychologischer Hilfe in der Lage war, Max aus seiner psychischen Sackgasse herauszuführen und dabei die Mitschüler als Verbündete zur (Re)Sozialisierung zu gewinnen.

Das zweite hier aufgeführte Beispiel für eine pädagogische Initiative, die kollektives Lernen als wirkungsvolle Lehr- und Lernmethode besonders entwickelt hat, ist „Accountable Talk“, praktisch ein Synonym für eine Form des dialogischen Lernens. In Forschung und Anwendung richtet sich die Aufmerksamkeit bei dieser Methode auf die Dialogkultur, also auf die vom Lehrer geleitete Umsetzung eines dialogischen Lernprozesses. Lauren Resnick spricht dabei von einer Revolution des Lernens und verweist auf die wissenschaftliche Erkenntnis, dass Intelligenz durch menschliche Interaktion und nicht isoliert im Kopf eines Individuums entsteht. Indem sich die Menschen unterhalten, austauschen und gegenseitig anregen, entstehen die besten Voraussetzungen zur Entwicklung der Intelligenz der Beteiligten. Die Erfahrungen, die man mit Accountable Talk bzw. dialogischem Lernen macht, bestätigen die anthropologischen Erkenntnisse, die zeigen, dass bereits das noch sehr kleine Kind am liebsten von den zugänglichen Mentoren lernt. Dies beglückt den kleinen Menschen schon sehr früh und bringt ihn weiter.

5 Schlussfolgerungen, Nachwort und Ausblick

Integration als Aufgabe im gesellschaftlichen Zusammenleben ist eines der Wesensmerkmale einer auf Solidarität gründenden Gesellschaft – so der gedankliche Ausgangspunkt in diesem Buch. Von Integration in der Schule sprechen wir, wenn auch Schüler mit einer Dysfunktionalität zusammen mit anderen Schülern unterrichtet werden. Bis in die 1990er-Jahre hinein wurden solche Schüler in entsprechenden Sonderschulklassen unterrichtet. Seither sind diese schrittweise abgebaut und grundsätzlich Schüler mit Handicaps in die Regelschulen integriert worden. Dieser Vorgang entfachte eine heftige Kontroverse in Deutschland und in der Schweiz. Die Akzentuierung der Reform durch das noch radikalere Konzept der Inklusion mit dem Verzicht auf jede Form von Sonderbeschulung im Nachgang der Ratifizierung der UN-Behindertenrechtskonvention (UN-BRK) in Deutschland im Jahre 2009 und in der Schweiz im Jahre 2014 verschärfte das Dilemma allgemeiner Unzufriedenheit und der sachliche Diskurs rückte in noch weitere Ferne. Unbestritten blieb das Anliegen, Schülern mit Dysfunktionalität wie allen anderen einen gleichwertigen Unterricht anbieten zu wollen. Es war und ist die Umsetzungsfrage, welche die öffentliche Meinung sowie die Fachwelt spaltet. Das genaue Ausloten des Wortlauts der UN-Konvention, auf die sich insbesondere das Konzept der Inklusion beruft, hat längst hinlänglich gezeigt, dass diese für alle Länder der Welt konzipierte Rechtsschrift einiges an Deutungsspielraum offenlässt. Tatsächlich gibt die Konvention keine eindeutigen Vorschriften vor, wie die praktische Umsetzung auszusehen hat. Eine zwingende, generelle Schließung von sonderpädagogischen Einrichtungen beinhaltet sie jedenfalls nicht. Anders gesagt, ermöglicht sie durchaus eine separate Schulung in einer Institution mit anderen gleichartig beeinträchtigten Schülern, wenn dies für das Kind vorteilhaft ist.

Mit diesem Buch ist der Versuch unternommen worden, die festgefahrene, polarisierte Debatte um Integration und Inklusion in der Schule neu aufzurollen und zu beleben. Prämisse war, dass es gelingen muss, allen Kindern – Kindern mit Behinderung oder Einschränkung ebenso wie Kindern ohne diese – gerecht zu werden und allen Kindern mit ihren spezifischen Bedürfnissen möglichst optimale Lernbedingungen zu bieten. Nach bald 30 Jahren Erfahrung mit Integration und in jüngerer Zeit Inklusion ist genügend Evidenz vorhanden, um nüchtern hinzuschauen und zu klären, unter welchen Voraussetzungen Integration und Inklusion funktionieren können und womit es zusammenhängt, wenn sie scheitern. Allein schon im Interesse des Wohls junger Menschen mit einer Dysfunktionalität muss die Wiederaufnahme eines sachlichen Dialogs ermöglicht werden.

Auf den nächsten Seiten soll in diesem Sinne Bilanz gezogen und erläutert werden, welche Einsichten und Folgerungen sich aufgrund der zur Rate gezogenen psychologischen und pädagogischen Erkenntnisse aus Theorie und Praxis hinsichtlich der Integration „schwacher" Schüler ergeben haben. Hierbei ging es vorab um die Beantwortung folgender drei Fragen:

1. Ermöglichen die systematische Integration (Aufhebung der Separation) und die Inklusion tatsächlich eine klare Verbesserung des schulischen Angebots für Schüler mit Handicaps gegenüber dem früheren Schulsystem mit spezifischen Sonderschulen?
2. Unter welchen Voraussetzungen bieten eine systematische Integration oder Inklusion klare Vorteile (Chancen)?
3. Welche problematischen Aspekte bleiben mit Integration bzw. Inklusion bestehen und haben sich allenfalls neu ergeben (Risiken)?

Zur Beurteilung, ob eine Bildungsreform erfolgreich ist oder nicht, bietet sich das hinlänglich wissenschaftlich definierte Kriterium des „Wohlbefindens" an. So bemisst sich auch der Erfolg von Integration bzw. Inklusion vorab ausgewiesen am Wohlbefinden der Schüler.

Bis heute fehlen aussagekräftige Studien, welche die Verbesserung der Bildungsvoraussetzungen für Schüler mit Behinderungen und Einschränkungen durch Integration klar und eindeutig nachweisen und deren Wirksamkeit belegen. Zuverlässig lässt sich lediglich sagen, dass sowohl in Deutschland wie in der Schweiz die öffentliche Meinung insgesamt bis heute von dieser Reform nicht überzeugt worden ist. Für Deutschland gilt dasselbe für das Konzept der Inklusion; in der Schweiz ist Inklusion deutlich weniger weit gediehen. Etliche Umfragen der letzten Jahre zeigen hier in beiden Ländern vorwiegend große Skepsis. Wenig Unterstützung erhält die Reform bis heute von der Mehrheit erfahrener Sonderpädagogen. In den Augen vieler Menschen in Deutschland und in der Schweiz wird das ehemalige Sonderschulwesen mit seiner Differenzierung in homogene kleinere

Klassen und mit spezialisierten Sonderpädagogen – also jenes System, das durch die Integration reformiert wurde – nach wie vor als erfolgreicher erachtet.

Diese Sichtweise lässt sich schlecht ignorieren, beruht sie doch auf drei Jahrzehnten Erfahrung mit Integration und ein Jahrzehnt Erfahrung mit Inklusion (in Deutschland). Angesichts der doch sehr langen Zeitspanne greifen Argumente der Befürworter von Integration und Inklusion nicht, die rechtfertigen, die Umsetzung sei einfach noch mangelhaft oder Eltern von Kindern, welche integriert worden seien, würden diese zwangsläufig favorisieren. Diese Diskrepanz zwischen dem eher ernüchternden Resultat von Integration bzw. Inklusion und der abwiegelnden Reaktion der Befürworter schürt die polarisierte und emotionalisierte Debatte bis hin zu beleidigenden Unterstellungen. Letztendlich hat sie in die Sackgasse geführt – dies sehr zum Leidwesen der Schülerschaft, während die praktische Realität heute einem großen Experimentierfeld gleicht.

Um zu klären, welches nun wirklich die vorteilhaftesten Rahmenbedingungen und Voraussetzungen in der schulischen Bildungsarbeit sind, die es Schülern erleichtern, gut zu lernen, wurden in diesem Buch grundlegende Erkenntnisse aus den zuständigen Wissenschaften und Erfahrungen aus der Praxis zu Rate gezogen. Mit Berufung auf Remo Largo und andere Spezialisten für Entwicklungsverläufe von Kindern gibt es beim Lernen keinen prinzipiellen Unterschied zwischen den grundlegenden Bedürfnissen von Regelschülern und Schülern mit einem Handicap. Allerdings müssen Letztere – je nach Art des Handicaps – mehr Aufwand betreiben und sind dementsprechend bezüglich Entwicklungs- und Arbeitstempo grundsätzlich oftmals benachteiligt. Anhand der zusammengestellten Befunde konnten aussagekräftige Kriterien gefunden werden, mit denen vorteilhafte und problematische Seiten der Schulreform (Integration bzw. Inklusion) herausgearbeitet werden konnten. Die wesentlichen Elemente dieses Instrumentariums werden hier in aller Kürze nochmals zusammenfassend erwähnt und mit der Reform in Beziehung gesetzt.

Jedes Kind – mit oder ohne Behinderung bzw. Einschränkung in irgendeiner Art – hat eine eigenständige Individualität, wie nicht nur Remo Largo immer wieder betont hat. So kann jegliches rein rezeptartige, vorgefertigte Verständnis und Handeln im Umgang mit einem Kind dieses nur verfehlen. Anders gesagt, jedes Kind ist einzigartig. Entsprechend individuell muss es entgegengenommen und behandelt werden. Die Arbeit mit Kindern und Jugendlichen erfordert allein schon deshalb von jedem Pädagogen eine offene, flexible und beziehungsvolle Interaktionsfähigkeit. Schematisches und routinemäßiges Auftreten jungen Menschen gegenüber erleben diese nicht gut. Es schürt bei ihnen den Eindruck von unpersönlicher Distanz oder gar Desinteresse. Lehrer müssen deshalb nicht nur eine kreative Gestaltungsfähigkeit zum Unterrichten mitbringen, sondern Menschen sein, die sich gerne und unbefangen auf individuelle junge Persönlichkeiten einlassen. Entsprechend positiv erlebte eine der zitierten ehemaligen Abiturientinnen ihre Erfahrungen mit der Unterrichtsweise des „Accountable Talk“ und stellte fest, dass der Unterricht auf diese Weise viel mehr „auf Augenhöhe zwischen Lehrer und Schüler“ stattfinde. Ebenso empfand es die Lehramtsstudentin, die jene Dozenten zu schätzen wusste, die sich „auf unsere Ebene herunterlassen“. Bei beiden Aussagen dürfte es weniger um die Problematisierung eines hierarchischen Verhältnisses zwischen Lehrer und Schüler bzw. Student gehen – etwas, dass meine Generation in besonderem Maße beschäftigte, nicht aber heutige Studenten –, sondern um das Gefühl persönlicher Nähe bzw. Distanz. Dass beide junge Frauen diesen Aspekt in der Beziehung mit ihren Lehrern betonten, ist kein Zufall, sondern weist auf den Kern dessen hin, was für das schulische Lernen überhaupt essenziell ist; dies zeigen die folgenden Ausführungen.

Alle Erkenntnisse, die in diesem Buch zusammengetragen, zusammengedacht und erörtert wurden, führen auf immer dieselben zwei wesentlichen Elemente oder – besser gesagt –Grundbedingungen optimaler schulischer Lernbedingungen für Schüler hin, auch für diejenigen mit einer Dysfunktionalität.

So lautet die erste entscheidende Schlussfolgerung:

Ob und wie sich Schüler schulisch nachhaltig entwickeln bzw. entwickeln können, steht und fällt mit den *pädagogischen Fähigkeiten der sie unterrichtenden Lehrer.*

Diese banal klingende Aussage mit ihren vielfältigen Facetten wurde in dieser Abhandlung anhand verschiedener Erkenntnisquellen gewonnen, analysiert und aufgezeigt:

- Studien zum Wohlbefinden von Schülern in ihren schulischen Institutionen
- dokumentierte Beispiele von Lehrerpersönlichkeiten, hier Jaime Escalante, Georges Lopez, Alfons Simon und Kurt Seelmann
- Selbstzeugnisse bzw. biografische Evidenzen von Persönlichkeiten wie Albert Camus und Nuccio Ordine
- Portrait zweier Persönlichkeiten mit einer schwerwiegenden Körperbehinderung
- Gespräche mit eigenen ehemaligen Schülern

Wie gezeigt werden konnte, weisen alle Quellen, einschließlich der Forschungseinsichten John Hatties und der bildungstheoretischen Erkenntnisse Roland Reichenbachs, unzweideutig darauf hin, dass die Bedeutung des Lehrers alle anderen Einflussfaktoren in der Schule bei Weitem überstrahlt.

Auch die Erkenntnisse aus der ontogenetischen Forschung (Michael Tomasello et al.) wie jene aus den verschiedenen Forschungssträngen der Entwicklungspsychologie (Lew Vygotsky, Paul L. Harris, Peter Hobson, Vasudevi Reddy, Cowlyn Trevarthen) sowie jene aus der Bindungsforschung und -theorie (John Bolby, Mary Ainsworth, Karin und Klaus Grossmann., Inge Bretherton, Everett Waters) bestätigen vollumfänglich die besondere Bedeutung des Lehrers für seine Schüler. Kurz gesagt heißt dies: Praktisch alles, was wir Menschen lernen, lernen wir mit und durch unsere sozialen Beziehungen. Bei den zwischenmenschlichen Beziehungen mit den verantwortlichen Erziehungs- und Bildungspersonen spricht Harris von den „kulturellen Mentoren" des jungen Menschen. Nebst den Eltern oder ihrer Stellvertreter sind dies vor allem eben die Lehrer. Albert Camus wie Nuccio Ordine schildern deshalb mit solch klarer Eindringlichkeit, dass sie ohne ihre Lehrer nicht dieselben geworden wären. Aus den diversen herangezogenen Quellen lassen sich die Eigenschaften, die für die Beziehung der Schüler zu ihren Lehrern besonders entscheidend sind, benennen. Dazu gehören Eigenschaften wie das empfundene persönliche Interesse und Engagement des Lehrers für die Person des Schülers und dessen Wohl, die Leidenschaft des Lehrers für sein Fach, aber auch für die Welt bzw. das Weltgeschehen sowie die persönliche Ausstrahlung des Lehrers, verkörpert in seiner besonderen Güte, Großzügigkeit, Geduld, Gelassenheit, Zuversicht und in seinem Wohlwollen.

Wesentlich für das Verständnis optimaler Lernbedingungen sind auch die anthropologischen Erkenntnisse hinsichtlich des Beitrags des Kindes in seiner Beziehung zu seinen kulturellen Mentoren, also seine Erwartungen, Hoffnungen, Ängste und dergleichen in Bezug auf seine Mitmenschen. Schon in den ersten Lebensstunden lässt sich das Streben des Säuglings nach zwischenmenschlichem Kontakt nachweisen, das mit jedem Entwicklungsschritt des Kindes intensiviert wird. Hieraus entwickelt sich auch sein Wille, an den Aktivitäten der ihm zugänglichen Gemeinschaften (Familie, Hort, Kindergarten, Freunde oder Schule) mitwirken zu können und beteiligt zu sein. Diese innerliche Aktivität, seine Neugierde und sein Interesse an den damit verbundenen Lerngelegenheiten, am Verstehen und Mitmachen-Wollen, am gemeinsamen Tun, kann natürlich beeinträchtigt sein, und zwar, wenn das Kind vernachlässigt wurde, es eine gewisse Lieblosigkeit bzw. einen Mangel an Zuwendung und Anregung erlebt hat. Bei entsprechend erlebtem Mangel sind die natürlichen Strebungen verschüttet, können aber durchaus wiederbelebt werden, sobald ein Lehrer dem Kind eben diese herzliche Zuwendung entgegenbringt und es in diesem Sinne herausfordert. Dann kann das Kind mitunter sehr rasch emotional sozusagen wieder auftauen und Freude am Lernen sowie eigentliche Strebsamkeit entwickeln. Die zitierten Aussagen ehemaliger Sonderschüler in der Forschungsarbeit von Ingo Holaschke über ihre Sonderschullehrer, bei denen sie zum ersten Mal in ihrer Schulkarriere warmherzige Erfahrungen erleben konnten, bestätigen dies eindrücklich.

Das ausführlich dokumentierte Fallbeispiel des Lehrers Alfons Simon zum erfolgreichen Verlauf seiner Bemühungen um den anfänglich schwierig zugänglichen Buben Max hat gezeigt, dass es für einen Lehrer mit entsprechender Unterstützung und Orientierung möglich ist, sich psychologisch ein genaues Bild von der innerlichen Verfassung eines Kindes zu machen und emotional nachvollziehen zu können, wie es einem Schüler beim Lernen oder gegenüber seinen Klassenkameraden zumute sein kann. Das allmähliche Erfassen der Gründe, wieso Max sich asozial-feindselig gegenüber allen verhielt, schuf für den Lehrer die Grundlage, um den psychisch irritierten Buben pädagogisch an ein wesentlich besseren Selbstwertgefühl heranführen zu können und ihm zur freundschaftlichen Annäherung an die Klassenkameraden zu verhelfen. Bei den zitierten Lehrern Georges Lopez und Jaime Escalante ist davon auszugehen, dass sie keine vergleichbare psychologische Schulung und Beratung erhalten haben wie Simon, sondern stattdessen ein ausgeprägtes, feinfühliges Sensorium, eine außergewöhnliche Intuition und eine Freude an jungen Menschen in den Beruf mitbrachten, die ihnen ein so wirkungsvolles pädagogisches Handeln erlaubten. Als ich selbst einmal während meiner vielfältigen Lehrerlaufbahn zwei Jahre lang Gelegenheit hatte, zusammen mit einem erfahrenen Lehrerkollegen eine Klasse der Sekundarstufe I (Oberschule = das schwächste Niveau überhaupt) mit vier verhaltensauffälligen, integrierten Sonderschülern zu unterrichten, war ich immer wieder beeindruckt davon, wie dieser Kollege, ohne sich aus der Ruhe bringen zu lassen, mit den sehr unruhigen oder aufgebrachten Jugendlichen den richtigen Ton und die angemessene Ansprache fand, wodurch er sie beruhigen und ihnen eine Orientierung geben konnte. Wenn die emotionale Verfassung eines Schülers im jeweiligen Moment keine unmittelbare Klärung zuließ, konnte er durchaus eine Sache auch mal auf sich beruhen lassen und anderweitig weitermachen. Als wir einmal darüber sprachen, was gegenüber diesen Schülern in der Haltung entscheidend sei, sagte er mir, es brauche so etwas wie eine „flexible Konsequenz“ – eine Formulierung, die im ersten Moment widersprüchlich klingt. Genauso aber machte er es. Seine Haltung drückte immer Klarheit, Sicherheit und Orientierung aus, wohin er mit den Schülern wollte. Zugleich ließ er sich aber angesichts all der Ausweichmanöver, Abwehrhaltungen, Verteidigungs- bis Angriffsgebärden nie auf ein Seilziehen oder Streit mit ihnen ein. Er beharrte nie stur auf etwas und versuchte auch nicht, etwas einfach durchzusetzen. Stattdessen verwickelte er sie ohne zurückzuweichen, aber auch ohne sie in die Enge zu treiben, in ein dialogisches Wechselspiel, bei dem immer so etwas wie ein Konsens oder eine Art Vereinbarung resultierte. In Wirklichkeit gab er die Orientierung vor, ohne aber den jeweiligen Schüler zu einem Gesichtsverlust zu zwingen und dadurch seinen erbitterten Widerstand zu provozieren. Die manchmal recht konfrontativen und provokativen Verhaltensweisen der Jugendlichen nahm er nie persönlich, weil ihm offensichtlich klar war, dass die Distanz schaffenden, teils harschen Angriffe oder Herausforderungen, lediglich aufgesetzt waren. Seine Sympathie für diese Jugendlichen, die mit sich selbst ganz und gar nicht im Reinen waren, hat mich berührt und hat mir damals sehr geholfen, allmählich selbst den Zugang zu ihnen zu finden. Ich bin mir heute sicher, dass die besten Pädagogen diejenigen sind, die mit verhaltensauffälligen Schülern arbeiten und dies mit Freude und Leidenschaft tun.

Tatsächlich sprechen wir hier von der anspruchsvollsten Gruppe von Schülern, die einen Förderbedarf haben. Häufig klappt bei ihnen die Integration nicht. In der Folge werden sie nicht selten von Institution zu Institution weitergereicht, was sie weiter resignieren lässt. Aber auch andere Kinder mit Handicaps erfordern viel Feinfühligkeit und Aufmerksamkeit von Seiten der Lehrer. Wie gezeigt wurde, besteht bei solchen Schülern häufig ein erhöhtes Risiko für Einbrüche oder Abstürze beim Lernen, wenn diese im Vergleich mit ihren Regelschulkollegen bei gewissen schulischen Aufgaben und Aktivitäten nicht mithalten können bzw. deutlich mehr Aufwand betreiben müssen, um mitzukommen. Dies kann zu Entmutigungs- oder Frustrationsreaktionen führen, zu Reaktionen, die von Schüler zu Schüler sehr unterschiedlich ausfallen können, je nachdem, wie zu Hause damit umgegangen wurde und wird. Die schwer körperlich behinderten Kinder Hülya Marquart und Thomas Quasthoff hatten das Glück, liebevolle Eltern zu haben, die sie ganz bewusst nie bemitleidet und als Folge davon nicht verwöhnt haben. Vielmehr haben sie ihren Kindern gezeigt und sie darin gefördert, möglichst alles aus eigener Kraft zu tun, auch wenn dies von ihnen wesentlich größere Anstrengungen abverlangte. Bei mehr bemitleideten Kindern, denen man zu viele Hindernisse aus dem Weg räumt, tritt erfahrungsgemäß das Frustrations- und Resignationsgefühl viel schneller und heftiger auf. Für einen Lehrer sind dies bedeutsame Unterschiede, die dieser realisieren und auf die er individuell adäquat reagieren muss. Nur so kann verhütet werden, dass solche Schüler in ihrer Klasse abtauchen. Otto Speck hat einfühlsam veranschaulicht, wie ein Kind mit Beeinträchtigung sich selbst empfindet und sich neben den anderen fühlt. Er erklärt auch, wie wichtig es für das betreffende Kind ist, sich in seinem Identitätsempfinden vom Lehrer und seinen Mitschülern verstanden und mit seiner Eigenart geschätzt zu fühlen.

Kommen wir zur zweiten wesentlichen Quintessenz, die aus den Analysen gezogen wurde. Sie lautet:

Nebst der Bedeutung des Lehrers hat sich eindeutig die *Klassengemeinschaft* als besonders bedeutsam für vorteilhafte Lernvoraussetzungen von Schülern erwiesen.

Wer auf seine eigene Schulzeit zurückblickt und sich dabei gerne an eine bestimmte Phase erinnert, erzählt zumeist von einer guten Stimmung, einem erfreulichen, entspannten Klima unter den Schülern und im Verhältnis zum Lehrer. Tatsächlich wirkt sich ein angenehmes Unterrichts- und Schulklima sehr motivierend und wo nötig beruhigend auf das Wohlbefinden von Schülern aus. Studien zeigen sogar, dass das Wohlbefinden unter den Schulkameraden für manche Schüler wichtiger sein kann als die Genugtuung über eine gute Note. Wie einer der ehemaligen Abiturienten richtig sagte, hängt auch dieser Aspekt des Zusammenarbeitens in der Schule im Allgemeinen mit dem Lehrer zusammen. Er ist es, der den Unterricht führt und sowohl mit seinem Vorbild als auch mit vielfältigen Interventionen im und rund um den Unterricht der Klasse zu einem guten Einvernehmen verhelfen kann.

Am Beispiel des Lehrers Georges Lopez ist nachvollziehbar, wie ein Lehrer fortwährend seine Schüler aufeinander beziehen, sie aufeinander verweisen, ihnen zeigen und vormachen kann, wie man am besten kooperiert, damit eine gute Stimmung in der Klasse herrscht. Das Niveau der Anteilnahme und Hilfsbereitschaft unter den Schulkindern ist in seiner Klasse hoch und die Schüler sind diesbezüglich viel reifer als man dies bei vergleichbaren Schulklassen erwarten würde und erlebt. Als teilnehmender Beobachter von Lopez' Klasse fühlt man sich zuweilen wie in der Stube einer zufriedenen, kinderreichen Familie. Die Schüler wirken entspannt und konzentriert zugleich.

Wenn von Gemeinschaft, Klassengeist oder dem Klima in der Klasse die Rede ist, geht es immer um den grundsätzlichen zwischenmenschlichen Umgang, von dem das Wohlbefinden aller Schüler ganz wesentlich abhängt. Je freundschaftlicher und hilfsbereiter sich die Schüler untereinander unterstützen und aushelfen, desto größer die Motivation, in der Schule zu sein, ruhig und konzentriert lernen zu können, und zwar nach Möglichkeit miteinander. Eine gute Stimmung in der Klasse hat gewissermaßen präventive Eigenschaften. Dies bestätigte sich bei allen genannten Schulbeispielen. In den Versuchsschulen im Wien der 1920er- und Anfang der 1930er-Jahre wurde die Gemeinschaftserziehung durch kooperative Lern- und Diskussionsformen sowie Ansätze von Schülerselbstverwaltung (Demokratieschulung) sehr gefördert. In der individualpsychologischen Versuchsschule gingen die individualpsychologisch gebildeten Lehrer noch weiter, indem sie im Unterricht ein besonderes Augenmerk darauf richteten, die Klasse als Gruppe, als Kollektiv oder Gemeinschaft anzusprechen.

Am Fallbeispiel Alfons Simon sieht man, zu was eine gut entwickelte Klassengemeinschaft von Volkschulkindern unter bestimmten Voraussetzungen in der Lage ist. Zum psychologisch und heilpädagogisch gestalteten Prozess, Max zu mehr Selbstwertgefühl zu verhelfen und ihn mit der Klasse langsam zu befreunden, gehörte auch der Einbezug der Schulklasse, die Simon geduldig „mitnehmen" musste, damit auch sie begannen, Max in einem anderen Licht zu sehen. Zum Schluss war es gar die Klasse selbst, die den früher so aggressiven Mitschüler dazu bewegen konnte, sein tiefes Misstrauen zu begraben und sich mit der Klasse zu assoziieren – eine beeindruckende Leistung.

Der Klassenunterricht oder kollektive Unterricht, der vorausgesetzt wird, um die Erfahrung eines gemeinsamen Klassengeistes zu ermöglichen, genießt zurzeit in den deutschsprachigen Bildungsinstitutionen wenig Wertschätzung. Mit dem Begriff „Frontalunterricht", der Assoziationen mit autoritärer Erziehung und dem „Nürnberger Trichter" provoziert, wurde schon länger letztendlich jede Art von Vermittlung pauschal karikiert bzw. verunglimpft – sehr zu Unrecht. Roland Reichenbach hat nicht umsonst vom notwendigen „pädagogischen Willen des Zeigens" in der Schule gesprochen. Wirklich autoritären Unterricht mit Rohrstock und sinnloser Paukerei gibt es in unseren Breitengraden schon lange nicht mehr.

Die pauschalisierende Polemik gegen den „Frontalunterricht" macht neuste Ansätze wie „Accountable Talk" bzw. „Dialogisches Lernen" umso bedeutungsvoller. Für diejenigen Lehrer, die es gewohnt sind, vieles mit ihrer Klasse im gemeinsamen Gespräch zu erarbeiten, überrascht die Erkenntnis nicht, dass das Sprechen, Einander-Zuhören, die Mitteilung der eigenen Gedanken, die Begründung derselben und andere Elemente des gemeinsamen Dialogs beim schulischen Lernen sehr bereichernd sein können bzw. sind. Notwendige Voraussetzung bleibt, und dies zeigen die neuen Studien klar auf, dass jemand das Gespräch führt und strukturiert. Das Experiment mit der eigenen Abiturientenklasse, bei dem das dialogische Lernen bewusst eingesetzt wurde, hat gezeigt, dass sie dabei gelernt haben, hoch aktiv mitzumachen – indem sie ihre Gedanken ungefiltert einbrachten, das Gespräch dialogisch-aktiv mitgestalteten und sich von den anderen anregen ließen. Obwohl sie, wie sie anschließend reflektierten, einige innerliche Hürden überwinden mussten, empfanden praktisch alle diese Methode des Lernens als sehr bereichernd. Nicht nur sagte ihnen zu, ihre eigenen Standpunkte vor den anderen äußern und vertreten zu können und damit ernst genommen zu werden. Erstaunt und auch beeindruckt hat sie der Reichtum an Gedanken, die Vielfalt an Überlegungen und Aspekten, die vorgebracht wurden und die sie gemeinsam teilen konnten. Durch diese kollektive Auseinandersetzung wird genau jenes für die Schüler erlebbar, was Roland Reichenbach mit *Sinn für das Gemeinsame* meint. Im strukturierten Dialog, weil er nicht beliebig bleibt und echte kollektive Auseinandersetzung vollzogen wird, findet dieses auch gesellschaftlich so wichtige Fördern des Gemeinsinns eingehend statt. Einige der Abiturienten haben aufgrund ihrer Erfahrung mit *Accountable Talk* begonnen, sich in den Pausen und in der Freizeit auch in kleinerem Rahmen dialogisch mit Unterrichtsinhalten zu befassen.

5.1 Integration und Inklusion – eine Beurteilung

5.1.1 Integration

Kinder und Jugendliche wollen am liebsten „normal" sein, so sein, wie alle anderen. So erging es mir selbst als fremder Bub in England. So wollten Hülya Marquart und Thomas Quasthoff trotz ihrer erheblichen Einschränkungen alles mitmachen, was die gleichaltrigen Nachbarskinder taten. So wollten die ehemaligen Sonderschüler in der Holaschke-Studie ihren Sonderschulstatus loswerden, weil dieser in der Gesellschaft negativ konnotiert ist. Dies spricht auf den ersten Blick dafür, alle jungen Menschen in eine Regelschule zu integrieren. Nehmen wir den Wunsch der Mutter Monika Suter-Heinzer, Autorin der Lektionsreihe über das Downsyndrom (für Schüler der ersten Volksschulklasse), hinzu, die ihren Sohn mit dem Argument in die Regelklasse integrieren wollte, dass dieser dort mehr Sinnvolles lernen (abschauen) könne als in der Sonderschule, weil Menschen mit Downsyndrom mehr über Nachahmung als über Vermittlung lernen würden. Ihr verständliches Argument lässt allerdings außer Acht, dass in der Regelschule mit Abstand am meisten durch Vermittlung und nicht durch Nachahmung gelernt wird bzw. gelernt werden kann.

Lernen ist ein komplexer Vorgang. Die Umsetzung des Integrationskonzepts erhöht die Anforderungen an diesen Lernprozess. Aufbauend auf den zwei genannten, wesentlichen Grundbedingungen für das Lernen – dem Lehrer mit entsprechenden Eigenschaften und pädagogischem Können sowie dem Klassengeist, den dieser zu erzeugen vermag – kommen wir zur Beurteilung von Integration als solche.

Das Konzept Integration ist kein starres Schema, sondern bietet Möglichkeiten von Modifikationen und Variationen. Der Gestaltungsspielraum für Lehrer hängt hier allerdings stark davon ab, wie weitreichend in einer betreffenden Klasse integriert wurde bzw. wird. Je nach Zusammensetzung der Klasse und der daraus resultierenden Gruppendynamik und Werthaltung gegenüber Schule und Lernen und je nach den pädagogischen Fähigkeiten des Lehrers kann eine Integrationssituation für den Lehrer möglicherweise gut bewältigbar sein oder aber ihn überfordern.

Anhand der Klasse von Georges Lopez, deren Zusammensetzung offensichtlich gemäß Alter und Leistungsfähigkeit sehr heterogen war, sah man einen Lehrer, der damit gut zurechtkam. Wenn nun in einer Klasse die Störherde oder die speziellen Betreuungsfälle zu zahlreich sind und der Lehrer allenfalls auch noch nicht über genug Erfahrung verfügt, dann ist die Wahrscheinlichkeit hoch, dass die Situation in der Klasse früher oder später eskalieren wird. Denn die Schüler können zu wenig gut betreut und angeleitet werden. Einiges kann ausgeglichen oder aufgefangen werden, sofern die Klasse bereits zu einer echten Gemeinschaft zusammengewachsen ist, wie dies bei Alfons Simon und Georges Lopez ersichtlich war. Schüler in solchen Klassen haben eine Vorstellung davon, wie Unterricht, Zusammenarbeit, gegenseitige Hilfe sowie weitere Elemente des gemeinsamen Lernens funktionieren und wünschen, den Unterricht auf diese Weise fortsetzen zu können. Solche Schüler bzw. Klassen sind möglicherweise in der Lage, trotz störender Faktoren konstruktiv weiterzulernen, weiterhin zusammen zu arbeiten und auch andere dazu zu animieren. Wenn jedoch ein Klima der Konkurrenz, des scharfen Wettbewerbs, der Anschwärzerei, der Zersplitterung in kleinen Sondergruppen herrscht oder gar Mobbing stattfindet, steht für den Lehrer viel pädagogische Arbeit an, und zwar zusätzlich zur Betreuung der störenden Schüler. Ein einziger Schüler, der wie Max für enorm viel Unruhe sorgen kann, hat auch das Potenzial, eine ganze Klasse zum Kippen zu bringen, wenn der Lehrer dem nicht gewachsen ist. Eine solch belastete soziale Situation in der Klasse ist für sensible integrierte Kinder ein großes Risiko.

Die Integration eines Schülers mit Dysfunktionalität ist also prinzipiell wünschenswert, wenn dies zum Vorteil der Entwicklung dieses Schülers gereicht. Dazu ist es allerdings unabdingbar, dass die Rahmenbedingungen geeignet und für eine gute Lösung realistisch sind. Um sich ein Bild davon zu machen, ob dies gewährleistet ist, müssen mindestens zwei Fragen sorgfältig geklärt werden:

1. Wo sind die Grenzen der Integrationsfähigkeit bei einem Kind?

Zur Beantwortung dieser Frage hat Urs Ruf, emeritierter Professor für Deutschdidaktik und Mitautor einer eigenen erfolgreichen Methode des dialogischen Lernens, eine sehr plausible Definition formuliert:

> „Da, wo das Kind sich nicht selbst organisieren, sich nicht selbständig innerhalb der Kindergruppe bewegen kann“ (Kissling, 10. Juli, 2020, Bäretswil).

Diese Orientierung überzeugt, gerade auch wenn man sich zugleich in Erinnerung ruft, was Riccardo Bonfranchi, Roland Stark und Otto Speck zur Gefahr der Trivialisierung der Dysfunktionalität gesagt haben. Wenn ein Kind innerhalb einer Kindergruppe bei jeder Aktivität nicht mithalten und nie direkt mitmachen kann, stattdessen ständig auf Hilfe angewiesen ist, leidet es an einer chronischen Minussituation bzw. am ständigen Defizit und an seiner unüberwindbaren Unterlegenheit und Abhängigkeit den anderen gegenüber. Damit erklärt sich, wieso laut entsprechender Studien integrierte Kinder im Allgemeinen ein niedrigeres Selbstwertgefühl aufweisen als Kinder, die mit anderen gleichartig behinderten Kindern zusammen zur Schule gehen. Halten wir also grundsätzlich fest: Der Wunsch eines Kindes und der seiner Eltern, integriert zu werden, um trotz einer Dysfunktionalität bei den sogenannten Normalen mitzumachen, ist verständlich, aber nicht automatisch sinnvoll. Wenn das Kind auf übermäßig viel Hilfe angewiesen ist, um im normalen Ablauf des Unterrichts mitmachen zu können, ist die Situation für das Selbstwertgefühl des Kindes permanent beeinträchtigend und wenig hilfreich für seine Entwicklung. Ein solcher Fall ist voraussehbar. Man muss sich als Beispiel nur an Dominic Gisler erinnern, dessen Mutter schilderte, ihr Sohn würde sich ungerne etwas zeigen oder erklären lassen; eine Erfahrung die auch Frau Suter-Heinzer mit ihrem Sohn bestätigte. Die jungen Menschen mit Down-Syndrom lernen offensichtlich lieber, indem sie abschauen, imitieren und für sich allein üben, was erahnen lässt, dass sie ihre Unterlegenheit gegenüber den anderen Kindern durchaus wahrnehmen und sie dies beschäftigt. Dominic fühlte sich laut den Schilderungen der Mutter als Wochenaufenthalter im Sonderschulheim sehr wohl und konnte dort so viel lernend profitieren, dass er als Erwachsener ohne Schwierigkeiten gut integrierbar ist. Sehr vieles spricht also dafür, dass solche Kinder oder Jugendlichen in den meisten Fällen besser in einer Klasse für Förderschüler aufgehoben sind (mit im Allgemeinen kleineren und übersichtlicheren Klassen). Daher warnt Otto Speck, der dem Inklusionsanliegen keineswegs ablehnend gegenübersteht und es ideell bejaht, nicht umsonst davor, dass eine anhaltende Minussituation für das behinderte Kind schnell zu einem gravierenden Problem bzw. Risiko zu werden droht.

Bleiben wir zunächst bei geistig behinderten Kindern. Auch bei Schülern mit Downsyndrom gibt es teils erhebliche Unterschiede im kognitiven Vermögen. Es kommt vor, wenn auch selten, dass Menschen mit Downsyndrom befähigt werden können, eine Tätigkeit auszuüben, die deutlich darüber hinausgeht, was normalerweise für sie möglich ist. Dies sind aber Ausnahmefälle. Im Lichte von Rufs Kriterium besehen, überwiegt bei geistig behinderten Schülern bei Integration im Allgemeinen das Risiko gegenüber möglichen Chancen. Ein Downsyndrom-Schüler erfüllt Rufs Forderung im Normalfall nicht.

Viel schwieriger beurteilbar ist eine Integration bei verhaltensauffälligen, sehr lernschwachen Schülern und bei kontaktgestörten Schülern. Wir haben anhand der Fallbeispiele gesehen, wie anspruchsvoll es ist, einem solchen Kind gerecht zu werden – umso mehr, wenn es vielleicht noch weitere unruhige oder besondere Aufmerksamkeit fordernde Kinder in der Klasse gibt, die den Lehrer beschäftigen. Bei gutem Klassenklima mit vielen ruhig und gut arbeitenden Schülern eröffnen sich eher Möglichkeiten, störende Kinder aufzunehmen und zu integrieren. Ebenfalls lassen sich einzelne gute Lerner unter den Schülern gegebenenfalls dafür einsetzen, dem „schwachen" Mitschüler zu helfen. Unter solchen Umständen sind die Chancen gegeben, dass der Lehrer sich dem problematischen Schüler widmen kann, allenfalls zusammen mit einem Heilpädagogen. Sobald es aber in einer Klasse mehrere oder gar zahlreiche aufwendige Unruheherde gibt, die zudem noch einen negativen Einfluss auf die Konzentration der anderen Mitschüler haben, wird die Situation für den Klassenlehrer um einiges schwieriger, wenn nicht unmöglich. Auf alle Fälle muss eine Überforderungssituation des Lehrers vermieden werden, die beinhalten kann, dass er die Führung in seiner Klasse verliert. Das wäre ein schwerwiegendes Risiko.

Kommen wir nun zu den besonders lernschwachen bzw. langsam lernenden Schülern. Hier sollte man eigentlich davon ausgehen können, dass sie sich gut integrieren lassen, vorausgesetzt, ihre eigene „Strategie" besteht nicht primär darin, für Unruhe zu sorgen. Verhindern lässt sich dies dadurch, dass man diesem Kind hilft, den Anschluss zu finden, folgen zu können und somit seiner Entmutigung entgegenzuwirken. Sobald jedoch die notwendige Kapazität des Lehrers aufgrund der Anzahl an „Baustellen" mit einzelnen Schülern fehlt, um solche Schüler adäquat zu unterstützen, werden sie resignieren oder eben allenfalls für Betrieb sorgen. Dann muss von einem Risiko in Bezug auf Integration gesprochen werden. Die Überforderung des Lehrers hat zur Folge, dass er die Entmutigung seiner lernschwachen Schüler nicht mehr auffangen kann.

Schüler mit einer Seh- oder Hörbehinderung oder auch Schüler mit einer schweren Körperbehinderung sollten grundsätzlich integrierbar sein, sofern sie der von Urs Ruf formulierten Anforderung gerecht werden können. Wenn in der Schulklasse die Rahmenbedingungen grundsätzlich so sind, dass das jeweilige beeinträchtigte Kind mitmachen und mithalten kann (mit den erforderlichen didaktischen Hilfsmitteln und phasenweise auch mit Unterstützung des Heilpädagogen), sind gute Voraussetzungen für eine Integration gegeben. Es ist aber dennoch zu erwähnen, dass es für diese Kinder bzw. Jugendlichen zuweilen recht schwierige Situationen in der Klassengemeinschaft geben kann, in denen sie auf verständnisvolle Unterstützung des Lehrers und der Mitschüler angewiesen sind. Eine besonders heikle Phase ist die Pubertät, wenn dem Jugendlichen noch deutlicher sein unüberwindbares Defizit bewusst wird, in der Gemeinschaft mit den Gleichaltrigen richtig mitleben zu können und natürlich auch im Zusammenhang mit der erwachenden Liebesfrage.

Eine nicht zu unterschätzende Rolle spielt zur Bewältigung emotional schwieriger Momente auch die psychische Disposition und damit verbunden die Eigenaktivität des behinderten Schülers. Je mehr Selbstbewusstsein (hinsichtlich seiner Lernfähigkeit) und Kommunikationsbereitschaft ein integrierter Schüler mitbringt, desto größer ist seine Resilienz, die sich darin zeigt, dass er mit gewissen Belastungen in der Klasse zurechtkommen kann. Für ein anderes Kind mit denselben Einschränkungen, das aber psychisch wenig belastbar ist, ist der Integrationsaufwand sehr viel größer bzw. das Risiko des Scheiterns deutlich höher.

2. Wie weitreichend sind die pädagogischen Erfahrungen bzw. Kompetenzen des Lehrers?

Diese Frage ist wohl die wichtigste Frage, die es für eine Beurteilung zu beantworten gilt, ob eine Integration im konkreten Fall sinnvoll ist.

Es wurde inzwischen hinlänglich gezeigt, wie anspruchsvoll schon die adäquate pädagogische Betreuung und Förderung eines einzigen auffälligen Schülers in einer Klasse sein kann und dass eine solche Situation einen Lehrer schnell an den Rand der Überforderung bringen kann. Andererseits zeigt sich, dass sehr versierte und engagierte Lehrer durchaus in der Lage sind, sehr heterogene Zusammensetzungen zu bewältigen. Es sind, wie gesagt, nicht nur die verhaltensauffälligen Schüler, die den Lehrer und Heilpädagogen sehr in Anspruch nehmen können. Auch andere integrierte Schüler, z.B. die sehr lernschwachen, die wesentlich mehr Zeit für alles brauchen, oder ein sehbehinderter Schüler, der öfter eine persönliche Unterstützung oder Beratung braucht oder in Bezug auf verwendete didaktische Unterlagen zusätzliche Materialien benötigt (nicht immer alles im Vorneherein planbar), oder ein körperbehindertes Kind, das Hilfe braucht, um auf die Toilette zu gehen, sogar wenn es sich sonst selbst versorgen kann. Dies sind alles zusätzliche Anforderungen an den Lehrer nebst dem normalen Unterricht. Der Lehrer muss belastbar sein und auch innerhalb des Lehrerteams einige Kollegen haben (am besten auch aus der Schulleitung), die er jederzeit zur Unterstützung in Anspruch nehmen kann.

Integration stellt also vor allem erhöhte Ansprüche an den Lehrer. In der Lehrerbildung muss gezielt darauf vorbereitet werden. Zurzeit erhält man nicht den Eindruck, dass dies genügend gewährleistet ist. Die hier oben angeführten Kompetenzen müssen bereits in der Ausbildung, also bevor ein Junglehrer in die Praxis geht, aufgebaut werden. Schulleitungen, die letztendlich die Zuteilung zu den Integrationsklassen machen, haben ohnehin schon eine sehr schwierige Aufgabe, abzuwägen und zu entscheiden, welche Schüler mit Handicap jeweils in welche Klasse integriert werden können bzw. sollen. Dementsprechend wäre es wichtig, dass sie sich darauf verlassen können, dass ihre Lehrer auf diese Aufgabe genügend vorbereitet sind. Ohnehin sollte die Zusammensetzung einer Integrationsklasse immer nur zusammen mit dem zuständigen Lehrer erfolgen, da dieser am besten selber einschätzen kann, was er sich zumuten kann und was nicht. Es gehört zu den offensichtlichen Risiken, wenn einem unerfahrenen jüngeren Lehrer eine anspruchsvolle Integrationsklasse zugemutet und er damit allein gelassen wird. Kann dieser die Integration nicht in gute Bahnen lenken, führt dies möglicherweise statt zur Integration zur Desintegration zahlreicher Schüler. Eine ungünstige Dynamik in der Klasse mit Spannungen, Hänseleien und Rivalitäten unter den Schülern wird ganz besonders für die „Schwachen" zum erheblichen Risikofaktor. Jegliche Ansätze von Mobbing müssen daher schon im Ansatz realisiert und gestoppt werden. Angesichts der Verbreitung dieses destruktiven Phänomens und dessen Gefährdungspotenzial ist es höchste Zeit, dass in der Lehrerbildung sowie in den Weiterbildungen der Lehrerkollegien viel mehr Kompetenz zur Prävention und Unterbindung von Mobbing geschaffen wird. In einer Klasse mit integrierten Kindern sind schon kleinste Ansätze davon absolut nicht tolerierbar. Denn damit drohen alle positiven Intentionen, die mit der Integration verbunden sind, zunichte gemacht zu werden.

Fassen wir zusammen: Integration ist grundsätzlich dann sinnvoll und sollte realisiert werden, wenn dies für das einzelne Kind, die Klasse und den Lehrer keine übermäßige Belastung, sondern vielmehr einen wirklichen Gewinn bedeutet und echte Chancen eröffnet. Wenn das gelingt, erleben alle Schüler eine Gemeinschaft, in der man einander hilft, freundlich miteinander ist und Schwächen nicht komisch bewertet werden, sondern echtes Mitgefühl und Hilfsbereitschaft auslösen. Selbst wenn etwas mehr Aufwand als sonst notwendig ist, wenn nebst einem verhaltensauffälligen Schüler zusätzlich z.B. noch ein querschnittgelähmter oder ein stark sehbehinderter Schüler integriert werden soll, ist dies mit entsprechender heilpädagogischer Hilfe realistisch möglich. Besonders wertvoll ist es, wenn der Lehrer die Klasse gewinnen kann, die Integration aktiv mitzutragen. Man muss aber stets bei jedem Schüler individuell einschätzen, was er selbst an Eigenaktivität und Engagement mitbringt, weil sich je nach individueller Disposition die Integrationsaufgabe wieder anders stellt.

5.1.2 Inklusion

Im Unterschied zum flexiblen Konzept der Integration präsentiert sich jenes der Inklusion eher als ein kategorisches Prinzip im Sinne von „alles oder nichts“. Die Forderung nach Inklusion zur Aufhebung jeglicher Diskriminierung von Schülern mit einem Handicap wird von den Befürwortern mit Berufung auf die UN-Behindertenrechtskonvention (UN-BRK) sehr apodiktisch vertreten, eine Interpretationsweise, die von den praxisnahen Fachleuten im Allgemeinen nicht geteilt wird. Es wurde weiter oben bereits daran erinnert, dass die Konvention keine genauen Vorgaben darüber macht, welche exakte schulische Form adäquat für die korrekte Umsetzung von Inklusion ist. Klar und eindeutig ist einzig, dass die jeweilige Lösung dem Wohlbefinden und Interesse des einzelnen Kindes oder Jugendlichen dienen muss.

Angesichts der bisherigen Ausführungen, wonach der Lehrer und die Klassengemeinschaft die absolut entscheidenden Faktoren sind, um den Schülern besonders vorteilhafte Lernbedingungen zu ermöglichen, könnte man vielleicht meinen, es komme gar nicht so sehr darauf an, wie das genaue schulische Setting für die Schüler mit Handicap ist – sei dies nun ein Setting nach Vorstellungen von Inklusion, Integration, Teilintegration oder Sonderschulklasse. Die Lehrerleistung entscheide ja. Dies ist jedoch unzutreffend, denn der Institutionstypus hat trotz allem doch viel Einfluss, und zwar hinsichtlich des Gestaltungsspielraums des jeweiligen Lehrers. Dessen Bedeutung wird vor allem beim Setting der Inklusion offensichtlich, denn hier ist dieser äußerst eingeschränkt. Pädagogisch kann der Lehrer im echten Inklusionssetting sehr wenig mit der ganzen Gruppe/Klasse, die er zu unterrichten hat, bewirken. Grund dafür ist die extreme Heterogenität der Schüler, die für die Betreuenden eine entsprechend schwer überblickbare Situation schafft, die kein gemeinsames, schulisches Lernen stattfinden lässt, es sei denn, es ist völlig beliebig, was die Schüler an Wissenszuwachs gewinnen.

Erinnern wir uns nochmals an den Anfang des Vortrags von Kurt Heilmann, dem Schulleiter der Rosenmaar-Schule in Köln. Seine Vorstellung der Schule beginnt er mit den Worten „Ich behaupte mal, darauf kann sich niemand vorbereiten, auf diese Vielfalt“ und entwirft sodann ein Szenario von Schülern mit einer höchstmöglichen Diskrepanz an unterschiedlichen Voraussetzungen, und zwar von sprachlosen und schwerst mehrfachbehinderten Kindern bis hin zu Hochbegabten, die besser rechnen könnten als die Lehrer. Um Inklusion durchführbar zu machen, braucht es verständlicherweise die gleichzeitige Anwesenheit zahlreicher betreuender Erwachsener im Schulzimmer: den Lehrer, den oder gar mehrere Sonderpädagogen und weitere Personen wie Familienangehörige der Kinder im Ruhestand, Zivildienstleistende und dergleichen mehr. Das, was normalerweise in der Schule geschieht, nämlich strukturiertes, gemeinsam schrittweise aufbauendes Lernen, ist so schlicht nicht durchführbar, sodass jedem Kind nichts anderes übrigbleibt, als sich allein den Aufgaben zuzuwenden. Schließlich soll auch gemäß dem Selbstorganisierten Lernen jedes Kind selbst seinen Lernfortschritt steuern und verantworten. Erfahrene Lehrer wissen, diese Aussage hat einen zynischen Nachgeschmack insbesondere für Kinder, die nicht aus Akademikerfamilien stammen, wo von je her Lernen und die Auseinandersetzung mit neuen Inhalten alltäglich ist und die Kinder in ihrem Vorankommen gefördert und unterstützt werden. Den meisten Schülern – je schwächer desto mehr – fällt es hingegen schwer, sich mit noch wenig bekannten oder gänzlich neuen Aufgabenstellungen ohne Anleitung zu befassen. Schnell macht sich eine Entmutigung breit, was zu Frustration, Demotivation und schlussendlich zu Resignation führt – mit all den individuellen Arten damit umzugehen: Die Zeit totzuschlagen, sich nur mit bekannten Routinen befassen zu wollen oder herumzualbern und für Betrieb zu sorgen, sodass das Lernen möglichst lange ferngehalten werden kann usw. Bildung im wahren Sinne des Wortes kann bei einem Großteil der Kinder so nicht wirklich stattfinden. Eltern, denen dies bewusst wird, die sicherstellen wollen, dass ihr Kind im Lernen vorankommt, die es sich aber auch leisten können, suchen notgedrungen als Alternative eine Privatschule ohne Inklusion.

Die Grundproblematik des Konzeptes der Inklusion hat Traugott Böttinger treffend angesprochen:

> „Eine anthropologische Sichtweise auf Bildung widerspricht jedoch dem Gedanken, Inklusion wäre ohne größere Schwierigkeiten umsetzbar“ (Böttinger, 2017, S. 31).

Diese Aussage des Erziehungswissenschaftlers beinhaltet eine offensichtliche Kritik an der Art und Weise, wie Inklusion offenbar häufig verstanden und dargestellt wird, nämlich ohne reflektiertes, begründetes anthropologisches Grundverständnis. Ich würde dieser Einschätzung hinzufügen, dass die darauf aufbauende pädagogische Perspektive ebenfalls zu fehlen scheint, was natürlich miteinander zu tun hat. Ein gutes Beispiel für die pädagogische Abstinenz von Personen, die als Inklusionsexperten zu Wort kommen, sind die Ausführungen des Schulleiters Kurt Heilmann, der die Entstehung von Hierarchien unter den Schülern und die Degradierung der Schwächsten (sprich der schwachen Schüler) auf die unterste Stufe dieser Hierarchie beschreibt, eine Position, die sie – wiederum laut Heilmann – während den vier Jahren des Zusammenseins beibehalten. Heilmann beschreibt und konstatiert diesen gruppendynamischen Vorgang, der sich offenbar in seiner Schule in allen Klassen abspielt, ohne sich aufgefordert zu fühlen, diese diskriminierende Situation zu verändern. Wo bleibt da der proklamierte (sowohl ethische wie pädagogische) Anspruch, mit Inklusion die diskriminierende Benachteiligung von Schülern mit Behinderungen und Ungleichheit bzw. Ungleichbehandlung überhaupt beheben zu wollen – das eigentliche Credo der Inklusion?

Auf der anderen Seite stehen die idealisierenden Aussagen Nady Mirians. Sie verklärt Inklusion mit dem fast schon rituellen Slogan „Vielfalt als Bereicherung" zu einem mysteriös funktionierenden Konzept, aus dem automatisch sozial geläuterte Schüler hervorgehen, die keinerlei Mobbing kennen, weil sie eben die Vielfalt der Menschen lieben. Dazu passt, was Otto Speck zum anderen Slogan der Inklusionsbefürworter „Es ist normal, anders zu sein" oder „Es ist normal, behindert zu sein" anmerkt. Er spricht vom „zynischen Beigeschmack" (Speck, 2019, S. 62) einer solchen Aussage, weil für die betreffenden, wirklich behinderten Menschen dies in Wirklichkeit eine Verleugnung der Realität sei, die dem Schutz der Würde der Betroffenen in keiner Weise gerecht werde, geschweige denn ihm helfen würde.

Abschließend muss festgestellt werden, dass bei der Inklusionskonzeption fraglich ist, ob man in der aktuell vertretenen Form überhaupt von einem pädagogischen Konzept sprechen kann. Es wird zwar versucht, für das Inklusionssetting didaktische Gestaltungsformen zu entwickeln, ohne aber primär die Befähigung der Lehrer sicherzustellen, dass sie den individuellen Schülerpersönlichkeiten gerecht werden können. Das inklusive Setting ist Kern des Konzepts, ist also allem anderen übergeordnet, dies insbesondere anstelle der eigentlichen pädagogischen Arbeit mit dem Kind und der Klasse. Man kann –nochmals mit Julian Nida-Rümelin – davon sprechen, dass mit der Inklusion eine kulturelle Leitidee verbunden ist, die zweifellos menschlich klingt. Der Realisierungspraxis scheinen aber wichtigste eben wissenschaftliche Grundlagen zu fehlen, um diesem Ideal näher zu kommen. Es ist im Gegenteil zu befürchten, dass tatsächlich das Ziel, nämlich Exklusion durch Inklusion zu überwinden, genau ins Gegenteil kippen kann, sodass Inklusion zur Exklusion beiträgt, weil die behinderten Schüler im Inklusionssetting nicht die gezielte Förderung erhalten, die sich brauchen. In diesem Sinne erinnert Inklusion in ihrer Wirkung an die umstrittene Leseschreiblernmethode „Schreiben nach Gehör" oder „Lesen durch Schreiben", die vor einiger Zeit in der Schweiz für heftige Diskussionen gesorgt hat. Michael Schoenenberger, Leiter der Inlandredaktion der NZZ, geißelte in einem Artikel diese Methode, die mittlerweile mehreren Generationen das Erlernen der deutschen Sprache erheblich erschwert hat, und verlangte das Einmotten derselben mit Berufung auf das Recht aller Schüler „auf korrekte Schulung". Schüler seien keine „Experimentiermasse", war die zentrale Aussage. Leider spricht sehr viel dafür, dass dieselbe Aussage den Promotoren der Inklusion entgegengehalten werden muss.

5.2 Nachwort und Ausblick

Die Fokussierung auf das Konzept der Integration und jenes der Inklusion hat etwas Wesentliches ausgeblendet, das für die Zukunft der Bildungsangebote in Deutschland und in der Schweiz eigentlich höchst relevant ist. In den Verlautbarungen der Bildungsbehörden, Bildungspolitiker und in den Stellungnahmen der Meinungsführer in der Lehrerbildung hört es sich so an, als ob es zu Integration und Inklusion keinerlei Alternativen geben würde, wenn man eine echte Gleichstellung von Schülern mit Dysfunktionalitäten mit allen anderen Schülern erreichen wolle. Die räumliche Aufhebung der Separation wird sozusagen als die Conditio sine qua non dargestellt. Sie allein garantiere, dass es nicht mehr zu herabwürdigenden Bemerkungen und verletzenden Betitelungen von Sonderschülern kommen könne, weil das gemeinsame Unterrichtet-Werden dies von vorneherein verunmöglichen würde. Vollkommen ausgeblendet wird, was die Forschungsarbeit von Ingo Holaschke zu Tage gefördert hat, nämlich eine ganz andere als die gängige Beurteilung der Sonderschulklassen. Deren Existenzberechtigung wurde vor der Studie Ingo Holaschkes regelmäßig sozusagen in Bausch und Bogen verworfen, weil sie – dies war eine Pauschaldisqualifizierung – für sämtliche diskriminierenden Herabsetzungen der Sonderschüler per se verantwortlich gemacht wurden.

Die Holaschke-Studie belegt, dass diese Sichtweise nicht nur zu kurz greift, sondern die Realität verfälscht. Was sie in Wirklichkeit offenbart, ist, dass die Sonderschullehrer für verhaltensauffällige Schüler vermutlich die versiertesten Schulpädagogen überhaupt sind und im Falle der befragten ehemaligen Sonderschüler diejenigen waren, die im Unterschied zu den Regelklassenlehrern diesen bis dahin psychisch stark gezeichneten Kindern im wahrsten Sinne des Wortes nachhaltig geholfen haben. Die berührenden Schilderungen der ehemaligen Sonderschüler über ihre damaligen Lehrer in der Sonderschule bestätigen dies in sehr eindrücklicher Weise. Dank dieser Lehrer und dem von ihnen vermittelten Klassengeist konnten sie sich im Leben langsam stabilisieren und führten zum Zeitpunkt der Studie, also 30 Jahre später, ein Leben, das sie als glücklich bezeichneten. Alle hatten sich so entwickeln können, dass es ihnen gelang, Familien zu gründen, ihr Leben zu konsolidieren und ihren Kindern schulisch viel bessere Entwicklungsperspektiven zu ermöglichen als sie es hatten. Bei Lichte betrachtet heißt dies nichts anderes, als dass gerade der Unterricht und die Schulzeit in der Sonderschule sie fit gemacht hat für die Integration in die Gesellschaft – dem eigentlichen Ziel von Schule überhaupt und von Integration und Inklusion im Besonderen. Mit anderen Worten: Erst durch den separativen Unterricht in der Sonderschule sind die verhaltensauffälligen Schüler zur späteren echten Integration in die Gesellschaft befähigt worden. Dass der Stab generell über die Sonderschulen gebrochen wurde, war also sehr kurzsichtig und letztlich fatal. Die Ergebnisse dieser wissenschaftlichen Studie lassen auch verständlich werden, wieso bis heute die Sonderschulen und -klassen in den Augen der Bevölkerung nach wie vor keinen schlechten Ruf haben.

Die problematische Kehrseite, die die Holaschke-Studie nicht unterschlug, sondern ebenfalls offenlegte und sogar hervorhob, darf natürlich nicht unerwähnt bleiben: Diese Sonderschüler sprachen sich gleichzeitig nebst ihrer Würdigung der Sonderschulzeit explizit dafür aus, die Institution Sonderschule aufzuheben. Neben den wertvollen Erfahrungen mit ihren dortigen Lehrern und mit ihrem positiven schulischen Vorankommen hatten sie außerhalb der Schule unter den Gleichaltrigen aus den Regelschulen viel hässliche Stigmatisierung als Sonderschüler erlebt. Diese tiefsitzenden Verletzungen bewirkten, was Ingo Holaschke ebenfalls im Interview eruierte, dass sie auch später noch, als sie längstens mit ihren Familien ein glückliches Leben führten, sehr wenig soziale Kontakte in der unmittelbaren Umgebung pflegten – offensichtlich infolge der Nachwirkungen der höchst alarmierenden Vorkommnisse während ihrer Sonderschulzeit. Bedauerlicherweise waren dies keine Einzelfälle. Viele Sonderschüler – wenn auch längst nicht an allen Orten, wo es Sonderschulklassen gab – haben ähnliche, für das Selbstwertgefühl traumatisierende Erfahrungen machen müssen. Diese Tatsache lässt sich nicht kleinreden und erklärt, wieso das Ideal der Inklusion als gesellschaftliche Vision zu Recht zu einem sehr wichtigen Anliegen geworden ist.

Der Anspruch an die Schule, dass vornehmlich dort gravierende Ungerechtigkeiten und Quellen von Konflikten und Problemen gelöst werden sollten, verkennt allerdings in gewissem Sinne die realen Zusammenhänge und Verantwortlichkeiten. Ungleichheit, Arroganz, Konkurrenz, Formen der Entwürdigung sind nur einige der gesellschaftlich verbreiteten zwischenmenschlichen Störfaktoren sowie institutionellen und kulturellen Missstände. In den miesen Spötteleien der Regelschüler widerspiegeln sich die gesellschaftlich verbreiteten Wertungen, Vorurteile und generellen Einstellungen. Die Schüler sind sozusagen Sprachrohre des Zeitgeistes, zumal sie nichts anders laut aussprechen als das, was sie bei ihren Eltern, Geschwistern, Kollegen und vor allem in den Medien aufschnappen. Die Erwartungen an die Schule, sie sollte die Verantwortung dafür übernehmen, dass damit aufgeräumt wird, ist nicht nur vollkommen unrealistisch, sondern blendet aus, dass die jungen Menschen nicht im luftleeren Raum aufwachsen und heutzutage durch Handy und Internet zu allem Zugang haben, so auch zu Pornografie und beispielloser Gewalt. Dass die Regelschüler sich arrogant und beleidigend gegenüber den Sonderschülern verhalten, hat also zunächst nichts im Geringsten mit der Institution Sonderschule oder -klasse an sich zu tun. Wenn sich die Erwachsenen in einer Gemeinde z.B. einig sind, dass die Sonderschulklassen für die betreffenden Kinder ein Segen sind, und es nicht zulassen, dass despektierlich über die dort beschulten Kinder gesprochen wird, kommen solche schweren menschlichen Verfehlungen nicht vor. Dies belegen viele Beispiele wie dasjenige von Dominik Gisler in der Gemeinde Flüelen (Kanton Uri).

Wie steht es nun mit Alternativen? Verdienstvoll sind Ansätze unter Sonderpädagogen, welche die soeben geschilderte Ambivalenz und Komplexität der Sonderschulproblematik realistisch sehen und die Lösung nicht in einer weitgehenden Integration oder Inklusion sehen. Sie loten Möglichkeiten aus, wie Schüler mit einer Dysfunktionalität in Kontakt mit Schülern in Regelschulen gebracht werden könnten, ohne die bestehenden Schulstrukturen vollkommen revolutionieren zu müssen. Das Beispiel von Monika Suter-Heinzer hat hinlänglich beschrieben, dass Kinder an den Schwächen anderer interessiert sind und dass, sobald sie realistisch-ernsthaft darüber informiert werden, ihr Mitgefühl angesprochen wird und sie lernen, feinfühlig zu reagieren. So wäre vorab der Abbau von Vorurteilen oder von oberflächlichen, polarisierenden Meinungen notwendig als ein gesellschaftlich sehr relevantes Bildungsziel.

Hülya Marquart und ihr Mann haben es sich zur Aufgabe zu machen, sich mit ihrer Behinderung nicht zu verstecken, sondern im Gegenteil sehr offen damit umzugehen. Mit filmischen Portraits wie dasjenige über die Familie Gisler mit ihrem geistig gehinderten Sohn Dominik – auch ein Beispiel für eine sehr gute separate Förderung in einer Sonderschulinstitution, die ihn zu Kompetenzen befähigt habe, die laut den Schilderungen der Mutter nicht in der Regelschule möglich gewesen wären – und anderen öffentlichkeitswirksamen Einblicken in das Leben behinderter Menschen könnte viel dazu beigetragen werden, eine Normalisierung des Kontakts zwischen Erwachsenen, Familien und Kindern ohne Handicaps mit solchen mit Menschen mit Handicaps zu fördern.

Wären in den Schulen nicht Lösungen von *Teilintegration* ein gangbarer Weg in eine mögliche flexiblere Richtung? Teilintegration von Kindern mit Dysfunktionalität aus Sonderschulen oder heilpädagogischen Institutionen in Regelklassen könnten während einiger Stunden pro Woche stattfinden mit dem Vorteil, dass diese Kinder vorwiegend in ihrer spezialisierten Institution unterrichtet werden und dort ihre erforderlichen Therapien und adäquaten Fördermaßnahmen erhalten. Oder etwa die Schaffung von *Partnerschaften zwischen zwei Schulen oder zwischen zwei Schulklassen unter einem Dach für gemeinsame Unternehmungen*? Beispiele dazu sind vorhanden. Gemeinsame Unternehmungen, die von Partnerschulen durchgeführt werden, könnten gegenseitige Schulbesuche, gemeinsame Schulaufführungen, Koch- und Werkunterricht, Zoobesuche oder Wanderungen beinhalten. Wenn solche Kontakte eine gewisse Regelmäßigkeit haben, werden sie verbindlicher und können sogar zu Freundschaften führen. Allenfalls könnten auch gemeinsame Kontakte in der Freizeit entstehen. Solche Möglichkeiten zu fördern, auszubauen und weiterzuentwickeln wären wertvolle Initiativen, wodurch unsere Schüler reale Erfahrungen von Solidarität machen könnten. Wo dies gelingt, ist fast schon garantiert, dass Schüler, die so etwas erlebt haben, nicht mehr auf die Idee kommen, einen anderen Menschen wegen einer Behinderung oder aufgrund seiner Andersartigkeit zu beleidigen oder zu ärgern. Dies wäre ein echter Beitrag zu einer Entwicklung, die der ursprünglich schönen und wertvollen Inklusionsidee entspricht.

Literatur

ACT (Accomplished California Teachers). (2010, 2. April). *It Takes Ganas*. Zugriff am 8. November 2020 unter https://accomplishedcaliforniateachers.wordpress.com/2010/04/02/it-takes-ganas/

Adler, A. (Hrsg.). (1925). *Internationale Zeitschrift für Individualpsychologie. Arbeiten auf dem Gebiete der Psychotherapie, Psychologie und Pädagogik. III. Jahrgang, AL „Journalfranz"*. Würzburg: Arnulf Liebing.

Aebischer, Ch. (2019, 2. September). Bald gibt's keine Sonderschüler mehr. *Der Bund*. Zugriff am 2. August 2021 unter https://www.derbund.ch/bern/kanton-bern-sucht-neu-sonderschulplaetze-fuer-kinder/story/19127113

Ainsworth, M.D.S. (1967). *Infancy in Uganda. Infant care and the growth of love*. Baltimore: The John Hopkins Press.

AKS-Rhein-Neckar (Arbeitskreis Sonderschulen Rhein-Neckar). (2016, 12. Dezember). Arbeitskreis Sonderschulen Rhein-Neckar sieht Nachbesserungsbedarf bei der Qualitätssicherung in der Sonderpädagogik. (Pressemitteilung). *Das offene PR-Portal*. Verfügbar unter https://www.openpr.de/news/931209/AK-Sonderschulen-Rhein-Neckar-sieht-Nachbesserungsbedarf-bei-der-Qualitaetssicherung-in-der-Sonderpaedagogik.html/

Alsaker, F. (2003). *Quälgeister und ihre Opfer. Mobbing unter Kindern – und wie man damit umgeht*. Bern: Hans Huber.

Alsaker, F. (2012). *Mutig gegen Mobbing in Kindergarten und Schule*. Bern: Hans Huber.

Baumann, T. & Alber, R. (2011). *Schulschwierigkeiten: Störungsgerechte Abklärung in der pädiatrischen Praxis*. Bern: Hans Huber.

Beyeler, H. (2015, 9. Februar). Von der Ausgrenzung über die Integration bis hin zur Inklusion. *Tagblatt*. Zugriff am 2. August 2021 unter https://www.tagblatt.ch/ostschweiz/werdenberg-obertoggenburg/von-der-ausgrenzung-ueber-die-integration-bis-hin-zur-inklusion-ld.978810

Bieri, B. (Regisseur). (2018). Der Wildheuer – Senkrecht über dem Urnersee. *SRF Dokumentarfilm*, Zugriff am 12. Oktober 2020 unter https://www.srf.ch/play/tv/dok/video/der-wildheuer---senkrecht-ueber-dem-urnersee?urn=urn:srf:video:77975db0-9ef4-4cef-92cc-48e004793125

Bilz, L., Goldfriedrich, M., John, N., Fischer, S.M., Wachs, S. & Schubarth, W. (2018). Mobbingerfahrungen von Schülerinnen und Schüler mit und ohne sonderpädagogischem Förderbedarf an inklusiven Schulen. In K. Rathmann & K. Hurrelmann (Hrsg.), *Leistung und Wohlbefinden in der Schule: Herausforderung Inklusion*. (S. 272–286) Weinheim, Basel: Beltz Juventa.

Bodenmann, G. (2016). *Lehrbuch Klinische Paar- und Familienpsychologie*. Bern: Hogrefe. Verfügbar unter https://doi.org/10.1024/85620-000

Bodenmann, G. (2017, August). *Bindung und psychische Störungen bei Kindern und Jugendlichen.* Vortrag an der „Tagung Bindung – was die Welt zusammenhält“, Universität Zürich.

Bonfranchi, R. (2009, 17. Juni). Ein Akt gegen die Menschenwürde. *NZZ*. Zugriff am 2. August 2021 unter https://www.nzz.ch/ein_akt_gegen_die_menschenwuerde-1.2755192?reduced=true

Bonfranchi, R. (2017). *Phänomenologie der Geistigen Behinderung. Be-Kenntnisse eines Heilpädagogen.* Bern: Edition Stiftung Schweizer Zentrum für Heil- und Sonderpädagogik (SZH).

Bonfranchi, R. (2018). Von einer missglückten Integration und der Einsamkeit in einem Wohnblock. Erfahrungen eines Heilpädagogen. *Schweizerische Zeitschrift für Heilpädagogik, 24*(1), 40f.

Bonfranchi, R. & Stark, R. (2019, 7. Dezember). Abschaffung der Kleinklassen: Ein bildungspolitischer Irrweg. *Basler Zeitung*, o.S.

Bottome, Ph. (2013). *Alfred Adler aus der Nähe porträtiert.* Berlin: VTA – Verlag für Tiefenpsychologie und Anthropologie.

Böttinger, T. (2016). *Inklusion. Gesellschaftliche Leitidee und schulische Aufgabe.* Stuttgart: Kohlhammer.

Böttinger, T. (2017). *Exklusion durch Inklusion? Stolpersteine bei der Umsetzung.* Stuttgart: Kohlhammer.

Bowlby, J. (1980). Mit der Ethologie heraus aus der Psychoanalyse: Ein Kreuzungsexperiment. In K.E. Grossmann & K. Grossmann (Hrsg.), (2020). *Bindung und menschliche Entwicklung. John Bowlby, Mary Ainsworth und die Grundlagen der Bindungstheorie.* (6. Aufl., S. 38–54). Stuttgart: Klett-Cotta Verlag.

Bowlby, J. (1987). Bindung. In K.E. Grossmann & K. Grossmann (Hrsg.) (2020), *Bindung und menschliche Entwicklung. John Bowlby, Mary Ainsworth und die Grundlagen der Bindungstheorie* (6. Aufl., S. 22–28). Stuttgart: Klett-Cotta Verlag.

Bundesrat. (29.6.2016). *Erster Bericht der Schweizer Regierung über die Umsetzung des Übereinkommens über die Rechte der Menschen mit Behinderungen.* Bern: Schweizerische Eidgenossenschaft.

Camus, A. (1997). *Der erste Mensch.* Reinbek bei Hamburg: Rowohlt.

Chouinard, M. (2007). *Children's questions: A mechanism for cognitive development* (Monographs of the Society for Research in Child Development, Serial No. 286, 72, No. 1). Chichester (UK): John Wiley and Sons.

Donne, J. (2007). *Mediation 17, 1623. Devotions upon emergent occasions.* New York: Cosimo.

Eife, G. (2016). *Analytische Individualpsychologie in der therapeutischen Praxis. Das Konzept Alfred Adlers aus existentieller Perspektive.* Stuttgart: Kohlhammer.

Ellenberger, H.F. (1973). *Die Entdeckung des Unbewussten* (Bd. 1 & 2). Bern: Hans Huber.

Felten, M. (2017). *Die Inklusionsfalle. Wie eine gut gemeinte Idee unser Bildungswesen ruiniert.* Gütersloh: Gütersloher Verlagshaus.

Fend, H. & Stöckli, G. (1997). Der Einfluss des Bildungssystems auf die Humanentwicklung: Entwicklungspsychologie der Schulzeit. In F.E. Weinert (Hrsg.), *Psychologie des Unterrichts und der Schule* (S. 1–35). Göttingen: Hogrefe.

Forneck, H. (2014, 31. Juli). Professionalisierung statt Innovationsabstinenz. *NZZ*. Zugriff am 2. August 2021 unter https://www.nzz.ch/meinung/debatte/professionalisierung-statt-innovationsabstinenz-1.18354276?reduced=true

Grossmann, K.E. & Bretherton, I. & Waters, E. & Grossmann, K. (Ed.). (2015). *Maternal Sensitivity. Mary Ainsworth's Enduring Influence on Attachment Theory Research, and Clinical Applications.* New York: Routledge.

Grossmann, K.E. & Grossmann, K. (2017). *Bindungen – das Gefüge psychischer Sicherheit* (7. Aufl.). Stuttgart: Klett-Cotta.

Gruber, J. (2013). Neue Chance für eine inklusive Schule. *VPOD Bildungspolitik, 180* (3), 7.

Gysin, St. (2018). Subjektives Wohlbefinden von Schülerinnen und Schülern. In K. Rathmann & K. Hurrelmann (Hrsg.), *Leistung und Wohlbefinden in der Schule: Herausforderung Inklusion.* Weinheim, Basel: Beltz Juventa.

Hannich, H. J. (2018). *Individualpsychologie nach Alfred Adler*. Stuttgart: Kohlhammer.

Harder, M. (2004/2005): *Thomas Quasthoff — The Dreamer (Langzeitdokumentation)*. Hamburg: tryharder tvnetwork.

Harris, P. L. (2012). *Trusting what your told. How children learn from others.* Cambridge, Massachusetts, London: The Belknap Press of Harvard University Press. https://doi.org/10.4159/harvard.9780674065192

Hascher, T., Morinaj, J. & Waber, J. (2018). Schulisches Wohlbefinden: Eine Einführung in Konzept und Forschungsstand. In K. Rathmann & K. Hurrelmann (Hrsg.), *Leistung und Wohlbefinden in der Schule: Herausforderung Inklusion.* (S. 66–82) Weinheim, Basel: Beltz Juventa.

Hattie, J. (2012). *Visible learning for teachers. Maximizing impact on learning.* New York: Routledge. Verfügbar unter https://doi.org/10.4324/9780203181522

Hattie, J. & Zierer, K. (2019). *Kenne Deinen Einfluss! „Visible Learning" für die Unterrichtspraxis* (4. Aufl.). Baltmannsweiler: Schneider Verlag Hohengehren. Verfügbar unter https://doi.org/10.4324/9781351002226

Heilmann, W. (2016, 3. Juni). *Heterogene Lerngruppen und Ganztag als Voraussetzungen für Inklusion im Primarbereich (Vortrag)*. Verfügbar unter https://www.youtube.com/watch?v=uAV_t-nHD

Hobson, P. (2003). *Wie wir denken lernen. Gehirnentwicklung und die Rolle der Gefühle.* Düsseldorf, Zürich: Patmos.

Holaschke, I. (2015). *30 Jahre danach – Biografien ehemaliger Schülerinnen und Schüler der „Lernbehindertenschule". Lebenszufriedenheit und beruflicher Werdegang. Dissertation* (Internationale Hochschulschriften, Bd. 615). Münster, New York: Waxmann.

Hollenbach-Biele, N. (2015). *Wie Eltern Inklusion sehen: Erfahrungen und Einschätzungen. Ergebnisse einer repräsentativen Elternumfrage.* Gütersloh: Bertelsmann Stiftung.

Horner, V. & Whiten, A. (2005). Causal knowledge and imitation/emulation switching in chimpanzees (Pan troglodytes) and children (Homo sapiens). *Anim Cogn*, 8, 164–181. Zugriff unter https://www.emory.edu/LIVING_LINKS/publications/articles/Horner_Whiten_2005.pdf und https://doi.org/10.1007/s10071-004-0239-6

Kaiser, A. (1981). *Das Gemeinschaftsgefühl – Entstehung und Bedeutung für die menschliche Entwicklung. Eine Darstellung wichtiger Befunde aus der modernen Psychologie.* Zürich: Verlag Psychologische Menschenkenntnis.

Kluy, A. (2019). *Alfred Adler. Die Vermessung der menschlichen Psyche (Biografie)*. München: Deutsche Verlags-Anstalt.

Konsortium PISA.ch. (2019). *PISA 2018: Schülerinnen und Schüler der Schweiz im internationalen Vergleich.* Bern, Genf: SBFI/EDK und Konsortium PISA.ch.

Lanfranchi, A. & Steppacher, J. (Hrsg.). (2011). *Schulische Integration gelingt. Gute Praxis wahrnehmen, Neues entwickeln.* Kempten: Klinkhardt.

Largo, R. (1997). Wie entwickeln sich behinderte Kinder? *Kinderärztliche Praxis, 3*, 140–145.

Leontjew, A. N. (2003). Einleitung: Der Schaffensweg Vygotskijs. In J. Lompscher (Hrsg.), *Lew Vygotskij. Ausgewählte Schriften*, (International Cultural-historical Human Sciences, Bd. i., S. 9–55). Berlin: Lehmanns Media.

Martin, S. (2013). Wie können wir Inklusion tatsächlich in die Tat umsetzen? Neue Chance für eine inklusive Schule. *VPOD Bildungspolitik, 180*, 10 f.

Mathews, J. (1989). *Escalante – The Best Teacher in America.* New York: H. Holt and Company.

McDougall, D. (Interviewer) (2012, 31. Juli). Visible Learning, an Interview with Dr. John Hattie (Film). *University of Toronto*. Verfügbar unter https://www.youtube.com/watch?v=rkXE4lBwHD4

Menéndez, R. (1988). *Stand and Deliver (Film)*. Miami: Warner Bros.

Mirian, N. (2020). *Mobbing und Inklusion. Ein empirischer Schulvergleich mit Ausblick auf konstruktivistische Präventionsmaßnahmen*. Wiesbaden: Springer VS. Verfügbar unter https://doi.org/10.1007/978-3-658-28394-0

Moor, P. (1965). *Heilpädagogik*. Bern: Haupt.

Muñoz, V. (2013). Inklusion zum Wohle der Kinder. Neue Chance für eine inklusive Schule. *VPOD Bildungspolitik, 180*, 8f.

Nida-Rümelin, J. (2013). *Philosophie einer humanen Bildung*. Hamburg: Edition Körber-Stiftung.

Oller, K. (2018, 7. März). Es gibt keine Kinder, die man nicht integrieren kann. *Limmatthaler Zeitung*. Zugriff am 2. August 2021 unter https://www.limmattalerzeitung.ch/limmattal/heilpadagogik-professor-andrea-lanfranchi-es-gibt-keine-kinder-die-man-nicht-integrieren-kann-ld.1489312

Petersen, T. (2019, 21. August). Parallelwelt Schulpolitik. *FAZ*. Zugriff am 2. August 2021 unter https://www.faz.net/aktuell/karriere-hochschule/klassenzimmer/so-denkt-deutschland-ueber-die-aktuelle-schulpolitik-16343200.html

Pfändler, N. (2020, 28. Februar). FDP-Gemeinderätin Bourgeois: „In meinen Augen ist die ganze Aktion gescheitert. *NZZ*. Zugriff am 2. August 2021 unter https://www.nzz.ch/zuerich/fdp-gemeinderaetin-bourgeois-die-ganze-aktion-ist-gescheitert-ld.1543188?reduced=true

Pfeifer, W. (Hrsg.) (2005). *Etymologisches Wörterbuch des Deutschen* (8. Aufl.). München: dtv.

Philibert, N. (2002). *Etre et Avoir (Dokumentarfilm)*. Paris: Les Films de Losange.

Quasthoff, T. (2004). *Die Stimme (Autobiografie)*. Berlin: Ullstein.

Rathmann, K. & Hurrelmann, K. (Hrsg.). (2018). *Leistung und Wohlbefinden in der Schule: Herausforderung Inklusion*. Weinheim, Basel: Beltz Juventa.

Reddy, V. (2010). *How infants know minds*. Cambridge, Massachusetts: Harvard University Press. Verfügbar unter https://doi.org/10.2307/j.ctv10vm0qv

Reichenbach, R. (2013). *Für die Schule lernen wir. Plädoyer für eine gewöhnliche Institution*. Seelze: Kallmeyer/Klett.

Reichenbach, R. (2014, 26. Juli). Alternative Lernformen: Leider gibt es in der Schule eine Neo-Manie. *NZZ*. Zugriff am 2. August 2021 unter https://www.nzz.ch/zuerich/leider-gibt-es-an-den-schulen-eine-neo-manie-1.18351180?reduced=true

Reichenbach, R. (2015, 26. Juni). Kein Mensch ist bildungsfern [Interview]. *SRF*. Verfügbar unter https://www.srf.ch/wissen/lernen-gewusst-wie/kein-mensch-ist-bildungsfern

Republik Österreich. (2007, 14. Mai) Gleiche Bildungschancen für alle: Der Schulreformer Otto Glöckel. *Parlamentskorrespondenz, Nr. 358*. Verfügbar unter https://www.parlament.gv.at/PAKT/PR/JAHR_2007/PK0358/index.shtml

Resnick, L. (2014, 9. Oktober). *Accountable Talk® Conversation that Works*. Zugriff am 13. Oktober 2020 unter https://www.youtube.com/watch?v=UVv40or1B-o

Resnick, L.B., Asterhan, C.S.C. & Clarke, S.N. (Ed.). (2015). *Socializing intelligence through academic talk and dialogue*. Washington DC: American Educational Research Association. Verfügbar unter https://doi.org/10.3102/978-0-935302-43-1

Resnick, L.B., Clarke, S.N. & Asterhan, C.S.C. (Ed.). (2018). *Accountable Talk: Instructional dialogue that builds the mind*. (Educational Practices Series, Vol. 29). Geneva: International Bureau of Education (IBE) & The International Academy of Education (IAE). www.iaoed.org

Rieken, B. (Hrsg.). (2011). *Alfred Adler heute. Zur Aktualität der Individualpsychologie*. Münster: Waxmann.

Rousseau, J.-J. (1983). *Emil oder Über die Erziehung*. Paderborn: UTB, Ferdinand Schöningh.

Ruthishauser, A. (2019, 27. April). Es braucht wieder Kleinklassen. Das Ziel der Inklusion führt in den Schulen zu ideologischen Leerläufen. *Sonntagszeitung*. Zugriff am 2. August 2021 unter https://www.tagesanzeiger.ch/sonntagszeitung/es-braucht-wieder-kleinklassen/story/22020053

Rüedi, J. (1995). *Einführung in die individualpsychologische Pädagogik*. Bern: Haupt.

Saalfrank, W. & Zierer, K. (2017). *Inklusion*. Paderborn: Ferdinand Schöningh.

Scheler, M. (2005). *Die Stellung des Menschen im Kosmos* (16. Aufl.). Bonn: Bouvier.

Scherer, E. (2020, 23. Juli). Schulische Integration ist ein Menschenrecht – eine Demontage wider besseres Wissen. *NZZ*. Zugriff am 2. August 2021 unter https://www.nzz.ch/meinung/schulische-integration-ein-menschenrecht-wider-ihre-demontage-ld.1544043?reduced=true

Schlittler, L., Vogt, R. & Zuber, I. (2020a). *ADHOS – Muss es immer Ritalin sein?* Interdisziplinäre Projektarbeit an der Berufsmittelschule am Berufsbildungszentrum in Pfäffikon.

Schlittler, L., Vogt, R. & Zuber, I. (2020b). Interview mit Romedius Alber in seiner Praxis in Baar. In L. Schlittler, R. Vogt & I. Zuber, *ADHS – Muss es immer Ritalin sein?* Interdisziplinäre Projektarbeit an der Berufsmittelschule am Berufsbildungszentrum in Pfäffikon.

Schmid, S. (2011, 6. November). Erlöst die Schüler von unnötigen Diagnosen (Interview mit Romedius Alber und Thomas Baumann). *NZZ*. Zugriff am 2. August 2021 unter https://www.nzz.ch/erloest_die_schueler_von_unnoetigen_diagnosen-1.13233712?reduced=true

Schoenenberger, M. (2018, 30. Oktober). Kinder haben ein Recht auf korrekte Schulung. *NZZ*. Zugriff am 2. August 2021 unter https://www.nzz.ch/meinung/kinder-haben-ein-recht-auf-korrekte-schulung-ld.1432484?reduced=true

Seelmann, K. (1952). Erziehung zum Mitmenschen in der Volksschule. In L. Seif (Hrsg.), *Wege der Erziehungshilfe. Ergebnisse und praktische Hinweise aus der Tätigkeit des Münchner Arbeitskreises für Erziehung* (2. Aufl.). München, Berlin: J. F. Lehmanns.

Simon, A. (1950). *Verstehen und Helfen – die Aufgaben der Schule*. München: R. Oldenbourg. https://doi.org/10.1515/9783486778052

Simon, A. (1960). *Helga. Kindernöte – Erziehersorgen – Wege und Hilfe* (2. Aufl.). München: R. Oldenbourg.

Simon, A. (1959). *Partnerschaft im Unterricht* (2. Aufl.). München: R. Oldenbourg.

Speck, O. (2019). *Dilemma Inklusion. Wie Schule allen Kindern gerecht werden kann*. München: Ernst Reinhardt.

Spiel, O. (1979). *Am Schaltbrett der Erziehung*. Bern: Hans Huber.

Stamm, M. (2013). *Bildung braucht Bindung. Das Fundament für das Vorschulalter* (Dossier 13/4, S. 1–36). Bern: Swiss Institute for Educational Issues.

Suter-Heinzer, M. (2020). *DU bist einzigartig! Trisomie 21 und DU!* Verfügbar unter https://einzigartig-trisomie21.ch

Taus, W. (2020, 15. Januar). Von diesem Psychologen wäre viel zu lernen. *NZZ*. Zugriff am 2. August 2021 unter https://www.nzz.ch/feuilleton/alfred-adler-der-psychologe-in-der-biografie-von-alexander-kluy-ld.1532766?reduced=true

Textor, M. R. (2000). Lew Wygotski – der ko-konstruktive Ansatz. In W. E. Fthenakis & M. R. Textor (Hrsg.), *Pädagogische Ansätze im Kindergarten* (S. 71–83). Weinheim, Basel: Beltz.

Tomasello, M. (2019). *Becoming Human. A Theory of Ontogeny*. Cambridge, Massachusetts: The Belknap Press of Harvard University Press. Verfügbar unter https://doi.org/10.4159/9780674988651

Tomasello, M. (2020). *Mensch werden. Eine Theorie der Ontogenese*. Berlin: Suhrkamp.

Trevarthen, C., Delafield-Butt, J. & Dunlop, A.-W. (Ed.). (2018). *The child's curriculum. Working with the natural values of young children*. Oxford: Oxford University Press. Verfügbar unter https://doi.org/10.1093/oso/9780198747109.001.0001

Vygotski, L. (1962). *Thought and language*. New York, London: The M.I.T. Press. Verfügbar unter https://doi.org/10.1037/11193-000

Welke, A. (Hrsg.). (2012). *UN-Behindertenrechtskonvention mit rechtlichen Erläuterungen*. Berlin: Eigenverlag des Deutschen Vereins für öffentliche und private Fürsorge e.V.

Wirthwein, L., Steinmayr, R. & Bergold, S. (2018). Schulleistung und subjektives Wohlbefinden. In K. Rathmann, & K. Hurrelmann (Hrsg.), *Leistung und Wohlbefinden in der Schule: Herausforderung Inklusion*. (S. 105–120) Weinheim, Basel: Beltz Juventa.

Wittenberg, L. (2002). *Geschichte der Individualpsychologischen Versuchsschule in Wien. Eine Synthese aus Reformpädagogik und Individualpsychologie*. (Dissertation). Wien: Facultas Verlags- und Buchhandels AG, WUV/Universitätsverlag.

Wolfisberg, C. (2008). Der institutionelle Umgang mit der Heterogenität der Schulkinder. In D. Tröhler & U. Hardegger (Hrsg.), *Zukunft Bilden. Die Geschichte der modernen Zürcher Volksschule*. (S. 188–199) Zürich: Verlag Neue Zürcher Zeitung.

Weiterführende Literatur

Adler, A. (1980). *Praxis und Theorie der Individualpsychologie* (4. Aufl.). Frankfurt a. Main: Fischer.

Adler, A. (1980). *Menschenkenntnis*. (14. Aufl.). Frankfurt a. Main: Fischer.

Ansbacher, H. L. & Ansbacher, R. R. (Hrsg.). (1982). *Alfred Adler. Individualpsychologie. Eine systematische Darstellung seiner Lehre in Auszügen aus seinen Schriften*. München: Ernst Reinhardt.

Ahrbeck, B. (2014). *Inklusion. Eine Kritik* (2. Aufl.). Stuttgart: Kohlhammer.

Aitmatow, T. (1990). *Der erste Lehrer.* München: Antje Kunstmann.

Aitmatow, T. (2020). *Kindheit in Kirgisien*. Zürich: Unionsverlag.

Alexander, R. (2020). *A dialogic teaching companion*. London, New York: Routledge. Verfügbar unter https://doi.org/10.4324/9781351040143

Bakhtin, M. (1984). *Problems of Dostoevsky's Poetics* (Edited and Translated by Carly Emerson; Theory and History of Literature, Vol. 8). Minneapolis: University of Minnesota Press. Verfügbar unter https://doi.org/10.5749/j.ctt22727z1

Bakhtin, M. M. (2014). *The Dialogic Imagination. Four Essays* (19. Aufl.). Austin: University of Texas Press.

Bakhtin, M. M., Emerson, C. & Holquist, M. (Ed.). (1986). *Speech Genres & Other Late Essays*. Austin: University of Texas Press.

Bleidick, U. (1959). *Die Individualpsychologie in ihrer Bedeutung für die Pädagogik*. Mülheim (Ruhr): I. Setzkorn-Scheifhacken.

Bleidick, U. (1985). *Individualpsychologie, Lernbehinderungen, und Verhaltensstörungen*. Berlin: Carl Marhold Verlagsbuchhandlung.

Blum, D. (2002). *Die Entdeckung der Mutterliebe. Die legendären Affenexperimente des Harry Harlow*. Weinheim, Basel: Beltz.

Bollnow, O. F. (1965). *Die Pädagogische Atmosphäre* (2. Aufl.). Heidelberg: Quelle & Meyer.

Bonfranchi, R. (1997). *Löst sich die Sonderpädagogik auf?* Luzern: Edition SZH, Schweizerische Zentralstelle für Heilpädagogik.

Bonfranchi, R. (2002). *Visueller Eindruck – Geistige Behinderung – Gesellschaftliche Bedeutung*. Oberhausen: Athena.

Bonfranchi, R. (2004). *Zwischen den Stühlen. Eine Kontroverse zu Ethik der Behinderung* (2. Aufl.). Erlangen: Harald Fischer.

Camus, C. (2016). *Albert Camus in Bildern & Dokumenten* (3. Aufl.). Zürich: Editions Olms.

Deci, E. L. & Ryan, R. M. (1993). Die Selbstbestimmungstheorie der Motivation für die Pädagogik. *Zeitschrift für Pädagogik, 39*(2), 223–238.

della Mirandola, G. P. (1990). *Über die Würde des Menschen* (hrsg. v. August Buck). Hamburg: Felix Meiner. Verfügbar unter https://doi.org/10.28937/978-3-7873-2320-3

Drieschner, E. (2011). *Bindung und kognitive Entwicklung – ein Zusammenspiel.* München: Deutsches Jugendinstitut e. V.

Felten, M. (2000). *Kinder wollen etwas leisten.* München: Kösel.

Felten, M. (2010). *Auf die Lehrer kommt es an! Für eine Rückkehr der Pädagogik in die Schule.* Gütersloh: Gütersloher Verlagshaus.

Frey, B.S. (2017). *Wirtschaftswissenschaftliche Glücksforschung.* Heidelberg: Springer. Verfügbar unter https://doi.org/10.1007/978-3-658-17778-2

Gallin, P. & Ruf, U. (2017). *Sprache und Mathematik in der Schule. Auf eigenen Wegen zur Fachkompetenz.* Zürich: Verlag Lehrerinnen und Lehrer Schweiz.

Germann-Müller, U. (1996). *Mutter! Mittendrin zwischen Deinem Kind und der Welt. Zu Pestalozzis Mutterbild.* Zürich: Pestalozzianum.

Gillies, R.M. (2016). *Enhancing Classroom-Based Talk. Blending practice, research and theory.* London and New York: Routledge, Taylor and Francis Group.

Grossmann, K.E. & Grossmann, K. (Hrsg.). (2020). *Bindung und menschliche Entwicklung. John Bowlby, Mary Ainsworth und die Grundlagen der Bindungstheorie* (6. Aufl.). Stuttgart: Klett-Cotta.

Gruschka, A. (2011). *Verstehen lehren.* Stuttgart: Reclam.

Gruschka, A. (2015). *Der Bildungs-Rat der Gesellschaft für Bildung und Wissen.* Opladen, Berlin, Toronto: Barbara Budrich. Verfügbar unter https://doi.org/10.2307/j.ctvddzj15

Hager, F. (1981). *Plato Paedagogus. Aufsätze zur Geschichte und Aktualität des pädagogischen Platonismus.* Bern: Haupt.

Hascher, T. (Hrsg.). (2004). *Schule positiv erleben. Ergebnisse und Erkenntnisse zum Wohlbefinden von Schülerinnen und Schülern.* Bern: Haupt.

Hattie, J. (2003). *Teachers make a difference. What is the research evidence?* Melbourne: Autralian Council for Edcuational Research.

Heitger, M. (Hrsg.). (2002). *Wozu Schule? Fragen der inneren Schulreform.* Innsbruck: Verlagsanstalt Tyrolia.

Hersch, J. (Hrsg.). (1990). *Das Recht ein Mensch zu sein: Leseproben aus aller Welt zum Thema Freiheit und Menschenrechte.* Basel: Helbling & Lichterhahn.

Hoefele, A. (2017). Jenseits der Gegensätze. Umrisse einer soziokulturellen Theorie des Lehrens und Lernens. In J. Krautz (Hrsg.), *Beziehungsweisen und Bezogenheiten. Relationalität in Pädagogik, Kunst und Kunstpädagogik.* (Schriftenreihe Imago, Bd. 4). München: kopaed.

Hojjat, M. & Moyer, A. (Ed.). (2017). *The Psychology of friendship.* Oxford, New York: Oxfort University Press.

Julius, H., Gasteiger-Klicpera, B. & Kißgen, R. (Hrsg.). (2009) *Bindung im Kindesalter. Diagnostik und Intervention.* Göttingen: Hogrefe.

Kiel, E., Esslinger-Hinz, I. & Reusser, K. (2014). Einführung in den Thementeil „Allgemeine Didaktik für eine inklusive Schule". *Jahrbuch für Allgemeine Didaktik* (Themenheft 6, S. 9–15).

Kiel, E., Frey, A. & Weiss, S. (2013). *Trainingsbuch Klassenführung.* Bad Heilbrunn: Julius Klinkhart.

Klein, S. (2010). *Der Sinn des Gebens. Warum Selbstlosigkeit in der Evolution siegt und wir mit Egoismus nicht weiterkommen.* Frankfurt a.M.: S. Fischer.

Künkler, T. (2011). *Lernen in Beziehung. Zum Verhältnis von Subjektivität und Relationalität in Lernprozessen.* Bielefeld: transcript. Verfügbar unter https://doi.org/10.14361/transcript.9783839418079

Mercer, N. & Howe, Ch. (2012). *Explaining the dialogic process of teaching and learning: The value and potential of sociocultural theory.* Cambridge: University of Cambridge.

Mercer, N., Wegerif, R. & Major, L. (Ed.). (2020). *The Routledge International Handbook of Research on Dialogic Education.* Oxon, New York: Routledge. Verfügbar unter https://doi.org/10.4324/9780429441677

Ordine, N. (2014). *Von der Nützlichkeit des Unnützen. Warum Literatur und Philosophie lebenswichtig sind*. Berlin: Ullstein.

Ordine, N. (2018). *Gli uomini non sono isole*. Milano: La nave di Teseo editore.

Portmann, A. (1944). *Biologische Fragmente zu einer Lehre vom Menschen*. Basel: Schwabe Verlag.

Reichenbach, R. (2007). *Philosophie und Bildung der Erziehung. Eine Einführung*. Stuttgart: Kohlhammer.

Rüedi, J. (2013). *Disziplin und Selbstdisziplin in der Schule* (4. Aufl.). Bern: Haupt.

Ruck, N. (2009). Dialog und Körpergeschichte. Dialogische Perspektiven auf „disability". *Journal für Psychologie, 17*, 2.

Ruf, U. & Winter, F. (2012). *Dialogisches Lernen: die gemeinsame Suche nach Qualitäten*. Zürich: Zürich Open Repository and Archive, University of Zürich.

Ryan, R.M. & Deci, E.L. (2000). Self-determination theory and the facilitation of intrinsic motivation, social development, and well-being. *American Psychologist*, *55*(1), 68–78. Verfügbar unter https://doi.org/10.1037/0003-066X.55.1.68

Schilling-Holaschke, I. (2015). Aktuelle Forschungsberichte: 30 Jahre danach – Biografien ehemaliger Schülerinnen und Schüler der „Lernbehindertenschule". *Vierteljahresschrift für Heilpädagogik und ihre Nachbargebiete* (VHN), *1* (3). Verfügbar unter https://doi.org/10.2378/vhn2015.art31d

Schmid, P. (1996). *Verhaltensstörungen aus anthropologischer Sicht* (3. Aufl.). Bern: Paul Haupt.

Schwer, C. & Solzbacher, C. (Hrsg.). (2014). *Professionelle pädagogische Haltung. Historische, theoretische und empirische Zugänge zu einem viel strapazierten Begriff*. Bad Heilbrunn: Julius Klinkhardt.

Seif, L. (Hrsg.). (1952). *Wege der Erziehungshilfe. Ergebnisse und praktische Hinweise aus der Tätigkeit des Münchner Arbeitskreises für Erziehung* (2. Aufl.). München, Berlin: J.F. Lehmanns Verlag.

Tomasello, M. (2010). *Warum wir kooperieren*. Berlin: Suhrkamp.

Tomasello, M. (2014). *A natural history of human thinking*. London: Harvard University Press. Verfügbar unter https://doi.org/10.4159/9780674726369

Tomasello, M. (2017). Wiederkehr des kulturellen Lernens. Imitation, Instruktion, Zusammenarbeit. In J. Krautz (Hrsg.), *Beziehungsweisen und Bezogenheiten. Relationalität in Pädagogik, Kunst und Kunstpädagogik* (Schriftenreihen Imago, Bd. 4). München: kopaed.

Tröhler, D. & Hardegger, U. (Hrsg.). (2006). *Zukunft bilden. Die Geschichte der modernen Zürcher Volksschule*. Zürich: Verlag Neue Zürcher Zeitung.

von Westphalen, A. (2019). *Die Wiederentdeckung des Menschen. Warum Egoismus, Gier und Konkurrenz nicht unserer Natur entsprechen*. Frankfurt a. Main: Westend.

Vygotski, L. (1978). *Mind in society: The development of higher psychological process*. Cambridge, MA: Harvard University Press.

Vygotsky, L. (1987). *Arbeiten zur psychischen Entwicklung der Persönlichkeit* (Ausgewählte Schriften, Bd. 2). Köln: Pahl-Rugenstein.

Vgotsky, L. (2003). *Lew Vygotskij. Ausgewählte Schriften* International Cultural-historical Human Sciences (Bd. 1). Berlin: Lehmanns Media.

Wells, G. & Claxton, G. (2002). *Learning for life in the C21st*: Sociocultural perspectives on the future of education. Oxford: Blackwell Publishers.

Werner, R. (2014). *Lehrer machen Schule. Warum gute Lehrer so wichtig sind*. Berlin: Auriga.

Wittenberg, L. (2004). Integration in den Versuchsschulen von Oskar Spiel und Ferdinand Birnbaum. *Zeitschrift für Individualpsychologie: Individualpsychologie und Sonderpädagogik*, *29*(3), 262–274.

Zeitungsartikel

BauernZeitung. (2018, 8. März). *Bergbauer, Wildheuer, Musiker und liebevoller Vater.*

Baumann, T. & Alber R. (2011, 6. November). Erlöst die Schüler von unnötigen Diagnosen.“ *NZZ.*

Weiterführende Zeitungsartikel

Beglinger, M. (2018, 31. August). „Das ist vernichtend“. Die Antworten der Bildungsforscher über die Wirkung der Schulreformen in der Schweiz sind ernüchternd. *NZZ.*

Blumer, C. (2019, 5. Dezember). „Der Befund ist alarmierend“. *Tages-Anzeiger.*

Kaufmann, B. (2019, 17. Oktober.). Solche Banden werden in den Vorstädten aufgebaut. Jugendbanden in Skandinavien. *SRF.*

Mack, G. (2020, 31. Mai). Die Macht der Brüder. *NZZ am Sonntag.*

Miller, A. (2019, 4. Dezember) Nirgends in Europa werden so viele Schüler gemobbt wie in der Schweiz. *Aargauer Zeitung.*

N. N. (2020, 23. Juni). 258 Millionen Kinder haben laut der Unesco keinen Zugang zu Bildung. *NZZ.*

NZZ (afp) (2018, 14. Oktober). Italienische Regierung ordnet Umzug von Flüchtlingen aus Riace an. *NZZ.*

Reichenbach, R. (2016, 21. November). In der Schule wird nicht gekauft, sondern gelernt. *NZZ*

Signer, H. G. (2009, 21. Oktober). Die Würde ist kein Konjunktiv. Die Integration geistig behinderter Kinder kann gelingen. *NZZ.*

Spalinger, A. (2016, 9. April). Die Baby-Gangs von Neapel. *NZZ.*

Straub, D. (2018, 25. August). Bedrohte Integrationsidylle. *Luzerner Zeitung.*

Fachzeitschriften

Tomasello, M. (2019). Cooperation is key: Duke primatologist Michael Tomasello explains the human condition. Interview by Charlie Zong. *The Chronicle,* 23. September, S. 1–3.

Internetseiten

Roseville, Anika (2014, 17. August). *Jaime Escalante.* MY HERO (Non Profit Organization). Verfügbar unter: https://myhero.com/J_Escalante_olympus_jhs_US_2011.

Weiterführende Internetseiten

Merkur.de (2019, 3. Dezember). *Schock nach „PISA“ – Studie: Jeder sechste Schüler wird gemobbt.* Verfügbar unter https://www.merkur.de/politik/schock-nach-pisa-studie-jeder-sechste-schueler-wird-gemobbt-zr-8172479.html

Mobbing – ein großes Problem an deutschen Schulen. (2017, 19. April). tagesschau.de. Verfügbar unter https://www.tagesschau.de/inland/pisa-studie-109.html

tagesschau.de (2017, 19. April). *OECD zu Mobbing an Schulen.* Verfügbar unter https://www.tagesschau.de/multimedia/sendung/ts-19377.html

Übereinkommen *über die Rechte von Menschen mit Dysfunktionalitäten. Abgeschlossen in New York am 13. Dezember 2006.* Das Portal der Schweizer Regierung. Verfügbar unter https://www.admin.ch/opc/de/classified-compilation/20122488/index.html#

Ventura Film (2002, 28. August). *Interview „Etre et Avoir“ mit Nicolas Philibert.* Verfügbar unter: http://www.seinundhaben.net/page/nicophil/intervie.htm

Tagungsbeiträge, Forschungsberichte, Maturaarbeiten, Bildungskonzepte

Der Bundesrat. Schweizerische Eidgenossenschaft. (2016, 29. Juni). *Erster Bericht der Schweizer Regierung über die Umsetzung des Übereinkommens über die Rechte der Menschen mit Behinderungen.* Bern.

Grossmann, K. E. & Grossmann, K (2017, August). *Sichere Bindungen: Offen für die Welt.* Vortrag an der „Tagung Bindung – was die Welt zusammenhält“, Universität Zürich.

Konsortium PISA.ch. (2019). *PISA 2018: Schülerinnen und Schüler der Schweiz im internationalen Vergleich.* Bern und Genf: SBFI/EDK und Konsortium PISA.ch.

Private Archive/Mündliche Quellen

Gespräche des Autors mit Claudia Luthiger-Gisler sowie Julia und Pia Gisler am 20. Juli 2020, Restaurant Oberaxen (Flüelen, Kanton Uri).

Interview des Autors mit Nuccio Ordine am 6. Mai 2017, Leua (Apulien/Italien).

Interview des Autors mit Urs Ruf am 10. *Juli, 2020*, Bäretswil.

Der Autor

Beat Kissling, Dr. phil., Erziehungswissenschaftler und Psychotherapeut (Fachpsychologe für Psychotherapie FSP) war über fünfzehn Jahre Dozent an verschiedenen Schweizer Lehrbildungsinstitutionen (für Kindergarten und Grundschule) und führte während weiteren siebzehn Jahren Abiturienten mit sozialwissenschaftlichem Interessenschwerpunkt in die Fachbereiche Pädagogik, Psychologie, Soziologie und Ethik ein. Vorgängig und teils parallel zur Tätigkeit in der Lehrerbildung war Kissling während neun Jahren Grund- und Hauptschullehrer (in der Schweiz Primar- sowie Real- und Oberschullehrer) und arbeitete auch phasenweise teilzeitlich als delegierter Psychotherapeut. Aktuell baut er seine psychotherapeutische Praxis neu auf und ist nach wie vor als Dozent für Umweltethik an der Zürcher Hochschule für Angewandte Wissenschaften (ZHAW) tätig. Dank seines breiten interdisziplinären und politisch-kulturellen Interesses – insbesondere bezüglich der Aufgaben des Service public (der öffentlichen Dienste) als Voraussetzung eines demokratischen Gemeinwesens – widmet er sich schon länger den fragwürdigen gesellschaftlichen Entwicklungen, die in Zeiten der Globalisierung das Gemeinwohl bzw. ein solidarisches Gemeinwesen nicht nur in Deutschland und der Schweiz zu gefährden drohen. In diesem Zusammenhang befasst sich Kissling seit Jahren kritisch (in Theorie und Praxis) mit den zahlreichen Reformen in den Bildungssystemen Europas und ihren Folgen, dies insbesondere seit 2010 als Gründungsmitglied und Beirat der internationalen Gesellschaft für Bildung und Wissen (GBW) sowie mit zahlreichen öffentlichen Vorträgen, Fachartikeln und Buchbeiträgen. Ein besonders nachhaltiges Echo hatte in der Schweiz die 2016 zusammen mit Alain Pichard veröffentlichte Publikation *Einspruch – kritische Gedanken zu Bologna, HARMOS und Lehrplan 21*, knapp drei Jahre später gefolgt von *Einspruch II – Auswirkungen der Schulreformen – eine kritische Bestandesaufnahme aus Sicht der Betroffenen.*